第十一册

梁武帝中大通五年癸丑起
陳文帝天嘉三年壬午止

資治通鑑

卷一百五十六
至一百六十八

中華書局

資治通鑑卷第一百五十六

端明殿學士兼翰林侍讀學士朝散大夫右諫議大夫充集賢殿修撰提舉西京嵩山崇福宮上柱國河內郡開國侯食邑一千八百戶食實封六百戶賜紫金魚袋臣　司馬光　奉敕編集

後　學　天　台　胡三省　音　註

梁紀十二起昭陽赤奮若（癸丑），盡閼逢攝提格（甲寅），凡二年。

高祖武皇帝十二

中大通五年（癸丑、五三三）

1 春，正月，辛卯，上祀南郊，大赦。

2 魏竇泰奄至爾朱兆庭，軍人因宴休惰，忽見泰軍，驚走，追破之於赤䃶嶺，杜佑曰：石州離石縣有赤洪水，即離石水，赤洪其別名也。高歡破爾朱兆於赤洪嶺，蓋近此。又曰：赤洪水源出方山縣，東流入離石。䃶，戶工翻。考異曰：魏帝紀：正月，庚寅朔；甲午，齊獻武王自晉陽出討兆，丁酉，大破之於赤洪嶺。北齊帝紀：出兵在去年，破兆在今年。按歲首宴會，不應直至八日。今從齊書。衆並降散。降，戶江翻；下同。兆逃於窮山，命左右西河張亮及蒼頭陳山提斬己首以降，皆不忍；兆乃殺所乘白馬，自縊於樹。歡親臨，厚葬之。縊，於賜翻，又於計翻。臨，力鴆翻，哭也。慕容紹宗攜爾朱榮妻子及兆餘衆詣歡降，歡以義故，待之甚厚。義故，猶言義舊也。兆之在秀容，左右皆密通款於歡，唯張亮無啓疏，疏，所故翻。歡嘉之，以爲丞相府參軍。

3 魏罷諸行臺。天監十五年，魏以李平爲行臺，節度統攻硤石諸軍，踵魏初之制而置之也。正光之末盜起，始復置諸道行臺。

4 辛亥，上祀明堂。

5 丁巳，魏主追尊其父爲武穆帝，太妃馮氏爲武穆后，母李氏爲皇太妃。

6 勞州刺史曹鳳、東荆州刺史雷能勝等舉城降魏。曹鳳、雷能勝，皆蠻左也，因其地授以州刺史。降，戶江翻。

7 魏侍中斛斯椿聞喬寧、張子期之死，寧、子期死，見上卷上年。內不自安，與南陽王寶炬、武衞將軍元毗、王思政密勸魏主圖丞相歡。椿本有圖歡之心，因喬、張之死，懼禍將及，決計爲之。毗，遵之玄孫也。道武建國之初，常山王遵有佐命之功。舍人元士弼又言歡受詔不敬，帝由是不悅。椿勸帝置閤內都督部曲，又增武直人數，自直閤已下，員別數百，武直，謂武士之入直殿閤者。據五代志紀北齊之制，領軍府將軍，掌宿衞禁掖朱華閤外，凡禁衞官皆主之。又左右衞府，將軍各一人，掌左右廂，所主朱華閤以外，各武衞將軍二人貳之。其御仗屬官有御仗正副都督、御仗五職、御仗等員。直盪屬官有直盪正副都督、直入正副都督、勳武前鋒正副都督、勳武前鋒五職等員。直衞屬官有直衞正副都督、翊衞正副都督等員。直突屬官有直突都督、前鋒散都督等員。直閤屬官有朱衣直閤、直閤將軍、直寢、直齋、直後之屬。又有雲騎、武騎、驍騎、遊擊、前・左・右・後等將軍，左・右虎賁等中郎將，步兵、越騎、射聲、屯騎、長水等校尉，奉車、騎二都尉，羽林監、宂從僕射、積弩、積射、強弩、殿中等將軍及員外將軍、武騎常侍、殿中司馬督、員外司馬督等。蓋其制昉於晉，代有損益。觀北齊之制，則當時增置可概見矣。皆選四方驍勇者充之。驍，堅堯翻。帝數出遊幸，椿自部勒，別爲行陳，數，所角翻。行，戶剛翻。陳，讀曰陣。由是朝政、軍謀，帝專與椿決之。帝以關中大行臺賀拔岳擁重兵，密與相結，又出侍中賀拔勝爲都督三荆等七州諸軍事，【章：甲十一行本「事」下有「荆州刺史」四字；乙十一行本同；孔本同；退齋校同。】七州，三荆及襄、南襄、郢、南郢也。欲倚勝兄弟以敵歡，倚勝及岳也。歡益不悅。

侍中、司空高乾之在信都也，遭父喪，不暇終服。及孝武帝卽位，表請解職行喪，詔聽解侍中，句絕。司空如故。乾雖求退，不謂遽見許，既去內侍，朝政多不關預，居常怏怏。怏，於兩翻。帝既貳於歡，冀乾爲己用，嘗於華林園宴罷，獨留乾，謂之曰：「司空奕世忠良，謂自高允以來。今日復建殊效，復，扶又翻。相與雖則君臣，義同兄弟，宜共立盟約，以敦情契。」殷勤逼之。乾對曰：「臣以身許國，何敢有貳。」時事出倉猝，且不謂帝有異圖，遂不固辭，亦不以啓歡。及帝置部曲，乾乃私謂所親曰：「主上不親勳賢而招集羣小，數遣元士弼、王思政往來關西與賀拔岳計議，又出賀拔勝爲荆州，外示疏忌，內實樹黨，令其兄弟相近，冀據有西方。禍難將作，必及於我。」乃密啓歡。歡召乾詣幷州，面論時事，乾因勸歡受魏禪，歡以袖掩其口曰：「勿妄言！今令司空復爲侍中，門下之事一以相委。」歡屢啓請，帝不許。乾知變難將起，密啓歡求爲徐州；數，所角翻。近，其靳翻。難，乃旦翻。復，扶又翻；羅復、詔復下同。二月，辛酉，以乾爲驃騎大將軍、開府儀同三司、徐州刺史，驃，匹妙翻。騎，奇計翻。以咸陽王坦爲司空。爲魏主殺高乾討高歡張本。

8 癸未，上幸同泰寺，講般若經，般，音鉢。若，人者翻。七日而罷，會者數萬人。

9 魏正光以前，阿至羅常附於魏。阿至羅，高車種也。魏書：孝靜帝興和三年，阿至羅國主副伏羅越君子去賓來降，封之爲高車王。及中原多事，阿至羅亦叛，丞相歡招撫之，阿至羅復降，凡十萬戶。三月，辛卯，詔復以歡爲大行臺，魏方罷諸行臺，今復命歡以此職，以招撫阿至羅。使隨宜裁處。處，昌呂翻。歡與之粟帛，議者以爲徒費無益，歡不從；及經略河西，大收其用。謂救曹泥及取万俟受洛干時也。

10 高乾將之徐州，魏主聞其漏泄機事，乃詔丞相歡曰：「乾邕與朕私有盟約，今乃反覆兩端。」歡聞其與帝盟，亦惡之，惡，烏故翻。卽取乾前後數啓論時事者遣使封上，使，疏吏翻；下同。上，時掌翻。帝召乾，對歡使責之，乾曰：「陛下自立異圖，乃謂臣爲反覆，人主加罪，其可辭乎！」遂賜死。帝又密敕東徐州刺史潘紹業殺其弟敖曹，按李延壽齊紀，魏主遣東徐州刺史潘紹業密敕長樂太守龐蒼鷹殺敖曹，則是高敖曹此時在信都也。敖曹先聞乾死，伏壯士於路，執紹業，得敕書於袍領，遂將十餘騎奔晉陽。將，即亮翻。騎，奇計翻。歡抱其首哭曰：「天子枉害司空。」敖曹兄仲密爲光州刺史，帝敕青州斷其歸路，斷，音短。仲密由東萊歸勃海，道出青州。仲密亦間行奔晉陽。間，古莧翻。仲密名愼，以字行。

11 魏太師魯郡王肅卒。卒，子恤翻。

12 丙辰，南平元襄王偉卒。

13 丁巳，魏以趙郡王諶爲太尉，諶，氏壬翻。南陽王寶炬爲太保。

14 魏爾朱兆之入洛也，兆入洛見一百五十四卷二年。焚太常樂庫，鍾磬俱盡。節閔帝詔錄尚書事長孫稚、太常卿祖瑩等更造之，至是始成，命曰大成樂。

15 魏青州民耿翔聚衆寇掠三齊，三齊，因秦、漢舊名言之。膠州刺史裴粲，專事高談，不爲防禦；夏，四月，翔掩襲州城。魏永安二年，置膠州，治東武城，領東武、高密、平昌郡。東武城，今密州諸城縣是也。左右白賊至，粲曰：「豈有此理！」左右又言已入州門，粲乃徐曰：「耿王來，可引之聽事，自餘部衆，且付城民。」翔斬之，送首來降。降，戶江翻；下同。

16 五月，魏東徐州民王早等殺刺史崔庠，以下邳來降。考異曰：梁帝紀：「六月，己卯，魏建義城主蘭寶以下邳城降。」今從魏書。

17 六月，壬申，魏以驃騎大將軍樊子鵠爲青、膠大使，督濟州刺史蔡儁等討耿翔。濟，子禮翻。秋，七月，魏師至青州，翔棄城來奔，詔以爲兗州刺史。

18 壬辰，魏以廣陵王欣爲大司馬，趙郡王諶爲太師，庚戌，以前司徒賀拔允爲太尉。考異曰：魏帝紀作「賀拔渥」。按允字阿鞠渥，蓋「涅」字誤爲「渥」耳。

初，賀拔岳遣行臺郎馮景詣晉陽，丞相歡聞岳使至，甚喜，使，疏吏翻。曰：「賀拔公詎憶吾邪！」與景歃血，約與岳爲兄弟。歃，色甲翻。景還，言於岳曰：「歡姦詐有餘，不可信也。」府司馬宇文泰自請使晉陽使，疏吏翻。以觀歡之爲人，歡奇其狀貌，曰：「此兒視瞻非常。」將留之，泰固求復命；歡既遣而悔之，發驛急追，至關不及而返。項羽不殺沛公，曹操之遣劉備，桓玄之容劉裕，類如此耳。有天命者，固非人之所能圖也。

泰至長安，謂岳曰：「高歡所以未篡者，正憚公兄弟耳；侯莫陳悅之徒，非所忌也。公但潛爲之備，圖歡不難。今費也頭控弦之騎不下一萬，夏州刺史斛拔彌俄突勝兵三千餘人，勝，音升。靈州刺史曹泥、河西流民紇豆陵伊利等各擁部衆，未知所屬。公若引軍近隴，近，其靳翻。隴，坂也。扼其要害，震之以威，懷之以惠，可收其士馬以資吾軍。西輯氐、羌，北撫沙塞，靈、夏塞外，北臨沙漠。還軍長安，匡輔魏室，此桓、文之舉也。」「舉」，一作「功」。岳大悅，復遣泰詣洛陽請事，密陳其狀。復，扶又翻。魏主喜，加泰武衞將軍，使還報。八月，帝以岳爲都督雍、華等二十州諸軍事、雍州刺史，魏泰和十一年，分雍州置華州，領華山、澄城、白水郡。二十州，雍、華、東華、岐、南岐、豳、原、河、渭、涇、夏、東夏、秦、南秦、梁、南梁、東梁、巴、益、東益也。雍，於用翻。華，戶化翻。又割心前血，遣使者齎以賜之。使，疏吏翻。岳遂引兵西屯平涼，以牧馬爲名。所謂近隴也。斛拔彌俄突、紇豆陵伊利及費也頭万俟受洛干、鐵勒斛律沙門等皆附於岳，紇，下沒翻。万，莫北翻。俟，渠之翻。唯曹泥附於歡。秦、南秦、河、渭四州刺史同會平涼，受岳節度。岳以夏州被邊要重，夏，戶雅翻。被，皮義翻。欲求良刺史以鎮之，衆舉宇文泰，岳曰：「宇文左丞，吾左右手，何可廢也！」沈吟累日，卒表用之。沈，持林翻。卒，子恤翻。

19 九月，癸酉，魏丞相歡表讓王爵，不許；請分封邑十萬戶頒授勳義，勳義，謂自信都從起義，討爾朱有功勳者也。從之。

20 冬，十月，庚申，以尚書右僕射何敬容爲左僕射，吏部尚書謝舉爲右僕射。

21 十一月，癸巳，魏以殷州刺史中山邸珍爲徐州大都督、東道行臺、僕射，以討下邳。邸，姓也。風俗通：漢有上郡太守邸杜。討王早也。

22 十二月，丁巳，魏主狩於嵩高；己巳，幸溫湯；歷嵩高而南，唯汝州梁縣有溫湯耳。丁丑，還宮。

23 魏荆州刺史賀拔勝寇雍州，此梁之雍州，治襄陽。拔下迮戍，迮，側百翻，亦作「筰」。扇動諸蠻；雍州刺史廬陵王續遣軍擊之，屢爲所敗，敗，補賣翻。漢南震駭。勝又遣軍攻馮翊、安定、沔陽、酇城，皆拔之。五代志：竟陵郡藍水縣僑立馮翊郡。沔陽郡後爲復州。襄陽郡陰城縣，舊置酇城郡。蕭子顯齊志：寧蠻府所領郡有安定郡，領新安等縣。五代志，新安縣并入襄陽郡南漳縣，當是置安定僑郡於南漳界也。藍水，唐并入郢州長壽縣；陰城，并入穀城縣。沈約志：馮翊郡治襄陽郡鄀縣。沔，彌兗翻。酇，音贊。續遣電威將軍柳仲禮屯穀城以拒之，五代志：穀城縣，屬襄陽郡，舊曰義城，置義城郡。勝攻之，不克，乃還；於是沔北盪爲丘墟矣。盪，徒朗翻。仲禮，慶遠之孫也。柳慶遠見一百四十三卷齊東昏侯永元二年。

24魏丞相歡患賀拔岳、侯莫陳悅之強，右丞翟嵩曰：「嵩能間之，間，古莧翻。使其自相屠滅。」歡遣之。歡又使長史侯景招撫紇豆陵伊利，伊利不從。

六年（甲寅、五三四）

1春，正月，壬辰，魏丞相歡擊伊利於河西，擒之，遷其部落於河東。河西，五原河之西也。河東，亦五原河之東。魏主讓之曰：「伊利不侵不叛，爲國純臣，左傳：戎子駒支曰：「爲先君不侵不叛之臣。」王忽伐之，詎有一介行人先請之乎！」

2魏東梁州民夷作亂，魏收志：東梁州領金城、直城、安康、魏明郡。五代志：西城郡，舊置東梁州。金城，即今金州城也，東梁州治焉。二月，詔以行東雍州事豐陽泉企討平之。魏世祖置東雍州於平陽，太和中罷。孝昌中，於平陽置唐州，以唐堯都平陽，因以名州；建義初，改爲晉州。未嘗復置東雍州也。五代志曰：雍州鄭縣，後魏置東雍州。參考魏收志，鄭縣時已屬華州界，未知此東雍州置於何地也。魏收志：豐陽縣屬上庸郡，太安二年置。姓譜曰：國語：潞、泉、余、滿，皆赤狄隗姓。又，吳全琮孫惲降魏，封南陽，食邑白水，因爲泉氏。企，去智翻。考異曰：北史作「泉企」。今從周書。企世爲商、洛豪族，商、洛，指漢古縣商縣、上洛縣而言也。隋志，上洛郡有商洛縣。魏世祖以其曾祖景言爲本縣令，封丹水侯，使其子孫襲之。

3 壬戌，魏大赦。

4 癸亥，上耕藉田；大赦。

5 魏永寧浮圖災，觀者皆哭，聲振城闕。魏起永寧浮圖，見一百四十八卷天監十五年。史言末俗深信浮圖以至於此。振，之印翻。

6 魏賀拔岳將討曹泥，使都督武川趙貴至夏州與宇文泰謀之，泰曰：「曹泥孤城阻遠，未足爲憂。侯莫陳悅貪而無信，宜先圖之。」岳不聽，曹泥附高歡，岳不從宇文泰之言，急於致討，蓋欲報高歡禽伊利之役耳，亦忿兵也。召悅會於高平，與共討泥。悅既得翟嵩之言，乃謀取岳。岳數與悅宴語，數，所角翻。長史武川雷紹諫，不聽。岳使悅前行，至河曲，河曲在靈州西。河千里一曲。河水自澆河至漢眴卷古縣，率東北流，至富平始曲而北流，所謂河曲也。富平，唐靈州地。悅誘岳入營坐，論軍事，誘，音酉。悅陽稱腹痛而起，其壻元洪景拔刀斬岳。岳左右皆散走，悅遣人諭之云：「我別受旨，止取一人，諸君勿怖。」怖，普布翻。衆以爲然，皆不敢動。而悅心猶豫，不卽撫納，乃還入隴，屯水洛城。我朝以渭州籠竿城置德順軍；水洛城在軍西一百里。岳衆散還平涼，趙貴詣悅請岳尸葬之，悅許之。岳既死，悅軍中皆相賀，行臺郎中薛憕私謂所親曰：「悅才略素寡，輒害良將，吾屬今爲人虜矣，何賀之有！」憕，眞度之從孫也。憕，直陵翻。將，卽亮翻。薛眞度見一百三十九卷齊明帝建武元年。

岳衆未有所屬，諸將以都督武川寇洛年最長，長，知兩翻。推使總諸軍；洛素無威略，不能齊衆，乃自請避位。趙貴曰：「宇文夏州英略冠世，冠，古玩翻。遠近歸心，賞罰嚴明，士卒用命，若迎而奉之，大事濟矣。」諸將或欲南召賀拔勝，或欲東告魏朝，朝，直遙翻。猶豫不決。都督盛樂杜朔周曰：盛樂，前漢之成樂縣也，屬定襄郡，後漢屬雲中郡，魏、晉省；後魏先世園陵在焉。魏收志：永熙中，置盛樂郡，雲中治所。魏土地記：雲中城東八十里有盛樂城。宋白曰：後魏所都盛樂，唐爲振武軍。「遠水不救近火，今日之事，非宇文夏州無能濟者，趙將軍議是也。朔周請輕騎告哀，且迎之。」騎，奇計翻。衆乃使朔周馳至夏州召泰。

泰與將佐賓客共議去留，前太中大夫潁川韓褒曰：「此天授也，又何疑乎！侯莫陳悅，井中蛙耳，使君往，必擒之。」衆以爲：「悅在水洛，去平涼不遠，若已有賀拔公之衆，則圖之實難，願且留以觀變。」泰曰：「悅既害元帥，帥，所類翻。自應乘勢直據平涼，而退據水洛，吾知其無能爲也。夫難得易失者，時也。用漢蒯徹語意。易，以豉翻。若不早赴，衆心將離。」

夏州首望都督彌姐元進陰謀應悅，姐，音紫，又子也翻。彌姐元進之族，爲州之首望，官又爲都督。彌姐，羌複姓。泰知之，與帳下都督高平蔡祐謀執之，祐曰：「元進會當反噬，不如殺之。」泰曰：「汝有大決。」言能決大計也。乃召元進等入計事，泰曰：「隴賊逆亂，當與諸人戮力討之，諸人似有不同者，何也？」祐卽被甲持刀直入，被，皮義翻。瞋目謂諸將曰：瞋，七人翻。「朝謀夕異，何以爲人！今日必斷姦人首！」舉坐皆叩頭曰：斷，丁管翻。坐，徂臥翻。「願有所擇。」祐乃叱元進，斬之，并誅其黨，因與諸將同盟討悅。泰謂祐曰：「吾今以爾爲子，爾其以我爲父乎？」

泰與帳下輕騎馳赴平涼，令杜朔周帥衆先據彈箏峽。杜佑曰：彈箏峽，在今原州之百泉縣。百泉卽漢朝那縣地。九域志：渭州都盧峽，卽彈箏峽也。水經云：都盧山峽之內，常有彈箏之聲。又云：弦歌之山，峽口水流，風吹摧響，有似音韻也。騎，奇計翻。帥，讀曰率。時民間惶懼，逃散者多，軍士爭欲掠之，朔周曰：「宇文公方伐罪討民，柰何助賊爲虐乎！」撫而遣之，遠近悅附；泰聞而嘉之。朔周本姓赫連，曾祖庫多汗避難改焉，汗，音寒。難，乃旦翻。泰命復其舊姓，名之曰達。

丞相歡使侯景招撫岳衆，泰至安定遇之，謂曰：「賀拔公雖死，宇文泰尚存，卿何爲者！」景失色曰：「我猶箭耳，唯人所射。」射，食亦翻。英雄之姿表與其舉措必有異乎人者，以侯景之凶狡，宇文泰一語折之，辭氣俱下，良有以哉。李密見唐太宗不覺驚服，事亦類此。遂還。侯景不敢前至平涼。

泰至平涼，哭岳甚慟，將士皆悲喜。

歡復使侯景與散騎常侍代郡張華原、義寧太守太安王基勞泰，魏收志：建義元年，置義寧郡，治孤遠城，屬晉州。五代志：上黨郡沁源縣，後魏置義寧郡。又延和二年，置太安郡於漢五原界，屬朔州。復，扶又翻。勞，力到翻；下慰勞同。泰不受，欲劫留之，曰：「留則共享富貴，不然，命在今日。」華原曰：「明公欲脅使者以死亡，此非華原所懼也。」泰乃遣之。基還，言「泰雄傑，請及其未定擊滅之。」歡曰：「卿不見賀拔、侯莫陳乎！吾當以計拱手取之。」

魏主聞岳死，遣武衛將軍元毗慰勞岳軍，召還洛陽，并召侯莫陳悅。毗至平涼，軍中已奉宇文泰爲主；悅既附丞相歡，不肯應召。泰因元毗上表稱：「臣岳忽罹非命，都督寇洛等令臣權掌軍事。奉詔召岳軍入京，今高歡之衆已至河東，亦謂五原河之東。侯莫陳悅猶在水洛，士卒多是西人，顧戀鄉邑，若逼令赴闕，悅躡其後，歡邀其前，恐敗國殄民，所損更甚。此雖泰不就徵而爲之辭，而亦事勢所必致也。敗，補賣翻。乞少賜停緩，少，詩沼翻。徐事誘導，漸就東引。」誘，音酉。魏主乃以泰爲大都督，即統岳軍。

初，岳以東雍州刺史李虎爲左廂大都督，雍，於用翻。岳死，虎奔荆州，說賀拔勝使收岳衆，說，式芮翻。勝不從。虎聞宇文泰代岳統衆，乃自荆州還赴之，至閿鄉，閿鄉，在漢湖縣界，隋改湖城縣爲閿鄉縣。閿，音旻。以李虎自荆州往返之地里考之，則魏東雍州，時置於鄭縣。爲丞相歡別將所獲，將，卽亮翻。送洛陽。魏主方謀取關中，得虎甚喜，拜衛將軍，厚賜之，使就泰。虎，歆之玄孫也。涼王李歆爲沮渠蒙遜所滅。

泰與悅書，責以「賀拔公有大功於朝廷。君名微行薄，行，下孟翻。賀拔公薦君爲隴右行臺。又高氏專權，君與賀拔公同受密旨，屢結盟約；而君黨附國賊，共危宗廟，口血未乾，乾，音干。匕首已發。今吾與君皆受詔還闕，今日進退，唯君是視：君若下隴東邁，吾亦自北道同歸；平涼，在隴山之北，取道涇州東赴洛。若首鼠兩端，吾則指日相見！」言進兵討悅也。左傳曰：詰朝相見。

魏主問泰以安秦、隴之策，泰表言：「宜召悅授以內官，或處以瓜、涼一藩；魏以敦煌郡爲瓜州，武威郡爲涼州。處，昌呂翻。不然，終爲後患。」

原州刺史史歸，素爲賀拔岳所親任，河曲之變，反爲悅守。反爲，于僞翻。悅遣其黨王伯和、成次安將兵二千助歸鎭原州，魏太延二年，置高平鎭，正光五年，改置原州，治高平城，領高平、長城二郡。泰遣都督侯莫陳崇帥輕騎一千襲之。帥，讀曰率。騎，奇計翻。崇乘夜將十騎直抵城下，餘衆皆伏於近路；歸見騎少，不設備。少，詩沼翻。崇卽入，據城門，高平令隴西李賢及弟遠穆在城中，爲崇內應。於是，中外鼓譟，伏兵悉起，遂擒歸及次安、伯和等歸于平涼。泰表崇行原州事。三月，泰引兵擊悅，至原州，衆軍畢集。

7 夏，四月，癸丑朔，日有食之。

8 魏南秦州刺史隴西李弼說侯莫陳悅曰：「賀拔公無罪而公害之，又不撫納其衆，今奉宇文夏州以來，聲言爲主報讎，此其勢不可敵也，宜解兵以謝之！不然，必及禍。」悅不從。說，式芮翻。爲，于僞翻。

宇文泰引兵上隴，上，時掌翻。留兄子導爲都督，鎮原州。泰軍令嚴肅，秋毫無犯，百姓大悅。軍出木狹關，「狹」當作「峽」。唐志：原州平高縣西南有木峽關。雪深二尺，深，式禁翻。泰倍道兼行，出其不意。悅聞之，退保略陽，晉武帝分天水置略陽郡，至隋廢郡爲隴城縣。留萬人守水洛，泰至，水洛卽降。泰遣輕騎數百趣略陽，降，戶江翻。趣，七喩翻。悅退保上邽，召李弼與之拒泰。弼知悅必敗，陰遣使詣泰，請爲內應。悅棄州城，南保山險，秦州治上邽城。使，疏吏翻。弼謂所部曰：「侯莫陳公欲還秦州，汝輩何不裝束！」弼妻，悅之姨也，衆咸信之，爭趣上邽。弼先據城門以安集之，遂舉城降泰，泰卽以弼爲秦州刺史。其夜，悅出軍將戰，軍自驚潰。悅性猜忌，既敗，不聽左右近己，近，其靳翻；下於近同。與其二弟幷子及謀殺岳者七八人棄軍迸走，迸，北諍翻。數日之中，槃桓往來，不知所趣。趣，向也，七喩翻。左右勸向靈州依曹泥，悅從之，自乘騾，騾，雷戈翻。令左右皆步從，從，才用翻。欲自山中趣靈州。宇文泰使原州都督賀拔穎追之，悅望見追騎，縊死於野。騎，奇計翻。縊，於賜翻，又於計翻。

泰入上邽，引薛憕爲記室參軍。收悅府庫，財物山積，泰秋毫不取，皆以賞士卒；左右竊一銀甕以歸，泰知而罪之，卽剖賜將士。

悅黨豳州刺史孫定兒據州不下，有衆數萬，泰遣都督中山劉亮襲之。定兒以大軍遠，不爲備；亮先豎一纛於近城高嶺，豎，而主翻，立也。纛，徒到翻，又徒沃翻。今軍中大皁旗名曰皁纛。自將二十騎馳入城。定兒方置酒，猝見亮至，駭愕，不知所爲，愕，五各翻。亮麾兵斬定兒，遙指城外纛，命二騎曰：「出召大軍！」城中皆懾服，莫敢動。懾，之涉翻。

先是，故氐王楊紹先乘魏亂逃歸武興，復稱王。魏執楊紹先，見一百四十六卷天監五年。先，悉薦翻。復，扶又翻。涼州刺史李叔仁爲其民所執，氐、羌、吐谷渾所在蜂起，自南岐至瓜、鄯，吐，從暾入聲。谷，音浴。鄯，上扇翻，又音善。跨州據郡者不可勝數。宇文泰令李弼鎭原州，夏州刺史拔也惡蚝鎭南秦州，拔也惡蚝自夏州徙鎭南秦。勝，音升。拔也，虜複姓。蚝，七吏翻。渭州刺史可朱渾道元鎭渭州，爲可朱渾道元奔高歡張本。可朱渾，虜三字姓。衞將軍趙貴行秦州事，徵豳、涇、東秦、岐四州之粟以給軍。楊紹先懼，稱藩送妻子爲質。質，音致。

夏州長史于謹言於泰曰：「明公據關中險固之地，將士驍勇，驍，堅堯翻。土地膏腴。今天子在洛，迫於羣兇，若陳明公之懇誠，算時事之利害，請都關右，挾天子以令諸侯，奉王命以討叛亂，此桓、文之業，千載一時也！」泰善之。于謹間關兵中有年矣，今乃遇宇文氏，卒以功名自見，豈所謂知己者邪，抑際遇自有時也？然謹事廣陽王深，所陳策畫不過隨時設變；今事宇文泰，則勉之以迎天子而成興王之業，蓋知宇文泰之才足以有爲，所謂量而後入也。載，子亥翻。

丞相歡聞泰定秦、隴，遣使甘言厚禮以結之，使，疏吏翻。泰不受，封其書，使都督濟北張軌獻於魏主。濟，子禮翻。斛斯椿問軌曰：「高歡逆謀，行路皆知之，人情所恃，唯在西方，未知宇文何如賀拔？」言泰之才視賀拔岳爲何如也。軌曰：「宇文公文足經國，武能定亂。」椿曰：「誠如君言，眞可恃也。」

魏主命泰發二千騎鎭東雍州，助爲勢援，時置東雍州於華州鄭縣。仍命泰稍引軍而東。泰以大都督武川梁禦爲雍州刺史，使將步騎五千前行。先是，丞相歡遣其都督太安韓軌將兵一萬據蒲反以救侯莫陳悅，先，悉薦翻。將，卽亮翻。雍州刺史賈顯度以舟迎之。梁禦見顯度，說使從泰，說，式芮翻。顯度卽出迎禦，禦入據長安。

魏主以泰爲侍中、驃騎大將軍、開府儀同三司、關西大都督、略陽縣公，驃，匹妙翻。騎，奇計翻。承制封拜。泰乃以寇洛爲涇州刺史，李弼爲秦州刺史，前略陽太守張獻爲南岐州刺史。南岐州刺史盧待伯不受代，泰遣輕騎襲而擒之。史言宇文泰所以能定霸。

侍中封隆之言於丞相歡曰：「斛斯椿等今在京師，必構禍亂。」隆之與僕射孫騰爭尙魏主妹平原公主，公主歸隆之，騰泄其言於椿，椿以白帝。隆之懼，逃還鄉里，歡召隆之詣晉陽。會騰帶仗入省，擅殺御史，懼罪，亦逃就歡。領軍婁昭辭疾歸晉陽。高歡所親無在洛者矣。帝以斛斯椿兼領軍，改置都督及河南、關西諸刺史。華山王鷙在徐州，歡使大都督邸珍奪其管鑰。去年，歡使邸珍督徐州討下邳，因奪其城。華，戶化翻。建州刺史韓賢，濟州刺史蔡儁，皆歡黨也；濟，子禮翻。帝省建州以去賢，建州當太行路，自晉陽入洛之要道也。省州去賢，不特銷歡黨，亦去歡南道主人也。去，音羌呂翻。使御史舉儁罪，以汝陽王叔昭代之。歡上言：「儁勳重，不可解奪；汝陽懿德，當受大藩；臣弟永寶，猥任定州，北史：歡弟琛，字元寶。「永」恐當作「元」。宜避賢路。」帝不聽。五月，丙子，魏主增置勳府庶子，廂別六百人；又增騎官，廂別二百人。勳府庶子及騎官，皆宿衞者也。騎，奇計翻。

魏主欲伐晉陽，高歡時居晉陽。辛卯，下詔戒嚴，云「欲自將伐梁」。將，即亮翻；下同。發河南諸州兵，大閱於洛陽，南臨洛水，北際邙山，帝戎服與斛斯椿臨觀之。六月，丁巳，魏主密詔丞相歡，稱「宇文黑獺、賀拔勝頗有異志，宇文泰，字黑獺。故假稱南伐，潛爲之備；王亦宜共爲形援。讀訖燔之。」歡表以爲「荆、雍將有逆謀，荆，謂賀拔勝；雍，謂宇文泰。雍，於用翻。臣今潛勒兵馬三萬，自河東渡，又遣恒州刺史庫狄干等將兵四萬自來違津渡，恒，戶登翻。自恒州渡來違津，其地當在平城之西，河津之要也。自此渡河至夏州。考異曰：丘悅三國典略作「朱違津」。今從北齊書及北史。領軍將軍婁昭等將兵五萬以討荆州，冀州刺史尉景等將山東兵七萬、突騎五萬以討江左，皆勒所部，伏聽處分。」處，昌呂翻。分，扶問翻。帝知歡覺其變，乃出歡表，令羣臣議之，欲止歡軍。歡亦集幷州僚佐共議，高歡建大丞相府於幷州，僚佐皆從居之。還以表聞，仍云：「臣爲嬖佞所間，嬖，卑義翻，又博計翻。間，古莧翻。陛下一旦賜疑。臣若敢負陛下，使身受天殃，子孫殄絕。陛下若垂信赤心，使干戈不動，佞臣一二人願斟量廢出。」斟，酌也。量，度也。斟量，猶今人言酌量也。量，音良。「出」，當作「黜」。

丁卯，帝使大都督源子恭守陽胡，陽胡，即陽壺城，在邵郡白水縣。白水，漢河東之垣縣也。水經註曰：白水逕垣縣故城北，又東南逕陽壺城東，城卽垣縣之壺丘亭，白水又東南流注于河。按陽壺卽崤谷之北岸，魏主欲入關，故先使子恭守之，以防歡邀截。汝陽王暹守石濟，又以儀同三司賈顯智爲濟州刺史，帥豫州刺史斛斯元壽東趣濟州。濟，子禮翻。帥，讀曰率。趣，七喻翻。元壽，椿之弟也。蔡儁不受代，帝愈怒。辛未，帝復錄洛中文武議意以答歡，復，扶又翻。且使舍人溫子昇爲敕賜歡曰：「朕不勞尺刃，坐爲天子，所謂生我者父母，貴我者高王。今若無事背王，規相攻討，背，蒲妹翻。規，圖也。則使身及子孫，還如王誓。近慮宇文爲亂，賀拔應之，故戒嚴，欲與王俱爲聲援。今觀其所爲，更無異迹。東南不賓，爲日已久，今天下戶口減半，未宜窮兵極武。朕既闇昧，不知佞人爲誰。頃高乾之死，豈獨朕意！言歡亦惡乾，封上其所論時事，故因殺之。王忽對昂言兄枉死，人之耳目何易可輕！如聞庫狄干語王云：『本欲取懦弱者爲主，無事立此長君，使其不可駕御。今但作十五日行，自可廢之，更立餘者。』易，弋豉翻。語，牛倨翻。長，知兩翻。更，工行翻。如此議論，自是王間勳人，豈出佞臣之口！去歲封隆之叛，今年孫騰逃去，不罪不送，誰不怪王！言歡既不加二人以罪，又不械送洛陽也。王若事君盡誠，何不斬送二首！王雖啓云『西去』，西去，言將西攻宇文泰也。而四道俱進，或欲南度洛陽，或欲東臨江左，四道俱進，謂河東、來違津及婁昭、尉景之兵也。婁昭討荆州，尉景臨江左，皆南指洛陽；河東來違津之兵，則牽制宇文泰使不得東下。高歡之計實出於此，魏主窺見其心術而言之。言之者猶應自怪，聞之者寧能不疑！王若晏然居北，在此雖有百萬之衆，終無圖彼之心；王若舉旗南指，縱無匹馬隻輪，猶欲奮空拳而爭死。朕本寡德，王已立之，百姓無知，或謂實可。若爲他人所圖，則彰朕之惡；假令還爲王殺，幽辱虀粉，了無遺恨！本望君臣一體，若合符契，不圖今日分疏至此！」今人猶謂辯析爲分疏。

中軍將軍王思政言於魏主曰：「高歡之心，昭然可知。洛陽非用武之地，宇文泰乃心王室，今往就之，還復舊京，何慮不克？」帝深然之，遣散騎侍郎河東柳慶見泰於高平，共論時事。泰請奉迎輿駕，慶復命，帝復私謂慶曰：復，扶又翻。「朕欲向荆州何如？」慶曰：「關中形勝，宇文泰才略可依。荆州地非要害，南迫梁寇，臣愚未見其可。」帝又問閤內都督宇文顯和，時南、北朝皆有直閤將軍，魏又置閤內都督，用斛斯椿之言也。顯和亦勸帝西幸。時帝廣徵州郡兵，東郡太守河東裴俠帥所部詣洛陽，俠，戶頰翻。帥，讀曰率。王思政問曰：「今權臣擅命，王室日卑，柰何？」俠曰：「宇文泰爲三軍所推，居百二之地，漢書：田肯曰：「秦，形勝之國也，帶河阻山，懸隔千里，持戟百萬，秦得百二焉。」蘇林註曰：百二，得百萬中之二萬人也。秦地險固，二萬人足當諸侯百萬人也。所謂已操戈矛，寧肯授人以柄！雖欲投之，恐無異避湯入火也。」思政曰：「然則如何而可？」俠曰：「圖歡有立至之憂，西巡有將來之慮，且至關右徐思其宜耳。」思政然之，乃進俠於帝，授左中郎將。將，卽亮翻。

初，丞相歡以洛陽久經喪亂，欲遷都於鄴，帝曰：「高祖定鼎河、洛，爲萬世之基；王既功存社稷，宜遵太和舊事。」歡乃止。至是復謀遷都，復，扶又翻。遣三千騎鎮建興，慕容永分上黨置建興郡，魏爲建州。騎，奇計翻。益河東及濟州兵，擁諸州和糴粟，悉運入鄴城。和糴以充軍食，蓋始於此。歷唐至宋而民始不勝其病矣。濟，子禮翻。帝又敕歡曰：「王若厭伏人情，厭，於協翻，又如字。杜絕物議，唯有歸河東之兵，罷建興之戍，送相州之粟，相州治鄴城。相，息亮翻。追濟州之軍，使蔡儁受代，邸珍出徐，止戈散馬，各事家業，脫須糧廩，別遣轉輸，則讒人結舌，疑悔不生，王高枕太原，枕，職任翻。朕垂拱京洛矣。王若馬首南向，問鼎輕重，朕雖不武，爲社稷宗廟之計，欲止不能。決在於王，非朕能定，爲山止簣，相爲惜之。」書旅獒曰：爲山九仞，功虧一簣。孔安國註云：諭向成也，未成一簣，猶不爲山。論語：孔子曰：譬如爲山，未成一簣，止，吾止也。相爲，音于僞翻。

歡上表極言宇文泰、斛斯椿罪惡。

帝以廣寧太守廣寧任祥兼尚書左僕射加開府儀同三司，祥棄官走，渡河，據郡待歡。魏收志：廣寧郡屬朔州，領石門、中川二縣。五代志：馬邑郡善陽縣，後齊置廣寧郡，孝昌以來，寄治幷州界。時歡在幷州，祥當直走就歡，不必據郡以待歡之南也。又按五代志，建州沁水縣，舊置廣寧郡。祥所據者蓋沁水之廣寧也；若其鄉里則當在朔州之廣寧。帝乃敕文武官北來者任其去留，遂下制書數歡咎惡，數，所具翻。召賀拔勝赴行在所。勝以問太保掾范陽盧柔，柔曰：「高歡悖逆，公席卷赴都，與決勝負，生死以之，上策也。掾，于絹翻。悖，蒲沒翻，又蒲內翻。卷，讀曰捲。北阻魯陽，南幷舊楚，江陵，舊楚之郢都在其界內。東連兗、豫，西引關中，帶甲百萬，觀釁而動，中策也。釁，許靳翻。舉三荆之地，庇身於梁，功名皆去，下策也。」勝笑而不應。賀拔勝既不能勤王，又不能保境，挺身奔梁，卒如盧柔所料。原勝之心，以柔書生，故易其言。殊不知博觀往迹，默察時變以坐論勝敗，則書生之見，固非武夫健將之所能及也。

帝以宇文泰兼尚書僕射，爲關西大行臺，許妻以馮翊長公主，妻，七細翻。長，知兩翻。謂泰帳內都督秦郡楊荐曰：考魏收地形志，魏無秦郡。五代志曰：扶風雍縣，後魏置秦平郡。又雍州醴泉縣，後魏曰寧夷，西魏置寧夷郡，後周改曰秦郡。「卿歸語行臺，語，牛倨翻。遣騎迎我！」以荐爲直閤將軍。泰以前秦州刺史駱超爲大都督，將輕騎一千赴洛，又遣荐與長史宇文側【章：甲十一行本

「側」作「測」；乙十一行本同；孔本同。】出關候接。候接魏主也。

丞相歡召其弟定州刺史琛使守晉陽，琛，丑林翻。命長史崔暹佐之。暹，挺之子【章：甲十一行本「子」字作「族孫」二字；乙十一行本同；孔本同；張校同。】也。通鑑以此別爲破六韓拔陵所敗之崔暹。歡勒兵南出，告其衆曰：「孤以爾朱擅命，建大義於海內，奉戴主上，事見上卷四年。誠貫幽明；横爲斛斯椿讒構，横，戶孟翻。以忠爲逆，今者南邁，誅椿而已。」以高敖曹爲前鋒。宇文泰亦移檄州郡，數歡罪惡，數，所具翻。自將大軍發高平，前軍屯弘農。將，卽亮翻。賀拔勝軍于汝水。賀拔勝蓋出魯陽，屯襄城界，僅越境而止耳。

秋，七月，己丑，魏主親勒兵十餘萬屯河橋，以斛斯椿爲前驅，陳於邙山之北。椿請帥精騎二千夜渡河掩其勞弊，陳，讀曰陣。帥，讀曰率。騎，奇計翻。帝始然之；黃門侍郎楊寬說帝曰：說，式芮翻。「高歡以臣伐君，何所不至！今假兵於人，恐生他變。椿若渡河，萬一有功，是滅一高歡，生一高歡矣。」帝遂敕椿停行，椿歎曰：「頃熒惑入南斗，晉天文志曰：南斗六星，天廟也。將有天子之事，占於斗。熒惑，罰星，入之，天子不安其位，後所謂「天子下殿走」是也。今上信左右間搆，間，古莧翻。不用吾計，豈天道乎！」宇文泰聞之，謂左右曰：「高歡數日行八九百里，此兵家所忌，當乘便擊之。而主上以萬乘之重，乘，成正翻。不能渡河決戰，方緣津據守。且長河萬里，捍禦爲難，若一處得渡，大事去矣。」卽以大都督趙貴爲別道行臺，自蒲反濟，趣并州，別道而進，示將擬高歡之後。趣，七喻翻。遣大都督李賢將精騎一千赴洛陽。以迎魏主也。將，即亮翻。

帝使斛斯椿與行臺長孫稚、大都督潁川王斌之鎮虎牢，行臺長孫子彥鎮陝，斌，音彬。陝，失冉翻。賈顯智、斛斯元壽鎮滑臺。斌之，鑒之弟；安樂王鑒見一百五十卷普通五年。子彥，稚之子也。歡使相州刺史竇泰趣滑臺，相，息亮翻。建州刺史韓賢趣石濟。竇泰與顯智遇於長壽津，水經：河水右逕滑臺城，又東北逕涼城縣，又東北爲長壽津。述征記曰：涼城到長壽津六十里。顯智陰約降於歡，引軍退。降，戶江翻；下同。軍司元玄覺之，馳還，請益師，帝遣大都督侯幾紹赴之，魏書官氏志，內入諸姓有侯幾氏。戰於滑臺東，顯智以軍降，紹戰死。北中郎將田怙爲歡內應，歡潛軍至野王，帝知之，斬怙。五代志：河內郡治河內縣，舊曰野王。歡至河北十餘里，自野王進兵，距河纔十餘里。再遣使口申誠款；帝不報。使，疏吏翻。丙午，歡引軍渡河。

魏主問計於羣臣，或欲奔梁，或云南依賀拔勝，或云西就關中，或云守洛口死戰，洛水過鞏縣東而北入于河，謂之洛口。計未決。元斌之與斛斯椿爭權，棄椿還，紿帝云：「高歡兵已至！」考異曰：魏書斛斯椿傳云：「椿懼己不免，復啓出帝，假說遊聲以劫脅帝，帝信之，遂入關。」按齊高祖舉兵向洛，而云椿劫脅帝，不亦誣乎！此乃魏收欲媚齊人，重椿之罪耳。今從齊書高祖紀及北史椿傳。丁未，帝遣使召椿還，遂帥南陽王寶炬、清河王亶、廣陽王湛以五千騎宿於瀍西，南陽王別舍沙門惠臻負璽持千牛刀以從。帥，讀曰率。璽，斯氏翻。從，才用翻。衆知帝將西出，其夜，亡者過半，亶、湛亦逃歸。湛，深之子也。廣陽王深爲葛榮所殺。武衞將軍雲中獨孤信單騎追帝，令狐德棻曰：獨孤部與魏俱起，三十六大姓之一也。帝歎曰：「將軍辭父母，捐妻子而來，『世亂識忠臣』，豈虛言也！」戊申，帝西奔長安，李賢遇帝于崤中。陝有三崤之山。魏太和十一年置崤縣，屬恆農郡。己酉，歡入洛陽，舍於永寧寺，遣領軍婁昭等追帝，請帝東還。長孫子彥不能守陝，棄城走。高敖曹帥勁騎追帝至陝西，不及。陝西，陝城之西也。帝鞭馬長騖，糗漿乏絕，騖，音務。糗，去久翻，熬米麥爲之。鄭玄曰：漿，酢酨，周官漿人掌之。三二日間，從官唯飲澗水。從，才用翻。至湖城，有王思村民以麥飯壺漿獻帝，帝悅，復一村十年。至稠桑，湖城，卽漢湖縣城。湖城西有稠桑驛。復，方目翻。潼關大都督毛鴻賓迎獻酒食，從官始解飢渴。八月，甲寅，丞相歡集百官謂曰：「爲臣奉主，匡救危亂，若處不諫爭，出不陪從，處，昌呂翻。爭，讀曰諍。從，才用翻。緩則耽寵爭榮，急則委之逃竄，臣節安在！」衆莫能對，兼尚書左僕射辛雄曰：「主上與近習圖事，雄等不得預聞。及乘輿西幸，乘，繩正翻。若卽追隨，恐跡同佞黨；留待大王，又以不從蒙責，雄等進退無所逃罪。」歡曰：「卿等備位大臣，當以身報國，羣佞用事，卿等嘗有一言諫爭乎？使國家之事一朝至此，罪欲何歸！」乃收雄及開府儀同三司叱列延慶、兼吏部尚書崔孝芬、都官尚書劉廞、兼度支尚書天水楊機、散騎常侍元士弼，皆殺之。歡責辛雄等以罪而殺之，亦以去魏朝之望，將以樹其私黨耳。歆，許金翻。度，徒洛翻。孝芬子司徒從事中郎猷間行入關，魏主使以本官奏門下事。凡事經門下者使之聞奏也。間，古莧翻。歡推司徒清河王亶爲大司馬，承制決事，居尚書省。

宇文泰使趙貴、梁禦帥甲騎二【張：「二」作「一」。】千奉迎，帝循河西行，謂禦曰：「此水東流，而朕西上，若得復見洛陽，親詣【章：甲十一行本「詣」作「謁」；乙十一行本同；孔本同；張校同。】陵廟，卿等功也。」帝及左右皆流涕。泰備儀衛迎帝，謁見於東陽驛，水經註：渭水過長安城北，又東過新豐，東合西陽水，又東合東陽水。二水並南出廣鄉原。上，時掌翻。復，扶又翻。謁見，賢遍翻。免冠流涕曰：「臣不能式遏寇虐，詩曰：「式遏寇虐，無俾作慝。」使乘輿播遷，臣之罪也。」乘，成正翻。帝曰：「公之忠節，著於遐邇。朕以不德，負乘致寇，易曰：負且乘，致寇至。負也者，小人之事也。乘也者，君子之器也。小人而乘君子之器，盜思奪之矣。今日相見，深用厚顏。鄭玄曰：顏之厚者，不知慚於人。方以社稷委公，公其勉之！」將士皆呼萬歲。遂入長安，以雍州廨舍爲宮，廨，居隘翻。公宇也。大赦，以泰爲大將軍、雍州刺史，兼尚書令，雍，於用翻。軍國之政，咸取決焉。別置二尚書，分掌機事，以行臺尚書毛遐、周惠達爲之。時軍國草創，二人積糧儲，治器械，簡士馬，魏朝賴之。治，直之翻。朝，直遙翻。泰尚馮翊長公主，拜駙馬都尉。漢武帝置奉車、駙馬、騎三都尉，魏、晉以來，尚主者例拜駙馬都尉。長，知兩翻。

先是，熒惑入南斗，去而復還，留止六旬。上以諺云「熒惑入南斗，天子下殿走，」乃跣而下殿以禳之，鄭玄曰：卻變曰禳。先，悉見翻。及聞魏主西奔，慙曰：「虜亦應天象邪！」

9 己未，武興王楊紹先爲秦、南秦二州刺史。「己未」之下，當有「以」字；梁書亦然。

10 辛酉，魏丞相歡自追迎魏主。戊辰，清河王亶下制大赦。歡至弘農，九月，癸【張：「癸」作「乙」。】巳，使行臺僕射元子思帥侍官迎帝；帥，讀曰率；下同。己酉，攻潼關，克之，擒毛鴻賓，進屯華陰長城，此城，戰國時魏築長城自鄭濱洛者也。華，戶化翻。龍門都督薛崇禮以城降歡。魏收志：華山郡夏陽縣有龍門山。水經註：河水出龍門口。蓋兩山夾河，故謂之龍門，大禹所鑿也。後魏置龍門郡龍門縣，屬南汾州；隋廢龍門郡，以龍門縣屬河東郡。此卽河東之龍門也，西對夏陽之龍門山。降，戶江翻。

賀拔勝使長史元穎行荆州事，守南陽，自帥所部西赴關中。至淅陽，漢析縣屬弘農郡；宋永初志，屬順陽郡；魏收志，析陽郡屬析州；五代志，析州內鄉縣，舊置淅陽郡。淅，思曆翻。聞歡已屯華陰，欲還，行臺左丞崔謙曰：「今帝室顛覆，主上蒙塵，公宜倍道兼行，朝於行在，朝，直遙翻。然後與宇文行臺同心勠力，唱舉大義，天下孰不望風響應！今捨此而退，恐人人解體，一失事機，後悔何及！」勝不能用，遂還。

歡退屯河東，使行臺【章：甲十一行本「臺」下有「尚書」二字；乙十一行本同；孔本同；張校同。】長史薛瑜守潼關，考異曰：北史作「薛瑾」，典略作「薛長瑜」，北齊帝紀作「薛瑜」。今從北齊書。大都督庫狄溫守封陵，築城於蒲津西岸，水經註：潼關直北隔河有層阜，巍然獨秀，孤峙河陽，世謂之風陵。蒲津，即河東郡蒲阪津也。唐志，蒲州河西縣有蒲津關，河東縣南有風陵關。以薛紹宗爲華州刺史，使守之，華，戶化翻。以高敖曹行豫州事。

歡自發晉陽，至是凡四十啓，魏主皆不報。歡乃東還，遣行臺侯景等引兵向荆州，荆州民鄧誕等執元穎以應景。賀拔勝至，景逆擊之，勝兵敗，帥數百騎來奔。奔梁也。通鑑以梁繫年，故書來奔。帥，讀曰率。騎，音奇寄翻；下同。

11 魏主之在洛陽也，密遣閤內都督河南趙剛召東荆州刺史馮景昭帥兵入援，兵未及發，魏主西入關。景昭集府中文武議所從，司馬馮道和請據州待北方處分。北方，謂高歡也。處，昌呂翻。分，扶問翻。剛曰：「公宜勒兵赴行在所。」天子所至爲行在所。久之，更無言者。剛抽刀投地曰：「公若欲爲忠臣，請斬道和；如欲從賊，可速見殺！」景昭感悟，即帥衆赴關中。侯景引兵逼穰城，謂攻元穎時也。東荆州民楊祖歡等起兵，【章：甲十一行本「兵」下有「應之」二字；乙十一行本同；孔本同；張校同；退齋校同。】以其衆邀景昭於路，景昭戰敗，剛沒蠻中。魏東荆州本蠻左所據之地。

冬，十月，丞相歡至洛陽，考異曰：齊書、北史皆云「九月，庚寅，還至洛陽。」按歡九月己酉克潼關。己酉，九月二十九日也，不容庚寅已還至洛陽。庚寅乃九月十日也。又遣僧道榮奉表於孝武帝曰：「陛下若遠賜一制，許還京洛，臣當帥勒文武，式清宮禁。若返正無日，則七廟不可無主，萬國須有所歸，臣寧負陛下，不負社稷。」帝亦不答。歡乃集百官耆老，議所立，時清河王亶出入已稱警蹕，歡醜之，乃託以「孝昌以來，昭穆失序，昭，讀爲佋，時昭翻。永安以孝文爲伯考，永熙遷孝明於夾室，敬宗尊其父彭城王勰爲皇帝，列於七廟，以孝文爲伯考。高歡之立魏孝武，改元永熙。孝武自以於孝明帝兄弟也，禮，兄弟不相入廟，遂遷孝明帝主於夾室。凡宗廟之制，有東西夾室。業喪祚短，職此之由。」喪，息亮翻。遂立清河王世子善見爲帝，謂亶曰：「欲立王，不如立王之子。」亶不自安，輕騎南走，歡追還之。丙寅，孝靜帝即位於城東北，歡以善見者清河王懌之孫，於孝明帝猶子也，入繼大宗則昭穆順，遂立之。城東北者，洛陽城東北。時年十一，大赦，改元天平。魏自此分爲東、西。

魏宇文泰進軍攻潼關，斬薛瑜，虜其卒七千人，還長安，進位大丞相。東魏行臺薛脩義等渡河據楊氏壁；據薛端傳，楊氏壁在龍門西岸，當在華陰、夏陽之間，蓋華陰諸楊遇亂築壁以自守，因以爲名。魏司空參軍河東薛端糾帥村民擊卻東魏，復取楊氏，帥，讀曰率；下同。復，扶又翻。丞相泰遣南汾州刺史蘇景恕鎮之。魏汾州本治蒲子城，孝昌中陷，移治西河。時西河已屬東魏，故西魏僑置南汾州於楊氏壁。

12 丁卯，以信武將軍元慶和爲鎮北將軍，帥衆伐東魏。

13 初，魏孝武既與丞相歡有隙，齊州刺史侯淵、兗州刺史樊子鵠、青州刺史東萊王貴平元貴平封東萊王。陰相連結，以觀時變；淵亦遣使通於歡所。使，疏吏翻。及孝武帝入關，清河王亶承制，以汝陽王暹爲齊州刺史。暹至城西，淵不時納。城民劉桃符等潛引暹入城，淵帥騎出走，妻子部曲悉爲暹所虜。行及廣里，司馬彪續漢志，濟北郡盧縣有光里。光、廣聲相近也。會承制以淵行青州事。承制，言命出於清河王亶。歡遺淵書曰：遺，于季翻。「卿勿以部曲單少，憚於東行，齊人澆薄，唯利是從，少，詩沼翻。澆，堅堯翻。齊州尚能迎汝陽王，青州豈不能開門待卿也。」淵乃復東，復，扶又翻；下同。暹歸其妻子部曲。貴平亦不受代，淵襲高陽郡，克之，魏收志：高陽郡故樂安地，宋文帝置高陽郡，屬冀州，後入魏，屬青州。五代志：青州北海縣，舊曰下密，置高陽郡。置累重於城中，累，力瑞翻。重，直用翻。自帥輕騎遊掠於外。貴平使其世子帥衆攻高陽，淵夜趣東陽，青州治東陽城。見州民餽糧者，紿之曰：「臺軍已至，殺戮殆盡。我，世子之人也，脫走還城，汝何爲復往！」聞者皆棄糧走。比曉，紿，待亥翻。比，必利翻，及也。復謂行人曰：「臺軍昨夜已至高陽，我是前鋒，今至此，不知侯公竟在何所！」城民恟懼，遂執貴平出降。侯淵取韓樓亦用此術，技止此耳。恟，許勇翻。戊辰，淵斬貴平，傳首洛陽。

14 庚午，東魏以趙郡王諶爲大司馬，諶，世壬翻。咸陽王坦爲太尉，開府儀同三司高盛爲司徒，高敖曹爲司空。坦，樹之弟也。元樹奔梁，中大通四年爲魏所擒。

丞相歡以洛陽西逼西魏，南近梁境，乃議遷鄴，書下三日卽行。書，謂歡所下書也。近，其靳翻。下，遐嫁翻。丙子，東魏主發洛陽，四十萬戶狼狽就道。收百官馬，尚書丞郎已上非陪從者，盡令乘驢。歡留後部分，事畢，還晉陽。從，才用翻。分，扶問翻。改司州爲洛州，以尚書令元弼爲洛州刺史，鎮洛陽。魏明元帝取洛陽，置洛州，孝文帝徙都洛，太和十七年改爲司州；高歡既逼東魏主遷鄴，改相州爲司州，復以洛陽改爲洛州。以行臺尚書司馬子如爲尚書左僕射，與右僕射高隆之、侍中高岳、孫騰留鄴，共知朝政。朝，直遙翻。詔以遷民貲產未立，出粟一百三十萬石以賑之。賑，九忍翻。

15 十一月，兗州刺史樊子鵠據瑕丘以拒東魏，南青州刺史大野拔帥衆就之。大野，虜複姓。

16 庚寅，東魏主至鄴，居北城相州之廨，改相州刺史爲司州牧，東魏司州領魏、陽平、廣平、汲、廣宗、東郡、北廣平、林慮、頓丘、濮陽、黎陽、清河郡。相，息亮翻。廨，音居隘翻。魏郡太守爲魏尹。後北齊改魏尹爲清都尹。是時，六坊之衆從孝武帝西行者不及萬人，魏蓋以宿衛之士分爲六坊。餘皆北徙，並給常廩，春秋賜帛以供衣服，養兵之害始此。乃於常調之外，調，徒弔翻。隨豐稔之處，折絹糴粟以供國用。

17 十二月，魏丞相泰遣儀同李虎、李弼、趙貴擊曹泥於靈州。

18 閏月，元慶和克瀨鄉而據之。司馬彪續漢志：陳國苦縣有賴鄉，老子所居也。晉苦縣屬梁國，後魏幷苦縣入陳留谷陽縣。

19魏孝武帝閨門無禮，從妹不嫁者三人，從，才用翻。皆封公主。平原公主明月，南陽王寶炬之同產也，從帝入關，丞相泰使元氏諸王取明月殺之；帝不悅，或時彎弓，或時椎案，由是復與泰有隙。椎，直追翻。復，扶又翻。癸巳，帝飲酒遇酖而殂。年二十五。泰與羣臣議所立，多舉廣平王贊。贊，孝武之兄子也。侍中濮陽王順，於別室垂涕謂泰曰：「高歡逼逐先帝，立幼主以專權，明公宜反其所爲。廣平沖幼，不如立長君而奉之。」泰乃奉太宰南陽王寶炬而立之。寶炬，孝文帝之孫，京兆王愉之子。長，知兩翻。順，素之曾孫也。按魏宗室名順者前後凡三人。道武伐中山，順欲於平城自立，此時猶以拓跋爲姓。又，任城王澄之子順叱高肇門者，指元叉妻諫靈后妝飾，斥徐紇，以抗直著，後聞河陰之難，奔走而死。此元順，則常山王素之孫。二人皆已改姓元氏。殯孝武帝於草堂佛寺，諫議大夫宋球慟哭嘔血，漿粒不入口者數日，泰以其名儒，不之罪也。

20魏賀拔勝之在荊州也，表武衞將軍獨孤信爲大都督。東魏既取荊州，魏以信爲都督三荊州諸軍事、尚書右僕射、東南道行臺、大都督、荊州刺史以招懷之。

蠻酋樊五能攻破淅陽郡以應魏，酋，慈尤翻。考異曰：北史作「樊大能」。今從魏書。東魏西荊州刺史辛纂欲討之，據隋紀，辛纂時鎮穰城。則西荊州即荊州，以穰城在東荊州之西，故云。行臺郎中李廣諫曰：「淅陽四面無民，唯一城之地，山路深險，表裏羣蠻。今少遣兵，則不能制賊；少，詩沼翻。多遣，則根本虛弱；脫不如意，大挫威名，人情一去，州城難保。」纂曰：「豈可縱賊不討！」廣曰：「今所憂在心腹，何暇治疥癬！治，直之翻。聞臺軍不久應至，臺軍，謂東魏所遣軍也。公但約勒屬城，使完壘撫民以待之，雖失淅陽，不足惜也。」纂不從，遣兵攻之，兵敗，諸將因亡不返。

城民密召獨孤信。信至武陶，「武陶」，疑當作「武關」。東魏遣恆農太守田八能恆農，卽弘農，後魏避顯祖諱，改弘曰恆，音常。帥羣蠻拒信於淅陽，帥，讀曰率。又遣都督張齊民以步騎三千出信之後。信謂其衆曰：「今士卒不滿千人，首尾受敵，謂田八能拒其前，張齊民出其後也。若還擊齊民，則土民必謂我退走，土民，謂淅陽之民。必爭來邀我；不如進擊八能，破之，齊民自潰矣。」遂擊破八能，乘勝襲穰城；辛纂勒兵出戰，大敗，還趣城。門未及闔，戰敗奔還，門者惶遽未及下關也。趣，七喻翻。信令都督武川楊忠爲前驅，楊忠，隋文帝之父也。隋氏自以爲出於華陰楊震，而忠則出居武川。隋氏序其世曰：「本弘農華陰之楊，漢太尉震十四世至文帝。震八世孫北平太守鉉，鉉子元壽，魏初爲武川鎮司馬，因家於神武樹頹縣。元壽生惠嘏，嘏生烈，烈生禎，禎生忠。」忠叱門者曰：「大軍已至，城中有應，爾等求生，何不避走！」門者皆散。忠帥衆入城，斬纂以徇，城中懾服。懾，之涉翻。信分兵定三荆。居半歲，東魏高敖曹、侯景將兵奄至城下，信兵少不敵，與楊忠皆來奔。爲賀拔勝與信、忠還魏張本。將，卽亮翻。少，詩沼翻。

資治通鑑卷第一百五十七

端明殿學士兼翰林侍讀學士朝散大夫右諫議大夫充集賢殿修撰提舉西京嵩山崇福宮上柱國河内郡開國侯食邑一千八百户食實封六百户賜紫金魚袋臣　司馬光　奉敕編集

後　學　天　台　胡三省　音　註

梁紀十三起旃蒙單閼（乙卯），盡彊圉大荒落（丁巳），凡三年。

高祖武皇帝十三

大同元年（乙卯、五三五）

1 春，正月，戊申朔，大赦，改元。

2 是日，魏文帝卽位於城西，城西，長安城西也。古者天子卽位御前殿，魏自高歡立孝武帝復用夷禮，於郊拜天而後卽位。大赦，改元大統，追尊父京兆王爲文景皇帝，妣楊氏爲皇后。

3 魏渭州刺史可朱渾道元先附侯莫陳悅，悅死，悅死，見上卷中大通六年。丞相泰攻之，不能克，與盟而罷。道元世居懷朔，與東魏丞相歡善，又母兄皆在鄴，由是常與歡通。泰欲擊之，道元帥所部三千户西北渡烏蘭津抵靈州，烏蘭津在平涼西北。唐分平涼之會寧鎭置會州，又置烏蘭縣屬焉。縣西南有烏蘭關。帥，讀曰率。靈州刺史曹泥資送至雲州。歡聞之，遣資糧迎候，拜車騎大將軍。騎，奇寄翻。

道元至晉陽，歡始聞孝武帝之喪，魏孝武去年十二月殂。啓請舉哀制服。東魏主使羣臣議之，太學博士潘崇和以爲：「君遇臣不以禮則無反服，記檀弓：魯繆公問於子思曰：「爲舊君反服，古與？」子思曰：「古之君子，進人以禮，退人以禮，故有舊君反服之禮也。今之君子，進人若將加諸膝，退人若將隊諸淵，毋爲戎首，不亦善乎，又何反服之禮之有！」孟子：齊宣王曰：「禮爲舊君有服，何如斯可爲之服矣？」孟子曰：「諫行言聽，膏澤下於民；有故而去，則君使人導之出疆，又先之於其所往；去三年不反，然後收其田里；此之謂三有禮焉，如此則爲之服矣。今也爲臣，諫則不行，言則不聽，膏澤不下於民；有故而去，則君搏執之，又極之於其所往；去之日遂收其田里；此之謂寇讎，寇讎何服之有！」是以湯之民不哭桀，周武之民不服紂。」國子博士衞既隆、李同軌議以爲：「高后於永熙離絶未彰，宜爲之服。」東魏從之。歡初立孝武，納其長女以爲皇后，帝之西奔，后留不從。

4 魏驍騎大將軍、儀同三司李虎等招諭費也頭之衆，與之共攻靈州，凡四旬，曹泥請降。驍，堅堯翻。騎，奇寄翻。降，戶江翻。

5 己酉，魏進丞相略陽公泰爲都督中外諸軍、錄尚書事、大行臺，封安定王；泰固辭王爵及錄尚書，乃封安定公。以尚書令斛斯椿爲太保，廣平王贊爲司徒。

6 乙卯，魏主立妃乙弗氏爲皇后，乙弗之先世爲吐谷渾渠帥，居青海，卽禿髮傉檀所襲者也。魏平涼州，后之高祖莫瓌擁部落入附，其後從孝文遷洛，遂家焉。子欽爲皇太子。后仁恕節儉，不妬忌，帝甚重之。以魏文帝之重乙弗后，而卒迫於強敵，使后不得其死，悲夫。

7稽胡劉蠡升，自孝昌以來，自稱天子，改元神嘉，居雲陽谷；李延壽曰：稽胡，一曰步落稽，蓋匈奴別種，劉元海五部之苗裔也。或云：山戎、赤狄之後。自離石以西，安定以東，方七八百里，居山谷間，種落繁熾。魏之邊境常被其患，謂之「胡荒」。言其本胡種，侵擾漢民，若在荒服之外者也。被，皮義翻。壬戌，東魏丞相歡襲擊，大破之。

8勃海世子澄通於歡妾鄭氏，歡封勃海王，以澄爲世子。歡歸，歸自襲稽胡。一婢告之，二婢爲證；歡杖澄一百而幽之，婁妃亦隔絕不得見。歡納魏敬宗之后爾朱氏，有寵，生子浟，浟，夷周翻。歡欲立之。澄求救於司馬子如。子如入見歡，僞爲不知者，請見婁妃；歡告其故。子如曰：「消難亦通子如妾，此事正可掩覆。難，乃旦翻。覆，敷又翻。妃是王結髮婦，常以父母家財奉王；程正叔曰：古人言「結髮爲夫婦」，如言「結髮事君」，「結髮戰匈奴」，只言初上頭時也，豈謂合髻子邪！按婁妃本傳：妃少見歡在城上執役，慕之，使婢通意。又數致私財，使以聘己，父母不得已而許焉。王在懷朔被杖，背無完皮，妃晝夜供侍；後避葛賊，葛賊，謂葛榮也。同走并州，貧困，妃然馬矢，然，與燃同。自作靴；隋志：靴，胡履也。取便於事，施於戎服。恩義何可忘也！夫婦相宜，女配至尊，妃二女，長配孝武帝，次配孝靜帝。男承大業。謂澄爲世子也。且婁領軍之勳，何宜搖動！妃弟昭時爲領軍將軍。一女子如草芥，況婢言不必信邪！」歡因使子如更鞫之。子如見澄，尤之曰：「男兒何意畏威自誣！」因教二婢反其辭，反，音翻。脅告者自縊，縊，於賜翻，又於計翻。乃啓歡曰：「果虛言也。」歡大悅，召婁妃及澄。妃遥見歡，一步一叩頭，澄且拜且進，父子、夫婦相泣，復如初。復，扶又翻。歡置酒曰：「全我父子者，司馬子如也！」賜之黄金百三十斤。

9 甲子，魏以廣陵王欣爲太傅，儀同三司万俟壽洛干爲司空。万，莫北翻。俟，渠之翻。壽洛干卽受洛干。

10 己巳，東魏以丞相歡爲相國，假黄鉞，殊禮；固辭。

11 東魏大行臺尚書司馬子如帥大都督竇泰、太州刺史韓軌等攻潼關，按韓軌傳，爲秦州刺史。又考魏收志，東魏置秦州於河東，領河東、北鄉二郡。史蓋誤以「秦」爲「泰」，緣「泰」之誤又以「泰」爲「太」。帥，讀曰率。魏丞相泰軍于霸上。子如與軌回軍，從蒲津宵濟，攻華州。五代志：後魏置東雍州於鄭縣，西魏改曰華州。華，戶化翻。時脩城未畢，梯倚城外，比曉，東魏人乘梯而入。刺史王羆臥尚未起，聞閤外匈匈有聲，比，必利翻。匈，許容翻。匈匈，喧擾之聲。袒身露髻徒跣，持白梃大呼而出，梃，待鼎翻，杖也。白梃，卽今人所謂白棓也。呼，火故翻。東魏人見之驚卻。羆逐至東門，左右稍集，合戰，破之，子如等遂引去。兵以氣勢爲用；兵之勇怯，恃主帥以爲氣勢。王羆勇於赴敵而其左右又勇於戰，此其所以於不備不虞之中而能卻敵也。

12 二月，辛巳，上祀明堂。

13 壬午，東魏以咸陽王坦爲太傅，西河王悰爲太尉。悰，徂宗翻。

14 東魏使尚書右僕射高隆之發十萬夫撤洛陽宮殿，運其材入鄴。

15 丁亥，上耕藉田。

16 東魏儀同三司婁昭等攻兗州，樊子鵠使前膠州刺史嚴思達守東平，魏收志：泰常中置東平郡，太和末罷，建義中復置，治秦城，屬濟州。秦城在范縣界。昭攻拔之。遂引兵圍瑕丘，久不下，昭以水灌城；己丑，大野拔見子鵠計事，因斬其首以降。始，子鵠以衆少，降，戶江翻。少，詩沼翻。悉驅老弱爲兵，子鵠死，各散走。諸將勸婁昭盡捕誅之，昭曰：「此州不幸，橫被殘賊，跂望官軍以救塗炭，橫，戶孟翻。跂，去智翻，舉踵也。今復誅之，復，扶又翻；下衆復同。民將誰訴！」皆捨之。

17 戊戌，司州刺史陳慶之伐東魏，與豫州刺史堯雄戰，不利而還。東魏豫州治汝南。堯，姓；雄，名。

18 三月，辛酉，東魏以高盛爲太尉，高敖曹爲司徒，濟陰王暉業爲司空。濟，子禮翻。

19 東魏丞相歡僞與劉蠡升約和，許以女妻其太子。妻，七細翻；下后妻同。蠡升不設備，歡舉兵襲之，辛酉，蠡升北部王斬蠡升首以降。降，戶江翻。餘衆復立其子南海王，歡進擊，擒之，俘其皇后、諸王、公卿以下四百餘人，華、夷五萬餘戶。

壬申，歡入朝于鄴，朝，直遙翻。以孝武帝后妻彭城王韶。孝武帝后，歡長女也。

20 魏丞相泰以軍旅未息，吏民勞弊，命所司斟酌古今可以便時適治者，爲二十四條新制，奏行之。治，直吏翻。

泰用武功蘇綽爲行臺郎中，魏收志：太和十一年，分扶風置武功郡，屬岐州。卽漢、魏武功縣之地。居歲餘，泰未之知也，而臺中皆稱其能，有疑事皆就決之。就蘇綽以決疑也。此就，卽孟子「欲有謀焉則就之」之就。泰與僕射周惠達論事，惠達不能對，請出議之。出，以告綽，綽爲之區處，爲，于爲翻。處，昌呂翻。惠達入白之，泰稱善，曰：「誰與卿爲此議者？」惠達以綽對，且稱綽有王佐之才，泰乃擢綽爲著作郎。泰與公卿如昆明池觀漁，行至漢故倉池，水經註：泬水枝渠至章門西，飛渠引水入城，東爲倉池，池在未央宮西。池有漸臺，漢兵起，王莽死於此臺。蘇綽傳亦云：行至長安城西漢故倉池。顧問左右，莫有知者。泰召綽問之，具以狀對。泰悅，因問天地造化之始，歷代興亡之迹，綽應對如流。泰與綽並馬徐行，至池，竟不設網罟而還。意在問綽，不在觀漁。還，從宣翻，又如字。遂留綽至夜，問以政事，臥而聽之；綽指陳爲治之要，治，直吏翻。泰起，整衣危坐，不覺膝之前席，初臥而聽，繼起而整衣危坐，又不覺膝之前席。蓋綽之言深有以當泰心，久而愈敬也。語遂達曙不厭。天曉爲曙。詰朝，謂周惠達曰：「蘇綽眞奇士，吾方任之以政。」詰，去吉翻。卽拜大行臺左丞，參典機密，自是寵遇日隆。綽始制文案程式朱出、墨入及計帳、戶籍之法，計帳者，具來歲課役之大數，以報度支。戶籍者，戶口之籍。後人多遵用之。世有有爲之主，必有能者出爲之用；若謂天下無才，吾不信也。

21 東魏以封延之爲青州刺史，代侯淵。淵既失州任而懼，行及廣川，沈約曰：廣川縣本屬信都，後漢屬清河，魏屬勃海，晉還清河。江左僑立廣川郡縣於濟南，非舊所也。魏收曰：齊郡廣川縣有牛山、齊桓公冢、管仲冢。五代志：齊州長山縣，舊置廣川郡。遂反，夜，襲青州南郭，劫掠郡縣。夏，四月，丞相歡使濟州刺史蔡儁討之。濟，子禮翻。淵部下多叛，淵欲南奔，於道爲賣漿者所斬，送首於鄴。

22 元慶和攻東魏城父，魏收志，陳留郡浚儀縣有城父城，至隋，改浚儀爲城父縣，屬譙郡。五代志：譙郡城父縣，宋置浚儀縣。又考沈約志，陳留浚儀縣並寄治譙郡長垣縣界。則知諸志所謂浚儀，非我朝開封府之浚儀也。魏收志梁州陳留郡浚儀縣，則我朝開封之浚儀也。眞宗改浚儀曰祥符。所謂城父，則今亳州之城父縣是也。父，音甫。丞相歡遣高敖曹帥三萬人趣項，竇泰帥三萬人趣城父，侯景帥三萬人趣彭城，帥，讀曰率。趣，七喻翻。以任祥爲東南道行臺僕射，節度諸軍。任，音壬。

23 五月，魏加丞相泰柱國。即柱國大將軍之官。

24 元慶和引兵逼東魏南兗州，東魏洛州刺史韓賢拒之。東魏既遷鄴，以洛陽爲洛州，領洛陽、河陰、新安、中川、河南、陽城郡。六月，慶和攻南頓，豫州刺史堯雄破之。

25秋，七月，甲戌，魏以開府儀同三司念賢爲太尉，万俟壽洛干爲司徒，開府儀同三司越勒肱爲司空。越勒出於越勒部，因以爲姓。

26益州刺史鄱陽王範、南梁州刺史樊文熾五代志：普安郡，梁置南梁州，後改爲安州，西魏改曰始州，至唐改始州曰劍州。合兵圍晉壽，魏東益州刺史傅敬和來降。降，戶江翻。範，恢之子；鄱陽王恢，費妃之子，上之弟也。敬和，豎眼之子也。傅豎眼著功梁、益，而子爲降虜，隤其家聲忽諸！豎，而庾翻。

27魏下詔數高歡二十罪，數，所具翻。且曰：「朕將親總六軍，與丞相掃除凶醜。」歡亦移檄於魏，謂宇文黑獺、斛斯椿爲逆徒，且言「今分命諸將，領兵百萬，刻期西討。」將，卽亮翻。

28東魏遣行臺元晏擊元慶和。

29或告東魏司空濟陰王暉業與七兵尚書薛琡貳於魏，曹魏置五兵尚書，謂中兵、外兵、騎兵、別兵、都兵也。及晉，分中兵、外兵爲左、右，與舊五兵爲七曹；然尚書唯置五兵而已，無七兵尚書之名。至後魏，始有七兵尚書，北齊復爲五兵。琡，昌六翻。濟，子禮翻。八月，辛卯，執送晉陽，皆免官。時東魏丞相歡居晉陽，執送二人，取其裁決。春秋，晉爲方伯，執列國君臣之違命者歸之京師，經猶貶之，況自京師而執送晉陽乎！

30甲午，東魏發民七萬六千人作新宮於鄴，使僕射高隆之與司空胄曹參軍辛術共營之，元魏公府有法、墨、田、水、鎧、胄、集、士等曹，皆行參軍也。築鄴南城周二十五里。術，琛之子也。辛琛見一百四十七卷天監六年。琛，丑林翻。

31 趙剛自蠻中往見東魏東荊州刺史趙郡李愍，勸令附魏，愍從之，剛由是得至長安。丞相泰以剛爲左光祿大夫。剛說泰召賀拔勝、獨孤信等於梁，剛沒蠻中，勝、信奔梁，並見上卷上年。說，式芮翻。泰使剛來請之。

32 九月，丁巳，東魏以開府儀同三司襄城王旭爲司空。旭，吁玉翻。

33 冬，十月，魏太師上黨文宣王長孫稚卒。長，知兩翻。

34 魏秦州刺史王超世，丞相泰之內兄也，母黨以兄弟齒，謂之內兄、內弟。驕而黷貨，泰奏請加法，詔賜死。

35 十一月，丁未，侍中、中衞將軍徐勉卒。卒，子恤翻。勉雖骨鯁不及范雲，亦不阿意苟合，故梁世言賢相者稱范、徐云。范、徐既沒，專任朱异，梁殆矣。

36 癸丑，東魏主祀圜丘。

37 甲午，東魏閶闔門災。門之初成也，高隆之乘馬遠望，謂其匠曰：「西南獨高一寸。」量之果然。高，居奧翻。量，音良。太府卿任忻集自矜其巧，不肯改。任，音壬。隆之恨之，至是譖於丞相歡曰：「忻集潛通西魏，令人故燒之。」歡斬之。

38 北梁州刺史蘭欽引兵攻南鄭，梁以南鄭爲北梁州。蓋以欽爲刺史，使之圖南鄭也。魏梁州刺史元羅舉州降。降，戶江翻。考異曰：典略在七月，今從梁帝紀。

39 東魏以丞相歡之子洋爲驃騎大將軍、開府儀同三司，封太原公。洋，音羊，又音祥。驃，匹妙翻。騎，奇寄翻；下同。洋內明決而外如不慧，兄弟及衆人皆嗤鄙之；嗤，丑之翻。獨歡異之，謂長史薛琡曰：「此兒識慮過吾。」幼時，歡嘗欲觀諸子意識，使各治亂絲，治，直之翻；下同。洋獨抽刀斬之，曰：「亂者必斬！」又各配兵四出，使都督彭樂帥甲騎僞攻之，兄澄等皆怖橈，帥，讀曰率。怖，普布翻。橈，奴教翻。洋獨勒衆與樂相格，樂免冑言情，猶擒之以獻。

初，大行臺右丞楊愔從兄岐州刺史幼卿，以直言爲孝武帝所殺，愔，於今翻。從，才用翻。愔同列郭秀害其能，恐之曰：「高王欲送卿於帝所。」愔懼，變姓名逃於田橫島。五代志，東萊郡卽墨縣有田橫島。久之，歡聞其尚在，召爲太原公開府司馬，爲楊愔爲洋所親任張本。頃之，復爲大行臺右丞。復，扶又翻。

40 十二月，甲午，東魏文武官量事給祿。隨任事之輕重，以爲給祿之差。量，音良。

41 魏以念賢爲太傅，河州刺史梁景叡爲太尉。

42 是歲，鄱陽妖賊鮮于琛改元上願，有衆萬餘人。妖，於驕翻。琛，丑林翻。鄱陽內史吳郡陸襄討擒之，按治黨與，無濫死者。民歌之曰：「鮮于平後善惡分，民無枉死賴陸君。」

43 柔然頭兵可汗求婚於東魏，丞相歡以常山王妹爲蘭陵公主，妻之。柔然數侵魏，妻，七細翻。數，所角翻。魏使中書舍人庫狄峙奉使至柔然，與約和親，使，疏吏翻。由是柔然不復爲寇。復，扶又翻。

二年（丙辰、五三六）

1 春，正月，辛亥，魏祀南郊，改用神元皇帝配。魏高祖太和十六年，以太祖道武皇帝配南郊。神元皇帝，魏之先祖拓跋力微也；見晉武帝紀。

2 甲子，東魏丞相歡自將萬騎襲魏夏州，將，卽亮翻。騎，奇寄翻。夏，戶雅翻。身不火食，四日而至，縛矟爲梯，矟，色角翻。夜入其城，擒刺史斛拔俄彌突，因而用之，留都督張瓊將兵鎮守，遷其部落五千戶以歸。

3 魏靈州刺史曹泥與其壻涼州刺史普樂劉豐復叛降東魏，魏置普樂郡，屬靈州。五代史志：靈武郡迴樂縣，後周置，帶普樂郡。宋白曰：靈州西南至涼州九百里。去年曹泥降魏，今復叛。樂，音洛。復，扶又翻。降，戶江翻。魏人圍之，考異曰：北齊書、典略皆云「周文圍泥」，周書不言，故但云魏人。水灌其城，不沒者四尺。東魏丞相歡發阿至羅三萬騎徑度靈州，繞出魏師之後，魏師退。歡帥騎迎泥及豐，拔其遺戶五千以歸，高歡豈不欲與宇文爭靈州哉？雖鞭之長，不及馬腹也。以豐爲南汾州刺史。東魏置南汾州於定陽，隋改定陽縣爲吉昌縣，唐爲慈州治所。

4 東魏加丞相歡九錫；固讓而止。

5 上爲文帝作皇基寺以追福，帝追尊考順之曰文皇帝。爲，于僞翻。命有司求良材。曲阿弘氏自湘州買巨材東下，南津校尉孟少卿欲求媚於上，據梁紀，普通六年，南州津改置校尉，增加奉秩。南州卽今採石。校，戶教翻。少，詩照翻。誣弘氏爲劫而殺之，沒其材以爲寺。殺無罪之人，取其材以爲寺，福田利益果安在哉！

6 二月，乙亥，上耕藉田。

7 東魏勃海世子澄，年十五，爲大行臺、并州刺史，中大通五年，魏以歡爲大行臺，歡以授其子澄。歡居晉陽，并州刺史地任要重，故亦以澄爲之。求入鄴輔朝政，朝，直遙翻；下同。丞相歡不許；丞相主簿樂安孫搴爲之請，爲，于僞翻；下爲我同。乃許之。丁酉，以澄爲尚書令，加領軍、京畿大都督。考異曰：魏帝紀：「爲尚書令、大行臺、大都督。」北齊文襄紀：「天平元年，爲尚書令、大行臺、并州刺史；入輔朝政，加領軍、左右京畿大都督。」按尚書令不在外，大行臺不在內，今兩捨之。魏朝雖聞其器識，猶以年少期之；少，詩照翻。既至，用法嚴峻，事無凝滯，中外震肅。引并州別駕崔暹爲左丞、吏部郎，親任之。

8 司馬子如、高季式召孫搴劇飲，醉甚而卒。卒，子恤翻。丞相歡親臨其喪。子如叩頭請罪，歡曰：「卿折我右臂，折，而設翻。爲我求可代者！」子如舉中書郎魏收，歡以收爲主簿。收，子建之子也。魏子建見一百五十卷普通五年。他日，歡謂季式曰：「卿飲殺我孫主簿，飲，於禁翻。魏收治文書不如我意；治，直之翻。司徒嘗稱一人謹密者爲誰？」時東魏以高敖曹爲司徒。

季式以司徒記室廣宗陳元康對，曰：「是能夜中闇書，快吏也。」召之，一見，即授大丞相功曹，掌機密。考異曰：典略，孫搴卒在大同十年四月。按搴卒然後陳元康爲功曹。高慎叛，高澄已令元康救崔暹，邙山之戰，元康又勸高歡追宇文泰，事並在九年。北史元康傳又云，「草劉蠡升軍書。」按蠡升滅在元年，孫搴二年猶存。今不取。然則搴卒宜置於澄入輔之下。遷大行臺都官郎。時軍國多務，元康問無不知。歡或出，臨行，留元康在後，馬上有所號令九十餘條，元康屈指數之，盡能記憶。與功曹平原趙彥深同知機密，時人謂之陳、趙。而元康勢居趙前，性又柔謹，歡甚親之，曰：「如此人，誠難得，天賜我也。」彥深名隱，以字行。

9 東魏丞相歡令阿至羅逼魏秦州刺史万俟普，万，莫北翻。俟，渠之翻。歡以衆應之。

10 三月，戊申，丹楊陶弘景卒。弘景博學多藝能，好養生之術。仕齊爲奉朝請，棄官，隱居茅山。茅山在今建康府句容縣南五十里。山記云：漢時有三茅君，各乘一鶴來此，故名焉。卒，子恤翻。好，呼到翻。朝，直遙翻。上早與之遊，及即位，恩禮甚篤，每得其書，焚香虔受。屢以手敕招之，弘景不出。國家每有吉凶征討大事，無不先諮之，月中嘗有數信，月中，謂一月之中也。信，使信也。時人謂之「山中宰相」。將沒，爲詩曰：「夷甫任散誕，平叔坐論空。王衍，字夷甫；何晏，字平叔；以魏、晉諭梁也。誕，徒旱翻。豈悟昭陽殿，遂作單于宮！」弘景傳曰：後侯景篡，果在昭陽殿。史言修道之士有識時知數者。時士大夫競談玄理，不習武事，故弘景詩及之。

11 甲寅，東魏以華山王鷙爲大司馬。華，戶化翻。

12 魏以涼州刺史李叔仁爲司徒，万俟洛爲太宰。洛，字受洛干，亦曰壽樂干。受、壽同音，洛、樂亦同音。按北齊有太宰之官，仍晉制也；西魏用周制，置大冢宰，無太宰。

13 夏，四月，乙未，以驃騎大將軍、開府同三司之儀元法僧爲太尉。梁開府儀同三司之下，又有開府同三司之儀。

14 尚書右丞考城江子四上封事，極言政治得失，上，時掌翻。治，直吏翻。五月，癸卯，詔曰：「古人有言，『屋漏在上，知之在下。』朕有過失，不能自覺，江子四等封事所言，尚書可時加檢括，於民有蠹患者，宜速詳啓！」江子四所上封事，必不敢言帝崇信釋氏，而窮兵廣地適以毒民，用法寬於權貴而急於細民等事，特毛舉細故而論得失耳。

15 戊辰，東魏高盛卒。高盛，東魏太尉。

16 魏越勒肱卒。越勒肱，魏司空。

17 魏秦州刺史万俟普與其子太宰洛、豳州刺史叱干寶樂、右衞將軍破六韓常及督將三百人奔東魏，阿至羅兵近，普等因之以東奔。考異曰：普降東魏事，北齊書帝紀在三月甲午，典略在六月。北史齊紀在六月甲午；周書帝紀、北史魏紀、齊紀在五月，今從之。按考異前既引北齊書帝紀，又引北史齊紀，不應北史魏紀之下複出齊紀，必有誤。丞相泰輕騎追之，至河北千餘里，不及而還。河北，龍門西河之北也。還，從宣翻，又如字；下同。

18 秋七月，庚子，東魏大赦。

19 上待魏降將賀拔勝等甚厚，勝請討高歡，上不許。勝等思歸，前荊州大都督撫寧史寧謂勝曰：按寧傳，寧居撫寧鎮。考魏北鎮無撫寧，恐卽撫冥也。又按五代志雕陰郡開疆縣有後魏撫寧郡，又有撫寧縣，亦屬雕陰郡。「朱异言於梁主無不從，請厚結之。」勝從之。上許勝、寧及盧柔皆北還，盧柔蓋去年從勝來奔。親餞之於南苑。勝懷上恩，自是見禽獸南向者皆不射之。射，而亦翻。行至襄城，東魏丞相歡遣侯景以輕騎邀之，勝等棄舟自山路逃歸，勝等舟行，蓋自淮入潁，自潁入汝，泝流而西，入山路，自三鵶取武關也。從者凍餒，道死者太半。從，才用翻。既至長安，詣闕謝罪，魏主執勝手歔欷曰：「乘輿播越，天也，乘，繩證翻。非卿之咎。」丞相泰引盧柔爲從事中郎，與蘇綽對掌機密。

20 九月，壬寅，東魏以定州刺史侯景兼尚書右僕射、南道行臺，督諸將入寇。將，卽亮翻。

21 魏以扶風王孚爲司徒，斛斯椿爲太傅。

22 冬，十月，乙亥，詔大舉伐東魏。東魏侯景將兵七萬寇楚州，魏收志：梁置楚州，治楚城，領汝陽、仵城、城陽郡。五代志：汝南城陽縣，梁置楚州。虜刺史桓和；進軍淮上，南、北司二州刺史陳慶之擊破之，景棄輜重走。重，直用翻。十一月，己亥，罷北伐之師。

23 魏復改始祖神元皇帝爲太祖，道武皇帝爲烈祖。魏改二祖廟號，見一百三十七卷齊武帝永明九年。復，扶又翻。

24 十二月，東魏以并州刺史尉景爲太保。

25 壬申，東魏遣使請和，使，疏吏翻。上許之。

26 東魏清河文宣王亶卒。考異曰：國典云，「亶爲高歡所酖。」典略，周太祖數歡罪，亦云殺亶。魏書、北史皆無亶傳；而帝紀皆云亶薨，今從之。

27 丁丑，東魏丞相歡督諸軍伐魏，遣司徒高敖曹趣上洛，大都督竇泰趣潼關。趣，七喻翻。

28 癸未，東魏以咸陽王坦爲太師。

29 是歲，魏關中大饑，人相食，死者什七八。

三年（丁巳、五三七）

1 春，正月，上祀南郊，大赦。

2 東魏丞相歡軍蒲坂，造三浮橋，欲渡河。魏丞相泰軍廣陽，魏收志，景明元年，置廣陽縣，屬馮翊郡。謂諸將曰：「賊掎吾三面，掎，居蟻翻。作浮橋以示必渡，此欲綴吾軍，使竇泰得西入耳。歡自起兵以來，竇泰常爲前鋒，其下多銳卒，屢勝而驕，今襲之，必克，克泰，則歡不戰自走矣。」諸將皆曰：「賊在近，捨而襲遠，脫有蹉跌，悔何及也！蹉，七何翻。跌，徒結翻。不如分兵禦之。」丞相泰曰：「歡再攻潼關，吾軍不出灞上，中大通六年，歡攻潼關；元年，歡兵又攻潼關。今大舉而來，謂吾亦當自守，有輕我之心，乘此襲之，何患不克！賊雖作浮橋，未能徑渡，不過五日，吾取竇泰必矣！」行臺左丞蘇綽、中兵參軍代人達奚武亦以爲然。庚戌，丞相泰還長安，諸將意猶異同。丞相泰隱其計，以問族子直事郎中深，晉武帝置直事郎，在尚書諸曹郎之上。深曰：「竇泰，歡之驍將，驍，堅堯翻。將，卽亮翻。今大軍攻蒲坂，則歡拒守而泰救之，吾表裏受敵，此危道也。不如選輕銳潛出小關，小關在潼關之左，唐時謂之禁谷。竇泰躁急，必來決戰，躁，則到翻。歡持重未卽救，我急擊泰，必可擒也。擒泰則歡勢自沮，沮，在呂翻。回師擊之，可以決勝。」丞相泰曰：「此吾心也。」乃聲言欲保隴右，辛亥，謁魏主而潛軍東出，癸丑旦，至小關。竇泰猝聞軍至，自風陵渡，丞相泰出馬牧澤，水經註曰：桃林之塞，湖水出焉，其中多野馬。三秦記曰，桃林塞在長安東四百里，若有軍馬經過，則牧華山，休息林下。馬牧澤，蓋卽此地也。擊竇泰，大破之，士衆皆盡，竇泰自殺，傳首長安。丞相歡以河冰薄，不得赴救，撤浮橋而退，儀同代人薛孤延爲殿，通志略作薩孤，複姓。殿，丁練翻。一日【章：甲十一行本「日」下有「之中」二字；乙十一行本同；孔本同；張校同；退齋校同。】斫十五刀折，乃得免。折，而設翻。丞相泰亦引軍還。此一段皆書丞相泰，所以別竇泰也。歷考前後，高歡、宇文泰皆書丞相，於此尤爲有別。高敖曹自商山轉鬭而進，杜佑曰：商山在商州上洛縣。所向無前，遂攻上洛。郡人泉岳及弟猛略與順陽人杜窋等謀翻城應之，窋，竹律翻，又丁骨翻。洛州刺史泉企知之，此魏太和中所改洛州也，治上洛，時屬西魏。企，字思道；音去智翻。殺岳及猛略。杜窋走歸敖曹，敖曹以爲鄉導而攻之。敖曹被流矢，通中者三，鄉，讀曰嚮。被，皮義翻。中，竹仲翻。殞絕良久，復上馬，免胄巡城。企固守旬餘，二子元禮、仲遵力戰拒之，仲遵傷目，不堪復戰，城遂陷。企見敖曹曰：「吾力屈，非心服也。」敖曹以杜窋爲洛州刺史。敖曹創甚，復，扶又翻。創，初良翻。曰：「恨不見季式作刺史。」季式，敖曹弟也。丞相歡聞之，即以季式爲濟州刺史。

敖曹欲入藍田關，唐志：京兆藍田縣有藍田關，故嶢關也。濟，子禮翻。歡使人告曰：「竇泰軍沒，人心恐動，宜速還，路險賊盛，拔身可也。」敖曹不忍棄衆，力戰全軍而還，以泉企、泉元禮自隨，泉仲遵以傷重不行。企私戒二子曰：「吾餘生無幾，汝曹才器足以立功，勿以吾在東，遂虧臣節。」元禮於路逃還。泉、杜雖皆爲土豪，鄉人輕杜而重泉。元禮、仲遵陰結豪右，襲窋，殺之，魏以元禮世襲洛州刺史。

3 二月，丁亥，上耕藉田。藉，秦昔翻。

4 己丑，以尚書左僕射何敬容爲中權將軍，中權將軍，二百四十號之一也。護軍將軍蕭淵藻爲左僕射，右僕射謝舉爲右光祿大夫。

5 魏槐里獲神璽，槐里縣，漢屬扶風，晉屬始平郡，後魏復屬扶風。璽，斯氏翻。大赦。

6 三月，辛未，東魏遷七帝神主入新廟，七帝：道武、明元、太武、文成、獻文、孝文、宣武。大赦。

7 魏斛斯椿卒。時斛斯椿爲魏太傅。按椿居爾朱、高歡之間，以智數間搆其君臣之際，爾朱氏既爲所夷，而高歡亦不能制也。及入關之後，與宇文泰同列，若無能爲者；權不在己，無以舞弄其智數也。

8 夏，五月，魏以廣陵王欣爲太宰，賀拔勝爲太師。

9 六月，魏以扶風王孚爲太保，梁景叡爲太傅，廣平王贊爲太尉，開府儀同三司武川王盟爲司空。

10 東魏丞相歡遊汾陽之天池，水經註：太原汾陽縣北燕京山上有大池，池在山原之上，世謂之天池，方里餘，其水澄渟鏡淨而不流。得奇石，隱起成文曰「六王三川」。以問行臺郎中陽休之，對曰：「六者，大王之字；歡字賀六渾，故云然。王者，當王天下。河、洛、伊爲三川，涇、渭、洛亦爲三川。涇、渭、洛之「洛」，指關中之洛水，今逕鄜、坊、同三州而入于渭。當王，于況翻。大王若受天命，終應奄有關、洛。」歡曰：「世人無事常言我反，況聞此乎！慎勿妄言！」休之，固之子也。陽固事魏孝文帝，嘗從劉昶南伐。行臺郎中中山杜弼承間勸歡受禪，歡舉杖擊走之。高歡之志，蓋如曹操所謂吾爲周文王者，非眞無移魏鼎之心也。間，古莧翻。

11 東魏遣兼散騎常侍李諧來聘，以吏部郎盧元明、通直侍郎李業興副之。通直侍郎，卽通直散騎侍郎。散，悉亶翻。騎，奇寄翻。諧，平之孫；李平，崇之從弟，事孝文、宣武。元明，昶之子也。盧昶，盧玄之孫。秋，七月，諧等至建康，上引見，與語，見，賢遍翻。應對如流。諧等出，上目送之，謂左右曰：「朕今日遇勍敵。勍，其京翻。卿輩嘗言北間全無人物，此等何自而來！」是時鄴下言風流者，以諧及隴西李神儁、范陽盧元明、北海王元景、弘農楊遵彥、清河崔瞻爲首。神儁名挺，寶之孫；李寶自敦煌歸魏，其後貴盛。元景名昕，憲之曾孫也；王憲，猛之孫，皇始中歸魏。皆以字行。瞻，㥄之子也。㥄，力膺翻。

時南、北通好，好，呼到翻。務以俊乂相誇，銜命接客，必盡一時之選，銜命，奉使者也。接客，主客也。無才地者不得與焉。與，讀曰預。每梁使至鄴，使，疏吏翻；下同。鄴下爲之傾動，貴勝子弟盛飾聚觀，禮贈優渥，館門成市。宴日，高澄常使左右覘之，一言制勝，澄爲之拊掌。魏使至建康亦然。兩國通使，各務夸矜以見所長，自古然矣。昭奚恤之事猶可以服覘國者之心。爲，于僞翻。覘，丑廉翻，又丑豔翻。

12獨孤信求還北，上許之。信父母皆在山東，魏孝武西遷，信棄父母追從之。上問信所適，信曰：「事君者不敢顧私親而懷貳心。」上以爲義，禮送甚厚。信與楊忠皆至長安，上書謝罪。魏以信有定三荊之功，定三荊見上卷中大通六年。遷驃騎大將軍，加侍中、開府儀同三司，餘官爵如故。驃，匹妙翻。騎，奇寄翻。丞相泰愛楊忠之勇，留置帳下。

13魏宇文深勸丞相泰取恆農，八月，丁丑，泰帥李弼等十二將伐東魏，以北雍州刺史于謹爲前鋒，攻盤豆，拔之。恆，戶登翻。帥，讀曰率。將，卽亮翻。雍，於用翻。五代志：雍州華原縣，後魏置北雍州。恆農湖城、閿鄉之西有皇天原，原西有盤豆城。戊子，至恆農，庚寅，拔之，擒東魏陝州刺史李徽伯，魏收志：太和十一年，置陝州，治陝城，帶恆農郡，領西恆農、澠池、石城、河北郡。陝，式冉翻。俘其戰士八千。

時河北諸城多附東魏，左丞楊檦自言父猛嘗爲邵郡白水令，左丞，行臺左丞也。魏收志，皇興四年，置邵郡，治白水縣。五代志，絳郡垣縣，後魏置邵郡及白水縣。裴慶孫傳，邵郡治陽胡城，去軹關二百餘里。孔穎達曰：垣縣有召亭，因以名郡。宋白曰：絳州垣縣，其地卽周、召分陝之所，今縣東六十里有邵原祠廟與古棠樹。春秋襄二十三年，齊侯伐晉，取朝歌，入孟門，登太行，張武軍於熒庭，戍郫邵。後魏獻文四年置邵州。檦，與標同。知其豪傑，請往說之，以取邵郡；說，式芮翻；下諜說同。泰許之。檦乃與土豪王覆憐等舉兵，收邵郡守程保及縣令四人，斬之。表覆憐爲郡守，守，式又翻。遣諜說諭東魏城堡，旬月之間，歸附甚衆。諜，達協翻。東魏以東雍州刺史司馬恭鎭正平，正平，本漢、晉之臨汾縣地；魏眞君七年，分置太平縣；神䴥元年，改爲正平；太和十八年，置正平郡，帶聞喜縣，屬東雍州。杜佑曰：絳州，治正平縣。司空從事中郎聞喜裴邃欲攻之，恭棄城走，泰以楊檦行正平郡事。

14 上修長干寺阿育王塔，出佛爪髮舍利。辛卯，上幸寺，設無礙食，今建康府上元縣有長干里，去縣五里，李白長干行所謂「同居長干里」乃秣陵縣東里巷。江東謂山壠之間曰干。僧家載國事曰：佛泥洹後，天人以新白緤裹佛，以香花供養。滿七日，盛以金棺，送出王宮可三里許。在宮各以旃檀木爲薪，天人各以火燒薪，斂舍利得八斛四斗，諸國王各得少許，齎還本國，以造佛寺。阿育王起浮屠於佛泥洹處。李延壽扶南傳曰：長干寺塔，吳時有尼居其地，爲小精舍，孫綝毁除之。吳平後，諸道人復於舊處建立。晉簡文咸安中造塔，孝武太元九年上金相輪及承露。其後有西河離石縣胡人劉薩何遇疾暴亡，七日而蘇，因此出家，名慧達。遊行至丹楊長干里，有阿育王塔，掘入一丈，得金函盛三舍利及佛爪髮，遷舍利近北，對簡文所造塔西造塔。及帝開之，初穿土四尺，得龍窟及昔人所捨金銀釵釧環鑷等諸雜寶物可深九尺許。至石磉之下，有石函，函內有鐵壺，以盛銀坩，坩內有金縷罌，盛三舍利，如粟粒大，圓正光潔。函內有玻璃盌，盌心得四舍利及髮爪，爪有四枚，並爲沈香色，髮青紺色，衆僧以手伸之，隨手長短，放之則旋屈爲蠡形。帝乃設無礙大會，豎二刹，各以金罌次玉罌重盛舍利及爪髮，內七寶塔內，又以石函盛寶塔，分入兩刹刹下。大赦。

九月，柔然爲魏侵東魏三堆，魏收志：肆州永安郡平寇縣，眞君七年，并三堆縣屬焉；有三堆戍。隋改平寇縣爲崞縣，屬鴈門郡。宋白曰：嵐州靜樂縣，本漢汾陽縣地，城內有堆阜三，俗名三堆城。爲，于僞翻。丞相歡擊之，柔然退走。

行臺郎中杜弼以文武在位多貪汙，言於丞相歡，請治之。治，直之翻。歡曰：「弼來，我語爾！語，牛倨翻。天下貪汙，習俗已久。今督將家屬多在關西，此指言可朱渾道元、万俟普、劉豐生等部曲也。將，卽亮翻。宇文黑獺常相招誘，人情去留未定；獺，他達翻。誘，音酉。江東復有吳翁蕭衍，專事衣冠禮樂，復，扶又翻。中原士大夫望之以爲正朔所在。我若急正綱紀，不相假借，恐督將盡歸黑獺，士子悉奔蕭衍，人物流散，何以爲國！爾宜少待，吾不忘之。」史言高歡權時施宜以凝固其衆，捨小過以成大功。少，詩沼翻。

歡將出兵拒魏，杜弼請先除內賊。歡問內賊爲誰，弼曰：「諸勳貴掠奪百姓者是也。」歡不應，使軍士皆張弓注矢，舉刀，按矟，夾道羅列，命弼冒出其間，弼戰慄流汗。歡乃徐諭之曰：「矢雖注不射，刀雖舉不擊，矟雖按不刺，矟，色角翻。射，而亦翻。刺，七亦翻。爾猶亡魄失膽。諸勳人身犯鋒鏑，百死一生，雖或貪鄙，所取者大，豈可同之常人也！」弼乃頓首謝不及。歡每號令軍士，常令丞相屬代郡張華原宣旨，其語鮮卑則曰：「漢民是汝奴，夫爲汝耕，婦爲汝織，輸汝粟帛，令汝溫飽，汝何爲陵之？」其語華人則曰：「鮮卑是汝作客，言如傭作之客也。語，牛倨翻。爲，于僞翻；下同。得汝一斛粟、一匹絹，爲汝擊賊，令汝安寧，汝何爲疾之？」史言高歡雜用夷、夏，有撫御之術。

時鮮卑共輕華人，唯憚高敖曹；歡號令將士，常鮮卑語，敖曹在列，則爲之華言。敖曹返自上洛，歡復以爲軍司、大都督，統七十六都督。復，扶又翻。以司空侯景爲西道大行臺，使景經略關西也。與敖曹及行臺任祥、御史中尉劉貴、豫州刺史堯雄、冀州刺史万俟洛同治兵於虎牢。任，音壬。万，莫北翻。俟，渠之翻。治，直之翻；下同。敖曹與北豫州刺史鄭嚴祖握槊，魏泰常中，置豫州，治虎牢；後得汝南，置豫州，以虎牢爲北豫州，領廣武、滎陽、成皋郡。握槊，亦博塞之戲也。劉禹錫觀博曰：「初，主人執握槊之器，置于廡下，曰：『主進者要約之。』既揖讓，即次。有博齒，齒異乎古之齒，其制用骨，觚稜四均，鏤以朱墨，耦而合數，取應日月，視其轉止，依以爭道。是制也行之久矣，莫詳所祖，以其用必投擲，以博投詔之。」又，爾朱世隆與元世儁握槊，忽聞局上詨然有聲，一局子盡倒立，世隆甚惡之，旣而及禍。李延壽曰：握槊，此蓋胡戲，近入中國，云胡王有弟一人，遇罪，將殺之，從獄中爲此戲上之，意言孤則易死也。貴召嚴祖，敖曹不時遣，枷其使者。使者曰：「枷則易，脫則難。」枷，居牙翻。易，弋豉翻。敖曹以刀就枷刎之，曰：「又何難！」貴不敢校。明日，貴與敖曹坐，外白治河役夫多溺死，溺，奴狄翻。貴曰：「一錢漢，言漢人之賤也。隨之死！」敖曹怒，拔刀斫貴；貴走出還營，敖曹鳴鼓會兵，欲攻之，侯景、万俟洛共解諭，久之乃止。敖曹嘗詣相府，門者不納，敖曹引弓射之，射，而亦翻。歡知而不責。

16 閏月，甲子，以武陵王紀爲都督益・梁等十三州諸軍事、益州刺史。爲後紀與湘東爭國張本。

17 東魏丞相歡將兵二十萬自壺口趣蒲津，班志：壺口山在河東郡北屈縣東南。北屈，後魏改爲禽昌縣，屬平陽郡；隋改禽昌爲襄陵縣。將，卽亮翻；下同。趣，七喻翻。使高敖曹將兵三萬出河南。時關中饑，魏丞相泰所將將士不滿萬人，館穀於恆農五十餘日，聞歡將濟河，乃引兵入關，高敖曹遂圍恆農。恆，戶登翻。歡右長史薛琡言於歡曰：琡，齒育翻。「西賊連年饑饉，故冒死來入陝州，欲取倉粟。今敖曹已圍陝城，粟不得出，陝，式冉翻。但置兵諸道，勿與野戰，比及麥秋，比，必利翻。記月令：孟夏之月，麥秋至。其民自應餓死，寶炬、黑獺何憂不降！降，戶江翻。願勿渡河。」侯景曰：「今茲舉兵，形勢極大，萬一不捷，猝難收斂。不如分爲二軍，相繼而進，前軍若勝，後軍全力；前軍若敗，後軍承之。」歡不從，自蒲津濟河。考異曰：北齊帝紀：「十一月，壬辰，神武自蒲津濟。」魏帝紀：「十月，壬辰，敗于沙苑。」按長曆，十月壬辰朔。北齊紀誤也。

丞相泰遣使戒華州刺史王羆，羆語使者曰：「老羆當道臥，貉子那得過！」歡至馮翊城下，使，疏吏翻。華，戶化翻。語，牛倨翻。五代志：馮翊郡，後魏曰華州，西魏後改曰同州。馮翊縣，後魏曰華陰。貉，曷各翻，北方有之，似狐，善睡。康曰：貉，莫白切。說文云：北方豸種也。鄭玄曰：貉子曰貆。郭璞曰：今江東通呼貉爲狓狓。余按北方豸種乃指夷貉之貉，孟子所謂「大貉、小貉」者也。此乃狐貉之貉，當從諸家之說。謂羆曰：「何不早降！」降，戶江翻。羆大呼曰：呼，火故翻。「此城是王羆冢，死生在此。欲死者來！」歡知不可攻，乃涉洛，軍於許原西。漢志：馮翊懷德縣南有荊山，山下有強梁原，洛水東南入渭。許原蓋在洛水之南。

泰至渭南，徵諸州兵，皆未會。欲進擊歡，諸將以衆寡不敵，請待歡更西以觀其勢。泰曰：「歡若至長安，則人情大擾；今及其遠來新至，可擊也。」卽造浮橋於渭，令軍士齎三日糧，輕騎渡渭，輜重自渭南夾渭而西。重，直用翻。冬，十月，壬辰，泰至沙苑，水經註：沙苑在渭北，沙苑之南卽漢懷德縣故城。五代志：馮翊縣有沙苑。距東魏軍六十里。諸將皆懼，宇文深獨賀。

泰問其故，對曰：「歡鎮撫河北，甚得衆心，以此自守，未易可圖。易，弋豉翻。今懸師渡河，非衆所欲，獨歡恥失竇泰，愎諫而來，所謂忿兵，愎，弼力翻，戾也。漢魏相曰：爭恨細故，不忍憤怒者，謂之忿兵；兵忿者敗。可一戰擒也。事理昭然，何爲不賀！願假深一節，發王羆之兵邀其走路，使無遺類。」泰遣須昌縣公達奚武覘歡軍，覘，丑廉翻，又丑豔翻。武從三騎，皆效歡將士衣服，日暮，去營數百步下馬，潛聽得其軍號，因上馬歷營，若警夜者，有不如法，往往撻之，具知敵之情狀而還。還，從宣翻，又如字。

歡聞泰至，癸巳，引兵會之。候騎告歡軍且至，泰召諸將謀之。開府儀同三司李弼曰：「彼衆我寡，不可平地置陳，此東十里有渭曲，可先據以待之。」泰從之，背水東西爲陳，陳，讀曰陣；下陷陳、魏陳同。李弼爲右拒，趙貴爲左拒，杜預曰：拒，方陳。陸德明曰：拒，俱甫翻。命將士皆偃戈於葦中，約聞鼓聲而起。晡時，東魏兵至渭曲，晡，奔謨翻。都督太安斛律羌舉曰：「黑獺舉國而來，欲一死決，言欲盡死力戰，以決勝負。譬如猘狗，或能噬人；猘，漢書音義征例翻，又居例翻，狂犬也。左傳曰：國犬之瘈，無不噬也。且渭曲葦深土濘，無所用力，濘，乃定翻，泥淖也。不如緩與相持，密分精銳徑掩長安，巢穴既傾，則黑獺不戰成擒矣。」使斛律羌舉之計行，西魏殆哉。歡曰：「縱火焚之，何如？」侯景曰：「當生擒黑獺以示百姓，若衆中燒死，誰復信之！」侯景此言固亦有恃衆輕敵之心。復，扶又翻；下復戰、可復同。彭樂盛氣請鬭，曰：「我衆賊寡，百人擒一，何憂不克！」歡從之。東魏兵望見魏兵少，爭進擊之，無復行列。史言東魏將士皆恃衆輕敵，故敗。少，詩沼翻。復，扶又翻。行，戶剛翻。兵將交，丞相泰鳴鼓，士皆奮起，于謹等六軍與之合戰，李弼帥鐵騎橫擊之，時東魏之師萃于左拒，于謹等與之合戰，李弼引右拒之騎兵橫擊之。帥，讀曰率。東魏兵中絕爲二，遂大破之。李弼弟檦，身小而勇，檦，與標同。每躍馬陷陳，隱身鞍甲之中，敵見皆曰：「避此小兒！」泰歎曰：「膽決如此，何必八尺之軀！」征虜將軍武川耿令貴殺傷多，甲裳盡赤，左傳：晉、楚戰于邲，屈蕩搏趙旃，得其甲裳。杜預註曰：下曰裳。泰曰：「觀其甲裳，足知令貴之勇，何必數級！」謂不必數其斬獲首級之多少。彭樂乘醉深入魏陳，魏人刺之，刺，七亦翻。腸出，內之復戰。丞相歡欲收兵更戰，使張華原以簿歷營點兵，簿者，軍之名籍。莫有應者，還，白歡曰：「衆盡去，營皆空矣！」歡猶未肯去。阜城侯斛律金曰：「衆心離散，不可復用，宜急向河東。」歡據鞍未動，金以鞭拂馬，乃馳去，夜，渡河，船去岸遠，歡跨橐駝就船，乃得渡，喪甲士八萬人，喪，息浪翻。棄鎧仗十有八萬。鎧，可亥翻。丞相泰追歡至河上，選留甲士二萬餘人，餘悉縱歸。都督李穆曰：「高歡破膽矣，速追之，可獲。」泰不聽，沙苑之戰，宇文泰不敢乘勝追高歡，邙山之戰，歡不敢乘勝追泰，蓋二人者智力相敵，足以相持而不足以相斃也。還軍渭南，所徵之兵甫至，甫，方也。乃於戰所人植柳一株以旌武功。

侯景言於歡曰：「黑獺新勝而驕，必不爲備，願得精騎二萬，徑往取之。」歡以告婁妃，妃曰：「設如其言，景豈有還理！得黑獺而失景，何利之有！」歡乃止。

魏加丞相泰柱國大將軍，李弼十二將皆進爵增邑有差。十二將，李弼、獨孤信、梁禦、趙貴、于謹、若干惠、怡峯、劉亮、王德、侯莫陳崇、李遠、達奚武也。

高敖曹聞歡敗，釋恒農，退保洛陽。

己酉，魏行臺宮景壽等向洛陽，宮，姓也，左傳，虞大夫有宮之奇。東魏洛州大都督韓賢擊走之。州民韓木蘭作亂，賢擊破之。一賊匿尸間，賢自按檢收鎧仗，賊欻起斫之，斷脛而卒。欻，許勿翻。斷，丁管翻；下兵斷同。脛，胡定翻。

魏復遣行臺馮翊王季海與獨孤信將步騎二萬趣洛陽，復，扶又翻。趣，七喻翻；下同。洛州刺史李顯趣三荆，西魏洛州治上洛。賀拔勝、李弼圍蒲坂。

東魏丞相歡之西伐也，蒲坂民敬珍謂其從祖兄祥曰：「高歡迫逐乘輿，乘，繩證翻。天下忠義之士皆欲剸刃於其腹；從，才用翻。剸，側吏翻。賈公彥曰：剸，猶立也，齊人謂立物地中爲剸。今又稱兵西上，上，時掌翻。吾欲與兄起兵斷其歸路，此千載一時也。」斷，丁管翻。祥從之，糾合鄉里，數日，有衆萬餘。會歡自沙苑敗歸，祥、珍帥衆邀之，斬獲甚衆。賀拔勝、李弼至河東，祥、珍帥猗氏等六縣十餘萬戶歸之，猗氏縣，自漢以來屬河東郡。丁度曰：猗氏，本郇國也，後以猗頓居於此，因爲猗氏。按左傳所謂郇瑕氏之地，沃而近鹽，其後猗頓居之，用盬鹽起富，遂以猗氏名縣，而郇瑕氏隱矣。

帥，讀曰率。丞相泰以珍爲平陽太守，祥爲行臺郎中。

東魏秦州刺史薛崇禮守蒲坂，別駕薛善，崇禮之族弟也，言於崇禮曰：「高歡有逐君之罪，善與兄忝衣冠緒餘，世荷國恩，今大軍已臨，而猶爲高氏固守，荷，下可翻。爲，于僞翻。一旦城陷，函首送長安，署爲逆賊，死有餘愧，及今歸款，猶爲愈也。」崇禮猶豫不決。善與族人斬關納魏師，崇禮出走，追獲之。丞相泰進軍蒲坂，略定汾、絳，五代志：文城郡，東魏置南汾州，後周改爲汾州。絳郡，後魏置東雍州，後周改爲絳州。凡薛氏預開城之謀者，皆賜五等爵。善曰：「背逆歸順，背，蒲妹翻。臣子常節，豈容闔門大小俱叨封邑！」與其弟慎固辭不受。

東魏行晉州事封祖業棄城走，儀同三司薛脩義追至洪洞，杜佑曰：洪洞故城在平陽北，四固重複，控據要險。劉昫曰：晉州洪洞縣，古陽縣也，隋義寧元年改曰洪洞，取縣北洪洞嶺以名縣。孫愐曰：洞，音同，又徒弄翻。說祖業還守。說，式芮翻。守，手又翻；下固守同。祖業不從；脩義還據晉州，安集固守。魏儀同三司長孫子彥引兵至城下，脩義開門伏甲以待之；子彥不測虛實，遂退走。丞相歡以脩義爲晉州刺史。史言河東諸薛各行其志，爲東、西魏宣力。

獨孤信至新安，新安縣，漢屬弘農郡，晉屬河南尹，魏天平初置新安郡，屬洛州。高敖曹引兵北渡河。信逼洛陽，洛州刺史廣陽王湛棄城歸鄴，信遂據金墉城。孝武之西遷也，西遷見上卷中大通六年。散騎常侍河東裴寬謂諸弟曰：「天子既西，吾不可以東附高氏。」帥家屬逃於大石嶺；水經註：洛陽之南有新城縣，縣界有大石嶺，來儒之水逕其南。獨孤信入洛，乃出見之。時洛陽荒廢，人士流散，惟河東柳虯在陽城，陽城縣，漢屬潁川郡，晉屬河南尹，魏孝昌二年置陽城郡，屬洛州，隋廢郡爲陽城縣，唐登封元年將有事嵩山，改爲告成縣，我朝屬西京登封縣界。裴諏之在潁川，信俱徵之，以虯爲行臺郎中，諏之爲開府屬。諏，將侯翻，又逡須翻。

東魏潁州長史賀若統執刺史田迄，舉城降魏，魏收志：天平初置潁州，治長社城，領許昌、潁川、陽翟郡，武定七年，改爲鄭州。賀若，複姓，魏書官氏志：內入諸姓有賀若氏，北俗謂忠貞爲賀若，因以爲氏。若，人者翻。魏都督梁迥【章：甲十一行本「迥」作「逈」；乙十一行本同；下同；孔本同。】入據其城。前通直散騎侍郎鄭偉起兵陳留，攻東魏梁州，執其刺史鹿永吉。魏收志：天平初，置梁州，治大梁城，領陽夏、開封、陳留、汝南、潁川、汝陽、義陽、新蔡、初安、襄陽、城陽、廣陵郡。鹿，姓也，風俗通：漢有巴郡太守鹿旗。魏收官氏志：阿鹿桓氏，後改爲鹿氏。前大司馬從事中郎崔彥穆攻滎陽，執其太守蘇淑，與廣州長史劉志皆降於魏。降，戶江翻。偉，先護之子也。鄭先護見一百五十二卷大通二年。丞相泰以偉爲北徐州刺史，彥穆爲滎陽太守。

十一月，東魏行臺任祥帥督將堯雄、趙育、是云寶攻潁川，帥，讀曰率。將，卽亮翻。丞相泰使大都督宇文貴、樂陵公遼西怡峯怡，姓；峯，名。峯，遼西怡寬之子。將步騎二千救之。軍至陽翟，陽翟縣，漢屬潁川郡，晉屬河南尹，後魏置陽翟郡。九域志：陽翟在長社西北九十里。雄等軍已去潁川三十里，言雄等軍逼潁川，相去三十里。祥帥衆四萬繼其後。諸將咸以爲「彼衆我寡，不可爭鋒。」貴曰：「雄等謂吾兵少，必不敢進。少，詩沼翻。彼與任祥合兵攻潁川，城必危矣。若賀若統陷沒，吾輩坐此何爲！今進據潁川，有城可守，又出其不意，破之必矣。」遂疾趨，據潁川，背城爲陳以待。背，蒲妹翻。陳，讀曰陣。雄等至，合戰，大破之，雄走，趙育請降，降，戶江翻；下同。俘其士卒萬餘人，悉縱遣之。任祥聞雄敗，不敢進，貴與怡峯乘勝逼之，祥退保宛陵；宛陵縣，漢屬河南尹，晉屬滎陽郡，魏天平初分屬廣武郡，隋開皇十六年併宛陵縣，入新鄭。貴追及，擊之，祥軍大敗。是云寶殺其陽州刺史那椿，以州降魏。魏收志：天平初置陽州，治宜陽，領宜陽、金門郡。那椿，人姓名。魏以貴爲開府儀同三司，是云寶、趙育爲車騎大將軍。

都督杜陵韋孝寬攻東魏豫州，拔之，執其行臺馮邕。孝寬名叔裕，以字行。

18 丙子，東魏以驃騎大將軍、儀同三司万俟普爲太尉。

19 司農張樂皋等聘于東魏。司農之下，恐有脫字。

20 十二月，魏行臺楊白駒與東魏陽州刺史段粲戰於蓼塢，水經註：蓼水出河北縣襄山蓼谷。當時之人於此谷築塢，因謂之蓼塢。漢書音義曰：襄山在潼關北十餘里。魏師敗績。

21 魏荆州刺史郭鸞攻東魏東荆州刺史清都慕容儼，東魏都鄴，以魏郡爲清都尹。儼晝夜拒戰，二百餘日，乘間出擊鸞，大破之。間，古莧翻。時河南諸州多失守，唯東荆獲全。

河間邢磨納、范陽盧仲禮、仲禮從弟仲裕等皆起兵海隅以應魏。從，才用翻。

東魏濟州刺史高季式有部曲千餘人，馬八百匹，鎧仗皆備。濟，子禮翻。鎧，可亥翻。濮陽民杜靈椿等爲盜，聚衆近萬人，濮，博木翻。近，其靳翻。攻城剽野，剽，匹妙翻。季式遣騎三百，一戰擒之，又擊陽平賊路文徒【嚴：「文徒」改「叔文」。】等，悉平之，於是遠近肅清。或謂季式曰：「濮陽、陽平乃畿內之郡，二郡，東魏皆以屬司州，故云然。不奉詔命，又不侵境，言無詔命使季式討賊，而賊又不來侵濟州境。何急而使私軍遠戰！萬一失利，豈不獲罪乎！」季式所自養部曲，不衣食於官，故謂之私軍。季式曰：「君何言之不忠也！我與國家同安共危，豈有見賊而不討乎！且賊知臺軍猝不能來，又不疑外州有兵擊之，乘其無備，破之必矣。以此獲罪，吾亦無恨。」

張政烺標點　容肇祖　聶崇岐覆校

資治通鑑卷第一百五十八

端明殿學士兼翰林侍讀學士朝散大夫右諫議大夫充集賢殿修撰提舉西京嵩山崇福宮上柱國河内郡開國侯食邑一千八百戶食實封六百戶賜紫金魚袋臣　司馬光　奉敕編集

後學　天台　胡三省　音註

梁紀十四

起著雍敦牂（戊午），盡閼逢困敦（甲子），凡七年。

高祖武皇帝十四

大同四年（戊午、五三八）

1春，正月，辛酉朔，日有食之。

2東魏碭郡獲巨象，送鄴。魏收志：孝昌二年，置碭郡，治下邑城，屬徐州。碭，徒朗翻。丁卯，大赦，改元元象。

3二月，己亥，上耕藉田。

4東魏大都督善無賀拔仁攻魏南汾州，刺史韋子粲降之，降，戶江翻；下同。丞相泰滅子粲之族。東魏大行臺侯景等治兵於虎牢，治，直之翻。將復河南諸州，魏梁迥、韋孝寬、趙繼宗皆棄城西歸。梁迴在潁川，韋孝寬在汝南，未知趙繼宗所棄何城也。侯景攻廣州，【章：甲十一行本「州」下有「數旬」二字；乙十一行本同；孔本同；退齋校同。】未拔，廣州治襄城。聞魏救兵將至，集諸將議之，行洛州事盧勇請進觀形勢。東魏洛州，治洛陽。諸將，卽亮翻；下同。乃帥百騎至大隗山，班志：河南郡密縣有大騩山。魏收志，密縣屬滎陽郡。五代志，滎陽郡新鄭縣有大騩山。帥，讀曰率。騎，奇寄翻。騩、隗同，五賄翻，又音歸。遇魏師。日已暮，勇多置幡旗於樹顛，夜，分騎爲十隊，鳴角直前，擒魏儀同三司程華，斬儀同三司王征蠻而還。還，從宣翻，又如字。廣州守將駱超【退：「超」作「越」。】遂以城降東魏，丞相歡以勇行廣州事。勇，辯之從弟也。盧辯仕於西魏，而勇仕於東魏。從，才用翻。於是南汾、潁、豫、廣四州復入東魏。考異曰：典略，侯景克廣州在十一月。按北史魏文帝紀，「二月，東魏陷南汾、潁、豫、廣四州。」今從之。

5 初，柔然頭兵可汗始得返國，事見一百四十九卷普通二年。可，從刊入聲。汗，音寒。事魏盡禮。及永安以後，雄據北方，禮漸驕倨，雖信使不絕，不復稱臣。使，疏吏翻；下同。復，扶又翻。頭兵嘗至洛陽，心慕中國，乃置侍中、黃門等官；後得魏汝陽王典籤淳于覃，親寵任事，以爲祕書監，使典文翰。及兩魏分裂，頭兵轉不遜，數爲邊患。數，所角翻。魏丞相泰以新都關中，方有事山東，欲結婚以撫之，以舍人元翌女爲化政公主，妻頭兵弟塔寒。妻，七細翻。又言於魏主，請廢乙弗后，納頭兵之女。甲辰，以乙弗后爲尼，魏立乙弗后，見上卷大同元年。使扶風王孚迎頭兵女爲后。頭兵遂留東魏使者元整，不報其使。

6 三月，辛酉，東魏丞相歡以沙苑之敗，敗見上卷上年。請解大丞相，詔許之；頃之，復故。考異曰：北齊帝紀，止有高祖解丞相年月，而無復故之文。按興和元年議曆，有丞相田曹參軍信都芳。蓋因邙山之捷而復也。

7 柔然送悼后於魏，郁久閭后謚曰悼。車七百乘，馬萬匹，駝二千頭。至黑鹽池，唐志：鹽州五原縣有烏池、白池。烏池，蓋即黑鹽池也。乘，繩證翻。遇魏所遣鹵簿儀衞。柔然營幕，戶席皆東向，扶風王孚請正南面，后曰：「我未見魏主，固柔然女也。魏仗南面，我自東向。」丙子，立皇后郁久閭氏。丁丑，大赦。以王盟爲司徒。丞相泰朝于長安，還屯華州。朝，直遙翻；下同。華，戶化翻。

8 夏，四月，庚寅，東魏高歡朝于鄴；既解丞相，遂不書官而書姓。通鑑紀實，非如春秋之有所褒貶也。壬辰，還晉陽。

9 五月，甲戌，東魏遣兼散騎常侍鄭伯猷來聘。考異曰：魏帝紀在二月丙辰，蓋始受命時也。今從梁帝紀。

10 秋，七月，東魏荆州刺史王則寇淮南。此淮南，謂光城、弋陽之地，在淮水上流之南，非指古淮南郡治壽春之淮南。

11 癸亥，詔以東冶徒李胤之得如來舍利，大赦。如來，猶言佛也。

12東魏侯景、高敖曹等圍魏獨孤信于金墉，太師歡帥大軍繼之；帥，讀曰率；下同。景悉燒洛陽內外官寺民居，存者什二三。魏主將如洛陽拜園陵，魏自孝文帝遷洛以後，孝武帝西遷以前，園陵皆在洛州。會信等告急，遂與丞相泰俱東，命尚書左僕射周惠達輔太子欽守長安，開府儀同三司李弼、車騎大將軍達奚武帥千騎爲前驅。

八月，庚寅，丞相泰至穀城，漢志，河南郡有穀成縣。師古注曰：卽今新安。水經注曰：穀城縣城西臨穀水。騎，奇寄翻；下同。侯景等欲整陳以待其至，陳，讀曰陣。儀同三司太安莫多婁貸文請帥所部擊其前鋒，莫多婁，虜三字姓。景等固止之。貸文勇而專，不受命，與可朱渾道元以千騎前進，夜，遇李弼、達奚武於孝水。五代志：新安縣有孝水。水經註：孝水出魔山之陰，北流注于穀，在河南城西四十里。弼命軍士鼓譟，曳柴揚塵，貸文走，弼追斬之，道元單騎獲免，悉俘其衆送恆農。恆，戶登翻。

泰進軍瀍東，瀍水出河南穀城縣北山，東與千金渠合，又東過洛陽縣南，又東過偃師縣，又東入于洛。侯景等夜解圍去。辛卯，泰帥輕騎追景至河上，景爲陳，北據河橋，南屬邙山，陳，讀曰陣；下陵陳、置陳、陷陳同。屬，之欲翻。景置陳北據河橋者，慮兵有利鈍，先保固其北歸之路也。南屬邙山，可以見其兵多矣。景軍參用馬步，其置陳堅固，宇文泰以輕騎來，見其陳勢如此，斂兵不進可也，遽前合戰，亦屢勝而驕耳。與泰合戰。泰馬中流矢驚逸，遂失所之。泰墜地，東魏兵追及之，左右皆散，都督李穆下馬，以策扶泰背罵曰：「籠東軍士！抶，丑栗翻，打也。荀子曰：仁人之兵，當之者潰，觸之者角摧，按角鹿埵隴種東籠而退耳。楊倞注曰：其義未詳，蓋皆摧敗披靡之貌。陸德明曰：東籠，沾濕貌也，如衣服之沾濕然。爾曹王【章：甲十一行本「王」作「主」；乙十一行本同；孔本同；熊校同。】何在，而獨留此？」追者不疑其貴人，捨之而過。穆以馬授泰，與之俱逸。

魏兵復振，擊東魏兵，大破之。宇文泰先以輕騎合戰而不利，大兵繼至，軍勢復振，故大破東魏。東魏兵北走。京兆忠武公高敖曹，意輕泰，建旗蓋以陵陳，魏人盡銳攻之，一軍皆沒，敖曹單騎走投河陽南城。河陽南城，在河橋南岸，北岸卽北中城。守將北豫州刺史高永樂，歡之從祖兄子也，樂，音洛。從，才用翻；下其從同。與敖曹有怨，閉門不受。敖曹仰呼求繩，不得，拔刀穿闔未徹而追兵至。杜預曰：闔，門扇也。未徹，未透也。徹，敕列翻。敖曹伏橋下，追者見其從奴持金帶，從，才用翻。問敖曹所在，奴指示之。敖曹知不免，奮頭曰：「來！與汝開國公。」言得其頭，西魏將以開國賞之也。追者斬其首去。高歡聞之，如喪肝膽，喪，息浪翻。杖高永樂二百，贈敖曹太師、大司馬、太尉。泰賞殺敖曹者布絹萬段，歲歲稍與之，比及周亡，猶未能足。比，必利翻。魏又殺東魏西兗州刺史宋顯等，虜甲士萬五千人，赴河死者以萬數。

初，歡以万俟普尊老，爵尊而齒老也。万，莫北翻。俟，渠之翻。特禮之，嘗親扶上馬。其子洛免冠稽首曰：上，時掌翻。稽，音啓。「願出死力以報深恩。」及邙山之戰，諸軍北渡橋，北渡河橋也。洛獨勒兵不動，謂魏人曰：「万俟受洛干在此，能來可來也！」魏人畏之而去，歡名其所營地爲回洛。唐志：河陽關南有回洛故城。

是日，東、西魏置陳既大，首尾懸遠，從旦至未，戰數十合，史言兩軍確鬭。氛霧四塞，塞，悉則翻。莫能相知。魏獨孤信、李遠居右，趙貴、怡峯居左，戰並不利；又未知魏主及丞相泰所在，皆棄其卒先歸。開府儀同三司李虎、念賢等爲後軍，見信等退，卽與俱去。泰由是燒營而歸，留儀同三司長孫子彥守金墉。

王思政下馬，舉長矟左右橫擊，一舉輒踣數人。矟，色角翻。踣，蒲北翻。陷陳既深，從者盡死，思政被重創，悶絕，會日暮，敵亦收兵。思政每戰常著破衣弊甲，從，才用翻。被，皮義翻。創，初良翻；下裹創同。著，陟略翻。敵不知其將帥，故得免。將，卽亮翻。帥，所類翻。帳下督雷五安於戰處哭求思政，會其已蘇，割衣裹創，扶思政上馬，夜久，始得還營。

平東將軍蔡祐下馬步鬭，左右勸乘馬以備倉猝，謂兵有邂逅，乘馬則倉猝可以奔馳。祐怒曰：「丞相愛我如子，今日豈惜生乎！」帥左右十餘人合聲大呼，擊東魏兵，殺傷甚衆。東魏圍之十餘重，帥，讀曰率。呼，火故翻。重，直龍翻。祐彎弓持滿，四面拒之。東魏人募厚甲長刀者直進取之，去祐可三十步，左右勸射之，祐曰：「吾曹之命，在此一矢，豈可虛發！」將至十步，祐乃射之，應弦而倒，射，而亦翻。東魏兵稍卻，祐徐引還。

魏主至恆農，守將已棄城走，所虜降卒在恆農者相與閉門拒守，恆，戶登翻。將，即亮翻。降，戶江翻。丞相泰攻拔之，誅其魁首數百人。

蔡祐追及泰於恆農，夜，見泰，泰曰：「承先，蔡祐字承先。爾來，吾無憂矣。」泰驚不得寢，枕祐股，然後安。史言泰氣衰膽失。枕，之任翻。祐每從泰戰，常爲士卒先，戰還，諸將皆爭功，祐終無所言。泰每歎曰：「承先口不言勳，我當代其論敍。」史言蔡祐沈勇不伐。泰留王思政鎮恆農，除侍中、東道行臺。

魏之東伐，關中留守兵少，少，詩沼翻。前後所虜東魏士卒散在民間，聞魏兵敗，謀作亂。李虎等至長安，計無所出，與太尉王盟、僕射周惠達等奉太子欽出屯渭北。百姓互相剽掠，關中大擾。剽，匹妙翻。於是沙苑所虜東魏都督趙青雀、雍州民于伏德等遂反，據【章：甲十一行本「據」上有「青雀」二字；乙十一行本同；孔本同；退齋校同。】長安子城，伏德保咸陽，雍，於用翻。後魏置咸陽郡於石安縣。石安，漢渭城縣，秦之咸陽也，石勒改曰石安。五代志：京兆渭陽縣，舊置咸陽郡。與咸陽太守慕容思慶各收降卒以拒還兵。降卒，東魏之卒降于西魏，散在民間者也。還兵，西魏之兵自洛西還者也。降，戶江翻。長安大城民相帥以拒青雀，日與之戰。帥，讀曰率。大都督侯莫陳順擊賊，屢破之，賊不敢出。順，崇之兄也。

扶風公王羆鎮河東，大開城門，悉召軍士謂曰：「今聞大軍失利，青雀作亂，諸人莫有固志。王羆受委於此，以死報恩。有能同心者可共固守；必恐城陷，任自出城。」衆感其言，皆無異志。

魏主留閿鄉。閿，音旻。丞相泰以士馬疲弊，不可速進，且謂青雀等烏合，不能爲患，曰：「我至長安，以輕騎臨之，必當面縛。」通直散騎常侍吳郡陸通諫曰：陸通本吳人，曾祖載從宋武帝入關，及劉義眞之敗沒于赫連，遂居關中。「賊逆謀久定，必無遷善之心，蜂蠆有毒，左傳臧文仲之言。蠆，丑邁翻。安可輕也！且賊詐言東寇將至，東寇，謂東魏之兵。今若以輕騎臨之，百姓謂爲信然，以賊言爲信也。益當驚擾。今軍雖疲弊，精銳尚多，以明公之威，總大軍以臨之，何憂不克！」泰從之，引兵西入。父老見泰至，莫不悲喜，士女相賀。華州刺史宇文導引兵入咸陽，斬思慶，禽伏德，南渡渭，與泰會，攻青雀，破之。華，戶化翻。太保梁景睿以疾留長安，與青雀通謀，泰殺之。

13 東魏太師歡自晉陽將七千騎至孟津，未濟，聞魏師已遁，遂濟河，遣別將追魏師至崤，魏收志：太和十一年，置崤縣，屬恆農郡，因三崤山以名縣；隋幷崤縣入河南熊耳縣。程大昌曰：三崤山，一名嶔崟山。元和志曰：自東崤至西崤三十五里。東崤長阪數里，峻阜絕澗，車不得方軌。西崤全是石阪十二里，險不異東崤。此二崤皆在秦關之東，漢關之西。不及而還。還，從宣翻，又如字；下同。歡攻金墉，長孫子彥棄城走，焚城中室屋俱盡，歡毀金墉而還。

東魏之遷鄴也，見一百五十六卷中大通六年。主客郎中裴讓之留洛陽；獨孤信之敗也，謂邙山之敗，信先棄軍西還。讓之弟諏之隨丞相泰入關，爲大行臺倉曹郎中。歡囚讓之兄弟五人，讓之曰：「昔諸葛亮兄弟，事吳、蜀各盡其心，謂亮事蜀，瑾事吳也。況讓之老母在此，不忠不孝，必不爲也。明公推誠待物，物亦歸心；若用猜忌，去霸業遠矣。」歡皆釋之。

九月，魏主入長安，丞相泰還屯華州。華，戶化翻。

14 東魏大都督賀拔仁擊邢磨納、盧仲禮等，平之。磨納等起兵見上卷上年。

盧景裕本儒生，太師歡釋之，召館於家，使教諸子。景裕講論精微，難者或相詆訶，大聲厲色，言至不遜，而景裕神采儼然，風調如一，從容往復，難，乃旦翻。詆，丁禮翻。訶，虎何翻。調，徒釣翻。從，千容翻。無際可尋。性清靜，歷官屢有進退，無得失之色；弊衣粗食，恬然自安，終日端嚴，如對賓客。

15 冬，十月，魏歸高敖曹、竇泰、莫多婁貸文之首于東魏。

16 散騎常侍劉孝儀等聘于東魏。散，悉亶翻。騎，奇寄翻。

17 十二月，魏是云寶襲洛陽，東魏洛州刺史王元軌棄城走。都督趙剛襲廣州，拔之。於是自襄、廣以西城鎮復爲魏。魏收志：孝昌中置襄州，領襄城、舞陰、南安、期城、北南陽、建城郡。五代志：潁川郡葉縣，後齊置襄州。復，扶又翻；下孫復同。

18 魏自正光以後，四方多事，民避賦役，多爲僧尼，至二百萬人，寺有三萬餘區。至是，東魏始詔「牧守、令長，擅立寺者，計其功庸，守，式又翻。長，知兩翻。庸，用也，勞也，雇也。以枉法論。」

19 初，魏伊川土豪李長壽爲防蠻都督，五代志：河南郡陸渾縣，齊置伊川郡，領南陸渾縣。春秋時秦、晉遷陸渾之戎於伊川，故郡以爲名。伊闕以南大山長谷，蠻多居之，魏置都督以防焉。積功至北華州刺史。孝武帝西遷，長壽帥其徒拒東魏，華，戶化翻。帥，讀曰率。魏以長壽爲廣州刺史。侯景攻拔其壁，殺之。其子延孫復收集父兵以拒東魏，魏之貴臣廣陵王欣、錄尚書長孫稚等皆攜家往依之，長，知兩翻。延孫資遣衞送，使達關中。東魏高歡患之，數遣兵攻延孫，不能克。數，所角翻。魏以延孫爲京南行臺、節度河南諸軍事、廣州刺史。京南，謂洛京以南也。延孫以澄清伊、洛爲己任，魏以延孫兵少，少，詩沼翻。更以長壽之壻京兆韋法保爲東洛州刺史，西魏洛州治上洛，以洛陽之地爲東洛州。配兵數百以助之。法保名祐，以字行，既至，與延孫連兵置栅於伏流。伏流城，伊川郡治所。隋改南陸渾縣曰伏流。水經註曰：陸渾故城東南八十許里有三塗山，伊水逕其下，又東北逕伏流嶺東，劉澄之永初記稱伏流縣西有伏流坂者。今山在縣南崖口北三十里許，西則非也。獨孤信之入洛陽也，欲繕脩宮室，使外兵郎中天水權景宣曹魏置二十三郎，有中兵、外兵、都兵、別兵，元魏以後，中兵、外兵又分左、右。帥徒兵三千出採運。採運者，使之採木運入洛陽城也。會東魏兵至，河南皆叛，景宣間道西走，間，古莧翻。與李延孙相會，攻孔城，拔之，魏收志：天平中置新城郡，治孔城，屬北荆州。五代志：河南郡伊闕縣，舊曰新城，置新城郡。杜佑曰：孔城防，今伊闕縣東南故城是。又曰：高齊置孔城防於壽安縣。洛陽以南尋亦西附。丞相泰即留景宣守張白塢，塢在宜陽西北。水經註：河內軹縣有張白騎塢，在湨水北原上，據二溪之會，北帶深隍，三面阻險，唯西面板築而已。節度東南諸軍應關西者。

是歲，延孫爲其長史楊伯蘭所殺，韋法保即引兵據延孫之柵。

東魏將段琛等據宜陽，將，即亮翻。琛，丑林翻。遣陽州刺史牛道恆誘魏邊民。魏收志：天平初置陽州，領宜陽、金門郡，治宜陽。恆，戶登翻。誘，音酉。魏南兗州刺史韋孝寬患之，按韋孝寬傳，時西魏令孝寬領宜陽郡事，遷南兗州刺史。然南兗州治譙城，在東魏境內，孝寬未能取其地也。乃詐爲道恆與孝寬書，論歸款之意，使諜人遺之於琛營，諜，徒協翻。遺，如字，墜失也。琛果疑道恆。孝寬乘其猜阻，出兵襲之，擒道恆及琛，崤、澠遂清。崤，澠，崤山及澠池也。澠，彌兗翻。東道行臺王思政以玉壁險要，五代志：絳郡稷山舊置勳州。勳州即玉壁也。杜佑曰：稷山縣南十二里即玉壁城。請築城自恆農徙鎮之，詔加都督汾・晉・并州諸軍事、并州刺史，行臺如故。東、西魏蓋於汾州據險爲界，晉、并皆入於東魏。

20 東魏以高澄攝吏部尚書，始改崔亮年勞之制，崔亮制停年格，見一百四十九卷天監十八年。銓擢賢能；又沙汰尚書郎，妙選人地以充之。凡才名之士，雖未薦擢，皆引致門下，與之遊宴、講論、賦詩，士大夫以是稱之。史言高澄收拾人物以傾元氏。

五年（己未、五三九）

1 春，正月，乙卯，以尚書左僕射蕭淵藻爲中衞將軍，丹楊尹何敬容爲尚書令，吏部尚書張纘爲僕射。纘，弘策之子也。張弘策，帝舅也，佐帝創業。自晉、宋以來，宰相皆以文義自逸，敬容獨勤簿領，日旰不休，爲時俗所嗤鄙。旰，古按翻。嗤，丑之翻。自徐勉、周捨既卒，普通五年，周捨卒；大同元年，徐勉卒。卒，子恤翻。當權要者，外朝則何敬容，內省則朱异。三公、卿、監、尚書爲外朝官，門下省爲內省。朝，直遙翻。异，羊至翻。敬容質慤無文，以綱維爲己任；异文華敏洽，曲營世譽：二人行異而俱得幸於上。行，下孟翻。异善伺候人主意爲阿諛，用事三十年，廣納貨賂，欺罔視聽，遠近莫不忿疾。園宅、玩好、飲膳、聲色窮一時之盛。每休下，休沐之日，自省中出還私第爲休下。伺，相吏翻。好，呼到翻。下，遐嫁翻。車馬填門，唯王承、王稚及褚翔不往。承、稚，暕之子；王暕，儉之子，帝用之，官至侍中、尚書僕射。翔，淵之曾孫也。褚淵，蕭齊佐命。

2 丁巳，御史中丞參禮儀事賀琛奏：「南、北二郊及藉田，往還並宜御輦，不復乘輅。」詔從之，祀宗廟仍乘玉輦。駕馬爲輅，駕人爲輦。琛，瑒之弟子也。賀瑒以儒學進。瑒，雉杏翻，又音暢。

3 辛酉，東魏以尚書令孫騰爲司徒。

4 辛未，上祀南郊。

5 魏丞相泰於行臺置學，取丞郎、府佐德行明敏者充學生，行，下孟翻。悉令旦治公務，晚就講習。時就學者苟能以其所治之事質之於經傳，有所感發，此其所學之進，又豈螢窗雪案搜經摘傳者所能及邪！治，直之翻。

6 東魏丞相歡，歡以沙苑之敗求自貶，既復其官，史復以丞相書之。以徐州刺史房謨、廣平太守羊敦、廣宗太守竇瑗、廣宗縣，漢屬鉅鹿郡，後屬安平國，後魏太和二十一年立廣宗郡，東魏屬司州。瑗，丁眷翻。平原太守許惇有政績清能，與諸刺史書，褒稱謨等以勸之。

7 夏，五月，甲戌，東魏立丞相歡女爲皇后；乙亥，大赦。

8 魏以開府儀同三司李弼爲司空。秋，七月，【章：乙十一行本「月」下有「魏」字；退齋校同。】以扶風王孚爲太尉。

9 九月，甲子，東魏發畿內十萬人城鄴，四十日罷。冬，十月，癸亥，以新宮成，大赦，改元興和。

10 魏置紙筆於陽武門外以求得失。

11 十一月，乙亥，東魏使散騎常侍王元景、魏收來聘。

12 東魏人以正光曆浸差，魏行正光曆，見一百四十九卷普通三年。命校書郎李業興更加脩正，杜佑曰：漢之蘭臺及後漢東觀，皆藏書之室，當時文學之士，使讎校於其中，故有校書之職，蓋有校書之任而未爲官也。故以郎居其任，則謂之校書郎；以郎中居其任，則謂之校書郎中。至後魏，始置祕書校書郎。以甲子爲元，號曰興光曆，既成，行之。

13 散騎常侍朱异奏：「頃來置州稍廣，而小大不倫，請分爲五品，其位秩高卑，參僚多少，皆以是爲差。」參僚，卽參佐。詔從之。於是上品二十州，次品十州，次品八州，次品二十三州，下品二十一州。時上方事征伐，恢拓境宇，北踰淮、汝，東距彭城，西開牂柯，牂柯，音臧哥。南平俚洞，交、廣界表，俚人依阻深險，各自爲洞。俚，音里。紛綸甚衆，故异請分之。其下品皆異國之人，徒有州名而無土地，或因荒徼之民所居村落置州及郡縣，刺史守令皆用彼人爲之，就彼土以土人爲之。徼，吉弔翻。尚書不能悉領，山川險遠，職貢罕通。五品之外，又有二十餘州不知處所。凡一百七州。又以邊境鎮戍，雖領民不多，欲重其將帥，皆建爲郡，或一人領二三郡太守，州郡雖多而戶口日耗矣。務廣地者荒，貪人有者殘，信哉！將，卽亮翻。帥，所類翻。

14 魏自西遷以來，禮樂散逸，丞相泰命左僕射周惠達、吏部郎中北海唐瑾損益舊章，至是稍備。瑾，渠吝翻。

六年（庚申、五四〇）

1 春，正月，壬申，東魏以廣平公庫狄干爲太保。

2 丁丑，東魏主入新宮，東魏作新宮於鄴，見上卷大同元年。大赦。

3 魏扶風王孚卒。

4 二月，己亥，上耕藉田。

5 魏鑄五銖錢。

6 東魏大行臺侯景出三鵶，杜佑曰：三鵶，在今汝州魯陽縣西南十九里，有平高城，周以禦齊。高齊於縣東北十七里置魯城以禦周。將復荆州；三年，西魏乘沙苑之勝取荆州。魏丞相泰遣李弼、獨孤信各將五千騎出武關，景乃還。將，卽亮翻。騎，奇寄翻。

7 魏文后既爲尼，居別宫，大通四年，魏廢文后爲尼。尼，女夷翻。悼后猶忌之，乃以其子武都王戊爲秦州刺史，使文后隨之官。魏主雖限以大計，謂以國事廢乙弗而立柔然女也。而恩好不忘，好，呼到翻。密令養髮，有追還之意。養，羊尚翻。會柔然舉國渡河南侵，渡河南侵靈夏。時頗有言柔然以悼后故興師者，帝曰：「豈有興百萬之衆爲一女子邪！爲，于僞翻。雖然，致人此言，朕亦何顏以見將帥！」將，卽亮翻。帥，所類翻。乃遣中常侍曹寵齎手敕賜文后自盡。文后泣謂寵曰：「願至尊千萬歲，天下康寧，死無恨也！」遂自殺；鑿麥積崖而葬之，號曰寂陵。

夏，丞相泰召諸軍屯沙苑以備柔然。右僕射周惠達發士馬守京城，塹諸街巷，召雍州刺史王羆議之，塹，七豔翻。雍，於用翻。羆不應召，謂使者曰：「若蠕蠕至渭北者，王羆自帥鄉里破之，王羆，京兆人。使，疏吏翻。蠕，人兗翻。帥，讀曰率。不煩國家兵馬，何爲天子城中作如此驚擾！」由周家小兒恇怯致此。」恇，去王翻。柔然至夏州而退。未幾，悼后遇疾殂。幾，居豈翻。

8 五月，乙酉，【張：「乙酉」作「己酉」。】魏行臺宮延和、陝州刺史宮延慶降于東魏，陝，式冉翻。降，戶江翻。東魏以河北馬場爲義州以處之。按杜佑通典：衞州汲郡，古牧野之地。魏孝文帝太和十七年，徙代畜於石濟之西，故有河北馬場。魏收志：是時置義州，治汲郡陳城，領五城、義寧、新安、澠池、恆農、宜陽、金門郡。五代志：汲郡汲縣，東魏置義州，僑置七郡二十八縣。則七郡皆僑置於汲縣界。又據朱元旭傳，時分河內、汲郡二郡界扶風之地立義州，以置關西歸正之民；後周武帝滅齊，改義州爲衞州，治汲。處，昌呂翻。

9 東魏陽州武公高永樂卒。據北齊書，高永樂封陽州縣公。

10 閏月，丁丑朔，日有食之。

11 己丑，東魏封皇兄景植爲宜陽王，皇弟威爲清河王，謙爲潁川王。

12 六月，壬子，東魏華山王鷙卒。二年，東魏以鷙爲大司馬。華，戶化翻。

13 秋，七月，丁亥，東魏使兼散騎常侍李象等來聘。

14 八月，戊午，大赦。

15 九月，【據張校增。】戊戌，司空袁昂卒，遺疏不受贈謚，敕諸子勿上行狀及立銘誌；行狀，狀其平生之行實，上之於朝以請謚。銘誌，立碑於墓以傳後。洪适曰：東漢自路都尉始建墓闕，蓋表阡碑銘之濫觴也。有文而傳於今，則自謁者景君墓表始，君以安帝元初元年卒。齊葬穆妃，議立石誌，王儉以爲非禮經所出。元嘉中，顏延之輩爲之，遂相祖述爾。任昉作文章緣起，又云墓碑自晉始。予考酈氏水經所載漢刻已不少，後魏與齊、梁時相先後也，豈碑碣多在北方，南人未之見乎？然郭林宗傳云：林宗既葬，同志者立碑，蔡邕爲其文，謂盧植曰：「吾爲碑銘多矣，唯郭有道無愧色。」史稱王儉，晉、宋以來故事該憶無遺，范書所載豈不知之！今漢人舊刻猶存數十百碑，云始於晉、宋，非也。行，下孟翻。上，時掌翻。上不許，贈本官，謚穆正公。

16 冬，十一月，魏太師念賢卒。

17 吐谷渾自莫折念生之亂，不通于魏。伏連籌卒，子夸呂立，始稱可汗，居伏俟城。五代志：隋破吐谷渾，以伏俟城置西海郡，其地有西王母石窟、青海鹽池，卽在漢金城郡臨羌縣西北塞外，王莽受卑和羌所獻地置西海郡者也。北史：伏俟城在青海西十五里。吐，從暾入聲。谷，音浴。可，從刊入聲。汗，音寒。其地東西三千里，南北千餘里，官有王、公、僕射、尙書、郎中、將軍之號。是歲，始遣使假道柔然，聘於東魏。使，疏吏翻。

七年（辛酉、五四一）

1 春，正月，辛巳，上祀南郊，大赦。辛丑，祀明堂。

2 宕昌王梁企定爲其下所殺，弟彌定立。宕，徒浪翻。企，許延翻。考異曰：梁帝紀作「彌泰」。今從典略。二月，乙巳，以彌定爲河、梁二州刺史、宕昌王。

3 辛亥，上耕藉田。藉，秦昔翻。

4 魏幽州刺史順陽王仲景坐事賜死。西魏無幽州，意豳州也。

5 三月，魏夏州刺史劉平伏據上郡反，魏收志：上郡屬東夏州，領石門、因城縣。隋志：延安郡有因城縣。夏，戶雅翻。大都督于謹討禽之。

6 夏，五月，遣兼散騎常侍明少遐等聘于東魏。

7 秋，七月，己卯，東魏宜陽王景植卒。

8 魏以侍中宇文測爲大都督、行汾州事。五代志：龍泉郡，後周置汾州，隋改隰州，治隰川縣。測，深之兄也，爲政簡惠，得士民心。地接東魏，隰川東接東魏晉州界。東魏人數來寇抄，測擒獲之，命解縛，引與相見，爲設酒殽，待以客禮，數，所角翻。抄，楚交翻。爲，于僞翻。幷給糧餼，餼，許氣翻。衞送出境。東魏人大慚，不復爲寇，復，扶又翻。汾、晉之間遂通慶弔，時論稱之。或告測交通境外者，丞相泰怒曰：「測爲我安邊，我知其志，何得間我骨肉！」間，古莧翻。命斬之。

9 魏丞相泰欲革易時政，爲強國富民之法，大行臺度支尚書兼司農卿蘇綽盡其智能，贊成其事，減官員，置二長，度，徒洛翻。長，知兩翻；下令長同。幷置屯田以資軍國。又爲六條詔書，九月，始奏行之：一曰清心，二曰敦教化，三曰盡地利，四曰擢賢良，五曰恤獄訟，六曰均賦役。泰甚重之，嘗置諸坐右，坐，徂臥翻。又令百司習誦之，其牧守令長非通六條及計帳，不得居官。守，式又翻。計帳見上卷大同元年。

10 東魏詔羣官於麟趾閣議定法制，謂之麟趾格，冬，十月，甲寅，頒行之。

11 乙巳，東魏發夫五萬築漳濱堰，三十五日罷。

12 十一月，丙戌，東魏以彭城王韶爲太尉，度支尚書胡僧敬爲司空。僧敬名虔，以字行，國珍之兄孫，東魏主之舅也。胡國珍，靈后之父。

13 十二月，東魏遣兼散騎常侍李騫來聘。

14 交趾李賁世爲豪右，仕不得志。同郡【據張校增。】有并韶者，富於詞藻，詣選求官，吏部尚書蔡撙以并姓無前賢，除廣陽門郎；廣陽門，建康城西面南頭第一門。姓譜：（原有脫字）并，府盈翻。撙，祖本翻。韶恥之。賁與韶還鄉里，【章：甲十一行本「里」下有「謀作亂」三字；乙十一行本同；孔本同；張校同；退齋校同。】會交州刺史武林侯諮以刻暴失衆心，沈約志：永平郡有武林縣，宋文帝立。永平，晉穆帝升平五年分蒼梧立。時賁監德州，五代志：日南郡，梁置德州。監，工銜翻。因連結數州豪傑俱反；諮輸賄于賁，奔還廣州。上遣諮與高州刺史孫冏、新州刺史盧子雄將兵擊之。五代志：梁大通中，割番州合浦縣立高州，在隋海康縣界。端州新興縣，梁立新州。將，卽亮翻。諮，恢之子也。鄱陽王恢，上之弟也。

15 是歲，魏又益新制十二條。宇文泰前已行二十四條，今又益十二條，故曰新制。

16 東魏丞相歡以諸州調絹不依舊式，調，徒釣翻。謂尺度不依舊式也。民甚苦之，奏令悉以四十尺爲匹。

魏自喪亂以來，謂孝昌以來也。喪，息浪翻。農商失業，六鎮之民相帥內徙，就食齊、晉，歡因之以成霸業。事見一百五十五卷中大通三年、四年。齊、晉，直謂春秋列國大界。帥，讀曰率。東西分裂，連年戰爭，河南州郡鞠爲茂草，小弁之詩曰：踧踧周道，鞠爲茂草。註云：鞠，窮也。公私困竭，民多餓死。歡命諸州濱河及津、梁凡江河濟渡之處皆曰津，橫絕水爲橋以通往來曰梁。皆置倉積穀以相轉漕，供軍旅，備饑饉，又於幽、瀛、滄、青四州傍海煮鹽，傍，步浪翻。軍國之費，粗得周贍。粗，坐五翻。贍，而豔翻。至是，東方連歲大稔，穀斛至九錢，山東之民稍復蘇息矣。史言高歡於兵荒之餘能紓民力。復，扶又翻，又如字。

17 東魏尚書令高澄尚靜帝妹馮翊長公主，生子孝琬，朝貴賀之，長，知兩翻。朝，直遙翻。澄曰：「此至尊之甥，先賀至尊。」三日，帝幸其第，賜錦綵布絹萬匹。於是諸貴競致禮遺，遺，于季翻。貨滿十室。

18 東魏臨淮王孝友表曰：「令制百家爲族，二十五家爲閭，五家爲比。百家之內有帥二十五，徵發皆免，苦樂不均，羊少狼多，復有蠶食，使狼將羊，羊雖衆，終爲狼所噬，況羊少而狼多乎！諭族帥並緣侵漁閭帥，閭帥又侵漁比帥，比帥又侵漁其所領四家也。比，毘至翻。帥，所類翻。樂，音洛。少，詩沼翻。復，扶又翻。此之爲弊久矣。京邑諸坊，或七八百家唯一里正、二史，庶事無闕，而況外州乎！請依舊置三正之名不改，三正，即李沖建議所置三長。而每閭止爲二比，計族省十一【章：甲十一行本「一」作「二」；乙十一行本同；張校同。】丁，貲絹、番兵，所益甚多。」事下尚書，寢不行。貲絹，謂計貲輸絹。番兵，謂番代爲兵。下，遐嫁翻。

19 安成望族劉敬躬以妖術惑衆，人多信之。妖，於驕翻。考異曰：南史作「敬宫」。今從梁書。

八年（壬戌、五四二）

1 春，正月，敬躬據郡反，改元永漢，署官屬，進攻廬陵，逼豫章。南方久不習兵，人情擾駭，豫章内史張綰募兵以拒之。綰，纘之弟也。二月，戊戌，江州刺史湘東王繹遣司馬王僧辯、中兵曹子郢討敬躬，受綰節度。二月，戊辰，擒敬躬，送建康，斬之。僧辯，神念之子也，天監七年，王神念自魏來奔。該博辯捷，器宇肅然，雖射不穿札，左傳：潘尫之黨養由基蹲甲而射之，徹七札焉。編甲如櫛齒相比曰札。而志氣高遠。

2 魏初置六軍。

3 夏，四月，丙寅，東魏使兼散騎常侍李繪來聘。繪，元忠之從子也。李元忠勸成高歡討爾朱之謀。從，才用翻。

4 東魏丞相歡朝于鄴。朝，直遥翻。司徒孫騰坐事免；乙酉，以彭城王韶録尚書事，侍中廣陽王湛爲太尉，尚書右僕射高隆之爲司徒。初，太尉【章：甲十一行本「尉」作「傅」；乙十一行本同；孔本同；張校同。】尉景與丞相歡同歸爾朱榮，見一百五十二卷大通二年。其妻，歡之姊也，自恃勳戚，貪縱不法，爲有司所劾，繫獄；歡三詣闕泣請，乃得免死，史言高歡爲是使勳貴知有王法。劾，戶概翻，又戶得翻。丁亥，降爲驃騎大將軍、開府儀同三司。驃，匹妙翻。騎，奇寄翻。歡往造之，景臥不起，大叫曰：「殺我時趣邪！」造，七到翻。趣，讀曰促；後趣之同。歡撫而拜謝之。辛卯，以庫狄干爲太傅，以領軍將軍婁昭爲大司馬，封祖裔爲尚書右僕射。六月，甲辰，歡還晉陽。

5 八月，庚戌，東魏以開府儀同三司、吏部尚書侯景爲兼尚書僕射、河南道大行臺，隨機防討。既委景以備梁、魏，又使討叛貳，隨機則便宜從事，其任重矣。爲侯景叛東魏張本。

6 魏以王盟爲太保。

7 東魏丞相歡擊魏，入自汾、絳，連營四十里，丞相泰使王思政守玉壁以斷其道。斷，音短。後於玉壁置勳州。杜佑曰：玉壁城在絳州稷山縣西南十二里。歡以書招思政曰：「若降，當授以并州。」高歡以晉陽爲根本，并州之任要重於諸州。降，戶江翻。思政復書曰：「可朱渾道元降，道元降見上卷元年。何以不得？」冬，十月，己亥，歡圍玉壁，凡九日，遇大雪，士卒飢凍，多死者，遂解圍去。魏遣太子欽鎮蒲坂。丞相泰出軍蒲坂，至皁莢，聞歡退渡汾，追之，不及。十一月，東魏以可朱渾道元爲幷州刺史。激於王思政之書也。

8 十二月，魏主狩於華陰，大享將士，丞相泰帥諸將朝之。華，戶化翻。將，卽亮翻。帥，讀曰率。朝，直遙翻。起萬壽殿於沙苑北。

9 辛亥，東魏遣兼散騎常侍楊斐來聘。考異曰：典略作「陽斐」。今從魏書紀。

10 孫冏、盧子雄討李賁，以春瘴方起，請待至秋；廣州刺史新渝侯暎不許，吳立新喻縣，屬安成郡。「渝」當作「喻」。武林侯諮又趣之。冏等至合浦，死者什六七，趣，讀曰促。瘴，之亮翻，熱病也。南方瘴熱，春氣深則瘴起，染之者必死，軍行尤畏之。衆潰而歸。暎，憺之子也。始興王憺，上弟也。憺，徒敢翻，又徒濫翻。武林侯諮奏冏及子雄與賊交通，逗留不進，敕於廣州賜死。子雄弟子略、子烈、主帥廣陵杜天合及弟僧明、新安周文育等帥子雄之衆攻廣州，欲殺暎、諮，爲子雄復冤。主帥，所類翻。等帥，讀曰率；下同。爲，于僞翻。西江督護、高要太守吳興陳霸先帥精甲三千救之，高要縣，漢屬蒼梧，梁置高要郡，隋爲高要縣，端州治所。元和郡縣志曰：端州當西江口，入廣西要道。祝穆曰：西江源出邕州，經潯、融、象、柳等州，入封州界，合桂江。漢武帝自巴、蜀發夜郎兵下牂柯江，會番禺，卽此水。蕭子顯曰：廣州統內西、南二江，川源深遠，別置督護，專征討之任。大破子略等，殺天合，擒僧明、文育。霸先以僧明、文育驍勇過人，釋之，以爲主帥。驍，堅堯翻。詔以霸先爲直閤將軍。陳霸先事始此。

11 魏丞相泰妻馮翊公主生子覺。

12東魏以光州刺史李元忠爲侍中。元忠雖處要任，處，昌呂翻。不以物務干懷，唯飲酒自娛。丞相歡欲用爲僕射，世子澄言其放達常醉，不可委以臺閣。其子搔聞之，請節酒，搔，蘇遭翻。元忠曰：「我言作僕射不勝飲酒樂，樂，音洛。爾愛僕射，宜勿飲酒。」

九年（癸亥、五四三）

1春，正月，壬戌，東魏大赦，改元武定。

2東魏御史中尉高仲密取吏部郎崔暹之妹，既而棄之，由是與暹有隙。仲密選用御史，多其親戚鄉黨，高澄奏令改選；暹方爲澄所寵任，仲密疑其搆己，愈恨之。仲密後妻李氏豔而慧，崔暹之妹既去，李氏繼室，故曰後妻。澄見而悅之，李氏不從，衣服皆裂，以告仲密，仲密益怨。尋出爲北豫州刺史，北豫州治虎牢。陰謀外叛。丞相歡疑之，遣鎮城奚壽興典軍事，鎮城之職猶防城都督。仲密但知民務。仲密置酒延壽興，伏壯士，執之，二月，壬申，以虎牢叛，降魏。降，戶江翻。魏以仲密爲侍中、司徒。

歡以仲密之叛由崔暹，將殺之，高澄匿暹，爲之固請，爲，于僞翻；下爲之同。歡曰：「我匄其命，匄，居大翻，又居曷翻。須與苦手。」言必痛杖之也。澄乃出暹，而謂大行臺都官郎陳元康曰：「卿使崔暹得杖，勿復相見。」復，扶又翻。元康爲之言於歡曰：爲，于僞翻。「大王方以天下付大將軍，大將軍有一崔暹不能免其杖，父子尚爾，況於他人！」歡乃釋之。

高季式在永安戍，永安縣，古彘邑也，漢屬河東郡，後漢順帝改曰永安縣。魏收志曰：建義元年置永安郡，治永安城，屬晉州。時季式罷晉州，戍之。隋廢永安郡，改爲霍邑縣。仲密遣信報之；季式走告歡，歡待之如舊。

魏丞相泰帥諸軍以應仲密，帥，讀曰率。以太子少傅李遠爲前驅，至洛陽，遣開府儀同三司于謹攻柏谷，拔之；三月，壬申，【嚴：「申」改「辰」。】圍河橋南城。

東魏丞相歡將兵十萬至河北，將，卽亮翻。泰退軍瀍上，縱火船於上流以燒河橋；斛律金使行臺郎中張亮以小艇百餘載長鎖，伺火船將至，以釘釘之，艇，徒鼎翻，小船也。伺，相吏翻。上釘，音丁。下釘，丁定翻。引鎖向岸，橋遂獲全。

歡渡河，據邙山爲陳，不進者數日。泰留輜重於瀍曲，陳，讀曰陣。重，直用翻。「瀍曲」，或作「瀍西」。夜，登邙山以襲歡。候騎白歡曰：「賊距此四十餘里，蓐食乾飯而來。」歡曰：「自當渴死！」乃正陳以待之。歡欲堅陣以持之，待其疲渴而後戰，故云然。乾，音干。戊申，黎明，泰軍與歡軍遇。東魏彭樂以數千騎爲右甄，甄，稽延翻。衝魏軍之北垂，所向奔潰，遂馳入魏營。人告彭樂叛，歡甚怒。俄而西北塵起，樂使來告捷，使，疏吏翻。虜魏侍中、開府儀同三司、大都督臨洮王東、蜀郡王榮宗、江夏王昇、鉅鹿王闡、譙郡王亮、詹事趙善及督將僚佐四十八人。夏，（戶雅翻。）諸將乘勝擊魏，大破之，斬首三萬餘級。洮，土刀翻。將，卽亮翻。考異曰：北齊書云，「俘斬六萬級。」今從北史彭樂傳。

歡使彭樂追泰，泰窘，窘，巨隕翻。謂樂曰：「汝非彭樂邪？癡男子！今日無我，明日豈有汝邪！何不急還營，收汝金寶！」樂從其言，獲泰金帶一囊以歸，言於歡曰：「黑獺漏刃，破膽矣！」歡雖喜其勝而怒其失泰，令伏諸地，親捽其頭，連頓之，捽，昨沒翻；捽持其髻也。并數以沙苑之敗，事見上卷三年。數，所具翻。舉刃將下者三，噤齘良久。噤齘，切齒怒也。噤，直禁翻，亦作顈。齘，胡介翻。樂曰：「乞五千騎，復爲王取之。」復，扶又翻。爲，于僞翻。歡曰：「汝縱之何意，而言復取邪？」復，扶又翻；下日復同。命取絹三千匹壓樂背，因以賜之。爲歡屬其子澄令防彭樂張本。

明日，復戰，泰爲中軍，中山公趙貴爲左軍，領軍若于【章：甲十一行本「于」作「干」；乙十一行本同；下同；孔本同；張校同；退齋校同。】惠等爲右軍。令狐德棻曰：若干之先與魏俱起，以國爲姓。魏書官氏志，內入諸姓有若干氏。「于」作「干」。孫愐曰：若，人者翻。中軍、右軍合擊東魏，大破之，悉俘其步卒。歡失馬，赫連陽順下馬以授歡。歡上馬走，從者步騎七人，上，時掌翻。從，才用翻。追兵至，親信都督尉興慶曰：「王速去，興慶腰有百箭，足殺百人。」歡曰：「事濟，以爾爲懷州刺史；魏收志：天安二年，置懷州於河內，太和八年罷，天平初復置，領河內、武德二郡。若死，用爾子。」興慶曰：「兒少，願用兄。」歡許之。少，詩沼翻。興慶拒戰，矢盡而死。考異曰：典略作「尉興敬」。今從北齊書、北史。

東魏軍士有逃奔魏者，告以歡所在，考異曰：周賀拔勝傳云：「太祖見齊神武旗鼓，識之。」今從典略。泰募勇敢三千人，皆執短兵，配大都督賀拔勝以攻之。勝識歡於行間，行，戶剛翻。執槊與十三騎逐之，馳數里，槊刃垂及，槊，色角翻。因字之曰：「賀六渾，賀拔破胡必殺汝！」歡氣殆絕，河州刺史劉洪徽從傍射勝，中其二騎，河州時屬西魏境，東魏使劉洪徽遙領刺史耳。射，而亦翻；下同。中，竹仲翻。武衞將軍段韶射勝馬，斃之，比副馬至，比，必利翻。歡已逸去。勝歎曰：「今日不執弓矢，天也！」

魏南郢州刺史耿令貴，大呼，獨入敵中，魏收志：梁置南郢州，治赤石關，領定城、光城、邊城郡。五代志：光州定城縣，後齊置南郢州。非西魏境也，耿令貴亦遙領刺史耳。呼，火故翻。鋒刃亂下，人皆謂已死，俄奮刀而還。還，從宣翻，又如字。如是數四，當令貴前者死傷相繼，乃謂左右曰：「吾豈樂殺人！樂，音洛。壯士除賊，不得不爾。若不能殺賊，又不爲賊所傷，何異逐坐人也！」逐坐人，指當時持文墨議論者，但能相隨逐坐談而坐食也。

左軍趙貴等五將戰不利，東魏兵復振，復，扶又翻。泰與戰，又不利。會日暮，魏兵遂遁，東魏兵追之；獨孤信、于謹收散卒自後擊之，追兵驚擾，魏諸軍由是得全。若于惠夜引去，東魏兵追之；惠徐下馬，顧命廚人營食，食畢，謂左右曰：「長安死，此中死，有以異乎？」

乃建旗鳴角，收散卒徐還，追騎疑有伏兵，不敢逼。泰遂入關，屯渭上。

歡進至陝，陝，失冉翻。泰遣開府儀同三司達奚武等拒之。行臺郎中封子繪言於歡曰：「混壹東西，正在今日。昔魏太祖平漢中，不乘勝取巴、蜀，事見六十七卷漢獻帝建安二十年。失在遲疑，後悔無及。願大王不以爲疑。」歡深然之，集諸將議進止，咸以爲「野無青草，人馬疲瘦，不可遠追。」陳元康曰：「兩雄交爭，歲月已久。今幸而大捷，天授我也，時不可失，當乘勝追之。」歡曰：「若遇伏兵，孤何以濟？」元康曰：「王前沙苑失利，彼尚無伏；今奔敗若此，何能遠謀！若捨而不追，必成後患。」歡不從，爲歡悔不用陳元康之言張本。余謂邙山之戰，蓋俱傷而兩敗，宇文泰雖力屈而遁，高歡之氣亦衰矣，安敢復深入乎！使劉豐生將數千騎追泰，遂東歸。

泰召王思政於玉壁，將使鎮虎牢，未至而泰敗，乃使守恆農。恆，戶登翻。思政入城，令開門解衣而臥，慰勉將士，示不足畏。後數日，劉豐生至城下，憚之，不敢進，引軍還。思政乃脩城郭，起樓櫓，營農田，積芻粟，由是恆農始有守禦之備。

丞相泰求自貶，魏主不許。是役也，魏諸將皆無功，唯耿令貴與太子武衛率王胡仁、魏蓋改東宮武衛將軍爲武衛率。都督王文達力戰功多。泰欲以雍、岐、北雍三州授之，以州有優劣，使探籌取之，雍，於用翻。探，吐南翻。仍賜胡仁名勇，令貴名豪，文達名傑，用彰其功。於是廣募關、隴豪右以增軍旅。

高仲密之將叛也，陰遣人扇動冀州豪傑，使爲內應，高乾兄弟本起兵於信都，仲密故扇動其豪傑，使爲應於河北。東魏遣高隆之馳驛慰撫，由是得安。高澄密書與隆之曰：「仲密枝黨與之俱西者，宜悉收其家屬，以懲將來。」隆之以爲恩旨既行，理無追改，若復收治，復，扶又翻。治，直之翻。示民不信，脫致驚擾，所虧不細，乃啓丞相歡而罷之。

3 以太子詹事謝舉爲尚書僕射。

4 夏，四月，林邑王攻李賁，賁將范脩破林邑於九德。吳分九眞立九德郡。五代志曰：日南郡九德縣，梁置德州。將，卽亮翻。

5 清水氐酋李鼠仁，清水縣，漢屬天水郡，晉屬略陽郡。五代志曰：後魏置清水郡，隋廢郡爲縣，屬秦州。酋，慈秋翻。乘魏之敗，據險作亂；隴右大都督獨孤信屢遣軍擊之，不克。丞相泰遣典籤天水趙昶往諭之，諸酋長聚議，長，知兩翻。或從或否；其不從者欲加刃於昶，昶神色自若，辭氣逾厲，鼠仁感悟，遂相帥降。帥，讀曰率。降，戶江翻。氐酋梁道顯叛，泰復遣昶諭降之，酋，慈秋翻。復，扶又翻；下州復同。徙其豪帥四千【章：甲十一行本「千」作「十」；乙十一行本同；孔本同。】餘人并部落於華州，帥，所類翻。華，戶化翻。泰卽以昶爲都督，使領之。

6 泰使諜潛入虎牢，令守將魏光固守，諜，徒協翻。將，卽亮翻。侯景獲之，改其書云：「宜速去。」縱諜入城，光宵遁。景獲高仲密妻子送鄴，北豫、洛二州復入于東魏。五月，壬辰，東魏以克復虎牢，降死罪已下囚，唯不赦高仲密家。丞相歡以高乾有義勳，謂起兵於信都以奉歡也。高昂死王事，謂戰死於河陽也。季式先自告，謂先自永安戍奔告歡也。皆爲之請，免其從坐。爲，于僞翻。仲密妻李氏當死，高澄盛服見之，曰：「今日何如？」李氏默然，遂納之。高澄以漁色，使宗勳外叛，其父幾死於兵，長惡不悛，衒服以誘納之，他日楊、燕之禍，叔姪相屠，釁由李氏，豈天也邪！乙未，以侯景爲司空。賞平虎牢之功也。

7 秋，七月，魏大赦。以王盟爲太傅，廣平王贊爲司空。

8 八月，乙丑，東魏以汾州刺史斛律金爲大司馬。

9 東魏遣兼散騎常侍李渾等來聘。

10 冬，十一月，甲午，東魏主狩于西山；鄴西無山，蓋邯鄲之西山也。乙巳，還宮。高澄啓解侍中，東魏主以其弟幷州刺史太原公洋代之。

11 丞相歡築長城於肆州北山，西自馬陵，東至土墱，馬陵蓋東魏置戍之地。九域志：代州崞縣有土墱寨。「墱」北史作「隥」，音丁鄧翻。四十日罷。

12 魏諸牧守共謁丞相泰，泰命河北太守裴俠別立，魏收志：河北郡屬陝州，本漢、晉河東郡之河北縣地也；隋廢郡復爲縣，屬河東郡。守，式又翻。俠，戶頰翻。謂諸牧守曰：「裴俠清慎奉公，爲天下最，有如俠者，可與俱立！」衆默然，無敢應者。泰乃厚賜俠，朝野歎服，號爲「獨立君」。

朝，直遥翻；下同。

十年（甲子、五四四）

1春，正月，李賁自稱越帝，置百官，改元大【章：甲十一行本「大」作「天」；乙十一行本同；孔本同；熊校同。】德。

2三月，癸巳，東魏丞相歡巡行冀、定二州，行，下孟翻。校河北戶口損益，因朝于鄴。

3甲午，上幸蘭陵，謁建寧陵，使太子入守京城；辛丑，謁脩陵。晉置南東海郡於京口，南蘭陵郡於延陵。建寧陵，梁紀曰建陵，皇妣張皇后陵也。脩陵，皇后郗氏陵也。

4丙午，東魏以開府儀同三司孫騰爲太保。

5己酉，上幸京口城北固樓，更名北顧；鎭江府圖經曰：京口城因山爲壘，緣江爲境。爾雅，丘絕高曰京，故曰京口。又府治東五里有京峴山，京口得名以此。北固山在府北一里，迴嶺下臨長江，卽府治所據及甘露寺基。蕭正義傳曰：京城之西有別嶺入江，高數十丈，三面臨水，號曰北固，蔡謨起樓其上以置軍實，帝登望久之，曰：「此嶺不足須固守，然於京口實乃壯觀，於是改曰北顧。」庚戌，幸回賓亭，宴鄉里故老及所經近縣迎候者，少長數千人，少，詩照翻。長，知兩翻。各賚錢二千。

6壬子，東魏以高澄爲大將軍、領中書監，元弼爲錄尚書事，左僕射司馬子如爲尚書令，侍中高洋爲左僕射。

丞相歡多在晉陽，孫騰、司馬子如、高岳、高隆之，皆歡之親黨也，委以朝政，朝，直遙翻。鄴中謂之四貴，其權勢熏灼中外，率多專恣驕貪。歡欲損奪其權，故以澄爲大將軍、領中書監，移門下機事總歸中書，門下省衆事，侍中、給事中等掌之；今高歡移而總歸中書，所以重澄之權。文武賞罰皆稟於澄。

孫騰見澄，不肯盡敬，澄叱左右牽下於牀，築以刀環，立之門外。太原公洋於澄前拜高隆之，呼爲叔父；澄怒，罵之。隆之本洛陽人，歡命爲弟，故洋以叔父呼之。歡謂羣公曰：「兒子浸長，長，知兩翻。公宜避之。」於是公卿以下，見澄無不聳懼。庫狄干，澄姑之壻也，干娶歡妹。自定州來謁，立於門外，三日乃得見。

澄欲置腹心於東魏主左右，擢中兵參軍崔季舒爲中書侍郎。澄每進書於帝，有所諫請，或文辭繁雜，季舒輒脩飾通之。帝報澄父子之語，常與季舒論之，曰：「崔中書，我乳母也。」季舒，挺之從子也。從，才用翻。

7 夏，四月，乙卯，上還自蘭陵。

8 五月，甲申朔，魏丞相泰朝于長安。朝，直遙翻。

9 甲午，東魏遣散騎常侍魏季景來聘。季景，收之族叔也。

10 尚書令何敬容妾弟盜官米，以書屬領軍河東王譽；屬，之欲翻。丁酉，敬容坐免官。

11 東魏廣陽王湛卒。

12 魏琅琊貞獻公賀拔勝諸子在東者，丞相歡盡殺之，脩邙山之怨也。勝憤恨發疾而卒。丞相泰常謂人曰：「諸將對敵神色皆動，唯賀拔公臨陳如平時，陳，讀曰陣。眞大勇也！」

13 秋，七月，魏更權衡度量，更，工衡翻。命尚書蘇綽損益三十六條之制，總爲五卷，頒行之。二十四條并新制十二條，總爲三十六條。二十四條見上卷大同元年。搜簡賢才爲牧守令長，皆依新制而遣焉。守，手又翻。長，知兩翻。數年之間，百姓便之。

14 魏自正光以後，政刑弛縱，在位多貪汙。丞相歡啓以司州中從事宋遊道爲御史中尉，五代志：後齊司州置牧，屬官有別駕從事史、治中從事史。澄固請以吏部郎崔暹爲之，以遊道爲尚書左丞。澄謂暹、遊道曰：「卿一人處南臺，一人處北省，處，昌呂翻。御史臺謂之南臺，尚書省謂之北省。杜佑曰：御史臺在宮闕西南，故名南臺。尚書省在北，故曰北省。當使天下肅然。」暹選畢義雲等爲御史，時稱得人。義雲，衆敬之曾孫也。宋明帝初，畢衆敬降魏。

澄欲假暹威勢，諸公在坐，坐，徂臥翻。令暹後至，通名，高視徐步，兩人挈裾而入；澄分庭對揖，暹不讓而坐，觴再行，即辭去。澄留之食，暹曰：「適受敕在臺檢校。」遂不待食而去，澄降階送之。他日，澄與諸公出，之東山，時於鄴都治東山，爲遊宴之地。遇暹於道，前驅爲赤棒所擊，澄回馬避之。

尚書令司馬子如以丞相歡故人，當重任，意氣自高，與太師咸陽王坦黷貨無厭；厭，於鹽翻。暹前後彈子如、坦及并州刺史可朱渾道元等罪狀，無不極筆。宋遊道亦劾子如、坦及太保孫騰、司徒高隆之、司空侯景、尚書元羨等。劾，戶概翻，又戶得翻。澄收子如繫獄，一宿，髮盡白，辭曰：「司馬子如從夏州策杖投相王，中大通四年，歡破爾朱氏，召子如於南岐州，蓋雍、華路阻，取道夏州東歸也。夏，戶雅翻。王給露車一乘，乘，繩證翻。觠牸牛犢，觠，巨員翻，曲角也。牸，音字。犢在道死，唯觠角存，此外皆取之於人。」丞相歡以書敕澄曰：「司馬令，吾之故舊，汝宜寬之。」澄駐馬行街，出子如，脫其鎖；子如懼曰：「非作事邪？」懼澄殺之也。八月，癸酉，削子如官爵。九月，甲申，以濟陰王暉業爲太尉；濟，子禮翻。太師咸陽王坦以王還第，罷太師也。元羨等皆免官，其餘死黜者甚衆。久之，歡見子如，哀其憔悴，憔，慈消翻。悴，秦醉翻。以膝承其首，親爲擇蝨，爲，于僞翻。蝨，色櫛翻。賜酒百餅，羊五百口，米五百石。澄繩之以公法，歡接之以舊恩，此其父子駕御勳貴之術也。

高澄對諸貴極言褒美崔暹，且戒屬之。屬，之欲翻。丞相歡書與鄴下諸貴曰：「崔暹居憲臺，咸陽王、司馬令皆吾布衣之舊，尊貴親暱，無過二人，暱，尼質翻。過，工禾翻。同時獲罪，吾不能救，諸君其慎之！」

宋遊道奏駁尚書違失數百條，省中豪吏王儒之徒並鞭斥之，令、僕已下皆側目。駁，北角翻。高隆之誣遊道有不臣之言，罪當死。給事黃門侍郎楊愔曰：「畜狗求吠；愔，於今翻。畜，許竹翻，養也。今以數吠殺之，恐將來無復吠狗。」復，扶又翻。遊道竟坐除名。澄謂遊道曰：「卿早從我向并州，不爾，彼經略殺卿。」遊道從澄至晉陽，以爲大行臺吏部。「部」下當有「郎」字。

15 己丑，大赦。

16 東魏以喪亂之後，戶口失實，傜賦不均，喪，息浪翻。冬，十月，丁巳，以太保孫騰、大司徒高隆之魏、齊官制，司徒未嘗加「大」，「大」字衍。爲括戶大使，分行諸州，使，疏吏翻。行，下孟翻。得無籍之戶六十餘萬，僑居者皆勒還本屬。十一月，甲申，以高隆之錄尚書事，以前大司馬婁昭爲司徒。

17 庚子，東魏主祀圜丘。

18 東魏丞相歡襲擊山胡，破之，山胡，卽汾州山中稽胡也。俘萬餘戶，分配諸州。

19 是歲，東魏以散騎常侍魏收兼中書侍郎，脩國史。自梁、魏通好，好，呼到翻。魏書每云：「想彼境內寧靜，此率土安和。」上復書，去「彼」字而已。收始定書云：「想境內清晏，今萬里安和。」上亦效之。

資治通鑑卷第一百五十九

端明殿學士兼翰林侍讀學士太中大夫提舉西京嵩山崇福宮上柱國河内郡開國公食邑二千二百户食實封九百户賜紫金魚袋臣司馬光　奉敕編集
後　學　天　台　胡三省　音　註

梁紀十五起旃蒙赤奮若（乙丑），盡柔兆攝提格（丙寅），凡二年。

高祖武皇帝十五

大同十一年（乙丑、五四五）

1 春，正月，丙申，東魏遣兼散騎常侍李獎來聘。散，悉亶翻。騎，奇寄翻。

2 東魏儀同爾朱文暢與丞相司馬任胄、都督鄭仲禮等，謀因正月望夜觀打簇戲作亂，北史曰：魏氏舊俗，以正月十五夜爲打簇戲，能中者卽時賞帛。按魏書，孝靜天平四年，春，正月，禁打簇相偸戲。蓋此禁尋弛也。任，音壬。殺丞相歡，奉文暢爲主；事泄，皆死。文暢，榮之子也；其姊，敬宗之后，及仲禮姊大車，皆爲歡妾，有寵，故其兄弟皆不坐。

歡上書言：「幷州，軍器所聚，動須女功，請置宮以處配沒之口；處，昌呂翻。又納吐谷渾之女以招懷之。」吐谷渾國於西魏西南，高歡越境納其女以招懷之，蓋欲借其力以侵擾西魏。吐，從暾入聲。谷，音浴。丁未，置晉陽宮。二月，庚申，東魏主納吐谷渾可汗從妹爲容華。容華，前漢內職舊號。可，從刊入聲。汗，音寒。從，才用翻。

3 魏丞相泰遣酒泉胡安諾槃陀始通使於突厥。突厥本西方小國，姓阿史那氏，世居金山之陽，爲柔然鐵工。使，疏吏翻；下同。李延壽曰：突厥，其先居西海之右，獨爲部落，蓋匈奴之別種也，姓阿史那氏。後爲鄰國所破，盡滅其族。有一兒，年且十歲，兵人見其小，不忍殺之，乃刖足斷臂棄澤中，有牝狼以肉飼之；及長，與狼交合，遂有孕焉。彼王聞此兒尚在，復遣殺之。使者見在狼側，幷欲殺狼。於時若有神物投狼於西海之東，落高昌國西北山；狼匿其中，遂生十男。男長，外託妻孕。其後各爲一姓；阿史那其一也，最賢，遂爲君長。故牙門建狼頭纛，示不忘本也。或云：突厥本平涼雜胡，姓阿史那氏。魏太武滅沮渠氏，阿史那以五百家奔柔然。世居金山之陽，爲柔然鐵工。金山形似兜鍪，借〔俗？〕號兜鍪突厥，突厥因以爲號。又曰：突厥之先出於索國，在匈奴之北。其部落大人曰阿謗步；兄弟七十人，其一曰伊質泥師都，狼所生也。此說雖殊，終狼種也。程大昌曰：金山，形如兜鍪。其俗謂兜鍪爲突厥，因以爲號。厥，九勿翻。至其酋長土門，始強大，酋，慈秋翻。長，知兩翻。頗侵魏西邊。安諾槃陀至，其國人皆喜曰：「其國」之下當更有「國」字，屬下句。「大國使者至，吾國其將興矣。」

4 三月，乙未，東魏丞相歡入朝于鄴，百官迎於紫陌。朝，直遙翻。鄴都記：紫陌在鄴城西北五里。歡握崔暹手而勞之曰：「往日朝廷豈無法官，莫肯舉劾。勞，力到翻。劾，戶概翻，又戶得翻。

中尉盡心徇國，不避豪強，遂使遠邇肅清。衝鋒陷陣，大有其人；陳，讀曰陣。當官正色，今始見之。言聞之古人有當官正色者，今始見崔暹也。富貴乃中尉自取，高歡父子無以相報。」賜暹良馬。暹拜，馬驚走，歡親擁之，授以轡。東魏主宴於華林園，鄴都倣京洛之制，亦有華林園。使歡擇朝廷公直者勸之酒；歡降階跪曰：「唯暹一人可勸，并請以臣所射賜物千段賜之。」時於華林園宴射，賜歡物千段。歡請回以賜暹。高澄退，謂暹曰：「我尚畏羨，何況餘人！」

然暹中懷頗挾巧詐。初，魏高陽王斌有庶妹玉儀，不爲其家所齒，爲孫騰妓，斌，音彬。妓，渠綺翻。騰又棄之；高澄遇諸塗，悅而納之，遂有殊寵，白居易詩云：天下無正色，悅目卽爲姝。誠有是事。蓋玉儀所乏者非色，必妖媚善蠱惑，故所如衆女謠諑而不見容。封琅邪公主。澄謂崔季舒曰：「崔暹必造直諫，造，如字，作也。我亦有以待之。」及暹諮事，澄不復假以顏色。復，扶又翻。居三日，暹懷刺墜之於前。續世說：古者未有紙，削竹木以書姓名，謂之刺。後以紙書，謂之名紙。唐李德裕貴盛，人務加禮，改具銜候起居之狀，謂之門狀。澄問：「何用此爲？」暹悚然曰：「未得通公主。」澄大悅，把暹臂，入見之。季舒語人曰：語，牛倨翻。「崔暹常忿吾佞，在大將軍前，每言叔父可殺；及其自作，乃過於吾。」

5 夏，五月，甲辰，東魏大赦。

6 魏王盟卒。九年，魏以王盟爲太傅。

7晉氏以來，文章競爲浮華，魏丞相泰欲革其弊。六月，丁巳，魏主饗太廟。泰命大行臺度支尚書、領著作蘇綽度，徒洛翻。作大誥，宣示羣臣，戒以政事；仍命「自今文章皆依此體。」宇文泰令蘇綽倣周書作大誥，今其文尚在。使當時文章皆依此體，亦非所以崇雅黜浮也。

8上遣交州刺史楊瞟討李賁，瞟，匹妙翻。以陳霸先爲司馬；命定州刺史蕭勃會瞟於西江。五代志：鬱林郡，梁置定州。勃知軍士憚遠役，因詭說留瞟。說，式芮翻。瞟集諸將問計，霸先曰：「交趾叛換，罪由宗室，謂李賁之叛，由武林侯諮也。事見上卷七年。遂使溷亂數州，逋誅累歲。定州欲偷安目前，不顧大計；節下奉辭伐罪，當死生以之，豈可逗橈不進，長寇沮衆也！」橈，奴教翻。長，知兩翻。沮，在呂翻。遂勒兵先發。瞟以霸先爲前鋒。至交州，考異曰：典略作「十二月癸丑至交州」，姚思廉陳書帝紀在六月，今從之。賁帥衆三萬拒之，帥，讀曰率。敗於朱鳶，朱鳶縣，自漢以來屬交趾郡。五代志：朱鳶縣舊置武平郡。鳶，音緣。又敗於蘇歷江口，賁奔嘉寧城，沈約志：吳孫皓建衡三年，分交趾立新興郡，幷立嘉寧縣；晉武帝太康三年，更郡曰新昌。五代志：交趾郡嘉寧縣，舊置興州新昌郡，隋改曰峯州。諸軍圍之。勃，昺之子也。吳平侯昺，帝從父弟也。昺，音丙。

9魏與柔然頭兵可汗謀連兵伐東魏，丞相歡患之，遣行臺郎中杜弼使於柔然，爲世子澄求婚。使，疏吏翻。爲，于僞翻。頭兵曰：「高王自娶則可。」歡猶豫未決。婁妃曰：「國家大計，願勿疑也。」世子澄、尉景亦勸之。歡乃遣鎭南將軍慕容儼往聘之，號曰蠕蠕公主。魏明元帝命柔然曰蠕蠕，謂其蠕動無知識也。阿那瓌封蠕蠕王，雖曰以爲國號，猶鄙賤之也。至高歡納其女，號曰蠕蠕公主，則徑以爲國號，不復以爲鄙賤矣。蠕，人兖翻。秋，八月，歡親迎於下館。據北史彭城太妃傳，下館，當在木井北。宋白曰：木井城，今幷州陽曲縣理。又曰：代州卽古陰館城，有上館、下館。公主至，婁妃避正室以處之；歡跪而拜謝，婁妃，歡微時之妻，正室也。處，昌呂翻。妃曰：「彼將覺之，願絕勿顧。」史言婁妃爲國家計，有趙姬使叔隗爲內子而己下之之意。頭兵使其弟秃突佳來送女，且報聘；或云「作聘」。【章：胡註「或云作聘」。十二行本作「娉」；乙十一行本同。疑元刻本作「娉」，胡刻改誤。】仍戒曰：「待見外孫乃歸。」公主性嚴毅，終身不肯華言。歡嘗病，不得往，秃突佳怨恚，恚，於避翻。歡輿疾就之。

10 冬，十月，乙未，詔有罪者復聽入贖。天監三年，除贖罪科，見一百四十五卷。復，扶又翻。

11 東魏遣中書舍人尉瑾來聘。

12 乙未，東魏丞相歡請釋邙山俘囚桎梏，配以民間寡婦。此邙山之捷所獲西魏之兵也。捷事見上卷九年。桎，之日翻。梏，古沃翻。

13 十二月，東魏以侯景爲司徒，中書令韓軌爲司空；戊子，以孫騰錄尚書事。

14 魏築圜丘於城南。長安城南也。

15 散騎常侍賀琛啓陳四事：其一，以爲「今北邊稽服，稽，音啓。謂東魏通和也。正是生聚教訓之時，用伍子胥「越十年生聚，十年教訓」之言。而天下戶口減落，關外彌甚。謂淮、汝、潼、泗新復州郡在邊關之外者。郡不堪州之控總，縣不堪郡之哀削，哀，薄侯翻。更相呼擾，更，工衡翻。惟事徵斂，斂，力贍翻。民不堪命，各務流移，此豈非牧守之過歟！守，式又翻；下同。東境戶口空虛，東境，謂三吳之地。皆由使命繁數，使，疏吏翻；下同。數，所角翻。窮幽極遠，無不皆至，每有一使，所屬搔擾；駑困守宰，則拱手聽其漁獵，桀黠長吏，又因之重爲貪殘，黠，下八翻。長，知兩翻。重，直用翻。縱有廉平，郡猶掣肘。如此，雖年降復業之詔，屢下蠲賦之恩，而民不得反其居也。」其二，以爲「今天下【章：十二行本「下」下有「守宰」二字；乙十一行本同；孔本同；張校同。】所以貪殘，良由風俗侈靡使之然也。今之燕喜，詩魯頌曰：魯侯燕喜。鄭氏箋云：燕，飲也。相競誇豪，積果如丘陵，列肴同綺繡，露臺之産，不周一燕之資，露臺之産，謂百金也。露臺事見十五卷漢文帝後七年。而賓主之間，裁取滿腹，未及下堂，已同臭腐。又，畜妓之夫，無有等秩，畜，吁玉翻。妓，渠綺翻。爲吏牧民者，致貲巨億，巨億者，億億也。罷歸之日，不支數年，率皆盡於燕飲之物、歌謠之具。所費事等丘山，爲歡止在俄頃，乃更追恨向所取之少；少，詩沼翻。如復傅翼，增其搏噬，復，扶又翻。傅，讀曰附。言罷官家食之人，復出爲官，猶不能奮飛之鳥，復傅之羽翼也。一何悖哉！悖，蒲內翻；下同。其餘淫侈，著之凡百，言時人凡百所爲，皆事淫侈也。習以成俗，日見滋甚，欲使人守廉白，安可得邪！誠宜嚴爲禁制，道以節儉，道，讀曰導。糾奏浮華，變其耳目。夫失節之嗟，亦民所自患，正恥不能及羣，故勉強而爲之；易曰：不節若，則嗟若，無咎。象曰：不節之嗟，又誰咎也！」琛引用之以發己意，此論誠切中人情。強，其兩翻。苟以純素爲先，足正彫流之弊矣。」其三，以爲「陛下憂念四海，不憚勤勞，至於百司，莫不奏事。但斗筲之人，既得伏奏帷扆，扆，於豈翻。便欲詭競求進，不論國之大體，心存明恕；惟務吹毛求疵，擘肌分理，吹毛以求其疵瘢，擘肌以分其肉理；言其苛細。以深刻爲能，以繩逐爲務。繩逐者，繩糾其過失而斥逐之也。迹雖似於奉公，事更成其威福，犯罪者多，巧避滋甚，長弊增姦，寔由於此。長，知兩翻。古寔、實同。誠願責其公平之效，黜其讒慝之心，則下安上謐，無徼倖之患矣。」徼，堅堯翻。其四，以爲「今天下無事，而猶日不暇給，宜省事、息費，事省則民養，費息則財聚。應內省職掌各檢所部：凡京師治、署、邸、肆及國容、戎備，治，理事之所。署，舍止之所。邸，諸王列第及諸郡朝宿之區。肆，市列也。國容，禮樂、車服、旗章也。戎備，用兵之器備也。四方屯、傳、邸治，屯，軍屯也。傳，驛傳也。傳，張戀翻。有所宜除，除之，有所宜減，減之；興造有非急者，徵求有可緩者，皆宜停省，以息費休民。故畜其財者，所以大用之也；養其民者，所以大役之也。若言小事不足害財，則終年不息矣；以小役不足妨民，則終年不止矣。此亦確論也。如此，則難可以語富強而圖遠大矣。」

啓奏，上大怒，召主書於前，口授敕書以責琛。蕭子顯曰：自齊建武以來，詔命不關中書，專出舍人省。四省，謂之四戶。其下有主書令史，舊用武官，末改文吏，人數無員，莫非左右要密。大指以爲：「朕有天下四十餘年，公車讜言，日關聽覽，讜，多曩翻。讜言，善言也，直言也。所陳之事，與卿不異，每苦倥傯，倥，康董翻。傯，作孔翻。倥傯，困苦也，不暇給也。更增惽惑。卿不宜自同闒茸，闒，吐盍翻。茸，而隴翻。闒茸，不肖也，劣也。止取名字，宣之行路，言『我能上事，恨朝廷之不用。』何不分別顯言：某刺史橫暴，上，時掌翻。別，彼列翻。橫，戶孟翻。某太守貪殘，守，式又翻。尚書、蘭臺某人姦猾，使者漁獵，並何姓名？使，疏吏翻。取與者誰？明言其事，得以誅黜，更擇材良。又，士民飲食過差，若加嚴禁，密房曲屋，云何可知？儻家家搜檢，恐益增苛擾。若指朝廷，我無此事。昔之牲牢，久不宰殺，周禮：王膳用六牲，謂馬、牛、羊、豕、犬、雞也。又曰：王日一舉，鼎十有二。註曰：殺牲盛饌曰舉；鼎十有二，牢鼎九、陪鼎三。帝事佛，乃不宰殺。朝中會同，菜蔬而已；若復減此，必有蟋蟀之譏。詩唐蟋蟀，刺晉僖公儉不中禮。朝，直遙翻。復，扶又翻。若以爲功德事者，帝以供佛、供僧，設無遮、無礙會爲功德事。皆是園中之物，變一瓜爲數十種，種，章勇翻。治一菜爲數十味；治，直之翻；下同。以變故多，何損於事！我自非公宴，不食國家之食，多歷年所；乃至宮人，亦不食國家之食。帝奄有東南，凡其所食，自其身以及六宮，不由佛營，不由神造，又不由西天竺國來，有不出於東南民力者乎？惟不出於公賦，遂以爲不食國家之食。誠如此，則國家者果誰之國家邪！凡所營造，不關材官及以國匠，此自文其營造塔寺之過耳。材官將軍，屬少府卿。國匠者，官給其俸廩以供國家之用者。大匠卿，掌土木之工。皆資雇借以成其事。勇怯不同，貪廉各用，亦非朝廷爲之傅翼。爲，于僞翻。傅，讀曰附。卿以朝廷爲悖，乃自甘之，當思致悖所以！悖，蒲妹翻。卿云『宜導之以節儉』，朕絕房室三十餘年，至於居處不過一牀之地，雕飾之物不入於宮；受生不飲酒，不好音聲，所以朝中曲宴，未嘗奏樂，此羣賢之所見也。朕三更出治事，隨事多少，事少午前得竟，孔穎達曰：雜比曰音，單出曰聲。竟，畢其事也。處，昌呂翻。好，呼到翻。更，工衡翻。朝，直遙翻。少，詩沼翻。事多日昃方食，日常一食，若晝若夜；昔要腹過於十圍，要，讀曰腰。今之瘦削纔二尺餘，舊帶猶存，非爲妄說。爲誰爲之？救物故也。爲誰之爲，于僞翻；下手爲同。卿又曰『百司莫不奏事，詭競求進』，今不使外人呈事，誰尸其任！尸，主也。專委之人，云何可得？古人云：『專聽生姦，獨任成亂，』漢鄒陽之言。二世之委趙高，元后之付王莽，趙高事見秦紀，王莽事見漢紀。呼鹿爲馬，又可法歟？卿云『吹毛求疵』，復是何人？『擘肌分理』，復是何事？復，扶又翻；下當復、復見、敢復同。治、署、邸、肆等，何者宜除？何者宜減？何處興造非急？何處徵求可緩？各出其事，具以奏聞！富國強兵之術，息民省役之宜，並宜具列！若不具列，則是欺罔朝廷。倚【章：十二行本「倚」作「佇」；乙十一行本同；孔本同。】聞重奏，倚，側也。側者，傾待之義，如側耳、側身、側席之類。重，直龍翻。當復省覽，付之尚書，班下海內，省，悉景翻。下，遐嫁翻。庶惟新之美，復見今日。」琛但謝過而已，不敢復言。

上爲人孝慈恭儉，博學能文，陰陽、卜筮、騎射、聲律、草隸、圍碁，無不精妙。騎，奇寄翻。勤於政務，冬月四更竟，夜分五更，每更至五點而竟。即起視事，執筆觸寒，手爲皴裂。皴，七倫翻，皮細起也。自天監中用釋氏法，長齋斷魚肉，斷，音短。日止一食，惟菜羹、糲飯而已，糲，盧達翻。糲者，粗而不鑿也。或遇事繁，日移中則嗽口以過。日移中，日過中也。「嗽」，當作「漱」，滌口也，音先奏翻。過，謂度日也。身衣布衣，木緜皁帳，木綿，江南多有之，以春二三月之晦下子種之。既生，須一月三薅其四旁；失時不薅，則爲草所荒穢，輒萎死。入夏漸茂，至秋生黄花結實。及熟時，其皮四裂，其中綻出如綿。土人以鐵鋌碾去其核，取如綿者，以竹爲小弓，長尺四五寸許，牽弦以彈緜，令其勻細。卷爲小筩，就車紡之，自然抽緒，如繅絲狀，不勞紉緝，織以爲布。自閩、廣來者，尤爲麗密。方勺曰：閩、廣多種木綿，樹高七八尺，葉如柞，結實如大菱而色青，秋深卽開露，白綿茸然。土人摘取，去殼，以鐵杖捍盡黑子，徐以小弓彈令紛起，然後紡績爲布，名曰吉貝；今所貨木綿，特其細緊者耳。當以花多爲勝，横數之得百二十花，此最上品。海南蠻人織爲巾，上出細字雜花卉，尤工巧，卽古所謂白疊巾。身衣，於既翻。一冠三載，一衾二年，載，子亥翻，亦年也。後宫貴妃以下，衣不曳地。性不飲酒，非宗廟祭祀、大饗宴及諸法事，未嘗作樂。法事，謂奉佛爲梵唄。雖居暗室，恒理衣冠，小坐、盛暑，未嘗褰袒，小坐，宫中便坐也。恒，戶登翻。坐，徂臥翻。對内豎小臣，如遇大賓。然優假士人太過，牧守多浸漁百姓，使者干擾郡縣。又好親任小人，守，式又翻。使，疏吏翻。好，呼到翻。頗傷苛察；多造塔廟，公私費損。江南久安，風俗奢靡，故琛啓及之。上惡其觸實，惡，烏路翻。故怒。

臣光曰：梁高祖之不終也，宜哉！夫人君聽納之失，在於叢脞；孔安國曰：叢脞，細碎無大略。馬融曰：叢，總也。脞，小也。陸德明曰：脞，倉果翻；徐音鎖。人臣獻替之病，在於煩碎。是以明主守要道以御萬機之本，忠臣陳大體以格君心之非，故身不勞而收功遠，言至約而爲益大也。觀夫賀琛之諫未【章：十二行本「未」上有「亦」字；乙十一行本同；孔本同。】至於切直，而高祖已赫然震怒，護其所短，矜其所長；詰貪暴之主名，詰，去吉翻。問勞費之條目，困以難對之狀，責以必窮之辭。自以蔬食之儉爲盛德，日昃之勤爲至治，昃，阻力翻。治，直吏翻。君道已備，無復可加，復，扶又翻。羣臣箴規，舉不足聽。如此，則自餘切直之言過於琛者，誰敢進哉！由是姦佞居前而不見，謂朱异、周石珍輩也。大謀顛錯而不知，謂納侯景，復與東魏和也。名辱身危，覆邦絕祀，爲千古所閔笑，豈不哀哉！

16 上敦尚文雅，疏簡刑法，自公卿大臣，咸不以鞫獄爲意。姦吏招權弄法，貨賂成市，枉濫者多。大率二歲刑已上歲至五千人；徒居作者具五任，任，謂其人巧力所任也。五任，謂任攻木者則役之攻木，任攻金者則役之攻金，任攻皮者則役之攻皮，任設色者則役之設色，任摶埴者則役之摶埴。任，音壬。其無任者著升械；魏武帝定甲子科，犯釱左右趾者，易以升械；是時乏鐵，故易以木焉。著，陟略翻。若疾病，權解之，是後囚徒或有優、劇。言囚徒有力足以行賂者，則守吏詭言疾病，權解其械而得優寬。其無力以賂吏者，則雖實罹疾病，亦不得解械，更增苦劇也。時王侯子弟，多驕淫不法。上年老，厭於萬幾。幾，居希翻。又專精佛戒，每斷重罪，則終日不懌；梁武帝斷重罪則終日不懌，此好生惡殺之意也。夷考帝之終身，自襄陽舉兵以至下建康，猶曰事關家國，伐罪救民。洛口之敗，死者凡幾何人？浮山之役，死者凡幾何人？寒山之敗，死者又幾何人？其間爭城以戰，殺人盈城，爭地以戰，殺人盈野，南北之人交相爲死者，不可以數計也。至於侯景之亂，東極吳、會，西抵江、郢，死於兵、死於饑者，自典午南渡之後，未始見也。驅無辜之人而就死地，不惟儒道之所不許，乃佛教之罪人；而斷一重罪乃終日不懌，吾誰欺，欺天乎！斷，丁亂翻。或謀反逆，事覺，亦泣而宥之。如臨賀王正德父子是也。由是王侯益横，横，戶孟翻。或白晝殺人於都街，或暮夜公行剽劫，剽，匹妙翻。有罪亡命者，匿於王家，有司不敢搜捕。上深知其弊，溺於慈愛，不能禁也。

17 魏東陽王榮爲瓜州刺史，五代志：敦煌郡，舊置瓜州。與其壻鄧彥偕行。榮卒，瓜州首望表榮子康爲刺史，各州之大姓，是爲望族。首望者，又一州望族之首。彥殺康而奪其位；魏不能討，因以彥爲刺史，屢徵不至，又南通吐谷渾。吐谷渾立國在敦煌之南，隔大河。吐，從暾入聲。谷，音浴。丞相泰以道遠難於動衆，欲以計取之，以給事黄門侍郎申徽爲河西大使，密令圖彥。

徽以五十騎行，既至，止於賓館；彥見徽單使，兵從不多，故曰單使。文選李陵答蘇武書所謂「單車之使」者也。使，疏吏翻。騎，奇寄翻。不以爲疑。徽遣人微勸彥歸朝，朝，直遥翻。彥不從；徽又使贊成其留計；贊其留敦煌之計。彥信之，遂來至館。徽先與州主簿敦煌令狐整等密謀，令狐整，瓜州之望也。姓譜：令狐本自畢萬之後晉大夫令狐文子，即魏顆也。敦，徒門翻。令，音零。執彥於坐，坐，徂臥翻。責而縛之；因宣詔慰諭吏民，且云「大軍續至」，城中無敢動者，鄧彥久在瓜州，豈無黨與？威之以大軍繼至，故懼而不敢動。遂送彥於長安。泰以徽爲都官尚書。

中大同元年（丙寅、五四六）是年夏四月，方改元爲中大同。

1春，正月，癸丑，楊瞟等克嘉寧城，瞟，匹妙翻。考異曰：典略作「乙未」。今從梁帝紀。李賁奔新昌獠中，諸軍頓于江口。江口，卽蘇歷江入海之口。獠，魯皓翻。

2二月，魏以義州刺史史寧先是東、西魏爭義州，史寧先入城據之，西魏因以爲刺史。爲涼州刺史；前刺史宇文仲和據州，不受代，瓜州民張保殺刺史成慶以應之，晉昌民呂興殺太守郭肆，以郡應保。劉昫唐志：瓜州晉昌縣，漢敦煌郡之寘安縣，舊置晉昌郡及寘安縣，因改晉昌爲永興；隋改爲瓜州，改寘安爲常樂；武德七年，復爲晉昌。唐又有常樂縣，則漢之廣至縣地也。又按五代志，瓜州常樂縣，後魏置常樂郡，後周幷涼興、廣至、寘安、闐泉合爲涼興縣；隋廢郡，改縣爲常樂。參而考之，則晉昌郡當置於隋常樂縣界。丞相泰遣太子太保獨孤信、開府儀同三司怡峯與史寧討之。

3三月，乙巳，大赦。

4庚戌，上幸同泰寺，遂停寺省，同泰寺有便省。講三慧經。考異曰：典略云：癸卯，詔「以今月八日於同泰寺設無遮大會，捨朕身及以宮人幷所王境土供養三寶。」四月，丙戌，公卿以錢二億萬奉贖。按韓愈佛骨表云，「三度捨身爲寺家奴，」若幷此則四矣。今從梁書。夏，四月，丙戌，解講，大赦，改元。是夜，同泰寺浮圖災，上曰：「此魔也，宜廣爲法事。」羣臣皆稱善。乃下詔曰：「道高魔盛，行善鄣生，魔，鬼魔。鄗，鄗礙。魔，眉波翻。行，下孟翻。當窮茲土木，倍增往日。」遂起十二層浮圖；將成，值侯景亂而止。

魏史寧曉諭涼州吏民，率皆歸附，獨宇文仲和據城不下。五月，獨孤信使諸將夜攻其東北，自帥壯士襲其西南，遲明，克之，將，卽亮翻。帥，讀曰率；下同。遲，直二翻。遂擒仲和。

初，張保欲殺州主簿令狐整，以其人望，恐失衆心，雖外相敬，內甚忌之。整陽爲親附，因使人說保曰：「今東軍漸逼涼州，東軍，謂獨孤信之軍東自長安來。說，式芮翻。彼勢孤危，恐不能敵，宜急分精銳以救之。然成敗在於將領，將，卽亮翻；下同。令狐延保，兼資文武，令狐整，字延保。使將兵以往，蔑不濟矣！」保從之。

整行及玉門，玉門縣，漢、晉屬酒泉郡。師古曰：闞駰云：漢罷玉門關屯，徙其人於此。五代志：瓜州玉門縣，後魏置會稽郡，又有玉門郡。召豪傑述保罪狀，馳還襲之。先克晉昌，斬呂興；進擊瓜州，州人素信服整，皆棄保來降。保奔吐谷渾。降，戶江翻。吐，從暾入聲。谷，音浴。

衆議推整爲刺史，整曰：「吾屬以張保逆亂，恐闔州之人俱陷不義，故相與討誅之；今復見推，是效尤也。」左傳曰：尤而效之，罪又甚焉。復，扶又翻。乃推魏所遣使波斯者張道義行州事，使，疏吏翻。具以狀聞。丞相泰以申徽爲瓜州刺史。召整爲壽昌太守，五代志：西城郡石泉縣，舊曰永樂，置晉昌郡，西魏改爲壽昌郡，又改永樂爲石泉。守，式又翻。封襄武男。整帥宗族鄉里三千餘人入朝，從泰征討，累遷驃騎大將軍、開府儀同三司，加侍中。令狐整以忠順貴顯於魏，史終言之。朝，直遙翻。驃，匹妙翻。騎，奇寄翻。

6 六月，庚子，東魏以司徒侯景爲河南大將軍、大行臺。

7 秋，七月，壬寅，東魏遣散騎常侍元廓來聘。散，悉亶翻。

8 甲子，詔：「犯罪非大逆，父母、祖父母不坐。」

9 先是，江東唯建康及三吳、荆、郢、江、湘、梁、益用錢，先，悉薦翻。其餘州郡雜以穀帛，交、廣專以金銀爲貨。上自鑄五銖及女錢，二品並行，杜佑曰：梁武帝鑄錢，肉好周郭，文曰五銖，重二銖三絫二黍，其百文則重一斤二兩。又別鑄除其肉郭，謂之公式女錢，徑一寸，文曰五銖，重如新鑄五銖。二錢並行。及其末也，又有兩柱錢。禁諸古錢。普通中，更鑄鐵錢。由是民私鑄者多，物價騰踊，交易者至以車載錢，不復計數。更，工衡翻。復，扶又翻。又自破嶺以東，八十爲百，名曰「東錢」；破嶺，在今鎮江府丹楊縣，秦始皇所鑿，即破岡也。江、郢以上，七十爲百，名曰「西錢」；建康以九十爲百，名曰「長錢」。丙寅，詔曰：「朝四暮三，衆狙皆喜，名實未虧而喜怒爲用。莊子曰：狙公賦芧，曰朝三而暮四，衆狙皆怒；曰朝四而暮三，衆狙皆喜。狙，千余翻。頃聞外間多用九陌錢，陌減則物貴，陌足則物賤，非物有貴賤，乃心有顛倒。至於遠方，日更滋甚，徒亂王制，無益民財。自今可通用足陌錢！令書行後，百日爲期，若猶有犯，男子謫運，女子質作，並同三年。」謫運者，以謫發之轉運；質作，質其身使居作；皆役之三年。此古所謂三歲刑也。詔下而人不從，錢陌益少；少，詩沼翻。至於季年，遂以三十五爲百云。

10上年高，諸子心不相下，下，遐嫁翻。【章：十二行本「下」下有「互相猜忌」四字；乙十一行本同；孔本同；退齋校同。】邵陵王綸爲丹楊尹，湘東王繹在江州，武陵王紀在益州，皆權侔人主；太子綱惡之，常選精兵以衞東宮。爲帝諸子皆不終張本。惡，烏路翻。八月，以綸爲南徐州刺史。

11東魏丞相歡如鄴。自晉陽朝于鄴而書「如鄴」，言其威權陵上，若列國然。高澄遷洛陽石經五十二碑於鄴。石經見五十七卷漢靈帝熹平四年。

12魏徙并州刺史王思政爲荆州刺史，使之舉諸將可代鎮玉壁者。西魏置并州刺史，僑治玉壁。將，即亮翻。思政舉晉州刺史韋孝寬，晉州屬東魏，韋孝寬遥領刺史耳。丞相泰從之。東魏丞相歡悉舉山東之衆，將伐魏；癸巳，自鄴會兵於晉陽；九月，至玉壁，圍之。以挑西師，挑，徒了翻。西師不出。

13李賁復帥衆二萬自獠中出，屯典澈湖，復，扶又翻。湖亦當在新昌郡界。考異曰：典略云：「渡武平江，據新安村。」今從陳帝紀。大造船艦，充塞湖中。艦，戶黯翻。塞，悉則翻。衆軍憚之，頓湖口，不敢進。陳霸先謂諸將曰：「我師已老，楊嘌等自去年夏五月出師，至是幾一年半，故自謂師老。將士疲勞；且孤軍無援，入人心腹，若一戰不捷，豈望生全！今藉其屢奔，人情未固，夷、獠烏合，易爲摧殄。獠，魯皓翻；下同。易，弋豉翻。正當共出百死，決力取之；無故停留，時事去矣！」諸將皆默然莫應。諸將心不欲戰，故默而莫敢應。是夜，江水暴起七丈，注湖中。霸先勒所部兵乘流先進，衆軍鼓譟俱前；賁衆大潰，竄入屈獠洞中。

14冬，十月，乙亥，以前東揚州刺史岳陽王詧爲雍州刺史。雍，於用翻。上捨詧兄弟而立太子綱，事見一百五十五卷中大通三年。內嘗愧之，寵亞諸子。言詧被寵，亞於諸子。帝固知詧之才器足以自立矣。以會稽人物殷阜，會，工外翻。故用詧兄弟迭爲東揚州以慰其心。詧兄弟亦內懷不平。詧以上衰老，朝多秕政，朝，直遙翻。秕，卑履翻，不成粟也。書曰：若粟之有秕。後漢書安帝贊曰：秕我王度。註曰：秕，諭穢也。遂蓄聚貨財，折節下士，折，而設翻。下，遐嫁翻。招募勇敢，左右至數千人。以襄陽形勝之地，梁業所基，謂帝自襄陽起兵以得天下。遇亂可以圖大功。乃克己爲政，撫循士民，數施恩惠，延納規諫，所部稱治。爲詧據襄陽張本。數，所角翻。治，直吏翻。

15東魏丞相歡攻玉壁，晝夜不息，魏韋孝寬隨機拒之。城中無水，汲於汾，歡使移汾，一夕而畢。於汾水上流決而移之，不使近城。歡於城南起土山，欲乘之以入。城上先有二樓，先，悉薦翻。孝寬縛木接之，令常高於土山以禦之。歡使告之曰：「雖爾縛樓至天，我當穿地取爾。」乃鑿地爲十道，又用術士李業興孤虛法，漢書藝文志有風后孤虛二十卷。史記日者傳曰：日辰不全，故有孤虛。註云：甲乙謂之日，子丑謂之辰。六甲孤虛法，甲子旬中無戌亥，戌亥卽爲孤，辰巳卽爲虛。甲戌旬中無申酉，申酉爲孤，寅卯爲虛。甲申旬中無午未，午未爲孤，子丑爲虛。甲午旬中無辰巳，辰巳爲孤，戌亥爲虛。甲辰旬中無寅卯，寅卯爲孤，申酉爲虛。甲寅旬中無子丑，子丑爲孤，午未爲虛。賢曰：對孤爲虛。玄女謂黃帝曰：戰陳之法，避孤擊虛。聚攻其北，北，天險也。天險，自然之險也；天設地造，不假人力者也。易曰：天險不可升也。孝寬掘長塹，邀其地道，選戰士屯塹上；每穿至塹，戰士輒禽殺之。又於塹外積柴貯火，塹，七豔翻。貯，丁呂翻。敵有在地道內者，塞柴投火，以皮排吹之，塞，悉則翻。排，讀與韛同，音步拜翻，韋囊也，所以吹火。一鼓皆焦爛。鼓排吹之，火氣入地道，故敵人在其中者皆焦爛。敵以攻車撞城，撞，直江翻。車之所及，莫不摧毀，無能禦者。孝寬縫布爲幔，幔，莫半翻。隨其所向張之，布既懸空，車不能壞。壞，音怪。敵又縛松、麻於竿，松薪麻骨之燥者，燒之易然，故敵用之。灌油加火以燒布，并欲焚樓。孝寬作長鉤，利其刃，此所謂鉤刀也。杜佑曰：鉤竿如槍，兩旁有曲刃，可以鉤物。火竿將至，以鉤遙割之，松、麻俱落。敵又於城四面穿地爲二十道，其中施梁柱，縱火燒之，柱折，城崩。高歡嘗用此術攻鄴以擒劉誕，故復用之於玉壁。折，而設翻。孝寬於崩處豎木柵以扞之，豎，而主翻。敵不得入。城外盡攻擊之術，而城中守禦有餘。孝寬又奪據其土山。歡無如之何，乃使倉曹參軍祖珽說之曰：珽，他鼎翻。說，式芮翻。「君獨守孤城而西方無救，恐終不能全，何不降也？」降，戶江翻；下同。孝寬報曰：「我城池嚴固，兵食有餘。攻者自勞，守者常逸，豈有旬朔之間已須救援！浹日爲旬，改月爲朔。適憂爾衆有不返之危。孝寬關西男子，必不爲降將軍也！」自謂男子，言決不怯懦如婦人。珽復謂城中人曰：「韋城主受彼榮祿，或復可爾；可爾，猶言可如此也。復，扶又翻。自外軍民，何事相隨入湯火中！」乃射募格於城中募格者，立賞格以募人。射，而亦翻；下同。云：「能斬城主降者，拜太尉，封開國郡公，賞帛萬匹。」孝寬手題書背，返射城外云：「能斬高歡者準此。」珽，瑩之子也。祖瑩見一百五十卷普通六年。東魏苦攻凡五十日，士卒戰及病死者共七萬人，考異曰：北史韋孝寬傳云：「苦戰六旬，傷及病死者什四五。」今從北齊書。共爲一冢。歡智力皆困，因而發疾。有星墜歡營中，士卒驚懼。十一月，庚子，解圍去。

先是，歡別使侯景將兵趣齊子嶺，河內郡王屋縣，舊名長平，有齊子嶺，有軹關。杜佑曰：按齊子嶺在今王屋縣東二十里，周、齊分界處。先，悉薦翻。將，卽亮翻。趣，七喩翻。魏建州刺史楊㯹鎭車廂，恐其寇邵郡，先是，㯹取建州，已而退還邵郡，西魏因授以建州刺史。車廂當在隋、唐之絳州垣縣界。宋白曰：絳州絳縣，本理車廂城，隋移縣理於城北十里。㯹，與標同。帥騎禦之。帥，讀曰率。騎，奇寄翻。景聞㯹至，斫木斷路六十餘里，斷，音短。猶驚而不安，遂還河陽。楊㯹常才耳，侯景何至懼之如此！史之所言容有過其實者。

庚戌，歡使段韶從太原公洋鎭鄴。辛亥，徵世子澄會晉陽。

魏以韋孝寬爲驃騎大將軍、開府儀同三司，進爵建忠公。賞守玉壁之功也。建忠公，建忠郡公。五代志：京兆郡三原縣，後周置建忠郡。時人以王思政爲知人。

十一【章：乙十一行本「一」作「二」；張校同。】月，己卯，歡以無功，表解都督中外諸軍，東魏主許之。

歡之自玉壁歸也，軍中訛言韋孝寬以定功弩射殺丞相；射，而亦翻。魏人聞之，因下令曰：「勁弩一發，凶身自隕。」歡聞之，勉坐見諸貴，使斛律金作敕勒歌，斛律金，敕勒部人也，故使作敕勒歌。洪邁曰：斛律金唱敕律歌，本鮮卑語。按古樂府有其辭云：「敕勒川，陰山下，天似穹廬，籠罩四野。天蒼蒼，野茫茫，風吹草低見牛羊。」余謂此後人妄爲之耳。敕勒與鮮卑殊種，斛律金出於敕勒，故使之作敕勒歌，若高歡則習鮮卑之俗者也。歡自和之，哀感流涕。和，胡臥翻。史言高歡將死，故當樂而哀，不能自揜。

16 魏大行臺度支尚書、司農卿蘇綽，性忠儉，常以喪亂未平爲己任，度，徒洛翻。喪，息浪翻。紀【章：十二行本「紀」上有「薦賢拔能」四字；乙十一行本同；孔本同；張校同。】綱庶政；丞相泰推心任之，人莫能間。間，古莧翻。或出遊，常預署空紙以授綽；有須處分，處，昌呂翻。分，扶問翻。隨事施行，及還，啓知而已。綽常謂「爲國之道，當愛人如慈父，訓人如嚴師。」每與公卿論議，自晝達夜，事無巨細，若指諸掌，積勞成疾而卒。卒，子恤翻。泰深痛惜之，謂公卿曰：「蘇尚書平生廉讓，吾欲全其素志，恐悠悠之徒有所未達；如厚加贈謚，又乖宿昔相知之心；何爲而可？」尚書令史麻瑤尚書令史，自東漢有之。唐六典曰：魏、晉以來，令史之任，用人常輕，齊、梁、後魏、北齊，雖預品秩，益又微矣。越次進曰：「儉約，所以彰其美也。」泰從之。歸葬武功，蘇綽，武功人，歸葬鄉里。載以布車一乘，乘，繩證翻。泰與羣公步送出同州郭外。五代志：馮翊郡，後魏置華州，西魏改曰同州。孫愐曰：馮翊有九龍泉，泉有九源，同爲一流，因以名州。泰於車後酹酒酹，盧對翻，餟祭以酒沃地也。言曰：「尚書平生爲事，妻子、兄弟所不知者，吾皆知之。唯爾知吾心，吾知爾志，方與共定天下，遽捨吾去，柰何！」因舉聲慟哭，不覺卮落於手。

17 東魏司徒、河南大將軍、大行臺侯景，右足偏短，弓馬非其長，而多謀算。諸將高敖曹、彭樂等皆勇冠一時，冠，古玩翻。景常輕之，曰：「此屬皆如豕突，勢何所至！」言其勇而無謀也。景嘗言於丞相歡：「願得兵三萬，橫行天下，要須濟江縛取蕭衍老公，以爲太平寺主。」史言侯景夙有取江南之志。太平寺蓋在鄴。歡使將兵十萬，專制河南，杖任若己之半體。杖，直兩翻，憑也。

景素輕高澄，嘗謂司馬子如曰：「高王在，吾不敢有異；王沒，吾不能與鮮卑小兒共事！」子如掩其口。及歡疾篤，澄詐爲歡書以召景。先是，景與歡約曰：「今握兵在遠，人易爲詐，先，悉薦翻。易，弋豉翻。所賜書皆請加微點。」歡從之。景得書無點，辭不至；又聞歡疾篤，用其行臺郎潁川王偉計，遂擁兵自固。

歡謂澄曰：「我雖病，汝面更有餘憂，何也？」言澄當以得盡總內外大權爲喜，不應更有餘憂。澄未及對，歡曰：「豈非憂侯景叛邪？」對曰：「然。」歡曰：「景專制河南，十四年矣，東魏天平元年，歡使景取荆州，後遂委以河南，至是十三年。歡此語當在來春垂没之時。常有飛揚跋扈之志，顧我能畜養，畜，許竹翻。非汝所能駕御也。今四方未定，勿遽發哀。庫狄干鮮卑老公，斛律金敕勒老公，並性遒直，終不負汝。遒，慈秋翻，健也，固也。可朱渾道元、劉豐生，遠來投我，必無異心。可朱渾道元奔東魏見一百五十七卷大同元年。劉豐生奔東魏見二年。潘相樂本作道人，心和厚，汝兄弟當得其力。韓軌少戇，宜寬借之。少，詩沼翻。戇，陟降翻。彭樂心腹難得，宜防護之。終以邙山事銜之，爲後彭樂被誅張本。堪敵侯景者，唯有慕容紹宗，我故不貴之，留以遺汝。」使澄厚以官爵，結紹宗之心。遺，于季翻；下患遺同。又曰：「段孝先忠亮仁厚，段韶，字孝先。智勇兼備，親戚之中，唯有此子，軍旅大事，宜共籌之。」又曰：「邙山之戰，吾不用陳元康之言，事見上卷大同九年。留患遺汝，死不瞑目。」瞑，莫定翻。相樂，廣寧人也。

張政烺標點　容肇祖聶崇岐覆校

資治通鑑卷第一百六十

端明殿學士兼翰林侍讀學士太中大夫提舉西京嵩山崇福宮上柱國河内郡開國公食邑二千二百户食實封九百户賜紫金魚袋臣司馬光奉敕編集
後學天台胡三省音註

梁紀十六强圉單閼（丁卯），一年。

高祖武皇帝十六

太清元年（丁卯、五四七）是年四月始改元太清。

1春，正月朔，日有食之，不盡如鈎。

2壬寅，荆州刺史廬陵威王續卒。謚法：猛以强果曰威。以湘東王繹爲都督荆·雍等九州諸軍事、荆州刺史。雍，於用翻。續素貪婪，婪，盧南翻。臨終，有啓遣中録事參軍謝宣融獻金銀器千餘件，中録事參軍，蓋使之録閤中事，在左右親近者也。件，其輦翻。上方知其富，因問宣融曰：「王之金盡此乎？」宣融曰：「此之謂多，安可加也！大王之過如日月之食，欲令陛下知之，故終而不隱。」終，謂卒也。上意乃解。

初，湘東王繹爲荆州刺史，有微過，續代之，以狀聞，按繹在荆州，有宫人李桃兒者，以才慧得進；及還，以李氏行。時得營戶禁重，續具狀以聞。繹對使者泣，訴於太子綱，太子和之，不得。繹懼，送李氏還荆州。自此二王不通書問。繹聞其死，入閤而躍，屧爲之破。屧，蘇協翻，屐也，又履中薦也。史言繹、續生無友于之情，死則從而忻快。爲，于僞翻。

3 丙午，東魏勃海獻武王歡卒。年五十二。歡性深密，終日儼然，人不能測，機權之際，變化若神。制馭軍旅，法令嚴肅。聽斷明察，斷，丁亂翻。不可欺犯。擢人受任，「受」，當作「授」。在於得才，苟其所堪，無問廝養；廝，音斯。養，余亮翻。有虚聲無實者，皆不任用。雅尚儉素，刀劍鞍勒無金玉之飾。少能劇飲，自當大任，不過三爵。知人好士，全護勳舊；如尉景、司馬子如、孫騰諸人是也。少，詩照翻。好，呼到翻。每獲敵國盡節之臣，多不之罪。如泉企、裴讓之是也。由是文武樂爲之用。樂，音洛。世子澄祕不發喪，用歡遺言也。唯行臺左丞陳元康知之。

侯景自念已與高氏有隙，內不自安。辛亥，據河南叛，歸于魏，潁州刺史司馬世雲以城應之。景誘執豫州刺史高元成、襄州刺史李密、廣州刺史懷朔暴顯等。誘，音酉。遣軍士二百人載仗暮入西兗州，欲襲取之，刺史邢子才覺之，掩捕，盡獲之，因散檄東方諸州，各爲之備，由是景不能取。侯景之變，當時覺之而能發其姦者，邢子才一人耳。孰謂文士不可以當藩翰哉！諸將皆以景之叛由崔暹，崔暹糾劾權貴，諸將恨之，故以景叛爲暹罪。將，即亮翻；下同。澄不得已，欲殺暹以謝景。陳元康諫曰：「今雖四海未清，綱紀已定；若以數將在外，苟悅其心，枉殺無辜，虧廢刑典，豈直上負天神，何以下安黎庶！晁錯前事，願公慎之。」晁錯事見十六卷漢景帝三年。澄乃止。遣司空韓軌督諸軍討景。

4 辛酉，上祀南郊，大赦；甲子，祀明堂。

5 三【章：乙十一行本「三」作「二」；張校同；退齋校同。】月，魏詔：「自今應宮刑者，直沒官，勿刑。」

6 魏以開府儀同三司若干惠爲司空，侯景爲太傅、河南道行臺、上谷公。

庚辰，景又遣其行臺郎中丁和來，上表言：「臣與高澄有隙，請舉函谷以東，瑕丘以西，豫、廣、郢、【章：十二行本「郢」作「潁」；乙十一行本同；孔本同；張校同；退齋校同。】荆、襄、兗、南兗、濟、東豫、洛、陽、北荆、北揚等十三州內附，洛、陽，二州名，註已見前。魏收志：武定二年置北荆州，領伊陽、新城、汝北郡。五代志，河南郡陸渾縣有東魏北荆州。淮陽郡項城縣，東魏置北揚州及丹楊郡、秣陵郡。濟，子禮翻。考異曰：梁書景傳云：「與豫州刺史高成、廣州刺史暴顯、潁州刺史司馬世雲、荆州刺史郎椿、襄州刺史李密、兗州刺史邢子才、南兗州刺史石長宣、濟州刺史許季良、東豫州刺史丘元征、洛州刺史爾朱渾願、揚州刺史樂恂、北荆州刺史梅季昌、北揚州刺史元神和等，陰結私圖，剋相影會。」蕭韶太清紀又有兗州刺史胡延、豫州刺史傅士哲、揚州刺史可足渾洛，無邢子才。典略有荆州刺史庫狄暢，無高成、暴顯、許季良、爾朱渾願、樂恂、梅季昌。今依梁書。而太清紀有兩豫州，蓋前官也。惟青、徐數州，僅須折簡。且黃河以南，皆臣所職，易同反掌。

易，弋豉翻。若齊、宋一平，齊，謂青州；宋，謂徐州。徐事燕、趙。」燕、趙，謂河北之地。上召羣臣廷議。尚書僕射謝舉等皆曰：「頃歲與魏通和，大同二年，東魏請和，自是交聘使命不絕。邊境無事，今納其叛臣，竊謂非宜。」上曰：「雖然，得景則塞北可清；機會難得，豈宜膠柱！」謂不能圓轉，如膠柱鼓瑟。

是歲，正月，乙卯，上夢中原牧守皆以其地來降，舉朝稱慶。守，式又翻。降，戶江翻。朝，直遙翻。考異曰：典略云去年十二月夜夢，今從梁書。旦，見中書舍人朱异，告之，且曰：「吾爲人少夢，少，詩沼翻。若有夢必實。」异曰：「此乃宇宙【章：十二行本「宙」作「內」；乙十一行本同；孔本同。】混壹之兆也」。及丁和至，稱景定計以正月乙卯，上愈神之。帝不能自治其國，而妖夢是踐，其亡宜矣。然意猶未決，嘗獨言：「我國家如金甌，無一傷缺，今忽受景地，詎是事宜？脫致紛紜，悔之何及？」獨言者，宴閒之時；非因與侍臣問答，獨言其事。蓋帝欲受景地，念茲在茲，而不能自已於言也。朱异揣知上意，對曰：「聖明御宇，南北歸仰，正以事無機會，未達其心。今侯景分魏土之半以來，自非天誘其衷，杜預曰：衷，中也。揣，初委翻。誘，音酉。人贊其謀，何以至此！若拒而不內，恐絕後來之望。此誠易見，易，弋豉翻。願陛下無疑。」上乃定議納景。

壬午，以景爲大將軍，封河南王，都督河南·北諸軍事、大行臺，承制如鄧禹故事。平西諮議參軍周弘正，善占候，前此謂人曰：「國家數年後當有兵起。」及聞納景，曰：「亂階在此矣！」爲侯景亂梁張本。

7 丁亥，上耕藉田。藉，在亦翻。

8 三月，庚子，上幸同泰寺，捨身如大通故事。大通元年，帝捨身之始也，事見一百五十一卷。

9 甲辰，遣司州刺史羊鴉仁督兗州刺史桓和、梁紀作「土州刺史桓和」。五代志：漢東郡土山縣，梁曰龍巢，置土州及東·西二永寧、眞陽三郡。仁州刺史湛海珍等，魏收志：梁置仁州，治赤坎城，帶臨淮郡，領己吾、義城縣。己吾之下，註云「州郡治」。五代志，彭城穀陽縣有己吾、義城二縣，後齊併以爲臨淮縣。將兵三萬趣懸瓠，將，即亮翻。趣，七喩翻。運糧食應接侯景。

10 魏大赦。

11 東魏高澄慮諸州有變，乃自出巡撫。留段韶守晉陽，委以軍事；以丞相功曹趙彥深爲大行臺都官郎中。使陳元康豫作丞相歡條教數十紙付韶及彥深，在後以次行之。臨發，握彥深手泣曰：「以母、弟相託，幸明此心！」夏，四月，壬申，澄入朝于鄴。朝，直遙翻。東魏主與之宴，澄起舞，識者知其不終。昔周景王喪太子及后，以喪賓宴。晉叔向曰：「王其不終乎！吾聞之，所樂必卒焉。今王樂憂，若卒以憂，不可謂終。」景王之喪，伉儷及冢適也，既葬而宴，賢者非之。高澄則喪父也，祕喪不發，死肉未寒，忘雞斯徒跣之哀，縱躧躧傲傲之樂，尚爲有人心乎！是故滎錡之禍猶輕，柏堂之禍爲慘，蒼蒼之報應固不爽也。雞斯，讀爲笄纚。

12丙子，羣臣奉贖。自庚子捨身至丙子奉贖，凡三十七日。萬機之事，不可一日曠廢，而荒於佛若是，帝忘天下矣。三十七日之間，天下不知爲無君，天下亦忘君矣。丁亥，上還宮，「丁亥」，當作「丁丑」。大赦，改元，如大通故事。

13甲午，東魏遣兼散騎常侍李系來聘。系，繪之弟也。李繪見一百五十八卷大同八年。考異曰：魏帝紀作「李緯」。今從本傳。

14五月，丁酉朔，東魏大赦。

15戊戌，東魏以襄城王旭爲太尉。旭，吁玉翻。高澄遣武衞將軍元柱等將數萬衆晝夜兼行以襲侯景，將，卽亮翻。遇景於潁川北，柱等大敗。景以羊鴉仁等軍猶未至，乃退保潁川。侯景不敢乘勝北向者，蓋以高歡雖死，高澄猶能用其衆也。

16甲辰，東魏以開府儀同三司庫狄干爲太師，錄尚書事孫騰爲太傅，汾州刺史賀拔仁爲太保，司徒高隆之錄尚書事，司空韓軌爲司徒，青州刺史尉景爲大司馬，領軍將軍可朱渾道元爲司空，僕射高洋爲尚書令、領中書監，徐州刺史慕容紹宗爲尚書左僕射，高陽王斌爲右僕射。斌蓋因玉儀而進用。斌，音彬。戊午，尉景卒。

17韓軌等圍侯景於潁川。景懼，割東荆、北兗州、魯陽、長社四城賂魏以求救。東魏東荆州治北陽城，荆州治魯陽，潁州治長社。時無北兗州，唯北荆州治伊陽，與西魏接境，豈史家誤以「荆」爲「兗」邪？尚書左僕射于謹曰：「景少習兵，姦詐難測，少，詩照翻。不如厚其爵位以觀其變，未可遣兵也。」荆州刺史王思政以爲：「若不因機進取，後悔無及。」卽以荆州步騎萬餘從魯陽關向陽翟。先是，王思政蓋自恆農遷刺荆州。陽翟縣，漢屬潁川郡，晉屬河南尹。魏收志：興和元年，分置陽翟郡，屬潁州。丞相泰聞之，加景大將軍兼尚書令，遣太尉李弼、儀同三司趙貴將兵一萬赴潁川。按趙貴開府儀同三司，此逸「開府」二字。

景恐上責之，遣中兵參軍柳昕奉啓於上，以爲：「王旅未接，謂羊鴉仁等軍未至也。昕，許斤翻。死亡交急，遂求援關中，自救目前。臣既不安於高氏，豈見容於宇文！但螫手解腕，蝮蛇螫手，壯士解腕。螫，音釋。腕，烏貫翻。事不得已，本圖爲國，爲，于僞翻。願不賜咎！臣獲其力，不容卽棄，今以四州之地爲餌敵之資，已令宇文遣人入守。自豫州以東，齊海以西，悉臣控壓；見有之地，盡歸聖朝，見，賢遍翻。朝，直遙翻。懸瓠、項城、徐州、南兗，事須迎納。願陛下速敕境上，各置重兵，與臣影響，言若影之隨形，響之應聲，彼此相應，不失機會也。不使差互！」上報之曰：「大夫出境，尚有所專；春秋之義，大夫出疆，專之可也。上引此義，欲以綏懷侯景，不知狼子野心之難馴擾也。況始創奇謀，將建大業，理須適事而行，隨方以應。卿誠心有本，何假詞費！」上報此詔，已爲侯景所窺矣。

18 魏以開府儀同三司獨孤信爲大司馬。

19 六月，戊辰，以鄱陽王範爲征北將軍，總督漢北征討諸軍事，擊穰城。使範擊魏荆州，欲以應接侯景。穰，如羊翻。

20 東魏韓軌等圍潁川，聞魏李弼、趙貴等將至，乙【章：十二行本「乙」作「己」；乙十一行本同；孔本同。】巳，引兵還鄴。考異曰：周書帝紀：「三月，李弼救侯景。」今從典略。侯景欲因會執弼與貴，奪其軍；貴疑之，不往。貴欲誘景入營而執之，弼止之。李弼之計，以爲執侯景不能猝兼河南之地，徒爲東魏去疾，故止貴。誘，音酉。羊鴉仁遣長史鄧鴻將兵至汝水，弼引兵還長安。東魏之師已退，而梁之援兵始來，弼若不還師，則梁、魏之兵必浪戰於汝、潁之間矣。引兵而還，則禍集於梁。王思政入據潁川。景陽稱略地，引兵出屯懸瓠。景引兵出潁川，以城與魏，爲王思政守潁川、沒於東魏張本。景復乞兵於魏，復，扶又翻。丞相泰使同軌防主韋法保及都督賀蘭願德等將兵助之。五代志：河南宜陽縣，後周分置熊耳縣、同軌郡。周、齊以宜陽爲界；以同軌名郡者，言將自此出兵混壹東西，使天下車同軌也。大行臺左丞藍田王悅言於泰曰：「侯景之於高歡，始敦鄉黨之情，終定君臣之契，高歡、侯景皆懷朔鎮人，少相友善，中間同事爾朱。歡滅爾朱，景遂委質於歡。任居上將，位重台司；今歡始死，景遽外叛，蓋所圖甚大，終不爲人下故也。且彼能背德於高氏，將，即亮翻。背，蒲妹翻。豈肯盡節於朝廷！今益之以勢，援之以兵，竊恐貽笑將來也。」史言西魏多智士，宇文泰能用善謀，侯景之姦詐不得逞，而其禍移於梁矣。泰乃召景入朝。朝，直遙翻；下同。

景陰謀叛魏，事計未成，厚撫韋法保等，冀爲己用，外示親密無猜間。間，古莧翻。每往來諸軍間，侍從至少，魏軍中名將，皆身自造詣。從，才用翻。少，詩沼翻。將，卽亮翻。造，七到翻。同軌防長史裴寬謂法保曰：「侯景狡詐，必不肯入關，言其不肯應召而入朝也。欲託款於公，恐未可信。若伏兵斬之，此亦一時之功也。如其不爾，卽應深爲之防，不得信其誑誘，自貽後悔。」誑，居況翻。誘，音酉。法保深然之，不敢圖景，但自爲備而已；尋辭還所鎮。辭景而還同軌也。王思政亦覺其詐，密召賀蘭願德等還，分布諸軍，據景七州、十二鎮。景果辭不入朝，遺丞相泰書曰：「吾恥與高澄鴈行，安能比肩大弟！」記王制：父之齒隨行，兄之齒鴈行。鴈行，言如鴈並飛而進也。景知泰覺其情，且知梁之可侮弄也，故以書絕泰而決意附梁。遺，于季翻。行，戶剛翻。泰乃遣行臺郎中趙士憲悉召前後所遣諸軍援景者。景遂決意來降。魏將任約以所部千餘人降於景。史言西魏諸將唯任約爲侯景所誘。降，戶江翻。任，音壬。

泰以所授景使持節、太傅、大將軍、兼尚書令、河南大行臺、都督河南諸軍事回授王思政，思政並讓不受；頻使敦諭，使，疏吏翻。下同。唯受都督河南諸軍事。

21 高澄將如晉陽，以弟洋爲京畿大都督，留守於鄴，使黃門侍郎高德政佐之。德政，顥之子也。高顥見一百四十七卷天監七年。考異曰：北史作「德正」，今從北齊書。丁丑，澄還晉陽，始發喪。

22 秋，七月，魏長樂武烈公若干惠卒。若干惠，魏司空。樂，音洛。

23丁酉，東魏主爲丞相歡舉哀，服緦縗，記閒傳：緦麻之縗，十五升去其半。有事其縷、無事其布曰緦。爲，于僞翻。縗，倉回翻。凶禮依漢霍光故事，凶禮，猶言喪禮也。贈相國、齊王，備九錫殊禮。戊戌，以高澄爲使持節、大丞相、都督中外諸軍、錄尚書事、大行臺、勃海王；澄啓辭爵位。壬寅，詔太原公洋攝理軍國，遣中使敦諭澄。

24庚申，羊鴉仁入懸瓠城。甲子，詔更以懸瓠爲豫州，壽春爲南豫州，改合肥爲合州。後漢豫州治譙，魏治汝南安成，晉治陳國。晉氏南渡，石氏強盛，祖約自譙城退屯壽春，始僑立豫州於壽春。是後，庾亮以豫州刺史鎮蕪湖，毛寶治邾城，趙胤治牛渚，謝尚鎮歷陽，又進馬頭，桓沖戍姑孰，蓋不常厥居也。宋武帝欲開拓河南，綏定豫土，割揚州大江以西悉屬豫州，豫州基址因此而立。永初二年，分淮東爲南豫州，治歷陽；淮西爲豫州，然猶治壽春也。大明以後，豫州治懸瓠。常珍奇歸北，懸瓠入魏，豫州復治壽陽。齊東昏之時，裴叔業又以壽陽附魏，遂以歷陽爲豫州。至帝天監中，韋叡克合肥，以爲豫州，復以歷陽爲南豫州；後復壽陽，又徙豫州復舊治。今得懸瓠，復宋之舊爲豫州，以壽陽爲南豫，以合肥爲合州。南北兵爭，疆埸之間，一彼一此，易置州郡，類如是矣。以鴉仁爲司、豫二州刺史，鎮懸瓠；西陽太守羊思達爲殷州刺史，鎮項城。改東魏之北揚州爲殷州。

25八月，乙丑，下詔大舉伐東魏。遣南豫州刺史貞陽侯淵明、南兗州刺史南康王會理分督諸將。將，即亮翻。淵明，懿之子；會理，續之子也。始，上欲以鄱陽王範爲元帥；朱异取急在外，謂取休假在外舍也。帥，所類翻。异，羊至翻。聞之，遽入曰：「鄱陽雄豪蓋世，得人死力，然所至殘暴，非弔民之材。且陛下昔登北顧亭以望，謂江右有反氣，骨肉爲戎首，登北顧亭，謂幸京口時也。江、郢、揚、南徐之地爲江左，豫、南豫、南兗之地爲江右。朱异告帝以防鄱陽而不知防臨賀，帝知江右有反氣而不料侯景自壽陽舉兵，天邪，人邪？今日之事，尤宜詳擇。」上默然，曰：「會理何如？」對曰：「陛下得之矣。」會理懦而無謀，所乘襻輿，襻，普患翻。襻輿者，輿挶施襻，人以肩舉之。施板屋，冠以牛皮。冠，古玩翻。上聞，不悅。貞陽侯淵明時鎮壽陽，屢請行，上許之。會理自以皇孫，復爲都督，言既以皇孫之貴自高，又以都督之尊自處。復，扶又翻。自淵明已下，殆不對接。淵明與諸將密告朱异，追會理還，遂以淵明爲都督。

26 辛未，高澄入朝于鄴，固辭大丞相；以通鑑書法言之，「辛未」之下當有「東魏」二字。朝，直遙翻。

詔爲大將軍如故，餘如前命。

甲申，虛葬齊獻武王於漳水之西；潛鑿成安鼓山石窟佛寺之旁爲穴，魏收志：魏郡臨漳縣有鼓山。成安縣，後齊分臨漳置。宋白曰：成安縣，本漢斥丘縣地，春秋時乾侯邑也。土地斥鹵，故曰斥丘。其地在鄴，北齊分鄴置成安縣。按臨漳縣亦分鄴縣所置。納其柩而塞之，柩，音舊。塞，悉則翻。殺其羣匠。及齊之亡也，一匠之子知之，發石取金而逃。史言潛葬之無益。

27 戊子，武州刺史蕭弄璋攻東魏磧泉、呂梁二戍，拔之。五代志：下邳郡下邳縣，梁曰歸政，置武州。魏收志，彭城郡呂縣有呂梁城。水經註曰：泗水之上有石梁焉，故曰呂梁。

28 或告東魏大將軍澄云：「侯景有北歸之志。」會景將蔡道遵北歸，言「景頗知悔過」。景母及妻子皆在鄴，澄乃以書諭之，語以闔門無恙，若還，許以豫州刺史終其身，還其寵妻、愛子，所部文武，更不追攝。語，牛倨翻。攝，收也。景使王偉復書曰：「今已引二邦，二邦，謂梁及西魏也。揚旌北討，熊豹齊奮；克復中原，幸自取之，何勞恩賜！昔王陵附漢，母在不歸，事見九卷漢高帝元年。太上囚楚，乞羹自若，事見十卷高帝四年。矧伊妻子，而可介意！脫謂誅之有益，欲止不能，殺之無損，徒復阬戮，家累在君，何關僕也！」復，扶又翻。累，力瑞翻。

戊子，詔以景錄行臺尚書事。

29 東魏靜帝，美容儀，旅力過人，旅，與膂同，脊骨也。能挾石師子踰宮牆，射無不中；好文學，從容沈雅。中，竹仲翻。好，呼到翻。從，千容翻。沈，持林翻。時人以爲有孝文風烈，大將軍澄深忌之。

始，獻武王自病逐君之醜，謂逐孝武帝使入關也。事靜帝禮甚恭，事無大小必以聞，可否聽旨。言不敢專決也。每侍宴，俯伏上壽；帝設法會，乘輦行香，歡執香爐步從，上，時掌翻。從，才用翻。鞠躬屏氣，屏，必郢翻。承望顏色，故其下奉帝莫敢不恭。

及澄當國，倨慢頓甚，使中書黃門郎崔季舒察帝動靜，大小皆令季舒知之。晉書職官志：曹魏黃初初，中書既置監、令，又置通事郎，次黃門郎，及晉，改曰中書侍郎。環濟要略：漢置中書，掌密詔，有令、僕、丞、郎。漢舊儀云：置中書領尚書事。魏黃初，中書置監、令，又置通事郎，次黃門郎，卽中書侍郎之任也。按二書皆謂黃門、中書通爲一官；而五代志紀北齊之制，黃門侍郎屬門下省，中書侍郎屬中書省，分爲二官。高澄以崔季舒爲中書黃門郎者，蓋澄欲使季舒伺察靜帝，以爲黃門郎則侍從左右，以爲中書郎則典掌詔命，故兼領二職也。澄與季舒書曰：「癡人比復何似？比，毗至翻。復，扶又翻。癡勢小差未？差，楚懈翻；本作「瘥」。疾稍愈謂之差。宜用心檢校。」帝嘗獵于鄴東，馳逐如飛，監衞都督烏那羅受工伐從後呼曰：「天子勿走馬，大將軍嗔！」監，工銜翻。監衞都督，高氏置此官以監宿衞，所以防制其君者也。烏那羅，虜三字姓。呼，火故翻。嗔，昌眞翻，怒也。澄嘗侍飲酒，舉大觴屬帝曰：「臣澄勸陛下酒。」屬，之欲翻。舉酒相屬，如儕輩然，無復君臣之敬。帝不勝忿，曰：「自古無不亡之國，朕亦何用此生爲！」澄怒曰：「朕？朕？狗脚朕！」使崔季舒毆帝三拳，奮衣而出。明日，澄使季舒入勞帝，勝，音升。毆，烏口翻。勞，力到翻。帝亦謝焉，賜季舒絹百匹。

帝不堪憂辱，徐知訓陵侮其主，與高澄異世同轍，皆不能保其身。詩云：「人而無禮，胡不遄死！」諒哉。詠謝靈運詩曰：「韓亡子房奮，秦帝仲連恥。本自江海人，忠義動君子。」謝靈運作詩事見一百二十二卷宋文帝元嘉十年。常侍、侍講潁川荀濟知帝意，荀濟以散騎常侍侍講。乃與祠部郎中元瑾、長秋卿劉思逸、華山王大器、淮南王宣洪、濟北王徽等謀誅澄。大器，鷙之子也。東魏華山王鷙卒於大同六年。華，戶化翻。濟，子禮翻。帝謬爲敕問濟曰：「欲以何日開講？」乃詐於宮中作土山，開地道向北城。至千秋門，門者覺地下響，以告澄。澄勒兵入宮，見帝，不拜而坐，曰：「陛下何意反？臣父子功存社稷，何負陛下邪！此必左右妃嬪輩所爲。」欲殺胡夫人及李嬪。帝正色曰：「自古唯聞臣反君，不聞君反臣。王自欲反，何乃責我！我殺王則社稷安，不殺則滅亡無日，我身且不暇惜，況於妃嬪！必欲弑逆，緩速在王！」澄乃下牀叩頭，大啼謝罪。高澄雖悖逆，不能不屈於靜帝之言，理所在也。於是酣飲，夜久乃出。居三日，幽帝於含章堂。含章堂，蓋取坤卦「含章可貞」之義，必在鄴宮之內殿左右。幽者，閉帝於內不使出，而專殺於外也。壬辰，烹濟等於市。

初，濟少居江東，少，詩照翻。博學能文。與上有布衣之舊，知上有大志，然負氣不服，常謂人曰：「會於盾鼻上磨墨檄之」。言上若有非常之舉，亦當起兵，於盾鼻上磨墨作檄以聲其罪。上甚不平。及即位，或薦之於上，上曰：「人雖有才，亂俗好反，不可用也。」濟上書諫上崇信佛法、爲塔寺奢費，上大怒，欲集朝衆斬之；朝衆，即謂在朝百官。好，呼到翻。朝，直遥翻。朱异密告之，濟逃奔東魏。澄爲中書監，大同十年，東魏以高澄領中書監。欲用濟爲侍讀，獻武王曰：「我愛濟，欲全之，故不用濟。濟入宮，必敗。」澄固請，乃許之。史言高歡識鑒非澄所及。及敗，侍中楊遵彦謂之曰：楊愔，字遵彦。「衰暮何苦復爾？」復，扶又翻。濟曰：「壯氣在耳！」言年雖衰而氣不衰也。因下辨曰：辨，獄辭也。「自傷年紀摧頽，功名不立，故欲挾天子，誅權臣。」澄欲宥其死，親問之曰：「苟公何意反？」濟曰：「奉詔誅高澄，何謂反！」有司以濟老病，鹿車載詣東市，并焚之。章懷太子賢曰：鹿車，小車僅容一鹿也。

澄疑諮議溫子昇子昇蓋爲大將軍府諮議參軍。知瑾等謀，方使之作獻武王碑，既成，餓於晉陽獄，食弊襦而死。棄尸路隅，沒其家口，沒其家口爲官奴婢，塡晉陽宮。太尉長史宋遊道收葬之。澄謂遊道曰：「吾近書與京師諸貴諸貴，謂司馬子如、孫騰等。論及朝士，以卿僻於朋黨，將爲一病；今乃知卿眞是重故舊、尚節義之人，天下人代卿怖者，是不知吾心也。」史言士之徇義者固不計身之死亡，亦未必死也。怖，普布翻。九月，辛丑，澄還晉陽。

30 上命蕭淵明堰泗水於寒山以灌彭城，俟得彭城，乃進軍與侯景掎角。左傳曰：譬如捕鹿，晉人角之，諸戎掎之。角者，當其前；掎者，亢其下。掎，居綺翻。癸卯，淵明軍于寒山，去彭城十八里，斷流立堰。斷，音短。侍中羊侃監作堰，再旬而成。監，工銜翻。東魏徐州刺史太原王則嬰城固守，侃勸淵明乘水攻彭城，不從。諸將與淵明議軍事，淵明不能對，但云「臨時制宜」。

31 冬，十一月，魏丞相泰從魏主狩于岐陽。岐陽，岐山之陽也。五代志：扶風雍縣有岐陽宮。

32 東魏大將軍澄使大都督高岳救彭城，欲以金門郡公潘樂爲副。五代志：河南郡宜陽縣有東魏所置金門郡，因金門山以名郡。陳元康曰：「樂緩於機變，不如慕容紹宗；且先王之命也。高歡令澄用慕容紹宗以敵侯景，見上卷上年。公但推赤心於斯人，景不足憂也。」時紹宗在外，澄欲召見之，恐其驚叛；元康曰：「紹宗知元康特蒙顧待，新使人來餉金；近時之事謂之新。元康欲安其意，受之而厚答其書，保無異也。」言保紹宗必無所違異。乙酉，以紹宗爲東南道行臺，與岳、樂偕行。初，景聞韓軌來，曰：「噉豬腸兒何能爲！」噉，吐濫翻。聞高岳來，曰：「兵精人凡。」諸將無不爲所輕者。及聞紹宗來，叩鞍有懼色，曰：「誰教鮮卑兒解遣紹宗來！解，胡買翻。若然，若然，猶今人言若如此也。高王定未死邪？」

澄以廷尉卿杜弼爲軍司，攝行臺左丞，臨發，問以政事之要、杜弼臨發從軍，澄方問以政事之要，蓋弼在歡府夙有聲稱，故問之也。可爲戒者，使錄一二條。弼請口陳之，曰：「天下大務，莫過賞罰。賞一人使天下之人喜，罰一人使天下之人懼，苟二事不失，自然盡美。」澄大悅，曰：「言雖不多，於理甚要。」

紹宗帥衆十萬據橐駝峴。帥，讀曰率。峴，戶典翻。羊侃勸貞陽侯淵明乘其遠來擊之，不從，旦日，又勸出戰，亦不從；侃乃帥所領出屯堰上。羊侃知淵明必敗，故出屯堰上，欲全所領而退。若以行兵之節制言之，則安營次舍，皆當聽命於元帥，豈有擅移屯之理哉！丙午，紹宗至城下，引步騎萬人攻潼州刺史郭鳳營，魏收志：梁置潼州，武定七年，改曰睢州，治取慮城，領淮陽、穀陽、睢南、南濟陰、臨潼郡。五代志：下邳郡夏丘縣，東魏置臨潼郡，梁置潼州。矢下如雨。淵明醉，不能起，命諸將救之，皆不敢出。北兖州刺史胡貴孫謂譙州刺史趙伯超曰：魏收志：景明中，置譙郡於渦陽城，孝昌中陷，領南譙、汴、龍亢、蘄城、下蔡、臨渙、蒙郡。五代志：譙郡山桑縣，後魏置渦州渦陽郡，東魏改曰譙州。「吾屬將兵而來，將，卽亮翻；下同。本欲何爲，今遇敵而不戰乎？」伯超不能對。貴孫獨帥麾下與東魏戰，斬首二百級。伯超擁衆數千不敢救，謂其下曰：「虜盛如此，與戰必敗，不如全軍早歸。」【章：十二行本「歸」下有「可以免罪」四字；乙十一行本同；孔本同；張校同；退齋校同。】皆曰「善！」遂遁還。

初，侯景常戒梁人曰：「逐北不過二里。」紹宗將戰，以梁人輕悍，悍，侯旰翻，又下罕翻。恐其衆不能支，一一引將卒謂之曰：「我當陽退，誘吳兒使前，誘，音酉。爾擊其背。」東魏兵實敗走，梁人不用景言，乘勝深入。魏將卒以紹宗之言爲信，爭共掩擊之，梁兵大敗，貞陽侯淵明及胡貴孫、趙伯超等皆爲東魏所虜，失亡士卒數萬人。羊侃結陳徐還。陳，讀曰陣。

上方晝寢，宦者張僧胤白朱异啓事，上駭之，非時啓事，故駭。遽起升輿，至文德殿閣。文德殿，建康宮前殿也。异曰：「韓山失律。」韓山，卽寒山。上聞之，怳然將墜牀。怳，呼廣翻。僧胤扶而就坐，坐，徂臥翻。乃歎曰：「吾得無復爲晉家乎！」謂爲夷狄所取也。史言帝危亡將至，神不守舍。復，扶又翻。

郭鳳退保潼州，慕容紹宗進圍之。十二月，甲子朔，鳳棄城走。

東魏使軍司杜弼作檄移梁朝朝，直遙翻；下同。曰：「皇家垂統，光配彼天，唯彼吳、越，獨阻聲教。元首懷止戈之心，上宰薄兵車之命，元首，謂東魏主。上宰，謂高歡。遂解縶南冠，左傳：楚伐鄭，鄭人軍楚師，囚鄖公鍾儀獻諸晉，晉人囚諸軍府。晉侯觀於軍府，見鍾儀，問曰：「南冠而縶者誰也？」有司對曰：「鄭人所獻楚囚也。」命稅之使歸，合晉、楚之成。喻以好睦。大同三年，梁初與東魏通和。好，呼到翻；下同。雖嘉謀長算，爰自我始，罷戰息民，彼獲其利。侯景豎子，自生猜貳，遠託關、隴，依憑姦僞，逆主定君臣之分，僞相結兄弟之親，謂侯景先降西魏也。分，扶問翻。相，息亮翻。豈曰無恩，終成難養，俄而易慮，親尋干戈。釁暴惡盈，側首無託，謂侯景不見容於西魏也。以金陵逋逃之藪，江南流寓之地，甘辭卑禮，進孰圖身，此以下皆言侯景歸梁之心迹。孰，古熟字通。言進軟熟之辭於梁，以爲容身之圖。詭言浮說，抑可知矣。而僞朝大小，幸災忘義，主荒於上，臣蔽於下，連結姦惡，斷絕鄰好，徵兵保境，縱盜侵國。蓋物無定方，事無定勢，或乘利而受害，或因得而更失。是以吳侵齊境，遂得句踐之師，左傳：吳伐齊，敗齊師於艾陵，遂與晉侯會于黃池。越子句踐乘虛伐吳，獲其太子，遂入吳，吳王歸，及越平。其後越遂伐吳，滅之。句，音鉤。趙納韓地，終有長平之役。事見五卷周赧王五十三年至五十五年。矧乃鞭撻疲民，侵軼徐部，築壘擁川，舍舟徼利。軼，徒結翻，又音逸。杜預曰：軼，突也。「擁」，當作「壅」。舍，讀曰捨。徼，一遙翻。是以援枹秉麾之將，拔距投石之士，師古曰：拔距者，有人連坐相把，據地以爲堅，而能拔取之；投石者，以石投人；皆言其有勇力也。援，于元翻。枹，音膚。將，即亮翻。含怒作色，如赴私讎。彼連營擁衆，依山傍水，傍，步浪翻。舉螳蜋之斧，被蛣蜣之甲，螳蜋舉臂以捍物，微有鋒利，故以諭斧。蛣蜣，蜣蜋也，翼在甲下，故以諭甲。言梁兵之輕弱也。蛣，音詰。當窮轍以待輪，古語云：螳蜋怒臂以當車轍。陸佃曰：螳蜋，有斧蟲也。兗人謂之拒斧，奮之當轍不避。釋蟲：不蝸，蟷蠰；其子螵蛸。舍人云：不蝸名蟷蠰，今之螳蜋也。方言云：譚、魯以南謂之蟷蠰，三河之域謂之螳蜋，燕、趙之際謂之食厖，齊、杞以東謂之馬穀，然名其子同云螵蛸也。坐積薪而候燎。及鋒刃纔交，埃塵且接，已亡戟棄戈，土崩瓦解，掬指舟中，衿甲鼓下，左傳：晉荀林父帥師及楚子戰于邲，楚乘晉師。林父不知所爲，鼓於軍中曰：「先濟者有賞。」中軍與下軍爭舟，舟中之指可掬也。又：晉伐齊，齊師夜遁，晉師從之。夙沙衞連大車塞隧以殿，殖綽、郭最曰：「子殿齊師，國之辱也，」乃代之殿，衞殺馬於隘以塞道。晉州綽及之，射殖綽中肩，弛弓而自後縛之；其右具丙亦舍兵而縛郭最，皆衿甲面縛，坐於中軍之鼓下。衿，其鴆翻。同宗異姓，縲紲相望。曲直既殊，强弱不等，獲一人而失一國，左傳：宋猛獲與南宮萬弒其君，宋討之，猛獲奔衞。宋人請之，衞人欲弗許。石祁子曰：「天下之惡一也，惡於宋而保於我，保之何補！得一夫而失一國，與惡而棄好，非謀也。」衞人歸之。見黃雀而忘深穽，穽，疾正翻。智者所不爲，仁者所不向。誠既往之難逮，猶將來之可追。逮，及也。此二語以誘梁，欲再與講和以攜侯景。侯景以鄙俚之夫，遭風雲之會，位班三事，邑啓萬家，揣身量分，久當止足。而周章向背，離披不已，周章，征營貌。離披，分散不可收束之意。揣，初委翻。量，音良。分，扶問翻。背，蒲妹翻。夫豈徒然，意亦可見。彼乃授之以利器，誨之以慢藏，老子曰：國之利器，不可以授人。易曰：慢藏誨盜。藏，徂浪翻。使其勢得容姦，時堪乘便。今見南風不競，左傳：晉圍齊，楚乘其間伐鄭。晉人聞之，師曠曰：「不害。吾驟歌南風，又歌北風，南風不競，多死聲，楚必無功。」果如其言。天亡有徵，徵，讀曰證。老賊姦謀，將復作矣。然推堅強者難爲功，復，扶又翻。推，吐雷翻。摧枯朽者易爲力，計其雖非孫、吳猛將，燕、趙精兵，猶是久涉行陳，將，卽亮翻。燕，因肩翻。易，弋豉翻。行，戶剛翻。陳，讀曰陣。曾習軍旅，豈同剽輕之師，漢張良曰：「楚兵剽輕」。剽，匹妙翻。輕，牽正翻。不比危脆之衆。脆，此芮翻。拒此則作氣不足，攻彼則爲勢有餘，終恐尾大於身，踵粗於股，倔強不掉，倔，其勿翻。強，其兩翻。狼戾難馴，狼，當作很。呼之則反速而釁小，釁，許覲翻。不徵則叛遲而禍大。會應遙望廷尉，不肯爲臣，用蘇峻事，見九十三卷晉成帝咸和二年。自據淮南，亦欲稱帝。用黥布事，見十二卷漢高帝十一年。但恐楚國亡猨，禍延林木，城門失火，殃及池魚，池魚，人姓名。風俗通有池仲魚。城門失火，仲魚燒死，故諺曰：「城門失火，殃及池魚。」一曰：城門失火，汲城下之池水以救之，池涸則魚受其殃。橫使江、淮士子，荆、揚人物，死亡矢石之下，夭折霧露之中。橫，戶孟翻。夭，於紹翻。折，而設翻，又之舌翻。彼梁主者，操行無聞，輕險有素，射雀論功，蕩舟稱力，國語：晉平公射鷃不死，使豎襄搏之，失，公怒，將殺之，以告叔向。叔向曰：「君必殺之。昔先君唐叔射兕於徒林以爲大甲，以封于晉。今君嗣先君唐叔，射鷃不死，搏之不得，是揚吾君之恥者也，必殺之。」君忸怩顏，乃赦之。鷃扈，小鳥，卽鷃雀也。左傳：齊桓公與蔡姬乘舟于囿，蕩公。杜預註曰：蕩，搖也。操，七到翻。行，下孟翻。射，而亦翻。年既老矣，耄又及之，政散民流，禮崩樂壞。加以用舍乖方，廢立失所，用舍乖方，謂免周捨、責顧琛而用朱异。廢立失所，謂銜昭明而不立世適孫，乃立太子綱也。舍，讀曰捨。矯情動俗，飾智驚愚，毒螫滿懷，妄敦戒業，躁競盈胸，謬治清淨。此數語曲盡帝之心事。螫，音釋。躁，則到翻。治，直之翻。災異降於上，怨讟興於下，人人厭苦，家家思亂，履霜有漸，堅冰且至。易坤卦初六爻辭曰：履霜堅冰至。象曰：履霜堅冰，陰始凝也，馴致其道，至堅冰也。文言曰：臣弒其君，子弒其父，非一朝一夕之故，其所由來者漸矣，由辯之不早辯也。傳險躁之風俗，任輕薄之子孫，朋黨路開，兵權在外。必將禍生骨肉，釁起腹心，強弩衝城，長戈指闕；徒探雀鷇，無救府藏之虛，探雀鷇，趙武靈王事，見四卷周赧王二十年。探，吐南翻。藏，徂浪翻。空請熊蹯，詎延晷刻之命。左傳：楚世子商臣圍其父成王，王請食熊蹯而死，不許，乃縊。杜預註曰：熊蹯難熟，冀久將有外救。蹯，音煩。外崩中潰，今實其時，鷸蚌相持，我乘其弊。戰國策：趙且伐燕，蘇代爲燕謂惠王曰：「今者臣來，過易水，蚌方出曝，而鷸啄其肉，蚌合而拑其喙。鷸曰：『今日不雨，明日不雨，卽有死蚌。』蚌亦謂鷸曰：『今日不出，明日不出，卽有死鷸。』兩者不肯相舍，漁父得而幷禽之。今趙且伐燕，燕、趙久相支以弊大衆，臣恐強秦之爲漁父也。」方使駿騎追風，精甲輝日，四七並列，漢光武用二十八將以定天下，後人贊之曰：「授鉞四七。」百萬爲羣，以轉石之形，孫子曰：任勢者，其戰人也，如轉木石。木石之性，安則靜，危則動；方則止，圓則行。故善戰人之勢，如轉圓石於千仞之山者，勢也。爲破竹之勢。破竹，杜預之言，見八十一卷晉武帝太康元年。當使鍾山渡江，青蓋入洛，荆棘生於建業之宮，麋鹿遊於姑蘇之館。青蓋入洛事見七十九卷晉武帝泰始八年。漢淮南王安陰有邪謀，伍被諫曰：「昔子胥諫吳王，吳王不用，乃曰：『臣今見麋鹿遊姑蘇之臺也』。

今臣亦見宮中將生荆棘，露霑衣也。」但恐革車之所轥轢，轥，力刃翻，踐也。轢，來各翻，礫也。劍騎之所蹂踐，杞梓於焉傾折，竹箭以此摧殘。杞梓、竹箭，東南之嘉產也。蹂，人九翻。踐，息淺翻。折，而設翻。若吳之王孫，蜀之公子，晉左思設爲東吳王孫、西蜀公子以賦三都，弼引用之。歸款軍門，委命下吏，當即授客卿之秩，特加驃騎之號。凡百君子，勉求多福。」李斯自楚入秦爲客卿，孫秀自吳奔晉爲驃騎將軍。弼以此誘南人，要亦書檄之常談耳。其後梁室禍敗，皆如弼言。

侯景圍譙城不下，退攻城父，拔之。壬申，遣其行臺左丞王偉等詣建康說上曰：說，式芮翻。「鄴中文武合謀，召臣共討高澄，事泄，澄幽元善見於金墉，殺諸元六十餘人。河北物情，俱念其主，請立元氏一人以從人望，如此，則陛下有繼絕之名，臣景有立功之效，河之南北，爲聖朝之邾、莒，言爲小國以附於大國。朝，直遙翻。國之男女，爲大梁之臣妾。」上以爲然，此杜弼所謂「進孰圖身」者也。帝早在兵間，曾不見此，蓋天奪其鑒也。乙亥，下詔以太子舍人元貞爲咸陽王，考異曰：梁紀作「戊辰遣貞」。今從典略。資以兵力，使還北主魏，須渡江，許即位，須，待也。儀衞以乘輿之副給之。乘，繩證翻。貞，樹之子也。元樹來奔，中大通四年，爲樊子鵠所禽。

蕭淵明至鄴，東魏主升閶闔門受俘，讓而釋之，送於晉陽，大將軍澄待之甚厚。爲澄因淵明約和以間侯景張本。

慕容紹宗引軍擊侯景，景輜重數千兩，馬數千匹，士卒四萬人，退保渦陽。「輜重」之上當有

「景」字，文意乃明。重，直用翻。兩，音亮。渦，音戈。紹宗士卒十萬，旗甲耀日，鳴鼓長驅而進。景使謂之曰：「公等爲欲送客，爲欲定雌雄邪？」紹宗曰：「欲與公決勝負。」遂順風布陳。陳，讀曰陣；下魏陳同。景閉壘，俟風止乃出。戰不逆風，故景俟風止乃出。紹宗曰：「侯景多詭計，好乘人背。」使備之，果如其言。景命戰士皆被短甲，好，呼到翻。被，皮義翻。執短刀，入東魏陳，但低視，斫人脛馬足。東魏兵遂敗，被短甲，執短刀，入敵陳力戰，此必死之兵也。紹宗之敗，不亦宜乎！其後景用此以敵陳霸先，亦此術耳；惟陳堅不可破，是以一敗不能復振，卒以走死。紹宗墜馬，儀同三司劉豐生被傷，顯州刺史張遵業爲景所擒。魏收志：永安中置顯州，治汾州六〔玉〕壁城，領定戎、建平、眞君郡。

紹宗、豐生俱奔譙城，裨將斛律光、張恃顯尤之，尤之者，責過之也。將，即亮翻。紹宗曰：「吾戰多矣，未見如景之難克者也。君輩試犯之！」光等被甲將出，紹宗戒之曰：「勿渡渦水。」二人軍於水北，光輕騎射之。被，皮義翻。渦，工禾翻。射，而亦翻；下爲射、遷射同。景臨渦水謂光曰：「爾求勳而來，我懼死而去。我，汝之父友，光父斛律金，與景同事爾朱、高歡，故自謂父友。何爲射我？汝豈自解不渡水南，解，戶買翻。慕容紹宗教汝也。」光無以應。景使其徒田遷射光馬，洞胸；光易馬隱樹，又中之，中，竹仲翻。退入於軍。景擒恃顯，既而捨之。光走入譙城，紹宗曰：「今定何如，而尤我也！」光，金之子也。

開府儀同三司段韶夾渦而軍，潛於上風縱火，景帥騎入水，出而卻走，草濕，火不復然。

斛律光之勇雖不利，段韶之智雖不獲逞，然東魏之士氣未衰也，故慕容紹宗乘機而運其巧，得以成功。觀史者若祇以一時勝負論人，非有識略者也。帥，讀曰率。復，扶又翻。

33魏岐州久經喪亂，喪，息浪翻。刺史鄭穆初到，有戶三千，穆撫循安集，數年之間，至四萬餘戶，考績爲諸州之最；丞相泰擢穆爲京兆尹。

34侯景與東魏慕容紹宗相持數月，景食盡，司馬世雲降於紹宗。至是，則侯景潰敗之形成矣。

資治通鑑卷第一百六十一

端明殿學士兼翰林侍讀學士朝散大夫右諫議大夫充集賢殿修撰提舉西京嵩山崇福宮上柱國河内郡開國侯食邑一千八百戶食實封六百戶賜紫金魚袋臣司馬光　奉敕編集

後學天台胡三省　音註

梁紀十七 著雍執徐（戊辰），一年。

高祖武皇帝十七

太清二年（戊辰、五四八）

1 春，正月，己亥，慕容紹宗以鐵騎五千夾擊侯景，承上卷上年紹宗與景相持事，故不書東魏。景誑其衆曰：「汝輩家屬，已爲高澄所殺。」衆信之。蓋前乎此時，景以此言誑衆也。誑，居況翻。紹宗遙呼曰：呼，火故翻。「汝輩家屬並完，若歸，官勳如舊。」歸，謂復歸東魏。官者，各人先所居之官。勳，勳階也。被髮向北斗爲誓。質北斗爲誓，以明其言之不欺。被，皮義翻。景士卒不樂南渡，樂，音洛。其將暴顯等各帥所部降於紹宗。暴顯去年春爲侯景所執。將，卽亮翻。帥，讀曰率。降，戶江翻。景衆大潰，爭赴渦水，渦，音戈。水爲之不流。爲，于僞翻。景與腹心數騎自硤石濟淮，稍收散卒，得步騎八百人，騎，奇寄翻。南過小城，人登陴詬之曰：「跛奴！侯景右足偏短，故詬爲跛奴。陴，頻彌翻。詬，苦候翻。跛，普我翻。欲何爲邪！」景怒，破城，殺詬者而去。晝夜兼行，追軍不敢逼。考異曰：典略云：「晝息夜行，追軍漸逼。」今從梁書。使謂紹宗曰：「景若就擒，公復何用！」紹宗乃縱之。人臣苟有才，必養寇以自資，東魏之世，彭樂、慕容紹宗同一轍耳。復，扶又翻。

2 辛丑，以尚書僕射謝舉爲尚書令，守吏部尚書王克爲僕射。

3 甲辰，豫州刺史羊鴉仁以東魏軍漸逼，稱糧運不繼，棄懸瓠，還義陽；殷州刺史羊思達亦棄項城走；去年，使羊鴉仁鎮懸瓠，羊思達鎮項城。考異曰：典略在六月，今從梁帝紀。東魏人皆據之。上怒，責讓鴉仁；鴉仁懼，啓申後期，頓軍淮上。不敢歸義陽。

4 侯景既敗，不知所適，時鄱陽王範除南豫州刺史，未至。去年，遣蕭淵明攻彭城，以範代鎮壽陽，時猶未至。馬頭戍主劉神茂，素爲監州事韋黯所不容，監，工銜翻。聞景至，故往候之，有意見之爲故。鄭玄曰：古者謂候爲進。孔穎達曰：古時謂迎客爲進，漢時謂迎客爲候。今按經、傳，迎客爲進，則「進使者而問故」之類是也。迎客爲候，則鄭註周禮候人云，「候，候迎賓客之來」是也。景問曰：「壽陽去此不遠，城池險固，欲往投之，韋黯其納我乎？」神茂曰：「黯雖據城，是監州耳。王若馳至近郊，彼必出迎，因而執之，可以集事。得城之後，徐以啓聞，朝廷喜王南歸，必不責也。」景執其手曰：「天教也。」神茂請帥步騎百人先爲鄉導。帥，讀曰率。鄉，讀曰嚮。壬子，景夜至壽陽城下；韋黯以爲賊也，授甲登陴。陴，頻彌翻。景遣其徒告曰：「河南王戰敗來投此鎮，願速開門！」黯曰：「既不奉敕，不敢聞命。」景謂神茂曰：「事不諧矣。」神茂曰：「黯懦而寡智，可說下也。」說，式芮翻。乃遣壽陽徐思玉入見黯曰：徐思玉本壽陽人，仕於東魏，今隨侯景南來。「河南王，朝廷所重，君所知也。今失利來投，何得不受？」黯曰：「吾之受命，唯知守城；河南自敗，何預吾事！」思玉曰：「國家付君以閫外之略，今君不肯開城，若魏兵來至，河南爲魏所殺，君豈能獨存！【章：十二行本「存」下有「縱使或存」四字；乙十一行本同；孔本同；退齋校同；張校同，云「獨守」無註本作「獨存」，是張據校本「存」作「守」。】何顏以見朝廷？」黯然之。思玉出報，景大悅曰：「活我者，卿也。」癸丑，黯開門納景，景遣其將分守四門，詰責黯，將斬之；將，卽亮翻；下同。詰，去吉翻。既而撫手大笑，置酒極歡。黯，叡之子也。合肥之役，黯請叡下城避箭，其懦闇可知矣。然使黯能拒景，梁朝亦將敕黯納之。

朝廷聞景敗，未得審問；或云：「景與將士盡沒。」上下咸以爲憂。侍中、太子詹事何敬容詣東宮，太子曰：「淮北始更有信，侯景定得身免，不如所傳。」敬容曰：「得景遂死，深爲朝廷之福。」太子失色，問其故，敬容曰：「景翻覆叛臣，終當亂國。」太子於玄圃自講老、莊，自蕭齊以來，東宮有玄圃。崐崙之山三級，下曰樊桐，二曰玄圃，三曰層城，太帝之所居。東宮次於帝居，故立玄圃。敬容謂學士吳孜曰：梁祕書省有撰史學士。「昔西晉祖尚玄虛，使中原淪於胡、羯。事見晉紀。今東宮復爾，江南亦將爲戎乎！」何敬容雖不能優游於文義，其識則過於梁朝諸臣矣。復，扶又翻；下景復、復敕、乃復、故復同。

甲寅，景遣儀同三司于子悅馳以敗聞，并自求貶削；優詔不許。景復求資給，上以景兵新破，未忍移易。乙卯，即以景爲南豫州牧，本官如故；更以鄱陽王範爲合州刺史，鎮合肥。更，工衡翻。光祿大夫蕭介上表諫曰：「竊聞侯景以渦陽敗績，隻馬歸命，渦，音戈。陛下不悔前禍，復敕容納。臣聞凶人之性不移，天下之惡一也。昔呂布殺丁原以事董卓，終誅董而爲賊；事見漢靈、獻二帝紀。劉牢反王恭以歸晉，還背晉以構妖。事見晉安帝紀。妖，於驕翻。何者？狼子野心，終無馴狎之性，養虎之喻，必見飢噬之禍矣。侯景以凶狡之才，荷高歡卵翼之遇，左傳：楚令尹子西曰：「勝如卵，予翼而長之。」荷，下可翻。位忝台司，任居方伯，然而高歡墳土未乾，乾，音干。即還反噬。逆力不逮，乃復逃死關西；宇文不容，故復投身於我。陛下前者所以不逆細流，李斯上秦王書曰：江海不擇細流，故能就其深。正欲比屬國降胡以討匈奴，漢邊郡置屬國以處降胡，使偵伺匈奴。降，戶江翻。冀獲一戰之效耳；今既亡師失地，直是境上之匹夫，陛下愛匹夫而棄與國。【章：十二行本「國」下有「臣竊不取也」五字；乙十一行本同；孔本同；張校同；退齋校同。】與國，謂東魏。若國家猶待其更鳴之辰，歲暮之效，臣竊惟侯景必非歲暮之臣；惟，思也。棄鄉國如脫屣，背君親如遺芥，背，蒲妹翻。豈知遠慕聖德，爲江、淮之純臣乎！事迹顯然，無可致惑。臣朽老疾侵，不應干預朝政；朝，直遥翻。但楚囊將死，有城郢之忠，左傳：楚令尹子囊將死，遺言子庚必城郢。君子謂子囊忠，將死不忘衛社稷。衛魚臨亡，亦有尸諫之節。孔子家語曰：衛大夫蘧伯玉賢，靈公不用；彌子瑕不肖，反任之。史魚驟諫不從，將卒，命其子曰：「吾不能進蘧伯玉，退彌子瑕，是不能正君也。生不能正君，死無以成禮，我死，汝置屍牖下，於我畢矣。」其子從之。靈公弔焉，怪而問之，其子以告。公曰：「是寡人之過也。」命之殯於客位，進蘧伯玉，退彌子瑕。孔子聞之曰：「古之烈諫者，死則已矣，未有若史魚死而屍諫，忠感其君者也。」臣忝爲宗室遺老，敢忘劉向之心！」劉向事見三十卷漢成帝陽朔二年。上歎息其忠，然不能用。介，思話之孫也。宋元嘉間，蕭思話歷當方任。按新唐書宰相世系表，介與帝同十三世祖後漢中山相苞。

5 己未，東魏大將軍澄朝于鄴。朝，直遥翻；下同。

6 魏以開府儀同三司趙貴爲司空。

7 魏皇孫生，大赦。

8 二月，東魏殺其南兗州刺史石長宣，討侯景之黨也；石長宣書官者，表其以南兗州附侯景也，不可以春秋書法觀之。其餘爲景所脅從者，皆赦之。

9 東魏既得懸瓠、項城，悉復舊境。大將軍澄數遺書移，移，謂移檄也。數，所角翻。復求通好；朝廷未之許。復，扶又翻。好，呼到翻。澄謂貞陽侯淵明曰：「先王與梁主和好，十有餘年。

翻；下舊好同。聞彼禮佛文云：『奉爲魏主，并及先王，』爲，于僞翻。言爲魏主君臣祈福也。此乃梁主厚意；不謂一朝失信，致此紛擾，知非梁主本心，當是侯景扇動耳，宜遣使諮論。使，疏吏翻；下同。若梁主不忘舊好，吾亦不敢違先王之意，諸人並即遣還，侯景家屬亦當同遣。」淵明乃遣省事夏侯僧辯奉啓於上，稱「勃海王弘厚長者，若更通好，當聽淵明還。」上得啓，流涕，此所謂婦人之仁也。帝於是墮高澄數中矣。與朝臣議之。右衞將軍朱异、御史中丞張綰等皆曰：「靜寇息民，和實爲便。」司農卿傅岐獨曰：「高澄何事須和？必是設間，異，羊至翻。間，古莧翻。故命貞陽遣使，欲令侯景自疑；景意不安，必圖禍亂。若許通好，正墮其計中。」侯景之反覆，何敬容、蕭介知之；高澄之姦詐，傅岐知之；梁朝非果無人也，武帝不能決擇而用之耳。异等固執宜和，上亦厭用兵，乃從异言，賜淵明書曰：「知高大將軍禮汝不薄，省啓，甚以慰懷。當別遣行人，重敦鄰睦。」省，悉景翻。重，直龍翻。

僧辯還，過壽陽，侯景竊訪知之，攝問，具服。攝問，收錄其人而問之也。乃寫答淵明之書，陳啓於上曰：「高氏心懷鴆毒，怨盈北土，人願天從，殲身殞越。謂人所祝願，天從而殺之。子澄嗣惡，計滅待時，所以昧此一勝者，謂渦陽之勝也。蓋天蕩澄心以盈凶毒耳。左傳：楚武王將死，告其夫人鄧曼曰：「余心蕩」。鄧曼曰：「王祿盡乎！盈而蕩，天之道也。」杜預註曰：蕩，動散也。澄苟行合天心，行，下孟翻，又如字。腹心無疾，又何急急奉璧求和？豈不以秦兵扼其喉，秦兵，謂西魏之兵。

西魏據有關西，故曰秦兵。胡騎迫其背，胡騎，謂柔然之兵。故甘辭厚幣，取安大國。臣聞『一日縱敵，數世之患，』晉先軫之言。何惜高澄一豎，以棄億兆之心！竊以北魏安強，莫過天監之始，鍾離之役，匹馬不歸。鍾離之戰，見一百四十六卷天監六年。當其強也，陛下尚伐而取之；及其弱也，反慮而和之。舍已成之功，縱垂死之虜，使其假命強梁，以遺後世，舍，讀曰捨。遺，于季翻。非直愚臣扼腕，實亦志士痛心。昔伍相奔吳，楚邦卒滅；左傳：楚殺伍奢，其子奔吳，吳王闔閭用之，破楚入郢。腕，烏貫翻。相，息亮翻。卒，子恤翻。陳平去項，劉氏用興；見漢高帝紀。臣雖才劣古人，心同往事。誠知高澄忌賈在翟，惡會居秦，左傳：晉靈公之初，賈季奔翟，隨會奔秦，秦人用其謀，晉人患之。六卿相見於諸浮，趙宣子曰：「隨會在秦，賈季在翟，難日至矣。將若之何？」翟，與狄同。惡，烏路翻。求盟請和，冀除其患。若臣死有益，萬殞無辭；唯恐千載，有穢良史。」觀景此言，其氣悖矣。景又致書於朱异，餉金三百兩；异納金而不通其啓。史言朱异昧利而不顧患。

己卯，上遣使弔澄。景又啓曰：「臣與高氏，釁隙已深，仰凭威靈，期雪讎恥；今陛下復與高氏連和，使臣何地自處！此乃侯景由衷之言。使，疏吏翻。釁，許覲翻。復，扶又翻。處，昌呂翻。乞申後戰，宣暢皇威！」上報之曰：「朕與公大義已定，豈有成而相納，敗而相棄乎！今高氏有使求和，朕亦更思偃武。進退之宜，國有常制，公但清靜自居，無勞慮也！」景又啓曰：「臣今蓄糧聚衆，秣馬潛戈，指日計期，克清趙、魏，不容軍出無名，故願以陛下爲主耳。

觀景此言，亦那可忍。今陛下棄臣遐外，南北復通，將恐微臣之身，不免高氏之手。」景言至此，辭意迫切，獸窮則搏，能無及乎！復，扶又翻；下勞復同。上又報曰：「朕爲萬乘之主，豈可失信於一物！想公深得此心，不勞復有啓也。」既斷來章，景又生心矣。乘，繩證翻。

景乃詐爲鄴中書，求以貞陽侯易景，上將許之。舍人傅岐曰：傅岐先兼中書通事舍人，累遷太僕、司農卿，兼舍人如故。「侯景以窮歸義，棄之不祥；且百戰之餘，寧肯束手就縶！」謝舉、朱异曰：「景奔敗之將，一使之力耳。」將，卽亮翻。使，疏吏翻。上從之，復書曰：「貞陽旦至，侯景夕返。」景謂左右曰：「我固知吳老公薄心腸！」帝之情態於此畢露，而帝不自知也，嗚呼！王偉說景曰：「今坐聽亦死，言坐而聽梁朝所爲，亦必至於死。說，式芮翻。舉大事亦死，唯王圖之！」於是始爲反計：屬城居民，悉召募爲軍士，輒停責市估及田租，市估，應商旅之物入市者，估其直而收稅。田租，計畝所出常租。百姓子女，悉以配將士。景之反謀彰灼如此，梁之君臣若罔聞知，其亡宜矣。

10 三月，癸巳，東魏以太尉襄城王旭爲大司馬，旭，吁玉翻。開府儀同三司高岳爲太尉。辛亥，大將軍澄南臨黎陽，自虎牢濟河至洛陽。魏同軌防長史裴寬與東魏將彭樂等戰，爲樂所擒，澄禮遇甚厚，寬得間逃歸。將，卽亮翻。間，古莧翻。澄由太行返晉陽。行，戶剛翻。

11 屈獠洞斬李賁，賁竄屈獠洞，見一百五十九卷中大同元年。獠，魯皓翻。考異曰：陳高祖紀云「太清元年」，蓋謂破賁之年。今從梁帝紀。按通鑑破賁書於中大同元年。傳首建康。賁兄天寶遁入九眞，收餘兵二萬圍愛州，五代志：九眞郡，梁置愛州。交州司馬陳霸先帥衆討平之。帥，讀曰率。詔以霸先爲西江督護、高要太守、督七郡諸軍事。

12 夏，四月，甲子，東魏吏部令史張永和等僞假人官，事覺，糾檢、首者六萬餘人。糾檢，官所糾檢而發之者也。首，自首者也。史言喪亂之際，吏因爲姦，濫冒者不勝其多。首，手又翻。

13 甲戌，東魏遣太尉高岳、行臺慕容紹宗、大都督劉豐生等將步騎十萬攻魏王思政於潁川。王思政守潁川事始上卷上年。將，即亮翻。騎，奇寄翻。思政命臥鼓偃旗，若無人者。岳恃其衆，四面陵城。思政選驍勇開門出戰，驍，堅堯翻。岳兵敗走。岳更築土山，晝夜攻之，思政隨方拒守，奪其土山，置樓堞以助防守。堞，徒協翻。守，式又翻。

14 五月，魏以丞相泰爲太師，廣陵王欣爲太傅，李弼爲大宗伯，趙貴爲大司寇，于謹爲大司空。宇文相魏，倣成周之制建官。太師泰奉太子巡撫西境，登隴，至原州，歷北長城，此蓋秦所築長城也。東趣五原，至蒲州，自五原還至蒲州也。五代志：河東郡，後魏置秦州，後周改曰蒲州，因蒲坂爲名也。趣，七喻翻。聞魏主不豫而還。還，從宣翻，又如字。及至，已愈，泰還華州。華，戶化翻。

15 上遣建康令謝挺、散騎常侍徐陵等聘于東魏，按梁官制，建康令秩千石，散騎常侍秩二千石。謝挺不當在徐陵之上，蓋徐陵將命而使，謝挺特輔行耳。散，悉亶翻。騎，奇寄翻。復脩前好。復，扶又翻。好，呼到翻。陵，摛之子也。徐摛見一百五十五卷中大通三年。摛，丑知翻。

16 六月，東魏大將軍澄巡北邊。

17 秋，七月，庚寅朔，日有食之。

18 乙卯，東魏大將軍澄朝于鄴。朝，直遙翻。以道士多僞濫，始罷南郊道壇。魏太武帝崇信寇謙之，置南郊道壇。八月，庚寅，澄還晉陽，遣尚書辛術帥諸將略江、淮之北，凡獲二十三州。侯景既亂梁，明年，東魏始盡有淮南之地，史究其終言之。帥，讀曰率。將，卽亮翻。

19 侯景自至壽陽，徵求無已，朝廷未嘗拒絕。景請娶於王、謝，上曰：「王、謝門高非偶，可於朱、張以下訪之。」朱、張，謂朱异、張綰之族也。景恚曰：恚，於避翻。「會將吳兒女配奴！」又啓求錦萬匹爲軍人作袍，中領軍朱异議以青布給之。又以臺所給仗多不能精，啓請東冶鍛工，欲更營造。【章：十二行本「造」下有「敕並給之」四字；乙十一行本同；孔本同；張校同；退齋校同。】鍛，丁貫翻。景以安北將軍夏侯夔之子譒爲長史，譒，補過翻。徐思玉爲司馬，譒遂去「夏」稱「侯」，託爲族子。夏侯詳爲梁朝佐命功臣，其子亶、夔皆宣力邊陲，並著聲績，至譒不克負荷矣。

上既不用景言，與東魏和親，是後景表疏稍稍悖慢；悖，蒲內翻，又蒲沒翻。又聞徐陵等使魏，反謀益甚。使，疏吏翻。元貞知景有異志，累啓還朝。景求輔貞見上卷上年。朝，直遙翻。景謂曰：「河北事雖不果，江南何慮失之，何不小忍！」貞懼，逃歸建康，具以事聞；上以貞爲始興內史，亦不問景。帝既不問景，又不爲之備，蓋耄期倦勤，直付之無可柰何。

臨賀王正德，所至貪暴不法，屢得罪於上，正德既奔魏而逃歸，上復其本封。正德志行無悛，常公行劫掠；及隨豫章王北侵，又委軍而走，爲有司所奏。上詔曰：「汝往年在蜀，昵近小人，猶謂少年情志未定。更於吳郡殺戮無辜，劫盜財物。及還京師，專爲逋逃，乃至江乘要道，湖頭斷路，奪人妻妾，略人子女。我每加覆掩，冀汝自新，了無悛革，怨讎逾甚，匹馬奔亡，志懷反噬。汝既來歸，又令仗節董戎前驅。豈謂汝狼心不改，志欲覆敗國計以快汝心。今有汝以遠。」於是免官削爵，徙臨海；未至徙所，追赦之；復以朱异之言封臨賀王。爲丹楊尹，坐所部多劫盜去職。出爲南兗州，在任苛刻，人不堪命。從是黜廢，轉增憤恨。由是憤恨，陰養死士，儲米積貨，幸國家有變；景知之。正德在北與徐思玉相知，謂奔魏時也。景遣思玉致牋於正德曰：「今天子年尊，姦臣亂國，以景觀之，計日禍敗。大王屬當儲貳，中被廢黜，詳見一百四十九卷普通三年。被，皮義翻。四海業業，歸心大王。景雖不敏，實思自效，願王允副蒼生，鑒斯誠款！」正德大喜曰：「侯公之意，闇與吾同，天授我也！」報之曰：「朝廷之事，如公所言。僕之有心，爲日久矣。今僕爲其內，公爲其外，何有不濟！機事在速，今其時矣。」

鄱陽王範密啓景謀反。時上以邊事專委朱异，動靜皆關之，异以爲必無此理。上報範曰：「景孤危寄命，譬如嬰兒仰人乳哺，仰，牛向翻。以此事勢，安能反乎！」範重陳之曰：「不早翦撲，禍及生民。」重，直用翻。撲，普卜翻。上曰：「朝廷自有處分，不須汝深憂也。」此亦報範之言，非面語之也。處，昌呂翻。分，扶問翻。範復請以合肥之衆討之，上不許。範非景敵也。使上許範而進兵討景，肉投餒虎耳。復，扶又翻；下不復同。朱异謂範使曰：「鄱陽王遂不許朝廷有一客！」自是範啓，异不復爲通。使，疏吏翻；下同。爲，于僞翻。

景邀羊鴉仁同反，鴉仁執其使以聞。羊鴉仁自懸瓠還，頓軍淮上。异曰：「景數百叛虜，何能爲！」敕以使者付建康獄，俄解遣之。景益無所憚，啓上曰：「若臣事是實，應罹國憲；如蒙照察，請戮鴉仁！」考異曰：梁書、南史皆云「並抑不奏」。典略，「朱异拒之」云云。今從太清紀。景又言：「高澄狡猾，寧可全信！陛下納其詭語，求與連和，臣亦竊所笑也。臣寧堪粉骨，投命讎門，讎門，謂高氏也。乞江西一境，受臣控督。如其不許，卽帥甲騎，臨江上，向閩、越，非唯朝廷自恥，亦是三公旰食。」帥，讀曰率。騎，奇寄翻。旰，古按翻。上使朱异宣語答景使曰：「譬如貧家，畜十客、五客，尚能得意；畜，吁玉翻。朕唯有一客，致有忿言，亦朕之失也。」益加賞賜錦綵錢布，信使相望。史言帝養成侯景之禍以敗國亡身。

戊戌，景反於壽陽，以誅中領軍朱异、少府卿徐驎、太子右衞率陸驗、制局監周石珍爲名。驎，離珍翻。李延壽曰：制局小司，專典兵力，雲陛天居，亙設蘭錡，羽林精卒，重屯廣衞。至於元戎啓轍，武候遮迾，清道晨行，按轡督察，往來馳鶩。輦轂驅投，分部親承几案，領護所攝，手總成規。蕭子顯曰：尚書外司領武官，有制局監，監內器仗兵役，亦用寒人之被恩倖者。率，所律翻。异等皆以姦佞驕貪，蔽主弄權，爲時人所疾，故景託以興兵。驎、驗，吳郡人；石珍，丹楊人。驎、驗迭爲少府丞，以苛刻爲務，百賈怨之，賈，音古。异尤與之暱，暱，尼質翻。世人謂之「三蠹」。

司農卿傅岐，梗直士也，嘗謂异曰：「卿任參國鈞，榮寵如此。比日所聞，比，毗至翻。鄙穢狼籍，若使聖主發悟，欲免得乎！」异曰：「外間謗黷，知之久矣。心苟無愧，何恤人言！」岐謂人曰：「朱彥和將死矣。朱异，字彥和。恃諂以求容，肆辯以拒諫，聞難而不懼，難，乃旦翻。知惡而不改，天奪之鑒，其能久乎！」

景西攻馬頭，景自渦陽之敗，南走馬頭，戍主劉神茂迎候之以入壽陽，當塗之馬頭也。今又自壽陽西攻馬頭，則此馬頭在壽陽之西，當淮津濟渡之要，縛馬頭以登舟，又非當塗之馬頭也。當塗之馬頭郡在壽陽東。考異曰：梁書云：「執太守劉神茂」。按神茂素附於景，無煩攻執。今從太清紀、典略。遣其將宋子仙東攻木柵，木柵在荆山西。執戍主曹璆等。璆，音求，又渠幽翻。上聞之，笑曰：「是何能爲！吾折箠笞之。」此卽朱异謂「景數百叛虜何能爲」之說也。君驕昏而臣貪昧，禍至不懼，以自取敗亡。折，之舌翻。敕購斬景者，封三千戶公，除州刺史。甲辰，詔以合州刺史鄱陽王範爲南道都督，北徐州刺史封山侯正表爲北道都督，五代志，封山縣屬合浦郡。司州刺史柳仲禮爲西道都督，通直散騎常侍裴之高爲東道都督，以侍中開府儀同三司邵陵王綸持節董督衆軍以討景。正表，宏之子；仲禮，慶遠之孫；之高，邃之兄子也。宏，上之弟；正表、正德兄弟，皆其子也。柳慶遠、裴邃，皆天監名臣。

20 九月，東魏濮陽武公婁昭卒。濮，博木翻。

21 侯景聞臺軍討之，問策於王偉，偉曰：「邵陵若至，彼衆我寡，必爲所困。不如棄淮南，壽陽，古淮南郡治所。決志東向，帥輕騎直掩建康；帥，讀曰率。臨賀反其內，大王攻其外，天下不足定也。兵貴拙速，宜卽進路。」景乃留外弟中軍大都督王顯貴守壽陽；癸未，詐稱遊獵，出壽陽，人不之覺。冬，十月，庚寅，景揚聲趣合肥，而實襲譙州，此譙州非渦陽之譙州。魏收志：梁置譙州於新昌城，領高塘、臨徐、南梁、新昌郡。其地當在唐廬、和二州之間。宋白曰：梁大同二年，割北徐州之新昌、南譙州之北譙，立爲南譙州，居桑根山西，今滁州城是也。助防董紹先開城降之。考異曰：太清紀云：「十三日，陷譙城。」下又云：「十三日，以王質巡江遏防。」典略上作「庚戌」，下作「庚子」。按此月戊子朔，蓋三日庚寅也。執刺史豐城侯泰。泰，範之弟也；先爲中書舍人，先，悉薦翻。傾財以事時要，超授譙州刺史。至州，偏發民丁，使擔腰輿、扇、繖等物，腰輿者，人舉之而行，其高纔至腰。繖，蘇旰翻，又蘇旱翻，蓋也。不限士庶；恥爲之者，重加杖責，多輸財者，卽縱免之，由是人皆思亂。及侯景至，人無戰心，故敗。

庚子，詔遣寧遠將軍王質帥衆三千巡江防遏。景攻歷陽太守莊鐵，丁未，鐵以城降。降，戶江翻。因說景曰：「國家承平歲久，人不習戰，聞大王舉兵，內外震駭，宜乘此際速趨建康，說，式芮翻。趨，七喩翻。可兵不血刃而成大功。若使朝廷徐得爲備，內外小安，遣羸兵千人直據采石，羸，倫爲翻。大王雖有精甲百萬，不得濟矣。」景乃留儀同三司田英、郭駱守歷陽，以鐵爲導，引兵臨江。江上鎮戍相次啓聞。上問討景之策於都官尚書羊侃，侃請「以二千人急據采石，令邵陵王襲取壽陽；使景進不得前，退失巢穴，烏合之衆，自然瓦解。」朱异曰：「景必無渡江之志。」遂寢其議。侃曰：「今茲敗矣！」

戊申，以臨賀王正德爲平北將軍，都督京師諸軍事，屯丹楊郡。盧循之寇建康也，徐赤特敗於張侯橋，循兵大上，至丹楊郡。則丹楊郡治蓋近江渚。正德遣大船數十艘，詐稱載荻，密以濟景。艘，蘇遭翻。荻，音狄。景將濟，慮王質爲梗，使諜視之。會臨川大守陳昕啓稱：「采石急須重鎮，王質水軍輕弱，恐不能濟。」恐其不能濟國事也。諜，徒協翻。昕，許斤翻。上以昕爲雲旗將軍，代質戍采石，徵質知丹楊尹事。昕，慶之之子也。陳慶之有入洛之功。質去采石，而昕猶未下渚。諜告景云：「質已退。」未下渚者，未下秦淮渚也。諜，徒協翻。景使折江東樹枝爲驗，諜如言而返，景大喜曰：「吾事辦矣！」己酉，自橫江濟于采石，有馬數百匹，兵八千人。是夕，朝廷始命戒嚴。

景分兵襲姑孰，執淮南太守文成侯寧。晉成帝初於姑孰僑立淮南郡。五代志：丹楊郡當塗縣，舊置淮南郡。南津校尉江子一帥舟師千餘人，欲於下流邀景；帥，讀曰率。其副董桃生，家在江北，與其徒先潰走。子一收餘衆，步還建康。子一，子四之兄也。

太子見事急，戎服入見上，入見，賢遍翻。稟受方略，上曰：「此自汝事，何更問爲！內外軍事，悉以付汝。」考異曰：太清紀云：「太宗見事急，乃入，面啓高祖曰：『請以軍事並以垂付，願不勞聖心。』」南史云：「帝曰『此自汝事，何更問爲！』」今從典略。太子乃停中書省，指授軍事，物情惶駭，莫有應募者。朝廷猶不知臨賀王正德之情，命正德屯朱雀門，寧國公大臨屯新亭，大府卿韋黯屯六門，繕脩宮城，爲受敵之備。大臨，大器之弟也。大臨、大器，皆太子綱之子。

己酉，景至慈湖。建康大駭，御街人更相劫掠，更，工衡翻。不復通行。復，扶又翻。赦東・西冶、尚方錢署及建康繫囚，以揚州刺史宣城王大器都督城內諸軍事，以羊侃爲軍師將軍副之，南浦侯推守東府，劉禪建興八年，立南浦縣，屬巴東郡。西豐公大春守石頭，沈約曰：吳立豐縣，屬臨川郡；晉武帝太康元年，更名西豐。輕車長史謝禧、始興太守元貞守白下，韋黯與右衛將軍柳津等分守宮城諸門及朝堂。朝，直遙翻。推，秀之子；安成王秀，上弟也。大春，大臨之弟；津，仲禮之父也。攝諸寺庫公藏錢，聚之德陽堂，以充軍實。攝，收也。諸寺，謂十二寺也。藏，徂浪翻。天監六年，改閱武堂爲德陽堂，在南闕前。

庚戌，侯景至板橋，張舜民曰：出秦淮西南行，循東岸，行小夾中，十里過板橋店。遣徐思玉來求見上，實欲觀城中虛實。上召問之。思玉詐稱叛景請間陳事，上將屏左右，屏，必郢翻。舍人高善寶曰：「思玉從賊中來，情僞難測，安可使獨在殿上！」朱异侍坐，曰：「徐思玉豈刺客邪！」思玉出景啓，言「异等弄權，乞帶甲入朝，除君側之惡。」异甚慚悚。朝，直遙翻。景又請遣了事舍人出相領解，了事，猶言曉事也。領，總録也；解，分判也；領解，言總録景所欲言之事而分判是非也。凡此皆侯景詭言，以怠梁朝君臣，使無戰心。上遣中書舍人賀季、主書郭寶亮隨思玉勞景于板橋。勞，力到翻。景北面受敕，季曰：「今者之舉何名？」景曰：「欲爲帝也！」王偉進曰：「朱异等亂政，除姦臣耳。」景既出惡言，遂留季，獨遣寶亮還宮。

百姓聞景至，競入城，公私混亂，無復次第，復，扶又翻。羊侃區分防擬，皆以宗室間之。間，古莧翻。軍人爭入武庫，自取器甲，所司不能禁，所司，謂武庫令之屬。侃命斬數人，方止。是時，梁興四十七年，天監十八，普通七，大通二，中大通六，大同十一，中大同一，至是年太清二年，通四十七年。境內無事，公卿在位及閭里士大夫罕見兵甲，賊至猝迫，公私駭震。宿將已盡，後進少年並出在外，將，即亮翻。少，詩照翻。軍旅指撝，一決於侃，侃膽力俱壯，太子深仗之。仗，除兩翻，憑仗也。

辛亥，景至朱雀桁南，桁，戶剛翻。太子以臨賀王正德守宣陽門，東宮學士新野庾信守朱雀門，帥宮中文武三千餘人營桁北。太子命信開大桁以挫其鋒，正德曰：「百姓見開桁，必大驚駭，可且安物情。」太子從之。俄而景至，信帥衆開桁，始除一舶，帥，讀曰率；下同。舶，旁陌翻。大舟曰舶。見景軍皆著鐵面，著，陟略翻。退隱于門。信方食甘蔗，甘蔗，生於南方，狀如紫竹，圍數寸，高丈餘。以刀去皮切食，其味甘冷，解煩析酲。楚辭所謂「泰尊柘漿析朝酲」，司馬相如子虛賦所謂「諸柘」

者也。蔗，之夜翻。有飛箭中門柱，信手甘蔗，應弦而落，遂棄軍走。南塘遊軍沈子睦，臨賀王正德之黨也，復閉桁渡景。景至秦淮南岸，子睦領遊軍在南塘，庾信既走，北岸無兵，子睦因得閉桁以渡景兵。中，竹仲翻。復，扶又翻。太子使王質將精兵三千援信，至領軍府，遇賊，未陳而走。正德帥衆於張侯橋迎景，馬上交揖，既入宣陽門，望闕而拜，歔欷流涕，隨景渡淮。景軍皆著青袍，正德軍並著絳袍，碧裏，陳，讀曰陣。歔，音虛。欷，許既翻，又音希。著，陟略翻。既與景合，悉反其袍。景乘勝至闕下，城中恟懼，恟，許拱翻。羊侃詐稱得射書云：「邵陵王、西昌侯援兵已至近路。」邵陵王綸兵時已渡江向鍾離。西昌侯淵藻時鎮京口。衆乃小安。西豐公大春棄石頭，奔京口；謝禧、元貞棄白下走；津主彭文粲等以石頭城降景，降，戶江翻。景遣其儀同三司于子悅守之。

壬子，景列兵繞臺城，旛旗皆黑，射啓於城中曰：射，而亦翻。「朱异等蔑弄朝權，輕作威福，朝，直遙翻。臣爲所陷，欲加屠戮。陛下若誅朱异等，臣則斂轡北歸。」上問太子：「有是乎？」對曰：「然。」上將誅之。太子曰：「賊以异等爲名耳；今日殺之，無救於急，適足貽笑將來，俟賊平誅之未晚。」上乃止。

景繞城既帀，帀，作答翻，周也。百道俱攻，鳴鼓吹脣，喧聲震地。縱火燒大司馬、東・西華諸門。羊侃使鑿門上爲竅，竅，苦弔翻，空也，穴也。下水沃火；太子自捧銀鞍，往賞戰士；

直閤將軍朱思帥戰士數人踰城出外灑水，久之方滅。賊又以長柯斧斫東掖門，門將開，羊侃鑿扇爲孔，扇，門扇也。以槊刺殺二人，斫者乃退。刺，七亦翻。景據公車府，蕭子顯齊志：公車令，屬領軍，以受天下章奏。梁制，公車令屬衞尉，其署舍在臺城門外，故景得據之。府者，署舍之通稱。正德據左衞府，景黨宋子仙據東宮，范桃棒據同泰寺。棒，部項翻。景取東宮妓數百，分給軍士。妓，渠綺翻，女樂也。東宮近城，近臺城也。景衆登其牆射城內。射，而亦翻；下臨射、亦射、弓射同。至夜，景於東宮置酒奏樂，太子遣人焚之，臺殿及所聚圖書皆盡。景又燒乘黃廄、士林館、太府寺。大同中，於臺城西立士林館，使朱异、顧琛、孔子袪等遞互講述。乘，繩證翻。癸丑，景作木驢數百攻城，城上投石碎之。景更作尖項木驢，石不能破。更，工衡翻。杜佑曰：以木爲脊，長一丈，徑一尺五寸，下安六腳，下闊而上尖，高七尺，內可容六人，以濕牛皮蒙之，人蔽其下舁，直抵城下，木石鐵火所不能敗，用以攻城，謂之木驢。羊侃使作雉尾炬，灌以膏蠟，叢擲焚之，俄盡。杜佑曰：鷰尾炬，縛葦草爲之，分爲兩岐，如鷰尾狀，以油蠟灌之，加火，從城墜下，使人騎木驢而燒之。侃之作雉尾炬也，施鐵鏃，以油灌之，擲驢上焚之。景又作登城樓，高十餘丈，欲臨射城中。高，居傲翻。射，而亦翻。侃曰：「車高塹虛，彼來必倒，可臥而觀之。」及車動，果倒。塹，七豔翻。

景攻既不克，士卒死傷多，乃築長圍以絕內外，又啓求誅朱异等。城中亦射賞格出外曰：射，而亦翻；下同。「有能送景首者，授以景位，幷錢一億萬，布絹各萬匹。」朱异、張綰議出兵擊之，問羊侃，侃曰：「不可。今出人若少，少，詩沼翻。不足破賊，徒挫鋭氣；若多，則一旦失利，門隘橋小，必大致失亡。」昇等不從，使千餘人出戰；鋒未及交，退走，爭橋赴水死者大半。

侃子鷟，爲景所獲，鷟，士角翻。執至城下，以示侃，侃曰：「我傾宗報主，猶恨不足，豈計一子，幸早殺之！」數日，復持來，復，扶又翻。侃謂鷟曰：「久以汝爲死矣，猶在邪！」引弓射之。景以其忠義，亦不之殺。

莊鐵慮景不克，託稱迎母，與左右數十人趣歷陽，趣，七喻翻。先遣書紿田英、郭駱曰：紿，待多翻。「侯王已爲臺軍所殺，國家使我歸鎮。」駱等大懼，棄城奔壽陽，鐵入城，不敢守，奉其母奔尋陽。

十一月，戊午朔，刑白馬，祀蚩尤於太極殿前。應劭曰：蚩尤亦古天子，好五兵，故祭之求福祥。薛瓚曰：蚩尤，庶人之貪者，非天子也。管仲曰：割廬山發而出水，金從之，蚩尤受之，以作劍戟。臨賀王正德卽帝位於儀賢堂，天監六年，改聽訟堂爲儀賢堂，在南闕前。下詔稱：「普通以來，姦邪亂政，上久不豫，社稷將危。河南王景，釋位來朝，左傳：王子朝曰：「諸侯釋位以間王政。」朝，直遥翻。猥用朕躬，紹茲寶位，可大赦，改元正平。」立其世子見理爲皇太子，以景爲丞相，妻以女，妻，七細翻。幷出家之寶貨悉助軍費。

於是景營於闕前，分其兵二千人攻東府；南浦侯推拒之，三日，不克。景自往攻之，矢石雨下，宣城王防閤許伯衆潛引景衆登城。宣城王大器，太子之長子也。許伯衆爲其防閤，在東府，故得爲景內應。姚思廉梁書作「許鬱華」，時爲東府東北樓主。辛酉，克之；殺南浦侯推及城中戰士三千人，載其尸聚於杜姥宅，遙語城中人曰：語，牛倨翻。「若不早降，正當如此！」降，戶江翻。

景聲言上已晏駕，雖城中亦以爲然。壬戌，太子請上巡城，上幸大司馬門，城上聞蹕聲，皆鼓譟流涕，衆心粗安。粗，坐五翻。

江子一之敗還也，謂自采石下流敗還之時。上責之。子一拜謝曰：「臣以身許國，常恐不得其死；今所部皆棄臣去，臣以一夫安能擊賊！若賊遂能至此，臣誓當碎首以贖前罪，不死闕前，當死闕後。」乙【章：十二行本「乙」作「癸」；乙十一行本同；孔本同。】亥，子一啓太子，與弟尚書左丞子四、東宮主帥子五帥所領百餘人開承明門出戰。主帥，所類翻。五帥，讀曰率。子一直抵賊營，賊伏兵不動。未測其情，故不動。子一呼曰：「賊輩何不速出！」久之，賊騎出，夾攻之。子一徑前，引槊刺賊；從者莫敢繼，賊解其肩而死。子四、子五相謂曰：「與兄俱出，何面獨旋！」皆免胄赴賊。子四中矟，洞胸而死；呼，火故翻。刺，七亦翻。從，才用翻。中，竹仲翻。矟，與槊同，色角翻。子五傷脰，還至塹，一慟而絕。江子一兄弟駢肩以死於闕下，而不足以衞社稷，悲夫！古人所以重折衝千里之外者也。塹，七豔翻。

景初至建康，謂朝夕可拔，號令嚴整，士卒不敢侵暴。及屢攻不克，人心離沮。景恐援兵四集，一旦潰去；又食石頭常平諸倉既盡，軍中乏食；乃縱士卒掠奪民米及金帛子女。是後米一升至七八萬錢，人相食，餓死者什五六。

乙丑，景於城東、西起土山，驅迫士民，不限貴賤，亂加毆捶，疲羸者因殺以塡山，號哭動地。毆，烏口翻。捶，止蘂翻。羸，倫爲翻。號，戶刀翻。民不敢竄匿，並出從之，旬日間，衆至數萬。城中亦築土山以應之。太子、宣城王已下，皆親負土，執畚鍤，畚，布袞翻，所以盛土。鍤，側洽翻，所以鍫土。於山上起芙蓉層樓，高四丈，飾以錦罽，芙蓉層樓，下施梠栱，層層疊出，若芙蓉花然。錦，綵帛。罽，毳布也，織毛爲之。高，居傲翻。罽，音居例翻。募敢死士二千人，厚衣袍鎧，謂之「僧騰客」，衣，於既翻；下衣錦同。分配二山，二山，謂東土山、西土山也。晝夜交戰不息。會大雨，城內土山崩；賊乘之，垂入，苦戰不能禁。羊侃令多擲火，爲火城以斷其路，斷，音短。徐於內築城，賊不能進。

景募人奴降者，悉免爲良；降，戶江翻。得朱异奴，以爲儀同三司，异家貲產悉與之。奴乘良馬，衣錦袍，於城下仰詬异曰：詬，苦候翻。「汝五十年仕宦，方得中領軍；我始事侯王，已爲儀同矣！」於是三日之中，羣奴出就景者以千數，景皆厚撫以配軍，人人感恩，爲之致死。凡爲奴者，皆羣不逞也；一旦免之爲良，固已踴躍，況又資之以金帛，安得不爲賊致死乎！士大夫承平之時，虐用奴婢，豈特誤其身，誤其家，亦以誤國事，可不戒哉！爲，于僞翻。

荆州刺史湘東王繹聞景圍臺城，丙寅，戒嚴，移檄所督湘州刺史河東王譽、雍州刺史岳陽王詧、雍，於用翻。江州刺史當陽公大心、郢州刺史南平王恪等，發兵入援。大心，大器之弟；恪，偉之子也。南平王偉，上弟也。

朱异遺景書，爲陳禍福。遺，于季翻。爲，于僞翻。景報書，并告城中士民，以爲：「梁自近歲以來，權倖用事，割剝齊民，以供嗜欲。如曰不然，公等試觀：今日國家池苑，王公第宅，僧尼寺塔；及在位庶僚，姬姜百室，僕從數千，不耕不織，從，才用翻。錦衣玉食；不奪百姓，從何得之！景書及此，异等其何辭以對！僕所以趨赴闕庭，指誅權佞，非傾社稷。今城中指望四方入援，吾觀王侯、諸將，志在全身，誰能竭力致死，與吾爭勝負哉！將，卽亮翻。長江天險，二曹所歎，事見魏文帝紀。吾一葦航之，詩國風曰：誰謂河廣，一葦杭之。註：杭，渡也。箋云：誰謂河水廣歟？一葦加之則可以渡之。喻狹也。日明氣淨。自非天人允協，何能如是！幸各三思，自求元吉！」

景又奉啓於東魏主，稱：「臣進取壽春，暫欲停憩。而蕭衍識此運終，自辭寶位；臣軍未入其國，已投同泰捨身。去月二十九日，去月，謂前此月也。屆此建康。江海未蘇，干戈暫止，永言故鄉，人馬同戀。尋當整轡，以奉聖顏。臣之母、弟，久謂屠滅，近奉明敕，始承猶在。承，猶奉也。言奉近敕，始知母弟尙在也。斯乃陛下寬仁，大將軍恩念，臣之弱劣，知何仰報！今輒齎啓迎臣母、弟、妻、兒，伏願聖慈，特賜裁放！」景欲卑辭以迎其家，高澄兄弟詎能墮其數中邪！

己巳，湘東王繹遣司馬吳曄、天門太守樊文皎等將兵發江陵。

陳昕爲景所擒，景與之極飲，使昕收集部曲，欲用之。昕不可，景使其儀同三司范桃棒囚之。昕因說桃棒，說，式芮翻。使帥所部襲殺王偉、宋子仙，詣城降。桃棒從之，潛遣昕夜縋入城。帥，讀曰率。降，戶江翻；下同。縋，馳僞翻。上大喜，敕鐫銀券賜桃棒曰：鐫，子全翻，刻也，雕也。「事定之日，封汝河南王，卽有景衆，并給金帛女樂。」太子恐其詐，猶豫不決，上怒曰：「受降常理，何忽致疑！」太子召公卿會議，朱异、傅岐曰：「桃棒降必非謬。桃棒既降，賊景必驚，乘此擊之，可大破也。」太子曰：「吾堅城自守以俟外援，援兵既至，賊豈足平！此萬全策也。今開門納桃棒，桃棒之情，何易可知！易，以豉翻。萬一爲變，悔無所及；社稷事重，須更詳之。」异曰：「殿下若以社稷之急，宜納桃棒；如其猶豫，非异所知。」太子終不能決。桃棒又使昕啓曰：「今止將所領五百人，若至城門，皆自脫甲，乞朝廷開門賜容。事濟之後，保擒侯景。」考異曰：太清紀、南史皆云：「桃棒求以甲士二千人來降，以景首應購。」今從典略。太子見其懇切，愈疑之。朱异撫膺曰：「失此，社稷事去矣！」太子綱固多疑少斷，朱异拊膺於此時，何其晚也！俄而桃棒爲部下所告，景拉殺之。拉，盧合翻。拉其幹而殺之。陳昕不知，如期而出，景邀得之，逼使射書城中曰：射，而亦翻。「桃棒且輕將數十人先入。」將，即亮翻。景欲衷甲隨之，昕不肯，期以必死，乃殺之。

景使蕭見理與儀同三司盧暉略戍東府。見理凶險，夜，與羣盜剽劫於大桁，中流矢而死。剽，匹妙翻。中，竹仲翻。

邵陵王綸行至鍾離，聞侯景已渡采石，綸晝夜兼道，旋軍入援，濟江，中流風起，人馬溺者什一二。盧循之亂，劉裕冒風濟江而風止。侯景之亂，綸濟江而風起，豈天之欲亡梁邪！是以善觀人之國者，必觀之天人祐助之際也。遂帥寧遠將軍西豐公大春、沈約志：西豐縣屬臨川郡，吳立。新塗公大成、帥，讀曰率。「新塗」或作「新淦」，沈約志：新淦縣，漢屬豫章郡。永安侯確、安南侯駿、是皆以古縣名爲侯國。吳分烏程、餘杭立永安縣，晉已改爲武康。晉武帝分江安立安南縣，五代志無之。前譙州刺史趙伯超、武州刺史蕭弄璋等，武陵郡，梁置武州。步騎三萬自京口西上。上，時掌翻。大成，大春之弟；確，綸之子；駿，懿之孫也。

景遣軍至江乘拒綸軍。趙伯超曰：「若從黃城大路，必與賊遇，不如徑指鍾山，鍾山，即蔣山，吳孫權立蔣子文廟於是山，又以其祖諱鍾，改名蔣山。突據廣莫門，出賊不意，城圍必解矣。」綸從之，夜行失道，迂二十餘里，迂，音于，又音紆，曲也，遠也。庚辰旦，營于蔣山。景見之大駭，悉送所掠婦女、珍貨於石頭，具舟欲走。分兵三道攻綸，綸與戰，破之。時山巔寒雪，乃引軍下愛敬寺。帝事文皇帝、獻皇后孝於鍾山，造大愛敬寺以資福。景陳兵於覆舟山北，乙酉，綸進軍玄武湖側，考異曰：太清紀云：「二十九日」，典略云：「壬午」，今從梁帝紀。與景對陳，不戰。陳，讀曰陣。至暮，景更約明日會戰，綸許之。安南侯駿見景軍退，以爲走，卽與壯士逐之；景旋軍擊之，駿敗走，趣綸軍。趙伯超望見，亦引兵走，景乘勝追擊之，諸軍皆潰。綸收餘兵近千人，近，其靳翻。入天保寺；景追之，縱火燒寺。綸奔朱方，丹徒，春秋朱方之地，時爲蘭陵武進縣。士卒踐冰雪，往往墮足。景悉收綸輜重，重，直用翻。生擒西豐公大春、安前司馬莊丘慧、主帥霍俊等而還。帝置二百四十號將軍，有安前將軍，置長史、司馬。帥，所類翻。還，從宣翻，又如字。考異曰：典略作「廣陵令崔俊。」南史作「直閤將軍胡子約，廣陵令霍儁。」今從太清紀。丙戌，景陳所獲綸軍首虜鎧仗及大春等於城下，使言曰：「邵陵王已爲亂兵所殺。」霍俊獨曰：「王小失利，已全軍還京口。城中但堅守，援軍尋至。」賊以刀毆其背，毆，烏口翻。俊辭色彌厲；景義而釋之，臨賀王正德殺之。

是日晚，鄱陽王範遣其世子嗣與西豫州刺史裴之高、建安太守趙鳳舉晉安帝分廬江郡立晉熙郡及懷寧縣，梁置西豫州，隋爲同安郡，唐爲舒州。五代志：沔陽郡竟陵縣，舊有京山縣，齊置建安郡。但其地在漢陽，與舒州勢不相接。壽陽、義陽之間有建安戍，蕭子顯齊志及五代志皆不言於此置郡。五代志又云：黄州麻城縣，梁置建寧郡。或者史以建寧爲建安歟？更考。各將兵入援，軍于蔡洲，將，卽亮翻。考異曰：梁帝紀作

「張公洲」。今從太清紀。以待上流諸軍，範以之高督江右援軍事。景悉驅南岸居民於水北，此謂秦淮水也。焚其廬舍，大街已西，掃地俱盡。

北徐州刺史封山侯正表鎮鍾離，隋志有封山縣，屬合浦郡，蓋梁置也。上召之入援，正表託以船糧未集，不進。景以正表爲南兗州刺史，封南郡王。正表乃於歐陽立柵以斷援軍，斷，音短。水經註：邗溝水上承歐陽，引江入埭，六十里至廣陵城。以地望考之，此歐陽在今眞州界。按江、淮之間地名歐陽，見於史者非一處：裴邃移長孫稚欲營歐陽，在壽春境上；吳喜使蕭道成留軍歐陽，在淮陰界。帥衆一萬，聲言入援，實欲襲廣陵。密書誘廣陵令劉詢，使燒城爲應，誘，音酉。詢以告南兗州刺史南康王會理。十二月，會理使詢帥步騎千人夜襲正表，大破之；帥，讀曰率。騎，奇寄翻；下同。正表走還鍾離。詢收其兵糧，歸就會理，與之入援。

癸巳，侍中、都官尚書羊侃卒，城中益懼。侯景大造攻具，陳於闕前，大車高數丈，一車二十輪，丁酉，復進攻城，高，居報翻。復，扶又翻。以蝦蟇車運土塡塹。

湘東王繹遣世子方等將步騎一萬入援建康，將，卽亮翻；下同。庚子，發公安。繹又遣竟陵太守王僧辯將舟師萬人，出自漢川，載糧東下。漢水逕竟陵郡入江。考異曰：太清紀云：「僧辯將精卒二萬」。今從梁書。方等有俊才，善騎射，每戰，親犯矢石，以死節自任。爲人臣子，固當以身許國，然存其身者，所以存國也。兩陳相向，勝負未分，危機交急，親犯矢石以帥厲將士，可一用之耳，豈可以爲常哉！

方等以死節自任，以親犯矢石爲常，此其所以敗死於湘川也。若方等者，謂之必死之將可也；若論臣子大節，則全其身以全國家，斯得謂之忠孝矣。

壬寅，侯景以火車焚臺城東南樓。材官吳景，有巧思，思，相吏翻。於城內構地爲樓，火纔滅，新樓卽立，賊以爲神。景因火起，潛遣人於其下穿城。城將崩，乃覺之；詳觀上下文，「景因火起」作「賊因火起」則於當時事勢文理爲明順。蓋侯景與吳景殽亂也，讀者難以明辨。吳景於城內更築迂城，迂，憂俱翻，迂曲也。狀如卻月以擬之，兼擲火，焚其攻具，賊乃退走。

太子遣洗馬元孟恭將千人自大司馬門出盪，孟恭與左右奔降於景。

己酉，景土山稍逼城樓，柳津命作地道以取其土，外山崩，壓賊且盡。又於城內作飛橋，懸罩二土山。景衆見飛橋迥出，崩騰而走；城內擲雉尾炬，焚其東山，樓柵蕩盡，賊積死於城下。死於城下者，豈眞賊哉？侯景驅民以攻城，以其黨迫蹙於後，攻城之人，退則死於賊手，進則死於矢石。嗚呼！積死於城下者，得非梁之赤子乎！乃棄土山不復脩，自焚其攻具。復，扶又翻。材官將軍宋嶷降於景，嶷，魚力翻。降，戶江翻。教之引玄武湖水以灌臺城，闕前皆爲洪流。

上徵衡州刺史韋粲爲散騎常侍，吳孫亮太平二年，分長沙東部都尉立湘東郡，今之衡州。按五代志，梁置衡州於南海郡含洭縣；湘東之衡州，隋平陳始置。以都督長沙歐陽頠監州事。粲，放之子也，韋放見一百五十一卷大通元年。監，工銜翻。還，至廬陵，聞侯景亂，粲簡閱部下，得精兵五千，倍道赴援。至豫章，聞景已出横江，粲就内史劉孝儀謀之，孝儀曰：「必如此，當有敕。豈可輕信人言，妄相驚動！或恐不然。」時孝儀置酒，粲怒，以杯抵地曰：「賊已渡江，便逼宫闕，水陸俱斷，何暇有報！假令無敕，豈得自安！韋粲今日何情飲酒！」卽馳馬出部分。將發，分，扶問翻。會江州刺史當陽公大心遣使邀粲，使，疏吏翻。粲乃馳往見大心曰：「上游藩鎮，江州去京最近，按沈約志，江州去京水行一千四百里。殿下情計誠宜在前。但中流任重，當須應接，不可闕鎮。今宜且張聲勢，移鎮湓城，張，知亮翻。遣偏將賜隨，將，卽亮翻；下在將同。於事便足。」大心然之，遣中兵柳昕帥兵二千人隨粲，粲至南洲，外弟司州刺史柳仲禮亦帥步騎萬餘人至横江，帥，讀曰率。粲卽送糧仗贍給之，并散私金帛以賞其戰士。

西豫州刺史裴之高自張公洲遣船渡仲禮，考之粲傳，張公洲蓋卽蔡洲。丙辰夜，粲、仲禮及宣猛將軍李孝欽、考異曰：梁帝紀作「李遷仕」，今從太清紀。前司州刺史羊鴉仁、南陵太守陳文徹、五代志：宣州南陵縣，梁置南陵郡。合軍屯新林王遊苑。粲議推仲禮爲大都督，報下流衆軍；下流衆軍，張公洲之兵也。裴之高自以年位，恥居其下，議累日不決。粲抗言於衆曰：「今者同赴國難，難，乃旦翻。義在除賊。所以推柳司州者，正以久捍邊疆，先爲侯景所憚；且士馬精鋭，無出其前。若論位次，柳在粲下，語其年齒，亦少於粲，直以社稷之計，不得復論。今日形勢，貴在將和，若人心不同，大事去矣。裴公朝之舊德，豈應復挾私情以沮大計！粲請爲諸軍解之。」語，牛倨翻。少，詩照翻。復，扶又翻。沮，在呂翻。爲，于僞翻。乃單舸至之高營，切讓之曰：舸，古我翻。「今二宮危逼，猾寇滔天，臣子當戮力同心，豈可自相矛楯！韓非子：有鬻矛楯者曰：「吾矛之利，物無不陷也。」又曰：「吾楯之堅，物莫能陷也。」或問之曰：「以子之矛，陷子之楯，可乎？」鬻者不能對。後世矛楯之說祖此。豫州必欲立異，鋒鏑便有所歸。」言將攻之高也。之高垂泣致謝，遂推仲禮爲大都督。

宣城内史楊白華遣其子雄將郡兵繼至，華，讀曰花。將，卽亮翻；下同。援軍大集，衆十餘萬，緣淮樹柵，景亦於北岸樹柵以應之。

裴之高與弟之橫以舟師一萬屯張公洲。景囚之高弟、姪、子、孫，臨水陳兵，連鏁列於陳前，以鼎鑊、刀鋸隨其後，謂曰：「裴公不降，今卽烹之。」於陳，讀曰陣。降，戶江翻。之高召善射者使射其子，再發，皆不中。使射，而亦翻。中，竹仲翻。

景帥步騎萬人於後渚挑戰，據韋粲傳，後渚在中興寺前。挑，徒了翻。仲禮欲出擊之。韋粲曰：「日晚我勞，未可戰也。」仲禮乃堅壁不出，景亦引退。

湘東王繹將銳卒三萬發江陵，留其子綏寧侯方諸居守，守，手又翻。沈約志：廣州南海郡有綏寧縣，宋文帝立。諮議參軍劉之迟等三上牋請留，答教不許。湘東王繹非有自將入援之志也，陽爲不許耳。迟，與遲同，又音奴計翻。

鄱陽王範遣其將梅伯龍攻王顯貴於壽陽，克其羅城；攻中城，不克而退，範益其衆，使復攻之。復，扶又翻。

22東魏大將軍澄患民錢濫惡，議不禁民私鑄；但懸稱市門，稱，尺證翻。錢不重五銖，毋得入市。朝議以爲年穀不登，請俟他年，乃止。朝，直遙翻。

23魏太師泰殺安定國臣王茂而非其罪。泰封安定公，故有國臣。尚書左丞柳慶諫，泰怒曰：「卿黨罪人，亦當坐！」執慶於前。慶辭色不撓，撓，奴教翻。曰：「慶聞君蔽於事爲不明，臣知而不爭爲不忠。慶既竭忠，不敢愛死，但懼公爲不明耳。」泰寤，亟使赦茂，不及，乃賜茂家錢帛，曰：「以旌吾過。」

24丙辰晦，柳仲禮夜入韋粲營，部分衆軍。分，扶問翻。旦日，會戰，諸將各有據守，令粲頓青塘。粲以青塘當石頭中路，粲傳曰：青塘迫近淮渚。據陳霸先之言，青塘卽青溪塘也。賊必爭之，頗憚之。仲禮曰：「青塘要地，非兄不可；若疑兵少，當更遣軍相助。」乃使直閤將軍劉叔胤助之。爲下韋粲敗死張本。少，詩沼翻。

資治通鑑卷第一百六十二

端明殿學士兼翰林侍讀學士朝散大夫右諫議大夫充集賢殿修撰提舉西京嵩山崇福宮上柱國河內郡開國侯食邑一千八百戶食實封六百戶賜紫金魚袋臣 司馬光 奉敕編集

後學 天台 胡三省 音註

梁紀十八 屠維大荒落（己巳），一年。

高祖武皇帝十八

太清三年（己巳、五四九）

1 春，正月，丁巳朔，柳仲禮自新亭徙營大桁。會大霧，韋粲軍迷失道，比及青塘，比，必利翻。夜已過半，立柵未合，侯景望見之，亟帥銳卒攻粲。過，工禾翻。帥，讀曰率。粲使軍主鄭逸逆擊之，命劉叔胤以舟師截其後，截其渡淮之路。叔胤畏懦不敢進，逸遂敗。景乘勝入粲營，左右牽粲避賊，粲不動，叱子弟力戰，遂與子尼及三弟助、警、構、從弟昂皆戰死，從，才用翻。親戚死者數百人。史言韋粲忠勇。仲禮方食，投箸被甲，與其麾下百騎馳往救之，箸，竹助翻。被，皮義翻。騎，奇寄翻。與景戰於青塘，大破之，斬首數百級，沈淮水死者千餘人。沈，持林翻。

仲禮稍將及景，稍，色角翻。而賊將支伯仁自後斫仲禮中肩，馬陷于淖，「支伯仁」，當作「支化仁」。將，卽亮翻；下同。中，竹仲翻。淖，奴教翻，泥也。賊聚稍刺之，騎將郭山石救之，得免。仲禮被重瘡，會稽人惠臶吮瘡斷血，刺，七亦翻。被，皮義翻。臶，徂悶翻。吮，徂兖翻。故得不死。自是景不敢復濟南岸，復，扶又翻；下不復、綸復同。仲禮亦氣索，索，蘇各翻。不復言戰矣。

邵陵王綸復收散卒，邵陵王綸敗走見上卷上年。與東揚州刺史臨城公大連、新淦公大成等自東道並至；淦，古暗翻。庚申，列營于桁南，亦推柳仲禮爲大都督。大連，大臨之弟也。

朝野以侯景之禍共尤朱异，朝，直遙翻。异慙憤發疾，庚申，卒。考異曰：梁帝紀作「乙丑」。今從太清紀、典略。故事：尚書官不以爲贈，上痛惜异，特贈尚書右僕射。

甲子，湘東世子方等及王僧辯軍至。考異曰：梁帝紀作「戊辰」。今從太清紀。

2 戊辰，封山侯正表以北徐州降東魏，東魏徐州刺史高歸彥遣兵赴之。歸彥，歡之族弟也。

3 己巳，太子遷居永福省。永福省在禁中，自宋以來，太子居之，取其福國於有永也。高州刺史李遷仕、五代志：高涼郡，梁置高州。天門太守樊文皎將援兵萬餘人至城下。臺城與援軍信命久絕，有羊車兒獻策，作紙鴟，紙鴟，卽紙鳶也，今俗謂之紙鷂。鴟，丑之翻。繫以長繩，寫敕於內，放以從風，冀達衆軍，題云：「得鴟送援軍，賞銀百兩。」太子自出太極殿前乘西北風縱之，賊怪之，以爲厭勝，射而下之。厭，於協翻。射，而亦翻。援軍募人能入城送啓者，鄱陽世子嗣左右李朗請先受鞭，詐爲得罪，叛投賊，因得入城，城中方知援兵四集，舉城鼓譟。上以朗爲直閤將軍，賜金遣之。朗緣鍾山之後，宵行晝伏，積日乃達。

癸未，鄱陽世子嗣、永安侯確、莊鐵、羊鴉仁、柳敬禮、李遷仕、樊文皎將兵渡淮，攻東府前柵，焚之；侯景退。衆軍營於青溪之東，遷仕、文皎帥鋭卒五千獨進帥，讀曰率。深入，所向摧靡。至菰首橋東，橋在青溪上。菰，音孤。菰首，今人謂之茭白。景將宋子仙伏兵擊之，將，卽亮翻；下同。文皎戰死，遷仕遁還。敬禮，仲禮之弟也。

仲禮神情傲狠，陵蔑諸將，邵陵王綸每日執鞭至門，亦移時弗見，凡部將見主帥，執鞭以爲禮。狠，戶墾翻。由是與綸及臨城公大連深相仇怨。大連又與永安侯確有隙，永安，本漢彘縣，順帝陽嘉元年，更名永安，魏、晉屬平陽郡。江左僑立南河東郡，併僑立永安縣，屬荆州。註又見前。諸軍互相猜阻，莫有戰心。援軍初至，建康士民扶老攜幼以候之，纔過淮，卽縱兵剽掠。剽，匹妙翻。由是士民失望，賊中有謀應官軍者，聞之，亦止。史言臺城覆陷之由。

4 王顯貴以壽陽降東魏。侯景命王顯貴守壽陽，見上卷上年。

5 臨賀王記室吳郡顧野王起兵討侯景，二月，己丑，引兵來至。初，臺城之閉也，公卿以食爲念，男女貴賤並出負米，得四十萬斛，收諸府藏錢帛五十萬億，並聚德陽堂，藏，徂浪翻。

而不備薪芻、魚鹽。至是，壞尚書省爲薪。撤薦，剉以飼馬，薦盡，又食以飯。薦以藁秸爲之，所以藉寢。壞，音怪。飼、食，並祥吏翻。軍士無䐡，䐡，戶皆翻，脯也，又肉食肴。或煑鎧、熏鼠、捕雀而食之。鎧，可亥翻。御甘露廚有乾苔，味酸鹹，分給戰士。釋氏謂營膳之所曰甘露廚。乾，音干。苔生於海，其形如髮，春二、三月間，海人採取之成片，納土窖中，出而曬之令乾，南人多食之。軍人屠馬於殿省間，雜以人肉，食者必病。侯景衆亦飢，抄掠無所獲；抄，楚交翻。東城有米，可支一年，東城，卽東府城。援軍斷其路。斷，音短。又聞荆州兵將至，景甚患之。王偉曰：「今臺城不可猝拔，援兵日盛，吾軍乏食，若僞求和以緩其勢，東城之米，足支一年，因求和之際，運米入石頭，援軍必不得動，然後休士息馬，繕脩器械，伺其懈怠擊之，一舉可取也。」伺，相吏翻。景從之，遣其將任約、于子悅至城下，拜表求和，乞復先鎭。將，卽亮翻。任，音壬。先鎭，謂壽陽時已降齊矣。太子以城中窮困，白上，請許之。上怒曰：「和不如死！」太子固請曰：「侯景圍逼已久，援軍相仗不戰，仗，除兩翻。宜且許其和，更爲後圖。」上遲回久之，乃曰：「汝自圖之，勿令取笑千載。」遂報許之。太子綱疑范桃棒之來降而信侯景之請和，何其昧也！載，子亥翻。景乞割江右四州之地，江右四州：南豫、西豫、合州、光州。幷求宣城王大器出送，然後濟江。中領軍傅岐固爭曰：「豈有賊舉兵圍宮闕而更與之和乎！此特欲卻援軍耳。戎狄獸心，必不可信。且宣城嫡嗣之重，國命所繫，豈可爲質！」梁之智士唯傅岐一人而已。質，音致；下同。上乃以大器之弟石城公大款爲侍中，出質於景。又敕諸軍不得復進，復，扶又翻。下詔曰：「善兵不戰，止戈爲武。可以景爲大丞相，都督江西四州諸軍事，豫州牧、河南王如故。」己亥，設壇於西華門外，遣僕射王克、上甲侯韶、吏部郎蕭瑳韶，帝室也，封上甲侯。宋白曰：江州德安縣，本蒲塘場，晉建興初，始以爲郡，領尋陽、上甲、柴桑、九江等縣；義熙中，以尋陽入柴桑，上甲入彭澤。瑳，七何翻，又七可翻。與于子悅、任約、王偉登壇共盟。太子詹事柳津出西華門，景出柵門，遥相對，更殺牲歃血爲盟。更，工衡翻。歃，色甲翻。既盟，而景長圍不解，專脩鎧仗，鎧，可亥翻。託云「無船，不得即發」，又云「恐南軍見躡」，援軍時皆屯秦淮南岸，故謂之南軍。遣石城公還臺，求宣城王出送；邀求稍廣，了無去志。太子知其詐言，猶羈縻不絕。韶，懿之孫也。

庚子，前南兖州刺史南康王會理、前青·冀二州刺史湘潭侯退、西昌侯世子彧衆合三萬，至于馬卬洲，馬卬洲，蓋即今王家沙、老鸛觜一帶。考異曰：梁帝紀作「丁未」。今從太清紀、典略。典略云：「至于琅邪。」今從太清紀、梁帝紀。按晉置琅邪郡於江乘蒲洲上，即前所謂今王家沙地。景慮其自白下而上，上，時掌翻。啓云：「請【章：十二行本「請」下有「敕」字；乙十一行本同；孔本同；張校同。】北軍聚還南岸，以地望言之，馬卬洲在臺城之北，故云北軍。南岸，即謂秦淮南岸。不爾，妨臣濟江。」太子即勒會理自白下城移軍江潭苑。考異曰：梁帝紀作「蘭亭苑」。今從太清紀、典略。退，恢之子也。

辛丑，以邵陵王綸爲司空，鄱陽王範爲征北將軍，柳仲禮爲侍中、尚書右僕射。景以于子悅、任約、傅士悊皆爲儀同三司，悊，與哲同。夏侯譒爲豫州刺史，譒，補過翻。董紹先爲東徐州刺史，徐思玉爲北徐州刺史，王偉爲散騎常侍。散，悉覽翻。騎，奇寄翻。上以偉爲侍中。

乙卯，景又啓曰：「適有西岸信至，大江西岸，卽歷陽。高澄已得壽陽、鍾離，臣今無所投足，求借廣陵幷譙州，俟得壽陽，卽奉還朝廷。」又云：「援軍既在南岸，須於京口渡江。」太子並答許之。

癸卯，大赦。

庚戌，景又啓曰：「永安侯確、直閤趙威方頻隔栅見詬云：『天子自與汝盟，我終當破汝。』乞召侯及威方入，卽當引路。」言引兵就路還北。詬，古候翻，又許候翻。上遣吏部尚書張綰召確，辛亥，以確爲廣州刺史，威方爲盱眙太守。盱眙，音吁怡。守，手又翻。確累啓固辭，不入，上不許。確先遣威方入城，因欲南奔。確蓋欲南奔荆、江二鎭。邵陵王綸泣謂確曰：「圍城既久，聖上憂危，臣子之情，切於湯火，故欲且盟而遣之，更申後計。成命已決，何得拒違！」時臺使周石珍、東宮主書左法生在綸所，使，疏吏翻；下同。確謂之曰：「侯景雖云欲去而不解長圍，意可見也。今召僕入城，何益於事！」石珍曰：「敕旨如此，郎那得辭！」確意尚堅，綸大怒，謂趙伯超曰：「譙州爲我斬之！爲，于僞翻。持其首去！」伯超揮刃眄確眄，眠見翻，目斜視也。曰：「伯超識君侯，刀不識也。」確乃流涕入城。景凡所請，上父子無不從，求以卻其攻，乃所以速其攻也。

上常蔬食，及圍城日久，上廚蔬茹皆絶，乃食雞子。綸因使者蹔通，上雞子數百枚，上雞，時掌翻。上手自料簡，料，音聊。歔欷哽咽。歔，音虛。欷，許既翻，又音希。哽，古杏翻。

湘東王繹軍於郢州之武城，水經註：武口水上通安陸之延頭，南至武城入大江，吳舊屯所在，荆州界盡此。蓋今之沙武口卽其地。湘州刺史河東王譽軍於青草湖，水經註：湘水自汨羅口西北逕壘石山，西北對青草湖。祝穆曰：青草湖，一名巴丘湖，北洞庭，南瀟湘，東納汨羅之水，自昔與洞庭並稱。按一湖之內，南名青草，北名洞庭，中有沙洲間之，所謂重湖也。信州刺史桂陽王慥軍於西峽口，五代志：巴東郡，梁置信州，唐之夔州也。水經註：江水自巴東魚復縣東逕廣溪峽，斯乃三峽首也。峽中有瞿塘、黃龕二灘。慥，七到翻。託云俟四方援兵，淹留不進。中記室參軍蕭賁，骨鯁士也，以繹不早下，心非之，嘗與繹雙六，食子未下，賁曰：「殿下都無下意。」雙六，亦博之一名。續事始云：陳思王製雙六局，置骰子二；唐末有葉子之戲，遂加至六。戰國策曰：博之所以貴梟者，便則食，不便則止。可以食子而未下者，擬議其便否也。賁因其未下，借雙六以諷其不下救君父。繹深銜之。及得上敕，繹欲旋師，賁曰：「景以人臣舉兵向闕，今若放兵，未及渡江，童子能斬之矣，必不爲也。大王以十萬之衆，未見賊而退，柰何！」繹不悅，未幾，因事殺之。幾，居豈翻。慥，懿之孫也。

6 東魏河內民四千餘家，以魏北徐州刺史司馬裔，其鄉里也，相帥歸之。帥，讀曰率；下同。

丞相泰欲封裔，裔固辭曰：「士大夫遠歸皇化，裔豈能帥之！賣義士以求榮，非所願也。」據周書，裔，司馬楚之之後。司馬氏本河內溫人，魏孝武西遷，裔始歸鄉里，於溫城起義，附西魏。與東魏交戰，頻有克獲，授河內郡守，尋加持節、平東將軍、北徐州刺史。帥，讀曰率。

7 侯景運東府米入石頭，既畢，王偉聞荊州軍退，謂湘東王繹旋師也。援軍雖多，不相統壹，乃說景曰：「王以人臣舉兵，圍守宮闕，逼辱妃主，殘穢宗廟，擢王之髮，不足數罪。用史記須賈之言。擢，拔也。說，式芮翻。數，所具翻。今日持此，欲安所容身乎！背盟而捷，自古多矣，背，蒲妹翻。願且觀其變。」臨賀王正德亦謂景曰：「大功垂就，豈可棄去！」景遂上啓，陳帝十失，且曰：「臣方事睽違，所以冒陳讜直。讜，音黨。陛下崇飾虛誕，惡聞實錄，上，時掌翻。惡，烏路翻。以祆怪爲嘉禎，祆，於驕翻。禎，音貞，祥也。以天譴爲無咎。敷演六藝，排擯前儒，王莽之法也。以鐵爲貨，輕重無常，公孫之制也。漢公孫述據蜀，用鐵錢。爛羊鐫印，朝章鄙雜，更始、趙倫之化也。漢更始濫授官爵，長安爲之語曰：「爛羊胃，騎都尉；爛羊頭，關內侯。」晉趙王倫篡位，貂蟬盈坐，時人爲之語曰：「貂不足，狗尾續。」朝，直遙翻。更，工衡翻。豫章以所天爲血讎，見一百五十卷普通六年。邵陵以父存而冠布，事見同上。冠，古玩翻，又如字。石虎之風也。石虎父子事見晉成帝紀。脩建浮圖，百度糜費，使四民飢餒，笮融、姚興之代也。」笮融事佛事見漢獻帝紀。姚興事佛事見晉安帝紀。笮，在各翻。又言：「建康宮室崇侈，陛下唯與主書參斷萬機，政以賄成，諸閹豪盛，衆僧殷實。皇太子珠玉是好，酒色是耽，斷，丁亂翻。好，呼到翻。吐言止於輕薄，賦詠不出桑中；桑中，見詩衞國風，淫放之詩也。邵陵所在殘破；湘東羣下貪縱；南康、定襄之屬，皆如沐猴而冠耳。南康王會理，帝子績之子，時鎮廣陵。定襄侯祗，南平王偉之子，時鎮淮陰。沐猴而冠，用漢書語。親爲孫姪，位則藩屛，屛，必郢翻。臣至百日，誰肯勤王！此而靈長，未之有也。昔鬻拳兵諫，王卒改善，左傳：鬻拳強諫楚子，楚子弗從，臨之以兵，懼而從之。卒，子恤翻。今日之舉，復奚罪乎！復，扶又翻。伏願陛下小懲大戒，引易大傳之言，指斥甚矣！放讒納忠，使臣無再舉之憂，陛下無嬰城之辱，則萬姓幸甚！」

上覽啓，且慙且怒。言皆指實而無如之何，有慙怒而已。三月，丙辰朔，立壇於太極殿前，告天地，以景違盟，舉烽鼓譟。初，閉城之日，男女十餘萬，擐甲者二萬餘人；考異曰：南史作「三萬」。今從典略。被圍既久，人多身腫氣急，氣急，上氣喘急也。被，皮義翻。死者什八九，乘城者不滿四千人，率皆羸喘。羸，倫爲翻。喘，昌兗翻。橫尸滿路，不可瘞埋，瘞，於計翻。爛汁滿溝。而衆心猶望外援。柳仲禮唯聚妓妾、置酒作樂，妓，渠綺翻。諸將日往請戰，仲禮不許。安南侯駿說邵陵王綸曰：說，式芮翻。考異曰：典略云綸已下咸說柳仲禮如此。今從太清紀。「城危如此，而都督不救，若萬一不虞，殿下何顏自立於世！今宜分軍爲三道，出賊不意攻之，可以得志。」綸不從。柳津登城謂仲禮曰：「汝君父在難，難，乃旦翻。不能竭力，百世之後，謂汝爲何！」仲禮亦不以爲意。上問策於津，對曰：「陛下有邵陵，臣有仲禮，不忠不孝，賊何由平！」考異曰：典略云：「柳仲禮族兄暉謂仲禮曰：『天下事勢如此，何不自取富貴！』仲禮曰：『兄今若爲取之？』暉曰：『正當堅營不戰，使賊平臺城，囚天子，徐而縱兵，既破之後，復挾天子令諸侯也。』仲禮納之。」按景既克城，則人情皆去，援軍自散，仲禮安能帥以破景！仲禮閉壁不出，自爲重傷而懼耳，非用暉計也。今從太清紀及南史。太清紀又云：「景嘗登朱雀門樓，與之語。又遺以金，自是以後，閉壁不戰。」典略云：「景遺以金鐶」，亦以近誣，今不取。

戊午，南康王會理與羊鴉仁、趙伯超等進營於東府城北，約夜渡軍。既而鴉仁等曉猶未至，景衆覺之，營未立，景使宋子仙擊之，趙伯超望風退走。寒山之敗，玄武湖側之敗及此時之敗，皆趙伯超爲之也。會理等兵大敗，戰及溺死者五千人。溺，奴狄翻。景積其首於闕下，以示城中。

景又使于子悅求和，上使御史中丞沈浚至景所。景實無去志，謂浚曰：「今天時方熱，軍未可動，乞且留京師立效。」浚發憤責之，景不對，橫刀叱之。示將殺浚也。浚曰：「負恩忘義，違棄詛盟，詛，莊助翻。固天地所不容！沈浚五十之年，常恐不得死所，何爲以死相懼邪！」因徑去不顧。景以其忠直，捨之。

於是景決石闕前水，石闕前水，景決玄武湖以灌城者也。百道攻城，晝夜不息。邵陵世子堅屯太陽門，太陽門，臺城六門之一也。終日蒱飲，蒱音蒲。蒱飲，摴蒱且飲酒也。不恤吏士，其書佐董勛、熊曇朗恨之。考之南史，此熊曇朗非後來爲盜於豫章之熊曇朗也。南史侯景傳作「白曇朗」。曇，徒含翻。丁卯，夜向曉，勛、曇朗於城西北樓引景衆登城，永安侯確力戰，不能卻，乃排闥入啓上云：「城已陷。」上安臥不動，曰：「猶可一戰乎？」確曰：「不可。」上歎曰：「自我得之，自我失之，亦復何恨！」因謂確曰：「汝速去，語汝父：勿以二宮爲念。」因使慰勞在外諸軍。復，扶又翻。語，牛倨翻。勞，力到翻。

俄而景遣王偉入文德殿奉謁，上命褰簾開戶引偉入，偉拜呈景啓，稱：「爲姦佞所蔽，領衆入朝，朝，直遙翻。驚動聖躬，今詣闕待罪。」上問：「景何在？可召來。」景入見於太極東堂，以甲士五百人自衞。景稽顙殿下，典儀引就三公榻。典儀，典朝儀者也。至唐猶有典儀之職，掌殿上贊唱之節及設殿庭服位之次。見，賢遍翻。稽，音啓。上神色不變，問曰：「卿在軍中日久，無乃爲勞！」景不敢仰視，汗流被面。被，皮義翻。又曰：「卿何州人，而敢至此，妻子猶在北邪？」景皆不能對。任約從旁代對曰：「臣景妻子皆爲高氏所屠，唯以一身歸陛下。」自此以上，上問景，景猶慴伏。上又問：「初渡江有幾人？」景曰：「千人。」「圍臺城幾人？」曰：「十萬。」「今有幾人？」曰：「率土之內，莫非己有。」自此以上，景之辭氣悖矣。上俛首不言。上辭窮勢屈，故俛首不言，嗚呼！

景復至永福省見太子，太子亦無懼容。侍衞皆驚散，唯中庶子徐摛、太子中庶子，職如侍中。摛，丑知翻。通事舍人陳郡殷不害側侍。東宮通事舍人，職如中書通事舍人。摛謂景曰：「侯王當以禮見，見，賢遍翻。何得如此！」景乃拜。荀子曰：善敗者不亡。帝父子於此亦亡而不失其守者，悲夫！太子與言，又不能對。

景退，謂其廂公王僧貴曰：景之親貴隆重者號曰左右廂公。「吾常跨鞍對陳，陳，讀曰陣。矢刃交下，而意氣安緩，了無怖心；今見蕭公，使人自慴，怖，普布翻。慴，之涉翻。豈非天威難犯！吾不可以再見之。」於是悉撤兩宮侍衞，兩宮，謂上臺及東宮。縱兵掠乘輿、服御、宮人皆盡。收朝士、王侯送永福省，乘，繩證翻。朝，直遙翻。使王偉守武德殿，于子悅屯太極東堂。矯詔大赦，自加大都督中外諸軍、錄尚書事。考異曰：梁帝紀無赦，加景官在庚午。今從太清紀。

建康士民逃難四出。難，乃旦翻。太子洗馬蕭允洗，悉薦翻。至京口，端居不行，曰：「死生有命，如何可逃！禍之所來，皆生於利；苟不求利，禍從何生！」

己巳，景遣石城公大款以詔命解外援軍。五代志：宣城郡秋浦縣，舊曰石城。考異曰：典略在庚午，梁帝紀在辛未。今從太清紀。柳仲禮召諸將議之，將，即亮翻。邵陵王綸曰：「今日之命，委之將軍。」仲禮熟視不對。裴之高、王僧辯曰：「將軍擁衆百萬，致宮闕淪沒，正當悉力決戰，何所多言！」仲禮竟無一言，諸軍乃隨方各散。言諸軍各隨所來之方散去也。南兗州刺史臨成公大連、按姚思廉梁書：大連封臨城縣公。自東揚州入援，臺城既陷，復還會稽。參考通鑑前後所書皆然。此誤以東揚州爲南兗州，當書「南兗州刺史南康王會理、東揚州刺史臨城公大連」。蓋傳寫逸「南康王會理、東揚州刺史」十字。湘東世子方等、鄱陽世子嗣、北兗州刺史湘潭侯退、亦當書「北兗州刺史定襄侯祇、前青・冀二州刺史湘潭侯退」。五代志：衡山郡有湘潭縣。吳郡太守袁君正、晉陵太守陸經等各還本鎮。君正，昂之子也。帝平建康，袁昂以節義見褒，位至台司。邵陵王綸奔會稽。會，工外翻。仲禮及弟敬禮、羊鴉仁、王僧辯、趙伯超並開營降，降，戶江翻；下同。軍士莫不歎憤。仲禮等入城，先拜景而後見上；見，賢遍翻；下見父同。上不與言。仲禮見父津，津慟哭曰：「汝非我子，何勞相見！」

湘東王繹使全威將軍會稽王琳送米二十萬石以饋軍，至姑孰，聞臺城陷，沈米於江而還。沈，持林翻。

景命燒臺內積尸，病篤未絕者未絕，謂猶有餘息者。亦聚而焚之。

庚午，詔征鎮牧守可復本任。景留柳敬禮、羊鴉仁，而遣柳仲禮歸司州，王僧辯歸竟陵。王僧辯得歸竟陵，爲湘東王繹用之以平侯景張本。初，臨賀王正德與景約，平城之日，不得全二宮。及城開，正德帥衆揮刀欲入，帥，讀曰率。景先使其徒守門，故正德不果入。景更以正德爲侍中、大司馬，百官皆復舊職。正德入見上，更，工衡翻。見，賢遍翻。拜且泣。上曰：「『啜其泣矣，何嗟及矣！』」詩中谷有蓷之辭。啜，張劣翻。啜者，泣多而不止也，讀如輟。秦郡、陽平、盱眙三郡皆降景，沈約曰：晉武帝分扶風爲秦國，中原亂，其民南流，寄居堂邑。堂邑本爲縣，西漢屬臨淮郡，後漢屬廣陵國。晉惠帝永興元年，以臨淮淮陵立堂邑郡，安帝改堂邑爲秦郡。五代志曰：江都郡六合縣，舊曰尉氏，置秦郡；又有安宜縣，梁置陽平郡。景改陽平爲北滄州，改秦郡爲西兗州。

8 東徐州刺史湛海珍、北青州刺史王奉伯五代志：東海郡懷仁縣，梁置南、北二青州。下邳郡，梁置東徐州。考異曰：「北青州」，典略作「南冀州」。今從太清紀。並【章：十二行本「並」上有「淮陽太守王瑜」六字；乙十一行本同；孔本同；張校同；退齋校同。】以地降東魏。青州刺史明少遐、山陽太守蕭鄰棄城走，五代志：海州懷仁縣，梁置南、北二青州。江都郡山陽縣，舊置山陽郡。考異曰：梁帝紀在四月。今從太清紀。東魏據其地。

9 侯景以儀同三司蕭邕爲南徐州刺史，代西昌侯淵藻鎮京口。又遣其將徐相攻晉陵，將，即亮翻。陸經以郡降之。

10 初，上以河東王譽爲湘州刺史，徙湘州刺史張纘爲雍州刺史，代岳陽王詧。纘恃其才望，輕譽少年，迎候有闕。譽至，檢括州府付度事，付度者，前刺史以州府之若事若物付度後刺史。雍，於用翻。少，詩照翻。留纘不遣；聞侯景作亂，頗陵蹙纘。纘恐爲所害，輕舟夜遁，將之雍部，復慮詧拒之。復，扶又翻。纘與湘東王繹有舊，欲因之以殺譽兄弟，乃如江陵。及臺城陷，諸王各還州鎮，譽自湖口歸湘州。洞庭、青草共爲一湖。湖口在巴陵。桂陽王慥以荆州督府湘東王繹以荆州刺史都督荆、雍等九州，慥、譽、詧皆其屬也。留軍江陵，欲待繹至拜謁，乃還信州。纘遺繹書曰：「河東戴檣上水，欲襲江陵，檣，船上桅竿也，所以掛帆，帆汎風則船行。自洞庭至江陵，泝江而上，故曰上水。遺，于季翻。上，時掌翻。岳陽在雍，共謀不逞。」江陵遊軍主朱榮遊軍主，領遊軍之將也。亦遣使告繹云：「桂陽留此，欲應譽、詧。」使，疏吏翻。繹懼，鑿船，沈米，斬纜，沈，持林翻。纜，盧闞翻，維舟索也。自蠻中步道馳歸江陵，囚慥，殺之。繹與譽、詧自此隙矣。

侯景以前臨江太守董紹先爲江北行臺，五代志：歷陽郡烏江縣，梁置臨江郡。董紹先降侯景，見上卷上年。使齎上手敕，召南兗州刺史南康王會理。壬午，紹先至廣陵，衆不滿二百，皆積日飢疲，會理士馬甚盛，僚佐說會理曰：說，式芮翻。「景已陷京邑，欲先除諸藩，然後篡位。若四方拒絶，立當潰敗，柰何委全州之地以資寇手！不如殺紹先，發兵固守，與魏連和，以待其變。」會理素懦，卽以城授之。紹先既入，衆莫敢動。會理弟通理請先還建康，謂其姊曰：「事既如此，豈可闔家受斃！前途亦思立效，但未知天命如何耳。」紹先悉收廣陵文武部曲、鎧仗、金帛，鎧，可亥翻。遣會理單馬還建康。爲會理兄弟謀誅王偉不克而死張本。

11 湘潭侯退與北兗州刺史定襄侯祗出奔東魏。侯景以蕭弄璋爲北兗州刺史，州民發兵拒之；景遣直閤將軍羊海將兵助之，海以其衆降東魏，將，卽亮翻；下同。降，戶江翻。東魏遂據淮陰。祇，偉之子也。

12 癸未，侯景遣于子悅等將羸兵數百東略吳郡。羸，倫爲翻。新城戍主戴僧遏有精甲五千，沈約曰：浙江西南，名曰相溪，吳立爲新城縣，屬吳郡。今杭州新城縣卽其地。遏，他歷翻。說太守袁君正曰：說，式芮翻。「賊今乏食，臺中所得，不支一旬，若閉關拒守，立可餓死。」土豪陸映公恐不能勝而資產被掠，皆勸君正迎之。被，皮義翻。君正素怯，載米及牛酒郊迎。子悅執君正，掠奪財物、子女，東人皆立堡拒之。景又以任約爲南道行臺，鎭姑孰。任，音壬。

13 夏，四月，湘東世子方等至江陵，湘東王繹始知臺城不守，命於江陵四旁七里樹木爲柵，掘塹三重而守之。塹，七豔翻。重，直龍翻。

14 東魏高岳等攻魏潁川，不克。大將軍澄益兵助之，道路相繼，踰年猶不下。去年四月，高岳等攻潁川。山鹿忠武公劉豐生建策，堰洧水以灌之，五代志：朔方郡長澤縣，後魏置闡熙郡及山鹿縣。水經：洧水出河南密縣西南馬領山，東南過長社縣北。堰，於扇翻。城多崩頹，岳悉衆分休迭進。言分兵爲十數部，甲休則乙進，乙休則丙進，丙休則丁進，至於癸休，則甲復進矣；攻者得番休而應者不勝其勞也。王思政身當矢石，與士卒同勞苦，城中泉涌，懸釜而炊。太師泰遣大將軍趙貴督東南諸州兵救之，自長社以北，皆爲陂澤，兵至穰，穰，卽穰城。不得前。東魏使善射者乘大艦臨城射之，艦，戶黯翻。射之，而亦翻；下射殺同。城垂陷；燕郡景惠公慕容紹宗與劉豐生臨堰視之，燕，因肩翻。見東北塵起，同入艦坐避之。俄而暴風至，遠近晦冥，纜斷，飄船徑向城；纜，盧瞰翻。城上人以長鉤牽船，弓弩亂發，紹宗赴水溺死，溺，奴狄翻。豐生游上，向土山，浮水而行曰游。上，時掌翻。城上人射殺之。

15 甲辰，東魏進大將軍勃海王澄位相國，封齊王，加殊禮。時令澄贊拜不名，入朝不趨，劍履上殿。丁未，澄入朝于鄴，固辭；不許。澄召將佐密議之，皆勸澄宜膺朝命；朝，直遥翻。獨散騎常侍陳元康以爲未可，澄由是嫌之，崔暹乃薦陸元規爲大行臺郎以分元康之權。

16 湘東王繹之入援也，令所督諸州皆發兵，雍州刺史岳陽王詧遣府司馬劉方貴將兵出漢口；雍，於用翻。將，即亮翻；下同。繹召詧使自行，詧不從。方貴潛與繹相知，謀襲襄陽，未發；會詧以他事召方貴，方貴以爲謀泄，遂據樊城拒命，詧遣軍攻之。繹厚資遣張纘使赴鎮，纘至大堤，沈約志：華山郡治大隄。五代志：襄陽郡漢南縣，宋置華山郡；唐併漢南入宜城縣。九域志：宜城在襄州南九十里。曾鞏曰：宋武帝築宜城之大隄爲城，今縣治是也。詧已拔樊城，斬方貴。纘至襄陽，詧推遷未去，但以城西白馬寺處之；處，昌呂翻。詧猶總軍府之政，聞臺城陷，遂不受代。助防杜岸紿纘曰：「觀岳陽勢不容使君，不如且往西山以避禍。」西山，謂萬山以西，中廬縣諸山也。紿，待亥翻。岸既襄陽豪族，兄弟九人，皆以驍勇著名。杜氏兄弟，嵩、岑、嶷、岌、巘、岸、崱、嵸、幼安，凡九人。驍，堅堯翻。纘乃與岸結盟，著婦人衣，著，陟略翻。乘青布輿，逃入西山。詧使岸將兵追擒之，纘乞爲沙門，更名法纘，詧許之。張纘間構譽、詧兄弟於湘東，凶于而身，害于而國。更，工衡翻。

17 荊州長史王沖等上牋於湘東王繹，請以太尉、都督中外諸軍事承制主盟；主盟者，主諸藩之盟。繹不許。丙辰，又請以司空主盟；亦不許。

18 上雖外爲侯景所制，而內甚不平。景欲以宋子仙爲司空，上曰：「調和陰陽，安用此物！」三公燮理陰陽，言宋子仙非其人也。景又請以其黨二人爲便殿主帥，梁禁中諸殿皆有主帥。杜佑曰：凡言便殿者，皆非正大之處。又曰：便殿，寢側之別殿。帥，所類翻。上不許。景不能強，強，其兩翻。心甚憚之。太子入，泣諫，上曰：「誰令汝來！若社稷有靈，猶當克復；如其不然，何事流涕！」景使其軍士入直省中，或驅驢馬，帶弓刀，出入宮庭，上怪而問之，直閤將軍周石珍對曰：「侯丞相甲士。」上大怒，叱石珍曰：「是侯景，何謂丞相！」左右皆懼。是後上所求多不遂志，飲膳亦爲所裁節，憂憤成疾。太子以幼子大圜屬湘東王繹，屬，之欲翻，託也。并剪爪髮以寄之。五月，丙辰，上臥淨居殿，口苦，索蜜不得，索，山客翻。再曰「荷！荷！」荷，下可翻。遂殂。年八十六。景祕不發喪，遷殯於昭陽殿，侯景時居昭陽殿。迎太子於永福省，使如常入朝。朝，直遙翻。王偉、陳慶皆侍太子，太子嗚咽流涕，不敢泄聲，殿外文武皆莫之知。

19 東魏高岳既失慕容紹宗等，志氣沮喪，不敢復逼長社城。杜佑曰：許州長葛縣故長社城，王思政所守也。沮，在呂翻。喪，息浪翻。復，扶又翻。陳元康言於大將軍澄曰：「王自輔政以來，未有殊功，雖破侯景，本非外賊。太清元年，高澄輔政，次年破侯景。今潁川垂陷，願王自以爲功。」澄從之。戊寅，自將步騎十萬攻長社，將，卽亮翻。騎，奇寄翻。親臨作堰，堰三決，澄怒，推負土者及囊并塞之。推，吐雷翻。塞，悉則翻。

20 辛巳，發高祖喪，帝殂二十六日而後發喪。升梓宮於太極殿。是日，太子卽皇帝位，大赦，侯景出屯朝堂，分兵守衞。景自昭陽殿出屯朝堂。朝堂，蓋在太極殿左右。朝，直遙翻。

21 壬午，詔北人在南爲奴婢者，皆免之，所免萬計；景或更加超擢，冀收其力。

高祖之末，建康士民服食、器用，爭尚豪華，糧無半年之儲，常資四方委輸。毛晃曰：漢有三輔委輸官，掌委輸者也。凡以物送之曰輸，則音平聲；指所送之物曰輸，則音去聲。委輸之委，亦音去聲。自景作亂，道路斷絕，數月之間，人至相食，猶不免餓死，存者百無一二。金陵記曰：梁都之時，戶二十八萬。西石頭城，東至倪塘，南至石子岡，北過蔣山，南北各四十里。侯景之亂至于陳時，中外人物不迨宋、齊之半。貴戚、豪族皆自出採稆，稆，音呂。禾不因播種而生曰稆。塡委溝壑，不可勝紀。勝，音升。

癸未，景遣儀同三司來亮入宛陵，宛陵縣，漢屬丹楊郡，晉分爲宣城郡治所。五代志：宣城郡治宣城縣，舊曰宛陵。宣城太守楊白華誘而斬之。甲申，景遣其將李賢明攻之，不克。華，讀曰花。誘，音酉。將，卽亮翻；下同。考異曰：典略在四月。今從太清紀。景又遣中軍侯子鑒入吳郡，中軍，中軍都督也。以廂公蘇單于爲吳郡太守，單，音蟬。遣儀同宋子仙等將兵東屯錢塘，新城戍主戴僧逷拒【章：十二行本「拒」上有「據縣」二字；乙十一行本同；孔本同；退齋校同。】之。御史中丞沈浚避難東歸，難，乃旦翻。至吳興，太守張嵊與之合謀，舉兵討景。嵊，稷之子也。嵊，石證翻。張稷弒齊東昏侯，後死於鬱洲。東揚州刺史臨城公大連，亦據州不受景命。五代志：會稽郡，梁置東揚州。景號令所行，唯吳郡以西、南陵以北而已。

22 魏詔：「太和中代人改姓者皆復其舊。」改姓，見一百四十卷齊明帝建武三年。

23 六月，丙戌，以南康王會理爲侍中、司空。考異曰：梁紀作「戊戌」。今從太清紀。

24 丁亥，立宣城王大器爲皇太子。考異曰：太清紀云「七日」。今從梁帝紀及典略。

25 初，侯景將使太常卿南陽劉之遴授臨賀王正德璽綬，之遴剃髮僧服而逃之。遴，良刃翻。璽，斯氏翻。綬，音受。剃，他計翻。之遴博學能文，嘗爲湘東王繹長史；將歸江陵，繹素嫉其才，己丑，之遴至夏口，繹密送藥殺之，夏，戶雅翻。而自爲誌銘，厚其賻贈。賻，音附。

26 壬辰，封皇子大心爲尋陽王，大款爲江陵王，大臨爲南海王，大連爲南郡王，大春爲安陸王，大成爲山陽王，大封爲宜都王。考異曰：太清紀、典略並與立太子同日。今從梁帝紀。

27 長社城中無鹽，人病攣腫，攣，呂緣翻。死者什八九。大風從西北起，吹水入城，城壞。東魏大將軍澄令城中曰：「有能生致王大將軍者封侯；若大將軍身有損傷，親近左右皆斬。」太清元年，西魏授王思政大將軍，故以稱之。王思政帥衆據土山，東魏築土山以攻潁川，思政奪而據之。帥，讀曰率。告之曰：「吾力屈計窮，唯當以死謝國。」因仰天大哭，西向再拜，欲自刎，刎，扶粉翻。都督駱訓曰：「公常語訓等：語，牛倨翻。『汝齎我頭出降，降，戶江翻。非但得富貴，亦完一城人。』今高相既有此令，相，息亮翻。公獨不哀士卒之死乎！」衆共執之，不得引決。澄遣通直散騎趙彥深就土山遺以白羽扇，遺，于季翻。執手申意，牽之以下。澄不令拜，延而禮之。思政初入潁川，將士八千人，將，即亮翻；下同。及城陷，纔三千人，卒無叛者。卒，子恤翻。澄悉散配其將卒於遠方，改潁州爲鄭州，按魏收志：潁州本治長社，既改鄭州，徙治潁陰城，領許昌、潁川、陽翟郡。禮遇思政甚重。西閤祭酒盧潛曰：後齊之制，三師、二大、三公，各置東西閤祭酒。二大，大司馬、大將軍也。「思政不能死節，何足可重！」澄謂左右曰：「我有盧潛，乃是更得一王思政。」潛，度世之曾孫也。盧度世，事魏太武帝。

初，思政屯襄城，欲以長社爲行臺治所，遣使者魏仲啓陳於太師泰，使，疏吏翻。幷致書於淅州刺史崔猷。魏收志：淅州領脩陽、朱陽、南上洛、淅陽、固郡。五代志：淅陽郡，西魏置淅州。唐志：鄧州內鄉縣本淅陽郡治。猷復書曰：「襄城控帶京、洛，寔當今之要地，如有動靜，易相應接。潁川既鄰寇境，又無山川之固，賊若潛來，徑至城下。莫若頓兵襄城，爲行臺之所；潁川置州，遣良將鎮守，則表裏膠固，人心易安，將，即亮翻。易，弋豉翻。縱有不虞，豈能爲患！」仲見泰，具以啓聞。具以思政所請，崔猷所報，二者皆啓聞也。泰令依猷策。思政固請，且約：「賊水攻期年、期，讀曰朞。陸攻三年之内，朝廷不煩赴救。」泰乃許之。及長社不守，泰深悔之。猷，孝芬之子也。崔孝芬爲高歡所殺，子猷入關，事見一百五十六卷中大通六年。

侯景之南叛也，事見一百六十卷元年。丞相泰恐東魏復取景所部地，復，扶又翻。使諸將分守諸城。及潁川陷，泰以諸城道路阻絕，皆令拔軍還。史言宇文泰不求廣地之名而審計利害之實。

28 上甲侯韶自建康出奔江陵，稱受高祖密詔徵兵，考異曰：梁帝紀在五月。今從太清紀。以湘東王繹爲侍中、假黄鉞、大都督中外諸軍事、司徒、承制，自餘藩鎮並加位號。

29 宋子仙圍戴僧遏，不克。丙午，吴盜陸緝等考異曰：典略作「戊子」、「陸黯」。今從太清紀、南史。起兵襲吴郡，殺蘇單于，推前淮南太守文成侯寧爲主。

30 臨賀王正德怨侯景賣己，密書召鄱陽王範，使以兵入；景遮得其書，癸丑，縊殺正德。縊，於賜翻，又於計翻。考異曰：典略：「五月，正德死。」今從太清紀、南史。景以儀同三司郭元建爲尚書僕射、北道行臺、總江北諸軍事，鎮新秦；舊置秦郡於六合。新秦即秦郡也。簡文帝之廢也，元建自秦郡馳還諫景，此可證也。封元羅等諸元十餘人皆爲王。考異曰：太清紀在八月二十八日。今從典略。景愛永安侯確之勇，常寘左右。邵陵王綸潛遣人呼之，確曰：「景輕佻，佻，吐彫翻。一夫力耳，我欲手刃之，正恨未得其便，卿還啓家王，勿以確爲念。」景與確遊鍾山，引弓射鳥，因欲射景，射，而亦翻。弦斷，不發，景覺而殺之。考異曰：太清紀，確死在九月。今從典略。

31 湘東王繹娶徐孝嗣孫女爲妃，生世子方等。妃醜而妬，又多失行，行，下孟翻；下穢行同。繹二三年一至其室。妃聞繹當至，以繹目眇，爲半面妝以待之，繹怒而出，故方等亦無寵。及自建康還江陵，繹見其御軍和整，始歎其能，入告徐妃，妃不對，垂泣而退。繹怒，疏其穢行，牓于大閤，方等見之，益懼。湘州刺史河東王譽，驍勇得士心，繹將討侯景，遣使督其糧衆，驍，堅堯翻。使，疏吏翻；下同。譽曰：「各自軍府，何忽隸人！」使者三返，譽不與。方等請討之，繹乃以少子安南侯方矩爲湘州刺史，使方等將精卒二萬送之。少，詩照翻。將，卽亮翻。考異曰：太清紀云：「初，上遣諮議參軍周弘直往湘州，報河東王譽云：『侯景既須撲滅，今欲遣荊州兵力，使汝東往，但使諸蕭有一人能匡國難，吾無所惜。』譽對弘直攘袂云：『身始至鎮，百度俱闕，征伐之任，便未能行。』又遣舍人虞預至譽所曰：『周弘直還，知汝必不能自出師，吾今便長驅席卷，還望三湘兵糧以相資給。』譽又拒絕，意色殊憤。上又遣錄事參軍劉穀往雍，宣旨於岳陽王詧曰：『吾舟艦足乘，唯糧仗闕少。湘州有米，已就譽求；雍部精兵，必能分遣；行留之計，爾自擇之。』詧答曰：『兵馬蓄扞所須，非敢減撤；襄陽形勝之地，豈可蹔虛！』穀出，謂雍州別駕甄玄成曰：『觀殿下辭色，曾無匡復之意；卿是股肱所寄，可相毗贊邪？』答曰：『樊、沔衝要，皇業所基，人情驍勇，山川險固，君其雅識，寧俟多言！』穀曰：『本論東討，共征獯逆；義異西伯，非敢聞命。』於是湘、雍二蕃成亂謀矣。是月，上遣世子方等往湘州，具陳軍國之計，誡方等曰：『吾近累遣使往湘，並未相脣齒，今故令汝至彼，必望申吾意，若能得相隨下，可留王沖權知州事。』譽遂不受命，潛圖構逆。」此皆蕭韶爲元帝隱惡飾辭耳。今從梁書、南史。方等將行，謂所親曰：「是行也，吾必死之；死得其所，吾復奚恨！」方等不死於救臺城之時而死於伐湘州之日，可謂得其死乎！復，扶又翻。

32 侯景以趙威方爲豫章太守，江州刺史尋陽王大心遣軍拒之，擒威方，繫州獄，威方逃還建康。

33 湘東世子方等軍至麻溪，據水經註，麻溪水口在臨湘縣北瀏口戍南。河東王譽將七千人擊之，方等軍敗，溺死。溺，奴狄翻。安南侯方矩收餘衆還江陵，湘東王繹無戚容。繹寵姬王氏，生子方諸。王氏卒，繹疑徐妃爲之，疑其毒殺之。逼令自殺，妃赴井死，葬以庶人禮，不聽諸子制服。史言湘東猜薄。

34 西江督護陳霸先欲起兵討侯景，景使人誘廣州刺史元景仲，許奉以爲主，元景仲，法僧之子，普通六年，父子歸梁。誘，音酉。景仲由是附景，陰圖霸先。霸先知之，與成州刺史王懷明等集兵南海，五代志：蒼梧郡，梁置成州。南海郡，即廣州治所。馳檄以討景仲曰：「元景仲與賊合從，從，子容翻。朝廷遣曲陽侯勃爲刺史，軍已頓朝亭。」酈道元曰：廣州城東北三十里有朝臺，昔尉佗因岡作臺，北面朝漢，圓基千步，直峭百丈，頂上三畝，複道環迴，逶迤曲折，朔望升拜，名曰朝臺。朝，直遙翻。景仲所部聞之，皆棄景仲而散。秋，七月，甲寅，景仲縊於閤下。縊，於賜翻。霸先迎定州刺史蕭勃鎮廣州。

前高州刺史蘭裕，欽之弟也，五代志：高涼郡，梁置高州。蘭欽見一百五十七卷大同元年。與其諸弟扇誘始興等十郡，攻監衡州事歐陽頠。誘，音酉。監，工銜翻；下同。頠，魚毁翻。勃使霸先救之，悉擒裕等，考異曰：太清紀擒裕在八月。今從陳書。勃因以霸先監始興郡事。

35 湘東王繹遣竟陵太守王僧辯、信州刺史東海鮑泉擊湘州，分給兵糧，刻日就道。僧辯以竟陵部下未盡至，欲俟衆集然後行，與泉入白繹，求申期。申，重也；重爲期日。繹疑僧辯觀望，按劍厲聲曰：「卿憚行拒命，欲同賊邪？今日唯有死耳！」因斫僧辯，中其左髀，中，竹仲翻。悶絶，久之方蘇，即送獄。泉震怖，不敢言。怖，普布翻。僧辯母徒行流涕入謝，自陳無訓，繹意解，賜以良藥，故得不死。丁卯，鮑泉獨將兵伐湘州。將，即亮翻。考異曰：太清紀作「八日」。或者八日受命，丁卯乃行也。

36 陸緝等競爲暴掠，吳人不附，宋子仙自錢塘旋軍擊之。時宋子仙攻戴僧遏，屯錢塘。壬戌，緝棄城奔海鹽，吳記曰：海鹽，本名武原鄉，秦以爲縣，屬吳郡，今屬嘉興府，在府東南八十里。子仙復據吳郡。復，扶又翻。戊辰，侯景置吳州於吳郡，以安陸王大春爲刺史。

37 庚午，以南康王會理兼尚書令。考異曰：太清紀在八月二十六日。今從典略。

38 鄱陽王範聞建康不守，戒嚴，欲入，僚佐或說之曰：「今魏人已據壽陽，大王移足，則虜騎必窺合肥。前賊未平，後城失守，說，式芮翻。守，式又翻。將若之何！不如待四方兵集，使良將將精卒赴之，將，卽亮翻；下同。進不失勤王，退可固本根。」範乃止。會東魏大將軍澄遣西兗州刺史李伯穆逼合肥，又使魏收爲書諭範。範方謀討侯景，藉東魏爲援，乃帥戰士二萬出東關，以合州輸伯穆，帥，讀曰率。幷遣諮議劉靈議送二子勤、廣爲質于東魏以乞師。諮議者，諮議參軍。質，音致。範屯濡須以待上游之軍，遣世子嗣將千餘人守安樂柵，安樂柵者，範所立柵，以安樂名之。然臺城覆陷，父兄蒙塵，此子弟沬血枕戈之時，以安樂名柵，非名也。樂，音洛。上游諸軍皆不下，範糧乏，采苽稗、菱藕以自給。苽，與菰同，音孤。雕菰米，本草又謂之茭白，歲久中心生白臺，謂之菰米；其臺中有黑者，謂之茭鬱，至後結實，乃雕胡黑米也。稗，蒲賣翻。稗者，似稻，其實尖圓而細。勤、廣至鄴，東魏人竟不爲出師。爲，于僞翻。範進退無計，進則孤羸之軍不足以制侯景，退則合肥已爲東魏人所據。乃泝流西上，上，時掌翻。軍于樅陽。樅陽縣，漢屬廬江郡。晉書、五代志，同安郡同安縣，舊曰樅陽，幷置樅陽郡。師古曰：樅，七容翻。景出屯姑孰，範將裴之悌以衆降之。降，戶江翻。之悌，之高之弟也。

39 東魏大將軍澄詣鄴，辭爵位殊禮，且請立太子。澄謂濟陰王暉業曰：「比讀何書？」暉業曰：「數尋伊、霍之傳，不讀曹、馬之書。」謂伊、霍輔少主，曹、馬簒國也。濟，子禮翻。比，毗至翻。數，所角翻。傳，直戀翻。

40 八月，甲申朔，侯景遣其中軍都督侯子鑒等擊吳興。

41己亥，鮑泉軍于石椁寺，河東王譽逆戰而敗；辛丑，又敗于橘洲，晏公類要曰：橘洲，在長沙西南四十里。湘江中四洲，橘洲其一也。水經註：沅水東逕龍陽縣之汎洲，洲長二十里，吳丹楊太守李衡植柑於其上，臨死，敕其子曰：「吾州里有木奴千頭，不責衣食，歲絹千疋。」今洲上猶有遺枅。余按汎洲乃柑洲，非橘洲。水經註又云：湘水北過臨湘縣西，又北過南津城西，西對橘洲，此則是也。類要亦指此。張舜民郴行錄：橘洲東對潭州城。戰及溺死者萬餘人。溺，奴狄翻。譽退保長沙，衆【章：十二行本「衆」作「泉」；乙十一行本同；孔本同；退齋校同；熊校同。】引軍圍之。

42辛卯，東魏立皇子長仁爲太子。

勃海文襄王澄以其弟太原公洋次長，次長，言於兄弟行，澄居長而洋次之。長，竹丈翻。意常忌之。洋深自晦匿，言不出口，常自貶退，與澄言，無不順從。澄輕之，常曰：「此人亦得富貴，相書亦何可解！」相，息亮翻。古之唐舉、許負，皆相視人之骨法狀貌以知吉凶貴賤，有相書傳於世。解，戶買翻。洋爲其夫人趙郡李氏營服玩小佳，爲，于僞翻；下爲爾同。澄輒奪取之；夫人或恚未與，恚，於避翻。洋笑曰：「此物猶應可求，兄須何容吝惜！」須者，意所欲亦求也。澄或愧不取，洋卽受之，亦無飾讓。每退朝還第，朝，直遙翻。輒閉閤靜坐，雖對妻子，能竟日不言。或時袒跣奔躍，夫人問其故，洋曰：「爲爾漫戲。」漫戲，言漫爾作戲。其實蓋欲習勞也。

澄獲徐州刺史蘭欽子京，以爲膳奴，蘭欽仕梁，爲徐州刺史。考異曰：陳元康傳作「蘭固成」。今從北齊帝紀。欽請贖之，不許；京屢自訴，澄杖之，曰：「更訴，當殺汝！」京與其黨六人謀作亂。澄在鄴，居北城東柏堂，嬖琅邪公主，琅邪公主事始見一百五十九卷大同十一年。欲其往來無間，間，古莧翻。侍衞者常遣出外。辛卯，澄與散騎常侍陳元康、吏部尚書侍中楊愔、黄門侍郎崔季舒屏左右，謀受魏禪，愔，於今翻。屏，必郢翻。署擬百官。蘭京進食，澄卻之，謂諸人曰：「昨夜夢此奴斫我，當急殺之。」京聞之，置刀盤下，冒言進食，澄怒曰：「我未索食，索，山客翻，求也。何爲遽來！」京揮刀曰：「來殺汝！」澄自投傷足，入于牀下，賊去牀，弑之。去，羌呂翻。愔狼狽走，遺一靴；靴，許戈翻。季舒匿于廁中；元康以身蔽澄，與賊爭刀被傷，腸出；被，皮義翻；下同。庫直王紘冒刃禦賊；紇奚舍樂鬭死。時變起倉猝，內外震駭。太原公洋在城東雙堂，聞之，顏色不變，指揮部分，分，扶問翻。入討羣賊，斬而臠之，臠，力兗翻，割切其肉也。徐出，曰：「奴反，大將軍被傷，無大苦也。」內外莫不驚異。洋素自晦匿，今遇變而不爲之變，故皆驚而異之。洋祕不發喪。陳元康手書辭母，口占使功曹參軍祖珽作書陳便宜，珽，待鼎翻。至夜而卒；洋殯之第中，詐云出使，使，疏吏翻。虛除元康中書令。并祕陳元康死問，亦所以鎭安人情。以王紘爲領左右都督。紘，基之子也。王基見一百五十六卷中大通六年。

勳貴以重兵皆在幷州，勸洋早如晉陽，洋從之。夜，召大將軍督護太原唐邕，使部分將士，鎭遏四方；分，扶問翻。邕支配須臾而畢，支，分也。配，隸也。支配，猶今人言品配。洋由是重之。

癸巳，洋諷東魏主以立太子大赦。託建儲大赦，以安蘭京之黨心懷反側者。澄死問漸露，東魏主竊謂左右曰：「大將軍今死，似是天意，威權當復歸帝室矣！」復，扶又翻；下可復同。洋留太尉高岳、太保高隆之、開府儀同三司司馬子如、侍中楊愔守鄴，餘勳貴皆自隨。甲午，入謁東魏主於昭陽殿，從甲士八千人，登階者二百餘人，皆攘袂扣刃，若對嚴敵。令主者傳奏曰：「臣有家事，須詣晉陽。」主者，主朝儀者也。再拜而出。東魏主失色，目送之曰：「此人又似不相容，朕不知死在何日！」晉陽舊臣、宿將素輕洋；及至，大會文武，神彩英暢，言辭敏洽，衆皆大驚。晉陽文武之驚洋，猶鄴城內外也。澄政令有不便者，洋皆改之。高隆之、司馬子如等惡度支尚書崔暹，惡，烏路翻。奏暹及崔季舒過惡，鞭二百徙邊。二人素爲澄所親任，故隆之等惡之。

43 侯景以宋子仙爲司徒、郭子【章：十二行本「子」作「元」；乙十一行本同；孔本同。】建爲尚書左僕射，與領軍任約等四十人並開府儀同三司，仍詔：「自今開府儀同不須更加將軍。」梁制，雖三公亦加將軍號，今開府儀同三司亦不加。是後開府儀同至多，不可復記矣。

44 鄱陽王範自樅陽遣信告江州刺史尋陽王大心，樅，七容翻。大心遣信邀之。範引兵詣江州，大心以湓城處之。一棲不兩雄，爲範與大心互相猜忌張本。處，昌呂翻。

45 吳興兵力寡弱，張嵊書生，不閑軍旅；閑，習也。或勸嵊效袁君正以郡迎侯子鑒。嵊歎曰：「袁氏世濟忠貞，袁氏自淑至顗、粲及昂，皆以忠貞著節。不意君正一旦隳之。吾豈不知吳郡既沒，吳興勢難久全；但以身許國，有死無貳耳！」九月，癸丑朔，子鑒軍至吳興，嵊戰敗，還府，整服安坐，子鑒執送建康。侯景嘉其守節，欲活之，嵊曰：「吾忝任專城，朝廷傾危，不能匡復，今日速死爲幸。」景猶欲全其一子，嵊曰：「吾一門已在鬼錄，魏文帝書曰：觀其姓名，已爲鬼錄。錄，籍也。不就爾虜求恩！」景怒，盡殺之；張嵊闔門死義，以雪其父弒君之醜，血祀絕矣。并殺沈浚。沈浚責侯景之時，視死如歸，其後與張嵊起兵，豈望生邪！

46 河東王譽告急於岳陽王詧，詧留諮議參軍濟陽蔡大寶守襄陽，帥衆二萬、騎二千伐江陵以救湘州。濟，子禮翻。帥，讀曰率。騎，奇寄翻。湘東王繹大懼，遣左右就獄中問計於王僧辯，僧辯具陳方略，繹乃赦之，以爲城中都督。乙卯，詧至江陵，作十三營以攻之；會大雨，平地水深四尺，深，式浸翻。詧軍氣沮。沮，在呂翻。繹與新興太守杜崱有舊，漢獻帝建安十二年，省雲中、定襄、五原、朔方四郡，郡立一縣，合爲新興郡，屬并州。晉江左僑立於荆州界，領定襄、廣牧等縣。五代志：南郡安興縣，舊置廣牧定襄縣，唐省安興縣入江陵，則新興固荆州所統矣，何待繹以舊好密邀崱哉！蓋崱雖帶新興太守，實從軍在襄陽也。崱，士力翻。密邀之。乙丑，崱與兄岌、岸、弟幼安、兄子龕各帥所部降于繹。岌，魚及翻。龕，苦含翻。降，戶江翻。岸請以五百騎襲襄陽，晝夜兼行；去襄陽三十里，城中覺之，蔡大寶奉詧母龔保林保林，宮中女官，自漢以來有之。顏師古曰：保，安也，言其可安衆如林也。齊高帝建元三年，太子宮置三內職，良娣比開國侯，保林比五等侯，才人比駙馬都尉。登城拒戰。詧聞之，夜遁，棄糧食、金帛、鎧仗於湕水，不可勝紀。鎧，可亥翻。丁度曰：湕，紀偃切，水名，出南郡。今荊門軍北百里有建水，蓋卽此水也。勝，音升。張纘病足，詧載以隨軍；及敗走，守者恐爲追兵所及，殺之，棄尸而去。考異曰：太淸紀云：「詧使制文檄，纘曰：『吾蒙朝廷不世之榮，又荷湘東王國士之眷，今日雖死，義無操筆。』及軍敗，將殺之，纘曰：『若使南師必振，北賊將亡，吾雖死無所恨。』遂殺之，棄尸於江陵北湖。」又云：「諸將並欲追躡，上以如子之情，情所未忍，曰：『彼不應來而來，明其爲逆；我應逐不逐，見我之弘。』」此蓋亦蕭韶之虛美。今從南史。詧至襄陽，岸奔廣平，依其兄南陽太守巚。晉渡江南，僑立廣平郡於襄陽；宋以漢南陽郡之朝陽縣爲實土。水經註：古朝陽縣在新野縣西。巚，與巘同，魚蹇翻。

47 湘東王繹以鮑泉圍長沙久不克，怒之，以平南將軍王僧辯代爲都督，數泉十罪，數，所具翻。命舍人羅重懽與僧辯偕行。重，直龍翻。泉聞僧辯來，愕然曰：「得王竟陵來助我，賊不足平。」拂席待之。僧辯入，背泉而坐，背，蒲妹翻。曰：「鮑郎，卿有罪，令旨使我鎖卿，時繹下書於所部稱令，故曰令旨。卿勿以故意見期。」使重懽宣令，鎖之牀側。泉爲啓自申，申，明也，理也。且謝淹緩之罪，繹怒解，遂釋之。

48 冬，十月，癸未朔，東魏以開府儀同三司潘相樂爲司空。

49 初，歷陽太守莊鐵帥衆歸尋陽王大心，鐵歸大心見一百六十一卷太清二年。帥，讀曰率。大心以爲豫章內史。鐵至郡卽叛，推觀寧侯永爲主。永，範之弟也。丁酉，鐵引兵襲尋陽，大心遣其將徐嗣徽逆擊，破之。鐵走，至建昌，建昌縣，漢和帝永元十六年，分海昏立，屬豫章郡。光遠將軍韋構邀擊之，鐵失其母弟妻子，單騎還南昌。南昌，漢舊縣，豫章郡治所。大心遣構將兵追討之。

50 宋子仙自吳郡趣錢塘。劉神茂自吳興趣富陽，前武州刺史富陽孫國恩以城降之。趣，七喻翻。降，戶江翻；下同。

51 十一月，乙卯，葬武皇帝于脩陵，考異曰：太清紀云：「十四日，梓宮達于脩陵。」今從梁書。廟號高祖。

52 百濟遣使入貢，使，疏吏翻。見城闕荒圮，圮，部鄙翻，毀也。異於曩來，毛晃曰：昔來謂之曩來。不哭於端門；端門，臺城正南門之中門。侯景怒，錄送莊嚴寺，錄，拘也，收也。莊嚴寺，近建康南郊壇。不聽出。

53 壬戌，宋子仙急攻錢塘，戴僧逷降之。

54 岳陽王詧使將軍薛暉攻廣平，拔之，獲杜岸，送襄陽。詧拔其舌，鞭其面，支解而烹之。又發其祖父墓，焚其骸而揚之，以其頭爲漆椀。

詧既與湘東王繹爲敵，恐不能自存，遣使求援於魏，請爲附庸。鄭康成曰：附庸，以國事附於大國也。丞相泰令東閤祭酒滎權使於襄陽，繹使司州刺史柳仲禮鎮竟陵以圖詧，詧懼，遣其妃王氏及世子嶚爲質於魏。嶚，力么翻。質，音致。丞相泰欲經略江、漢，以開府儀同三司楊忠都督三荆等十五州諸軍事，鎮穰城。仲禮至安陸，安陸太守柳【章：十二行本「柳」作「沈」；乙十一行本同；孔本同；退齋校同。】勰以城降之。勰，音協。仲禮留長史馬岫與其弟子禮守之，帥衆一萬趣襄陽，泰遣楊忠及行臺僕射長孫儉將兵擊仲禮以救詧。爲西魏因詧而并繹張本。

55 宋子仙乘勝渡浙江，至會稽。會，工外翻。邵陵王綸聞錢塘已敗，出奔鄱陽，考異曰：南史云：「東土皆附綸，臨城公大連懼將害己，乃圖之，綸覺之，乃去。」今從典略。鄱陽內史開建侯蕃以兵拒之，五代志：開建縣屬熙平郡，隋以熙平郡爲連州。範進擊蕃，破之。「範」，當作「綸」。

56 魏楊忠將至義陽，太守馬伯符以下溠城降之，五代志：漢東郡唐城縣，後魏曰灄西，置義陽郡，西魏改灄西爲下溠。杜佑曰：下溠戍，在漢東郡棗陽縣東南百餘里。九域志：唐城在隨州西北八十五里。左傳：楚人除道梁溠，營軍臨隨。卽此溠水。溠，音側駕翻，字林壯加翻。忠以伯符爲鄉導。鄉，讀曰嚮。伯符，岫之子也。

57 南郡王大連爲東揚州刺史。時會稽豐沃，勝兵數萬，會，工外翻。勝，音升。糧仗山積，東土人懲侯景殘虐，咸樂爲用，樂，音洛。而大連朝夕酣飲，不恤軍事；司馬東陽留異，凶狡殘暴，爲衆所患，大連悉以軍事委之。十二月，庚寅，宋子仙攻會稽，大連棄城走，異奔還鄉里，尋以其衆降於子仙。大連欲奔鄱陽，異爲子仙鄉導，追及大連於信安，漢獻帝初平二年，分太末立新安縣，晉武帝太康元年，更名信安。五代志，東陽郡信安縣有江山，即今江山縣也。宋白曰：信安縣，漢太末縣地，漢末爲新安，晉爲信安，唐爲衢州治所。唐又分信安之南川爲江山縣。考異曰：典略云：「十二月，庚子朔，擒大連。」按是月壬午朔。今從太清紀。執送建康，【章：十二行本「康」下有「大連猶醉不之知」七字；乙十一行本同；孔本同；張校同；退齋校同。】帝聞之，引帷自蔽，掩袂而泣。不忍見其子之俘執也。於是三吳盡沒於景，公侯在會稽者，俱南度嶺。景以留異爲東陽太守，爲後留異據東陽張本。收其妻子爲質。質，音致。

58 乙酉，東魏以并州刺史彭樂爲司徒。

59 邵陵王綸進至九江，尋陽王大心以江州讓之，綸不受，引兵西上。上，時掌翻。

60 始興太守陳霸先結郡中豪傑欲討侯景，郡人侯安都、張偲等各帥衆千餘人歸之。偲，新茲翻，又倉才翻。霸先遣主帥杜僧明將二千人頓於嶺上，大庾嶺也。帥，所類翻。將，卽亮翻。廣州刺史蕭勃遣人止之曰：「侯景驍雄，天下無敵，驍，堅堯翻。前者援軍十萬，士馬精強，猶不能克，謂柳仲禮等。君以區區之衆，將何所之！如聞嶺北王侯又皆鼎沸，親尋干戈，謂荆、雍、湘三州。以君疏外，詎可暗投！漢鄒陽曰：明月之珠，夜光之璧，以暗投人於道路，人無不按劍而相眄者，無因而至前也。未若且留始興，遙張聲勢，保太山之安也。」霸先曰：「僕荷國恩，往聞侯景渡江，卽欲赴援，遭值元、蘭，梗我中道。荷，下可翻。元、蘭，謂元景仲及蘭裕也。今京都覆沒，君辱臣死，誰敢愛命！君侯體則皇枝，蕭勃，武帝從弟吳平侯昺之子，故云然。任重方岳，遣僕一軍，猶賢乎已，猶賢乎已，用孔子語。已，止也。此言猶勝乎止而不遣軍也。乃更止之乎！」乃遣使間道詣江陵，受湘東王繹節度。使，疏吏翻。間，古莧翻。時南康土豪蔡路養起兵據郡，勃乃以腹心譚世遠爲曲江令，曲江縣，漢屬桂陽郡，吳屬始興郡，唐爲韶州。與路養相結，同遏霸先。爲陳霸先破蔡路養張本。

61 魏楊忠拔隨郡，執太守桓和。五代志：漢東郡隨縣，舊置隨郡。

62 東魏使金門公潘樂等將兵五萬襲司州，刺史夏侯強降之。於是東魏盡有淮南之地。太清二年，東魏使辛術略江、淮之北，至是方盡有淮南之地。

王崇武標點　容肇祖　聶崇岐覆校

資治通鑑卷第一百六十三

端明殿學士兼翰林侍讀學士朝散大夫右諫議大夫充集賢殿修撰提舉西京嵩山崇福宮上柱國河内郡開國侯食邑一千八百戶食實封六百戶賜紫金魚袋臣司馬光奉敕編集
後學天台胡三省音註

梁紀十九上章敦牂（庚午），一年。

太宗簡文皇帝上

諱綱，字世讚，小字六通，武帝第三子，昭明太子母弟也。諡法：平易不訾曰簡；學勤好問曰文。

大寶元年（庚午、五五〇）

1春，正月，辛亥朔，大赦，改元。

2陳霸先發始興，至大庾嶺，大庾嶺，在今南安軍大庾縣西南二十里。吳錄：南野縣有大庾山，自嶺嶠九嶝二里，至嶺下，平行十里，至平亭。蔡路養將二萬人軍於南野以拒之。南野縣，漢屬豫章郡，晉屬南康郡。劉昫曰：唐韶州始興縣，漢南野縣地。宋白曰：虔州之南康大庾嶺，南雄州之始興，皆漢南野縣地。輿地志：今虔州龍南縣，漢南野縣地。將，即亮翻。路養妻姪蘭陵蕭摩訶，年十三，單騎出戰，無敢當者。杜僧明馬被傷，騎，奇寄翻。被，皮義翻。陳霸先救之，授以所乘馬；僧明上馬復戰，上，時掌翻。復，扶又翻。衆軍因而乘之，路養大敗，脫身走。霸先進軍南康，考異曰：太清紀在二月。今從陳帝紀。湘東王繹承制授霸先明威將軍、交州刺史。

3 戊辰，東魏進太原公高洋位丞相、都督中外諸軍、錄尚書事、大行臺、齊郡王。

4 庚午，邵陵王綸至江夏，郢州刺史南康王恪郊迎，「南康」當作「南平」，參考前後及梁書可見。夏，戶雅翻。以州讓之，綸不受；乃推綸爲假黃鉞，都督中外諸軍事，承制置百官。考異曰：太清紀云：「三月，綸逼奪恪州，徙恪於郡廨。」今從梁書、典略。

5 魏楊忠圍安陸，柳仲禮馳歸救之。去年仲禮將兵趣襄陽。諸將恐仲禮至則安陸難下，請急攻之，將，卽亮翻；下同。忠曰：「攻守勢殊，未可猝拔；若引日勞師，表裏受敵，非計也。南人多習水軍，不閑野戰，仲禮師在近路，吾出其不意，以奇兵襲之，彼怠我奮，一舉可克。克仲禮，則安陸不攻自拔，諸城可傳檄定也。」乃選騎二千，銜枚夜進，敗仲禮於漴頭，敗，補邁翻。杜佑曰：漴，音崇。水所衝曰漴。考異曰：太清紀作「潼頭」，在去年十二月。今從典略。獲仲禮及其弟子禮，盡俘其衆。馬岫以安陸，別將王叔孫以竟陵，皆降於忠。降，戶江翻。於是漢東之地盡入于魏。

6 廣陵人來嶷嶷，魚力翻。說前廣陵太守祖皓曰：「董紹先輕而無謀，輕，牽正翻。人情不附，襲而殺之，此壯士之任也。今欲糾帥義勇，奉戴府君。帥，讀曰率；下同。若其克捷，可立桓、文之勳，必天未悔禍，猶足爲梁室忠臣。」皓曰：「此僕所願也。」乃相與糾合勇士，得百餘人。癸酉，襲廣陵，斬南兗州刺史董紹先；據城，馳檄遠近，推前太子舍人蕭勔爲刺史，勔，彌兖翻。仍結東魏爲援。皓，晧之子；祖晧見一百四十七卷武帝天監十二年，諸本作「晧之之子」者，衍一「之」字。晧，古鄧翻。勔，勃之兄也。乙亥，景遣郭元建帥衆奄至，皓嬰城固守。

7 二月，魏楊忠乘勝至石城，五代志：竟陵郡長壽縣，後周置石城郡。欲進逼江陵，湘東王繹遣舍人庾恪說忠曰：「詧來伐叔，說，式芮翻。來伐事見上卷上年。而魏助之，何以使天下歸心！」忠遂停湕北。湕水之北也。湕，紀偃翻。繹遣舍人王孝祀等送子方略爲質以求和，魏人許之。繹與忠盟曰：「魏以石城爲封，梁以安陸爲界，請同附庸，并送質子，貿遷有無，質，音致。貿，易也；遷，徙也；徙有之無以相貿易。貿，音茂。永敦鄰睦。」忠乃還。還，從宣翻，又如字。

8 宕昌王梁彌定宕，徒浪翻。爲其宗人獠甘所襲，彌定奔魏，獠甘自立。羌酋傍乞鐵怱據渠株川，獠，魯皓翻。酋，慈秋翻。與渭州民鄭五醜合諸羌以叛魏。丞相泰使大將軍宇文貴、涼州刺史史寧討之，擒斬鐵怱、五醜。寧別擊獠甘，破之，獠甘將百騎奔生羌鞏廉玉。生羌，遠在塞外，不羈屬於魏者。騎，奇寄翻。寧復納彌定於宕昌，置岷州於渠株川，五代志，臨洮郡臨洮縣，西魏置溢樂縣，並置岷州。復，扶又翻。進擊鞏廉玉，斬獠甘，虜廉玉送長安。

9 侯景遣任約、于慶等帥衆二萬攻諸藩。諸藩，謂梁之宗室分任藩維者。任，音壬。帥，讀曰率。

10 邵陵王綸欲救河東王譽而兵糧不足，乃致書於湘東王繹曰：「天時、地利，不及人和，用孟子之言。況於手足肱支，豈可相害！今社稷危恥，創巨痛深，禮記三年問曰：創巨者其疾久，痛甚者其愈遲。三年者，稱情而立文，所以爲至痛極也。斬衰、苴杖、居倚廬、食粥、寢苫、枕塊，所以爲至痛飾也。創，初良翻。唯應剖心嘗膽，泣血枕戈，越王句踐臥薪嘗膽，求以報吳。晉劉琨枕戈待旦，志梟逆虜。枕，之任翻。子執親喪，泣血三年。孔穎達曰：說文：哭，哀聲也。泣，無聲出淚也。則無聲謂之泣矣。連言血者，以淚出於目，猶血出於體，故以淚比血。禮記曰：子羔執親之喪，泣血三年。註曰：無聲而血出，是也。其餘小忿，或宜容貰。貰，貸也。若外難未除，家禍仍構，料今訪古，難，乃旦翻。料，音聊。未或不亡。夫征戰之理，唯求克勝；至於骨肉之戰，愈勝愈酷，捷則非功，敗則有喪，喪，息浪翻。勞兵損義，虧失多矣。侯景之軍所以未窺江外者，荆州治江陵，在江北，故曰江外。良爲藩屏盤固，宗鎮強密。爲，于僞翻。屏，必郢翻。弟若陷洞庭，湘州之地，襟帶洞庭，故謂湘州爲洞庭。不戢兵刃，雍州疑迫，何以自安，必引進魏軍以求形援。以綸之昏狂，猶能言及於此，蓋勢有所必至也。戢，阻立翻。雍，於用翻。弟若不安，家國去矣。必希解湘州之圍，存社稷之計。」繹復書，陳譽過惡不赦，言其過大惡極，法所不赦。且曰：「譽引楊忠來相侵逼，頗遵談笑，用卻秦軍，魯仲連談笑而卻秦軍，繹引此以爲大言。曲直有在，不復自陳。復，扶又翻。臨湘旦平，臨湘縣自漢以來屬長沙郡，時爲州郡治所。隋改臨湘縣曰長沙縣。暮便卽路。」卽路，就路也。承上文而言，若欲攻襄陽；考之下文，蓋謂討侯景。綸得書，投之於案，慷慨流涕曰：「天下之事，一至於斯，湘州若敗，吾亡無日矣！」綸知繹兵東下，必將圖己，故云然。使在京口之時能思及此，則何亡國喪身之有！古人所以重居安慮危，居寵思畏者也。史爲綸北奔張本。

11 侯景遣侯子鑒帥舟師八千，自帥徒兵一萬，徒兵，步兵也。帥，讀曰率；下同。攻廣陵，三日，克之，執祖皓，縛而射之，箭徧體，然後車裂以徇；城中無少長皆埋之於地，馳馬射而殺之。射，而亦翻。少，詩照翻。長，知兩翻。考異曰：太清紀曰：「城中數百人，」典略曰：「死者八千人，」今從南史。以子鑒爲南兗州刺史，鎮廣陵。廣陵之人既殲矣，子鑒所鎮者空城耳。景還建康。

12 丙戌，以安陸王大春爲東揚州刺史。省吳州。景置吳州見上卷上年。

13 乙巳，以尚書僕射王克爲左僕射。

14 庚寅，東魏以尚書令高隆之爲太保。

15 宣城內史楊白華進據安吳，孫吳立安吳縣，屬宣城郡；隋省安吳入涇縣。侯景遣于子悅帥衆攻之，不克。

16 東魏行臺辛術將兵入寇，圍陽平，不克。

17 侯景納上女溧陽公主，甚愛之。溧，音栗。三月，甲申，景請上禊宴於樂遊苑，禊宴，因祓禊而開宴。禊，胡計翻。樂遊苑，在玄武湖南。帳飲三日。上還宮，景與公主共據御牀，南面並坐，羣臣文武列坐侍宴。

18 庚申，東魏進丞相洋爵爲齊王。

19 臨川內史始興王毅等擊莊鐵，王毅，始興人；毅卽「毅」字，後人傳寫，變「立」爲「彑」耳。鄱陽王範遣其將巴西侯瑱救之，瑱，他甸翻。毅等敗死。

20 鄱陽世子嗣與任約戰於三章，約敗走；嗣因徙鎭三章，謂之安樂柵。去年鄱陽王範西上，使世子嗣守安樂柵，今移柵三章，亦以安樂名柵。樂，音洛。

21 夏，四月，庚辰朔，湘東王繹以上甲侯韶爲長沙王。上甲侯韶奔江陵，見上卷上年。按梁書，長沙王懿子淵業嗣封；卒，子孝儼嗣封；又卒，子眘嗣封。眘，懿曾孫也，時在建康。湘東以韶歸之，遂以爲長沙王，非禮也。

22 丙午，侯景請上幸西州，上御素輦，侍衞四百餘人，景浴鐵數千，翼衞左右。浴鐵者，言鐵甲堅滑，若以水浴之也。上聞絲竹，悽然泣下，命景起舞；景亦請上起舞。酒闌坐散，坐，徂臥翻。上抱景于牀曰：「我念丞相。」景曰：「陛下如不念臣，臣何得至此！」逮夜乃罷。

時江南連年旱蝗，江、揚尤甚，百姓流亡，相與入山谷、江湖，采草根、木葉、菱芡而食之，菱，芰也。芡，巨險翻；說文曰：雞頭也。方言曰：南楚謂之雞頭，北燕謂之葰，青、徐、淮、泗之間謂之芡。所在皆盡，死者蔽野。富室無食，皆鳥面鵠形，衣羅綺，懷珠玉，俯伏牀帷，待命聽終。千里絕烟，衣，於既翻。烟，與煙同。人迹罕見，白骨成聚，如丘隴焉。

景性殘酷，於石頭立大碓，碓，都內翻。有犯法者擣殺之。常戒諸將曰：「破柵平城，當淨殺之，使天下知吾威名。」故諸將每戰勝，專以焚掠爲事，斬刈人如草芥，以資戲笑。由是百姓雖死，終不附之。史言侯景將敗。又禁人偶語，犯者刑及外族。男子謂舅家爲外家，婦人謂父母之家爲外家。外族，外家之族。爲其將帥者，悉稱行臺，來降附者，悉稱開府，其親寄隆重者曰左右廂公，勇力兼人者曰庫直都督。南史侯景傳作「庫眞部督」。誤也。

23 魏封皇子儒爲燕王，公爲吳王。

24 侯景召宋子仙還京口。去年宋子仙克東揚州，今召還京口。

25 邵陵王綸在郢州，以聽事爲正陽殿，內外齋閤，悉加題署。其部下陵暴軍府，郢州將佐莫不怨之。諮議參軍江仲舉，南平王恪之謀主也，說恪圖綸，說，式芮翻。恪驚曰：「若我殺邵陵，寧靜一鎮，荆、益兄弟必皆內喜，帝既蒙塵，綸於兄弟之次當立。恪若除綸，則人望歸於荆、益，必當內以爲喜。時湘東王繹在荆州，武陵王紀在益州。海內若平，則以大義責我矣。且巨逆未梟，巨逆，謂侯景。梟，謂梟其首。梟，堅堯翻。骨肉相殘，自亡之道也。卿且息之。」仲舉不從，部分諸將，分，扶問翻。刻日將發，謀泄，綸壓殺之。恪狼狽往謝，綸曰：「羣小所作，非由兄也。兇黨已斃，兄勿深憂！」南平王恪，偉之子也，於綸爲兄。

26 王僧辯急攻長沙，辛巳，克之。執河東王譽，斬之，傳首江陵，湘東王繹反其首而葬之。反其首於長沙，與身俱葬。初，世子方等之死，見上卷上年。臨蒸周鐵虎功最多，吳立臨蒸縣，以縣臨蒸水而名，屬衡陽郡，晉屬湘東郡。酈道元曰：臨蒸即故酃縣，縣即湘東郡。劉昫曰：隋改臨蒸爲衡陽縣，今衡州所治衡陽縣是也。衡州志：吳分酃縣立臨蒸縣，俯臨蒸水，其氣如蒸。姚思廉陳書曰：周鐵虎，不知何許人，梁世南渡，事河東王譽，爲臨蒸令。如此，則通鑑逸「令」字。譽委遇甚重。僧辯得鐵虎，命烹之，呼曰：呼，火故翻。「侯景未滅，柰何殺壯士！」僧辯奇其言而釋之，還其麾下。繹以僧辯爲左衛將軍，加侍中、鎮西長史。

繹自去歲聞高祖之喪，以長沙未下，故匿之。壬寅，始發喪，刻檀爲高祖像，置於百福殿，事之甚謹，動靜必咨焉。繹以爲天子制於賊臣，不肯從大寶之號，猶稱太清四年。丙午，繹下令大舉討侯景，移檄遠近。

27 鄱陽王範至湓城，以晉熙爲晉州，晉安帝分廬江郡立晉熙郡。五代志：同安郡懷寧縣舊置晉熙郡。唐以同安郡爲舒州。遣其世子嗣爲刺史，江州郡縣多輒改易。改易郡縣守令也。尋陽王大心，政令所行，不出一郡。惟尋陽一郡而已。大心遣兵擊莊鐵，嗣與鐵素善，請發兵救之，範遣侯瑱帥精甲五千助鐵。瑱，他甸翻，又音鎮。帥，讀曰率；下同。由是二鎮互相猜忌，無復討賊之志。復，扶又翻。大心使徐嗣徽帥衆二千，築壘稽亭以備範，據齊書晉安王子懋傳：子懋謀舉兵於江州，宣城王遣裴叔業襲取湓城，子懋先已具船於稽亭渚，聞叔業得湓城，乃據州自衛。則稽亭渚在江州城東也。帥，讀曰率。市糴不通，範數萬之衆，無所得食，多餓死。範憤恚，疽發於背，五月，乙卯，卒。恚，於避翻。考異曰：典略作「己酉」。今從太清紀。範衆祕不發喪，奉範弟安南侯恬爲主，有衆數千人。

28 丙辰，侯景以元思虔爲東道大行臺，鎮錢唐。丁巳，以侯子鑒爲南兗州刺史。

29 東魏齊王洋之爲開府也，洋爲開府，見一百五十七卷武帝大同元年。勃海高德政爲管記，管記，即記室參軍之職。由是親昵，言無不盡。昵，尼質翻。金紫光祿大夫丹楊徐之才、北平太守廣宗宋景業，漢、晉以來，中山有北平縣，後魏孝昌中，分置北平郡，屬定州。廣宗縣，漢屬鉅鹿郡，後屬安平國，後魏太和二十一年，分置廣宗郡；時屬司州。皆善圖讖，讖，楚譖翻。以爲太歲在午，當有革命，因德政以白洋，勸之受禪。洋以告婁太妃，太妃曰：「汝父如龍，兄如虎，猶以天位不可妄據，終身北面，汝獨何人，欲行舜、禹之事乎！」洋以告之才，之才曰：「正爲不及父兄，爲，于僞翻。故宜早升尊位耳。」洋鑄像卜之而成，乃使開府儀同三司段韶問肆州刺史斛律金，金來見洋，固言不可，以宋景業首陳符命，請殺之。洋與諸貴議於太妃前，太妃曰：「吾兒懦直，必無此心，高德政樂禍，教之耳。」樂，音洛。洋以人心不壹，遣高德政如鄴察公卿之意，未還；洋擁兵而東，至平都城，九域志：遼州遼山縣有平城鎮。宋白曰：遼州平城縣本漢涅縣地，晉置武鄉縣，此地屬焉。隋開皇十六年，於趙簡子所立平都故城置平城縣。召諸勳貴議之，莫敢對。長史杜弼曰：「關西，國之勍敵，謂宇文氏也。勍，渠京翻。若受魏禪，恐彼挾天子，自稱義兵而東向，此天子，謂西魏主。王何以待之！」徐之才曰：「今與王爭天下者，彼亦欲爲王所爲，縱其屈強，屈，其勿翻。強，其兩翻。不過隨我稱帝耳。」弼無以應。高德政至鄴，諷公卿，莫有應者。司馬子如逆洋於遼陽，遼陽縣自漢末以來屬樂平郡，隋開皇十一年，改曰遼山縣，我朝爲遼州治所。固言未可。洋欲還，倉丞李集曰：北齊之制，太倉及水次諸倉皆有令、丞。北齊紀作「尚食丞李集」。「王來爲何事，而今欲還？」爲，于僞翻。洋僞使於東門殺之，而別令賜絹十匹，遂還晉陽。自是居常不悅。徐之才、宋景業等日陳陰陽雜占，云宜早受命。高德政亦敦勸不已。洋使術士李密卜之，遇大横，曰：「漢文之卦也。」大横見十三卷漢高后八年。又使宋景業筮之，遇乾之鼎，乾之初九、九五二爻，動變而之鼎。曰：「乾，君也。鼎，五月卦也。宜以仲夏受禪。」或曰：「五月不可入官，犯之，終於其位。」陰陽家之説，上官忌正月、五月、九月。景業曰：「王爲天子，無復下期，復，扶又翻。豈得不終於其位乎！」洋大悅，乃發晉陽。

高德政録在鄴諸事，條進於洋，洋令左右陳山提馳驛齎事條，并密書與楊愔。愔，於今翻。是月，山提至鄴，楊愔卽召太常卿邢卲議造儀注，祕書監魏收草九錫、禪讓、勸進諸文；凡禪代皆奉表三讓，百僚三表勸進而後卽位，故令收預草諸文。引魏宗室諸王入北宮，留於東齋。甲寅，東魏進洋位相國，總百揆，備九錫。洋行至前亭，前亭，在晉陽之東，平都城之西。所乘馬忽倒，意甚惡之，至平都城，不復肯進。惡，烏路翻。復，扶又翻。高德政、徐之才苦請曰：「山提先去，恐其漏泄。」卽命司馬子如、杜弼馳驛續入，觀察物情。子如等至鄴，衆人以事勢已決，無敢異言。洋至鄴，召夫夫，民夫也。齎築具集城南。高隆之請曰：「用此何爲？」洋作色曰：「我自有事，君何問爲！欲族滅邪！」隆之謝而退。於是作圜丘，備法物。

丙辰，司空潘樂、侍中張亮、黄門郎趙彦深等求入啓事，東魏孝靜帝在昭陽殿見之。亮曰：「五行遞運，有始有終，謂五德之運，以木代水，以火代木，以土代火，以金代土，以水代金也。齊王聖德欽明，萬方歸仰，願陛下遠法堯、舜。」帝斂容曰：「此事推挹已久，推，吐雷翻。挹，遜也。謹當遜避。」又曰：「若爾，須作制書。」中書郎崔劼、裴讓之曰：劼，丘八翻。「制已作訖。」使侍中楊愔進之。東魏主既署，曰：「居朕何所？」愔對曰：「北城別有館宇。」乃下御坐，步就東廊，坐，徂臥翻。詠范蔚宗後漢書贊曰：「獻生不辰，身播國屯，終我四百，永作虞賓。」范曄，字蔚宗，作後漢書。此其贊獻帝之辭也。賢註曰：辰，時也。播，遷也。言獻帝生不逢時，身既播遷，國又屯難也。漢有天下四百年而運終。虞賓，謂虞以堯子丹朱爲賓。書曰：虞賓在位。蔚，紆勿翻。屯，陟倫翻。所司請發，所司，謂掌禪代事者；請發者，請出宮居別邸也。此實楊愔等使人請之。帝曰：「古人念遺簪弊履，朕欲與六宮別，可乎？」高隆之曰：「今日天下猶陛下之天下，況在六宮。」帝步入，與妃嬪已下別，舉宮皆哭。趙國李嬪誦陳思王詩云：「王其愛玉體，俱享黄髮期。」曹植，魏武帝之子，封陳王，謚曰思。嬪，毗賓翻。直長趙道德以【章：十二行本「以」下有「故犢」二字；乙十一行本同；孔本同；張校同。】車一乘候於東閤，直長，官名。凡殿中諸局各有奉御，有直長。趙道德蓋尚乘直長也，亦高氏之私人。東閤，即東閤門。長，竹兩翻。乘，繩證翻。帝登車，道德超上抱之，上，時掌翻。帝叱之曰：「朕自畏天順人，何物奴敢逼人如此！」道德猶不下。出雲龍門，王公百僚拜辭，高隆之灑泣。遂入北城，居司馬子如南宅，司馬子如有宅在太原，故謂鄴城之宅爲南宅。遣太尉彭城王韶等奉璽綬，禪位于齊。璽，斯氏翻。綬，音受。東魏十六年而亡。考異曰：北齊書、北史高德政傳云：「五月六日，留咸陽王坦等。七日，司馬子如等至鄴。九日，文宣至城南頓。」按後魏書、北史帝紀皆云「辛亥，王如鄴；甲寅，加九錫；丙辰，魏主遜位；戊午，王卽帝位。」典略：「辛亥，王還鄴。」以長曆推之，此月己酉朔，皆不與德政傳日相應。蓋辛亥始自晉陽如鄴，非到鄴之日也。

戊午，齊王卽皇帝位于南郊，帝諱洋，字子進，勃海王高歡第二子，澄之母弟也。歡以勃海王贈齊王，洋又進爵齊王；且高氏本勃海人，勃海故齊地也，國遂號曰齊。大赦，改元天保。自魏敬宗以來，百官絕祿，至是始復給之。復，扶又翻。己未，封東魏主爲中山王，待以不臣之禮。追尊齊獻武王爲獻武皇帝，廟號太祖，後改爲高祖；文襄王爲文襄皇帝，廟號世宗。辛酉，尊王太后婁氏爲皇太后。乙丑，降魏朝封爵有差，其宣力霸朝自高歡起兵以來諸勳貴，皆宣力霸朝者也。朝，直遙翻。及西、南投化者，不在降限。謂自關西及江南來投者。

30 文成侯寧起兵於吳，有衆萬人，己巳，進攻吳郡；吳郡帶吳縣。寧蓋起兵於吳縣界，進攻吳郡城也。按侯景傳：寧起兵於吳西鄉。去年陸緝等推寧據吳郡，宋子仙擊之敗走，今復起兵於西鄉。行吳郡事侯子榮逆擊，殺之。寧，範之弟也。子榮因縱兵大掠郡境。

自晉氏渡江，三吳最爲富庶，貢賦商旅，皆出其地。及侯景之亂，掠金帛既盡，乃掠人而食之，或賣於北境，遺民殆盡矣。

是時，唯荆、益所部尚完實，太尉、益州刺史武陵王紀移告征、鎮，使世子圓照帥兵三萬受湘東王節度。帥，讀曰率。圓照軍至巴水，巴郡巴縣有巴水，水折三迴如巴字。巴郡，唐爲渝州。考異曰：南史云：「六月辛酉，紀遣圓照東下。」按六月，己卯朔，無辛酉。典略在五月，或者五月辛酉歟？繹授以信州刺史，令屯白帝，梁置信州於白帝，唐改夔州。未許東下。

31 六月，辛巳，以南郡王大連行揚州事。

32 江夏王大款、山陽王大成、宜都王大封自信安間道奔江陵。間，古莧翻。

33 齊主封宗室高岳等十人、功臣庫狄干等七人皆爲王。高岳及隆之、歸彥、思宗、長弼、普子瑗、顯、國、叡、孝緒凡十人。庫狄干、斛律金、賀拔仁、韓軌、可朱渾道元、彭樂、潘相樂凡七人。癸未，封弟浚爲永安王，淹爲平陽王，浟爲彭城王，演爲常山王，渙爲上黨王，淯爲襄城王，湛爲長廣王，湝爲任城王，浟，以周翻。淯，音育。湝，戶皆翻。湜爲高陽王，濟爲博陵王，凝爲新平王，潤爲馮翊王，洽爲漢陽王。

34 鄱陽王範既卒，侯瑱往依莊鐵，鐵忌之；瑱不自安，丙戌，詐引鐵謀事，因殺之，自據豫章。

35 尋陽王大心遣徐嗣徽夜襲湓城，安南侯恬、裴之橫等擊走之。

36 齊主娶趙郡李希宗之女，生子殷及紹德；又納段韶之妹。及將建中宮，高隆之、高德政欲結勳貴之援，乃言「漢婦人不可爲天下母，宜更擇美配。」帝不從。丁亥，立李氏爲皇后，考異曰：典略在五月乙丑。今從北齊帝紀。以段氏爲昭儀，子殷爲皇太子。庚寅，以庫狄干爲太宰，彭樂爲太尉，潘相樂爲司徒，司馬子如爲司空。辛卯，以清河王岳爲司州牧。

37 侯景以羊鴉仁爲五兵尚書。庚子，鴉仁出奔江西，將赴江陵，至東莞，南徐州有東莞郡，不在江西，意者東莞其東關之誤歟？盗疑其懷金，邀殺之。考異曰：太清紀在十月。今從梁帝紀、典略。

38 魏人欲令岳陽王詧發哀嗣位，詧辭，不受。丞相泰使榮權册命詧爲梁王，始建臺，置百官。詧，字理孫，武帝之孫，昭明太子之第三子。

39 陳霸先脩崎頭古城，徙居之。崎，渠希翻。曲岸曰崎。九域志：南安軍治大庾縣，古南野也，有南康古城，又有峽頭鎮。

40 初，燕昭成帝奔高麗，見一百二十三卷宋文帝元嘉十三年。麗，力知翻。使其族人馮業以三百人浮海奔宋，因留新會。晉恭帝元熙二年，分南海郡立新會郡；隋、唐爲新會縣，屬廣州。九域志：新會縣在廣州之西南三百三十里。自業至孫融，世爲羅州刺史，五代志：高涼郡石龍縣舊置羅州。我朝爲化州治所。融子寶爲高涼太守。高涼縣，漢屬合浦郡；獻帝建安二十二年，吳分立高涼郡，梁置高州。高涼洗氏，洗，音銑；丁度集韻：姺，國名，或作「郑」；姓氏韻纂又音綿。考異曰：典略作「沈氏」。今從隋書。世爲蠻酋，酋，慈秋翻。部落十餘萬家，有女，多籌略，善用兵，諸洞皆服其信義；融聘以爲寶婦。融雖累世爲方伯，非其土人，號令不行；洗氏約束本宗，使從民禮，每與寶參決辭訟，首領有犯，雖親戚無所縱舍，舍，讀曰捨。由是馮氏始得行其政。

高州刺史李遷仕據大皋口，五代志：高涼郡，梁置高州。遣使召寶，使，疏吏翻；下同。寶欲往，洗氏止之曰：「刺史無故不應召太守，必欲詐君共反耳。」寶曰：「何以知之？」洗氏曰：「刺史被召援臺，被，皮義翻。乃稱有疾，鑄兵聚衆而後召君；此必欲質君以發君之兵也，質，音致。願且無往以觀其變。」數日，遷仕果反，遣主帥杜平虜將兵入灨石，城魚梁以逼南康，帥，所類翻。魚梁亦地名，近灨石。灨，古暗翻。霸先使周文育擊之。洗氏謂寶曰：「平虜，驍將也，驍，堅堯翻。將，卽亮翻；下同。今入灨石與官軍相拒，勢未得還，遷仕在州，無能爲也。君若自往，必有戰鬭，宜遣使卑辭厚禮告之曰：『身未敢出，欲遣婦參。』彼聞之，必憙而無備。憙，與喜同。我將千餘人，步擔雜物，唱言輸賧，擔，都甘翻。賧，吐濫翻。得至柵下，破之必矣。」寶從之。遷仕果不設備，洗氏襲擊，大破之，遷仕走保寧都。吳分漢贛縣立陽都縣，晉武太康元年，更名寧都。五代志：南康虔化縣，舊曰寧都。文育亦擊走平虜，據其城。洗氏與霸先會于灨石，還，謂寶曰：「陳都督非常人也，甚得衆心，必能平賊，君宜厚資之。」

湘東王繹以霸先爲豫州刺史，領豫章內史。

41辛丑，裴之横攻稽亭，徐嗣徽擊走之。

42秋，七月，辛亥，齊立世宗妃元氏爲文襄皇后，后，東魏孝靜帝女。宮曰靜德。又封世宗子孝琬爲河間王，孝瑜爲河南王。乙卯，以尚書令封隆之錄尚書事，尚書左僕射平陽王淹爲尚書令。

43辛酉，梁王詧入朝于魏。自此魏益厚詧矣。朝，直遥翻。

44初，東魏遣儀同武威牒雲洛等「雲」，當作「云」。牒云，虜複姓。柔然阿那瓌之求附於魏也，魏遣牒云具仁往使，牒云之爲姓尚矣。迎鄱陽世子嗣，使鎮皖城。劉昫曰：懷寧、宿松、望江、太湖等縣，皆漢皖縣地。蓋此城卽皖縣古城也。皖，戶板翻。嗣未及行，任約軍至，洛等引去；嗣遂失援，出戰，敗死。約遂略地至湓城，尋陽王大心遣司馬韋質出戰而敗，帳下猶有戰士千餘人，咸勸大心走保建州；後漢汝南郡有苞信縣，江左僑置於弋陽界。五代志：弋陽郡殷城縣，舊曰苞信，梁置義城郡及建州。帳下勸大心走保之者，便於入齊也。九域志：殷城縣併入固始。大心不能用，戊辰，以江州降約。先是，大心使太子洗馬韋臧鎮建昌，降，戶江翻；下同。先，悉薦翻，洗亦同音。有甲士五千，聞尋陽不守，欲帥衆奔江陵，帥，讀曰率；下同。未發，爲麾下所殺。臧，粲之子也。太清三年，青塘之戰，韋粲死之。

45于慶略地至豫章，侯瑱力屈，降之，慶送瑱於建康。景以瑱同姓，待之甚厚，留其妻子及弟爲質，質，音致。遣瑱隨慶徇蠡南諸郡，蠡南，謂彭蠡湖以南也。以瑱爲湘州刺史。考異曰：太清紀在十一月。今從典略。

46 初，巴山人黃法氍，有勇力，五代志：臨川郡崇仁縣，梁置巴山郡。劉昫曰：吳分臨汝爲新建縣；梁置巴山郡。氍，巨俱翻。侯景之亂，合徒衆保鄉里。太守賀詡下江州，自巴山順流赴江州爲下。命法氍監郡事。監，工衡翻。法氍屯新淦，于慶自豫章分兵襲新淦，新淦縣，漢屬豫章郡；五代志屬廬陵郡。淦，古暗翻。法氍敗之。敗，補邁翻。陳霸先使周文育進軍擊慶，法氍引兵會之。

47 邵陵王綸聞任約將至，使司馬蔣思安將精兵五千襲之，約衆潰；思安不設備，約收兵襲之，思安敗走。

48 湘東王繹改宜都爲宜州，沈約曰：劉備分南郡立宜都郡；梁以宜都郡置宜州；隋幷宜都入夷陵郡。以王琳爲刺史。

49 是月，以南郡王大連爲江州刺史。

50 魏丞相泰以齊主稱帝，帥諸軍討之。帥，讀曰率；下同。以齊王廓鎮隴右，徵秦州刺史宇文導爲大將軍、都督二十三州諸軍事，屯咸陽，鎮關中。

51 益州沙門孫天英帥徒數千人夜攻州城，武陵王紀與戰，斬之。

52 邵陵王綸大脩鎧仗，將討侯景。湘東王繹惡之，惡綸由此兵力益強，將不利於己也。惡，烏路翻。

八月，甲午，遣左衛將軍王僧辯、信州刺史鮑泉等帥舟師一萬東趣江、郢。趣，七喻翻。考異曰：典略云：「九月戊申朔，繹遣僧辯。」按太清紀事在八月末。今從梁簡文帝紀。聲言拒任約，且云迎邵陵王還江陵，授以湘州。

53 齊主初立，勵精爲治。治，直吏翻。趙道德以事屬黎陽太守清河房超，屬，之欲翻；下請屬同。守，式又翻。超不發書，棓殺其使；魏收志：孝昌中，分汲郡置黎陽郡，屬司州，治黎陽城。棓，步項翻。使，疏吏翻；下同。齊主善之，命守宰各設棓以誅屬請之使。久之，都官中郎【張：「中郎」作「郎中」。】宋軌奏曰：「中郎」當作「郎中」。五代志：都官郎中，掌畿內非違得失事。此齊制也。「若受使請賕，猶致大戮，身爲枉法，何以加罪！」乃罷之。

司都功曹張老上書請定齊律，司都功曹，司州之功曹也。時都鄴，以鄴爲司州治所。按北齊主或居晉陽，不常居鄴也。詔右僕射薛琡等取魏麟趾格，更討論損益之。麟趾格，見一百五十八卷武帝大同七年。琡，昌六翻。

齊主簡練六坊之人，每一人必當百人，任其臨陳必死，魏、齊之間，六軍宿衛之士，分爲六坊。任，保任也。陳，讀曰陣。然後取之，謂之「百保鮮卑」。百保，言其勇可保一人當百人也。高氏以鮮卑創業，當時號爲健鬬，故衛士皆用鮮卑，猶今北人謂勇士爲霸都魯也。又簡華人之勇力絕倫者，謂之「勇士」，以備邊要。邊要，邊上要害之地。

始立九等之戶，戶有上中下三等，每等又分上中下，是爲九等。富者稅其錢，貧者役其力。

54 九月，丁巳，魏軍發長安。發長安而東伐齊。

55 王僧辯軍至鸚鵡洲，鸚鵡洲在江夏江中，昔黃祖使禰衡賦鸚鵡賦於此洲，因以得名，洲之下即黃鵠磯。郢州司馬劉龍虎等潛送質於僧辯，質，音致。邵陵王綸聞之，遣其子威正侯礩將兵擊之，礩，職日翻。龍虎敗，奔于僧辯。綸以書責僧辯曰：「將軍前年殺人之姪，謂殺河東王譽也。今歲伐人之兄，綸於繹兄也。以此求榮，恐天下不許！」僧辯送書於湘東王繹，繹命進軍。辛酉，綸集其麾下於西園，園在郢城西偏，故曰西園。又有東園，在城東東湖上。涕泣言曰：「我本無他，志在滅賊，湘東常謂與之爭帝，遂爾見伐。今日欲守則交絕糧儲，欲戰則取笑千載，載，子亥翻。不容無事受縛，當於下流避之。」麾下壯士爭請出戰，綸不從，與礩自倉門登舟北出。據姚思廉梁書，倉門，郢城北門，帶江阻險。僧辯入據郢州。繹以南平王恪爲尚書令、開府儀同三司，世子方諸爲郢州刺史，王僧辯爲領軍將軍。

綸遇鎮東將軍裴之高於道，之高之子畿掠其軍器，綸與左右輕舟奔武昌澗飲寺，武昌，今壽昌軍是也。僧法馨匿綸於巖穴之下。綸長史韋質、司馬姜律等聞綸尚存，馳往迎之，說七柵流民以求糧仗。時流民於北江州結七柵以相保。說，式芮翻。綸出營巴水，流民八九千人附之，稍收散卒，屯于齊昌。據魏收志：梁武帝置北江州，治鹿城關，領義陽、齊昌、新昌、梁安、齊興、光城郡。

五代志：黄州木蘭縣，梁曰梁安郡。又有義陽郡，後齊置湘州，後改曰北江州。則齊昌亦當在木蘭縣界，唐省木蘭入黄岡縣。宋白曰：吳置蘄春郡，晉惠帝改西陽郡，南齊、北齊改西陽爲齊昌郡，唐爲蘄州。遣使請和【章：十二行本「和」作「降」；乙十一行本同；孔本同。】于齊，使，疏吏翻。齊以綸爲梁王。

56 湘東王繹改封皇子大款爲臨川王，大成爲桂陽王，大封爲汝南王。

57 癸亥，魏軍至潼關。

58 庚午，齊主如晉陽，命太子殷居涼風堂監國。據北史齊樂陵王百年傳：涼風堂在鄴宮玄都苑。監，工銜翻。

59 南郡王中兵參軍張彪等南郡王大連之鎮會稽也，以張彪爲中兵參軍。起兵於若邪山，若邪山，在今越州東南四十里。攻破浙東諸縣，有衆數萬。吳郡人陸令公等說太守南海王大臨往依之，說，式芮翻。大臨曰：「彪若成功，不資我力；如其橈敗，橈，奴教翻。杜預曰：橈，曲也。勢屈爲橈。以我自解，言將歸罪於大臨以自解於侯景。不可往也。」

60 任約進寇西陽、武昌。初，寧州刺史彭城徐文盛募兵數萬人討侯景，湘東王繹以爲秦州刺史，五代志：江都郡六合縣，舊置秦郡，後齊置秦州。抑梁已置之歟？使將兵東下，與約遇於武昌。繹以廬陵王應爲江州刺史，以文盛爲長史行府州事，督諸將拒之。將，卽亮翻；下同。應，續之子也。廬陵王續，卒於武帝太清元年。邵陵王綸引齊兵未至，移營馬栅，距西陽八十里，西陽，卽今黄州黄岡縣，古之邾城也。任約聞之，遣儀同叱羅子通等將鐵騎二百襲之，叱羅，虜複姓。騎，奇寄翻。綸不爲備，策馬亡走。時湘東王繹亦與齊連和，故齊人觀望，不助綸。定州刺史田祖龍迎綸，綸以祖龍爲繹所厚，懼爲所執，復歸齊昌。復，扶又翻。行至汝南，魏所署汝南城主李素，綸之故吏也，開城納之。魏收志：郢州有汝南郡，治上蔡縣。五代志：竟陵郡舊置郢州，所領有漢東縣，舊曰上蔡。則汝南城卽漢東縣城也。又按姚思廉梁書：汝南治安陸重城。宋白曰：晉汝南郡人流寓夏口，因僑立汝南郡汝南縣於潼口。荆湘記云：金水北岸有汝南舊城是也。任約遂據西陽、武昌。考異曰：梁帝紀在十一月。今從太清紀。

61 裴之高帥子弟部曲千餘人至夏首，帥，讀曰率。夏，戶雅翻。湘東王繹召之，以爲新興、永寧二郡太守。新興郡置於江陵縣界，永寧郡置於襄陽南漳縣界。又以南平王恪爲武州刺史，鎭武陵。武陵，唐爲朗州，至我朝改爲鼎州。

62 初，邵陵王綸以衡陽王獻爲齊州刺史，鎭齊昌，任約擊擒之，送建康，殺之。考異曰：梁帝紀在十一月。今從太清紀。獻，暢之孫也。暢，武帝之弟。

63 乙亥，進侯景位相國，封二十郡，爲漢王，加殊禮。

64 岳陽王詧還襄陽。自朝魏而還也。前已書詧梁王矣，今復書詧舊爵，以義例言之，合改正。

65 黎州民攻刺史張賁，賁棄城走。五代志：義城郡，梁曰黎州，唐之利州是也。州民引氐酋北益州刺史楊法琛據黎州，魏以武興爲東益州，氐王楊氏居之。梁蓋以爲北益州。按下卷，楊法琛治平興，則梁置北益州於平興也。酋，慈秋翻。命王、賈二姓詣武陵王紀請法琛爲刺史。紀深責之，囚法琛質子崇顒、崇虎。質，音致。顒，魚容翻。冬，十月，丁丑朔，法琛遣使附魏。使，疏吏翻。

66 己卯，齊主至晉陽宮。晉陽宮，齊獻武王所置。唐志：晉陽宮，在北都之西北，宮城周二千五百二十步。都城左汾右晉，潛丘在中，長四千三百二十一步，廣三千一百二十二步，周萬五千一百五十三步。汾東曰東城。廣武王長弼與并州刺史段韶不協，齊主將如晉陽，長弼言於帝曰：「韶擁強兵在彼，恐不如人意，言恐韶爲變。豈可徑往投之！」帝不聽。既至，以長弼語告之，曰：「如君忠誠，人猶有讒，況其餘乎！」長弼，永樂之弟也。高永樂不內高昂，使之喪元，長弼又讒段韶，高歡父子爲失刑矣。乙酉，以特進元韶爲尚書左僕射，段韶爲右僕射。

67 乙未，侯景自加宇宙大將軍、都督六合諸軍事，以詔文呈上。上驚曰：「將軍乃有宇宙之號乎！」

68 立皇子大鈞爲西陽王，大威爲武寧王，大球爲建安王，大昕爲義安王，蕭子顯齊志，寧蠻府所領有義安郡。大摯爲綏建王，沈約志：宋文帝元嘉十三年，立綏建郡於漢南海郡四會縣地。大圜爲樂梁王。樂梁，史無所考。此時諸王所封，皆郡名也，當在大同中所分二十餘州不知處所之數。考異曰：太清紀在十一月十四日。今從梁帝紀。

69齊東徐州刺史行臺辛術鎮下邳。十一月，侯景徵租入建康，術帥衆渡淮斷之，帥，讀曰率。斷，音短。燒其穀百萬石，遂圍陽平，景行臺郭元建引兵救之。壬戌，術略三千餘家，還下邳。

70武陵王紀帥諸軍發成都，考異曰：南史云「十一月壬寅。」按是月壬子朔，無壬寅。湘東王繹遣使以書止之曰：「蜀人勇悍，易動難安，使，疏吏翻。易，弋豉翻。弟可鎮之，吾自當滅賊。」又別紙曰：「地擬孫、劉，各安境界；情深魯、衛，書信恆通。」地擬孫、劉，欲吳、蜀各爲一國也；情深魯、衛，謂兄弟也。恆，戶登翻。

71甲子，南平王恪帥文武拜牋推湘東王繹爲相國，總百揆；繹不許。

72魏丞相泰自弘農爲橋，濟河，至建州。丙寅，齊主自將出頓東城。卽晉陽之東城也。將，卽亮翻。泰聞其軍容嚴盛，歎曰：「高歡不死矣！」會久雨，自秋及冬，魏軍畜産多死，乃自蒲阪還。於是河南自洛陽，河北自平陽已東，皆入于齊。邊民見魏師無功，齊能自立，心無反側，疆場遂定。

73丁卯，徐文盛軍貝磯，任約帥水軍逆戰，帥，讀曰率。文盛大破之，斬叱羅子通、趙威方，仍進軍大舉口。水經註：江水東過邾縣南，東逕白虎磯北，又東逕貝磯北，又東逕黎磯北。北岸烽火洲，卽舉洲也，北對舉口。舉水出龜頭山，逕梁定州城南，又逕梁司、豫州城東，又南歷齊安郡西，又東南歷赤亭，下分爲二水，南流注于江。侯景遣宋子仙等將兵二萬助約，將，卽亮翻。以約守西陽，久不能進，自出屯晉熙。考異曰：

典略：「七月，景軍次濡須，使梁仲宣知留府事。」按典略，「九月，景請梁妃主同宴，」梁帝紀，「十月，乙未，景逼太宗幸西州。」不容七月已在濡須。今因南康王會理事見之。太清紀、梁書、典略，「晉熙」皆作「皖口」，今從南史。

南康王會理以建康空虛，與太子左衛將軍柳敬禮、西鄉侯勸、東鄉侯勔勔，彌兗翻。謀起兵誅王偉。安樂侯乂理出奔長蘆，今眞州六合縣有長蘆鎭及長蘆寺。淳熙十二年，徙寺於滁口山之東。張舜民曰：長蘆鎭在滁河西南。集衆得千餘人。建安侯賁、中宿世子子邕知其謀，中宿世子，中宿侯之世子也。沈約曰：中宿，漢舊縣，屬南海郡，吳度屬始興郡。以告偉。偉收會理、敬禮、勸、勔及會理弟祁陽侯通理，俱殺之。沈約曰：祁陽縣，吳立，屬零陵郡。考異曰：典略云：「十二月癸未，建安侯賁等告會理，」梁帝紀：「十月壬寅，景害會理。」今從太清紀。乂理爲左右所殺。錢塘褚冕，以會理故舊，捶掠千計，捶，止蘂翻。掠，音亮。終無異言。會理隔壁謂之曰：「褚郎，卿豈不爲我致此？爲，于僞翻。卿雖忍死明我，我心實欲殺賊！」冕竟不服，景乃宥之。勸，昺之子；賁，正德之弟子；子邕，憺之孫也。昺，音丙。憺，徒敢翻，又徒濫翻。

帝自卽位以來，景防衛甚嚴，外人莫得進見，見，賢遍翻。唯武林侯諮及僕射王克、舍人殷不害，並以文弱得出入臥內，帝與之講論而已。及會理死，克、不害懼禍，稍自疏。諮獨不離帝，離，力智翻。朝請無絕；景惡之，使其仇人刁戍刺殺諮於廣莫門外。朝，直遙翻。惡，烏路翻。刺，七亦翻。考異曰：太清紀在會理死前。今從南史。

帝之卽位也，景與帝登重雲殿，據梁紀，重雲殿在華林園。項安世曰：梁華林園重雲殿前置銅儀。重，直龍翻。禮佛爲誓云：「自今君臣兩無猜貳，臣固不負陛下，陛下亦不得負臣。」及會理謀泄，景疑帝知之，故殺諮。帝自知不久，指所居殿謂殷不害曰：「龐涓當死此下。」

景自帥衆討楊白華于宣城，白華力屈而降，景以其北人，楊白華，大眼之子，魏胡太后私幸之，白華懼禍奔梁。帥，讀曰率。華，讀曰花。降，戶江翻。全之，以爲左民尚書，誅其兄子彬以報來亮之怨。楊白華殺來亮見上卷太清三年。

十二月，丙子朔，景封建安侯賁爲竟陵王，中宿世子子邕爲隨王，仍賜姓侯氏。侯景賞其告會理之功也。

74 辛丑，齊主還鄴。自晉陽還也。

75 邵陵王綸在汝南，脩城池，集士卒，將圖安陸。魏安州刺史馬祐以告丞相泰，五代志：安陸郡，梁置南司州，西魏改曰安州，今爲德安府。泰遣楊忠將萬人救安陸。將，卽亮翻。

76 武陵王紀遣潼州刺史楊乾運、南梁州刺史譙淹合兵二萬討楊法琛，元和郡縣志：梓潼郡，梁置潼州。潼，音同。法琛發兵據劍閣以拒之。

77 侯景還建康。自晉熙還也。

78 初，魏敬宗以爾朱榮爲柱國大將軍，柱國大將軍，魏初官也，世祖以加太尉長孫嵩。位在丞相上；榮敗，此官遂廢。大統三年，文帝復以丞相泰爲之。復，扶又翻。其後功參佐命，望實俱重者，亦居此官，凡八人，曰安定公宇文泰，廣陵王欣，趙郡公李弼，隴西公李虎，河內公獨孤信，南陽公趙貴，常山公于謹，彭城公侯莫陳崇，謂之八柱國。泰始籍民之才力者爲府兵，身租庸調，一切蠲之，唐府兵之法本諸此。凡受田之丁，歲輸粟，謂之租。隨鄉所出，每丁歲輸絹綾絁布緜麻，非蠶鄉則歲輸銀，謂之調。用人之力，歲二十日，閏加二日，不役者日爲絹三尺，謂之庸。調，徒弔翻。以農隙講閱戰陳，馬畜糧備，六家供之；合爲百府，每府一郎將主之，將，即亮翻。分屬二十四軍。泰任總百揆，督中外諸軍；欣以宗室宿望，從容禁闥而已。陳，讀曰陣。從，千容翻。餘六人各督二大將軍，凡十二大將軍，廣平王元贊，淮王元育，齊王元廓，章武郡公宇文導，平原郡公侯莫陳順，高陽郡公達奚武，陽平公李遠，范陽公豆盧寧，化政公宇文貴，博陵公賀蘭祥，陳留公楊忠，武威公王雄，凡十二人，皆使持節大將軍。每大將軍各統開府二人，開府各領一軍。是後功臣位至柱國大將軍、開府儀同三司、儀同三司者甚衆，率爲散官，無所統御，雖有繼掌其事者，聞望皆出諸公之下云。散，悉亶翻。聞，音問。

79 齊主命散騎侍郎宋景業造天保曆，行之。時齊主命景業叶圖讖，造天保曆，景業奏依握誠圖及元命包，言齊受祿之期，當魏終之紀，得乘三十五以爲蔀，應六百七十六以爲章。齊主大悅，乃施用之。

王崇武標點　容肇祖　聶崇岐覆校

資治通鑑卷第一百六十四

端明殿學士兼翰林侍讀學士朝散大夫右諫議大夫充集賢殿修撰提舉西京嵩山崇福宮上柱國河内郡開國侯食邑一千八百户食實封六百户賜紫金魚袋臣　司馬光　奉敕編集

後　學　天　台　胡三省　音註

梁紀二十

起重光協洽（辛未），盡玄黓涒灘（壬申），凡二年。

太宗簡文皇帝下

大寶二年（辛未、五五一）

1 春，正月，新吳余孝頃舉兵拒侯景，漢靈帝中平中，立新吳縣，屬豫章郡，隋省新吳入建昌縣。景遣于慶攻之，不克。

2 庚戌，湘東王繹遣護軍將軍尹悦、安東將軍杜幼安、巴州刺史王珣將兵二萬自江夏趣武昌，江夏，今鄂州。武昌，今壽昌軍。將，卽亮翻。夏，户雅翻。趣，七喻翻。考異曰：典略在去年十一月。今從太清紀。受徐文盛節度。

3 楊乾運攻拔劍閣，楊法昌【章：乙十一行本「昌」作「琛」，按本卷三葉作「琛」。】退保石門，去年，武陵王紀遣楊乾運討楊法琛。祝穆曰：大劍山在今劍門關之劍門縣，大劍山西北三十里有小劍山。輿地廣記曰：山有小石門，穿山通道，六丈有餘，卽秦所通石牛道也。又魏收志：武都郡治石門縣，隋爲將利縣。魏志：東益州武興郡有石門縣。仇池郡有西石門縣。輿地紀勝：龍州江油縣東百里有石門戍。杜佑曰：龍州治江油縣，有石門山，與氐分界。蓋蜀多山險，地之以石門名者多矣。唐志，利州景谷縣西有石門關，此蓋楊法昌退保之地。乾運據南陰平。晉永嘉流寓，置南陰平於緜竹之葭楊。楊乾運既拔劍閣，無緣棄險退據緜竹。五代志，南梁州有陰平縣，宋之北陰平郡也。九域志，劍州東北五十五里有劍門縣，西北百六十里有陰平縣。乾運所據，其此陰平歟？若漢志之陰平道，則今之文州是也。又在西北，故以此爲南陰平。

4 辛亥，齊主祀圜丘。

5 張彪遣其將趙稜圍錢塘，孫鳳圍富春，侯景遣儀同三司田遷、趙伯超救之，稜、鳳敗走。考異曰：典略：去年十一月，「彪自圍錢塘，與趙伯超戰敗于臨平，死者八萬餘人，走還剡。伯超兄子稜在彪軍中，謀殺彪，僞請與彪盟，引小刀披心出血自歃。彪信之，亦取刀刺血報之，刀適至心，稜以手按之，刀斜入不深，彪頓絕。稜謂已死，出外告彪諸將云：『彪已死，當共求富貴。』彪左右韓武入視之，彪已蘇，細聲謂曰：『我尚活，可與手。』武遂誅稜。彪復奉表於湘東王繹。」今從太清紀。稜，伯超之兄子也。

6 癸亥，齊主耕藉田。乙丑，享太廟。

7 魏楊忠圍汝南，李素戰死。李素納邵陵王綸見上卷上年。二月，乙亥，城陷，執邵陵攜王綸，殺之，考異曰：太清紀云：「宇文泰遣忠襲綸，詐稱來相禮接，綸白服與相見，執而害之。」今從梁書、南史。投尸江岸；岳陽王詧取而葬之。

8 或告齊太尉彭樂謀反；壬辰，樂坐誅。

9 齊遣散騎常侍曹文皎使于江陵，散，悉亶翻。騎，奇寄翻。使，疏吏翻。考異曰：典略在正月丙午朔。今從太淸紀。湘東王繹使兼散騎常侍王子敏報之。

10 侯景以王克爲太師，宋子仙爲太保，元羅爲太傅，郭元建爲太尉，張化仁爲司徒，或曰：張化仁卽支化仁。【章：乙十一行本正作「支」；退齋校同。按胡刻本卷八葉作「支」。】任約爲司空，王偉爲尙書左僕射，索超世爲右僕射。索，蘇各翻。景置三公官，動以十數，儀同尤多。以子仙、元建、化仁爲佐命元功，偉、超世爲謀主，于子悅、彭儁主擊斷，斷，丁亂翻。陳慶、呂季略、盧暉略、丁和等爲爪牙。梁人爲景用者，則故將軍趙伯超，前制局監周石珍，內監嚴亶，內監，領內器仗。邵陵王記室伏知命。自餘王克、元羅及侍中殷不害、太常周弘正等，景從人望，加以尊位，非腹心之任也。

11 北兗州刺史蕭邕謀降魏，侯景殺之。

12 楊乾運進據平興，平興者，楊法琛所治也。法琛退保魚石洞，乾運焚平興而歸。五代志：義城郡景谷縣，舊曰白水，置平興郡。唐志：武德四年，以利州之景谷及龍州之方維置沙州，貞觀元年，州廢，省方維爲鎭，以景谷還屬利州。西有石門關，西北有白埧、魚老二鎭城。九域志：文州曲水縣有方維鎭。劉昫曰：利州景谷縣，漢白水縣地，宋置平興縣，隋爲景谷縣。

13李遷仕收衆還擊南康，去年李遷仕敗走，保寧都。陳霸先遣其將杜僧明等拒之，將，卽亮翻。生擒遷仕，斬之。考異曰：太清紀在四月，云「遷仕追霸先於雩都縣，連營相持百餘日。是月，廣州刺史蕭勃遣歐陽頠水步萬餘人來援，頠與戰，大破之，斬遷仕首，餘黨悉降。霸先引軍前進。」今從陳書。湘東王繹使霸先進兵取江州，以爲江州刺史。

14三月，丙午，齊襄城王淯卒。

15庚戌，魏文帝殂，年四十五。太子欽立。欽，文帝之長子也，母乙弗后。

16乙卯，徐文盛等克武昌，進軍蘆洲。蘆洲在武昌西。昔伍胥去楚出關，於江上求渡，漁父歌曰：「灼灼兮已私，與子期兮蘆之漪。」子胥既渡，解劍與之，辭不受，漁父遂覆舟而死，卽其處。水經註：漢邾縣故城，南對蘆洲。蘇軾曰：武昌縣劉郎洑正與蘆洲相對，伍子胥奔吳所從渡江也；亦曰伍洲。

17己未，齊以湘東王繹爲梁相國，建梁臺，總百揆，承制。

18齊司空司馬子如自求封王，齊主怒，庚子，免子如官。

19任約告急，侯景自帥衆西上，攜太子大器從軍以爲質，帥，讀曰率。上，時掌翻。質，音致。留王偉居守。守，手又翻。閏月，景發建康，考異曰：梁帝紀，「三月，丁未，景發京師。」典略云「閏三月，丁未。」按乙卯，徐文盛克武昌，不容丁未景已發建康。閏三月甲戌朔，無丁未。蓋字誤也。自石頭至新林，舳艫相接。舳音逐。艫，音盧。約分兵襲破定州刺史田龍祖於齊安。上卷作「田祖龍」，此作「田龍祖」，必有一誤。五代志：黃州黃岡縣，齊曰南安，置齊安郡。九域志：黃岡縣有齊安鎮。壬寅，景軍至西陽，與徐文盛夾江築壘。癸卯，文盛擊破之，射其右丞庫狄式和，墜水死，射，而亦翻。景遁走還營。

20 夏，四月，甲辰，魏葬文帝于永陵。

21 郢州刺史蕭方諸，年十五，以行事鮑泉和弱，常侮易之，易，以豉翻。或使伏牀，騎背爲馬；恃徐文盛軍在近，不復設備，日以蒱酒爲樂。復，扶又翻。蒱酒，樗蒱飲酒也。樂，音洛。侯景聞江夏空虛，夏，戶雅翻。乙巳，使宋子仙、任約帥精騎四百，由淮內襲郢州。自西陽至江夏百五十餘里，景使宋子仙等蓋由蘆洲上流渡兵以襲之。帥，讀曰率。騎，奇寄翻；下同。丙午，大風疾雨，天色晦冥，有登陴望見賊者，告泉曰：「虜騎至矣！」泉曰：「徐文盛大軍在下，賊何由得至！當是王珣軍人還耳。」既而走告者稍衆，始命閉門，子仙等已入城。方諸方踞泉腹，以五色綵辮其髯；辮，補典翻，交結也。見子仙至，方諸迎拜，泉匿于牀下；子仙俯窺見泉素髯間綵，間，古莧翻。驚愕，遂擒之，及司馬虞豫，送於景所。景因便風，中江舉帆，遂越文盛等軍，丁未，入江夏。文盛衆懼而潰，與長沙王韶等逃歸江陵。上甲侯韶，去年繹封爲長沙王。王珣、杜幼安以家在江夏，遂降於景。降，戶江翻。

湘東王繹以王僧辯爲大都督，帥巴州刺史丹楊淳于量、定州刺史杜龕、宜州刺史王琳、郴州刺史裴之橫東擊景，五代志：巴陵郡，梁置巴州。夷陵郡，梁置宜州。桂陽郡，梁置郴州。龕，苦含翻。郴，丑林翻。徐文盛以下並受節度。戊申，僧辯等軍至巴陵，自江陵至巴陵四百一十里；自巴陵至江夏三百五十里。聞郢州已陷，因留戍之。繹遺僧辯書曰：「賊既乘勝，必將西下，遺，于季翻。自江夏指江陵，當作「西上」。不勞遠擊；但守巴丘，巴丘，即巴陵，有巴丘山。以逸待勞，無慮不克。」又謂將佐曰：「賊若水步兩道，直指江陵，此上策也。據夏首，積兵糧，中策也。悉力攻巴陵，下策也。巴陵城小而固，僧辯足可委任。景攻城不拔，野無所掠，暑疫時起，食盡兵疲，破之必矣。」湘東安能料敵如此，當時作史者爲之辭耳。將，即亮翻。夏，戶雅翻。乃命羅州刺史徐嗣徽自岳陽，武州刺史杜崱自武陵引兵會僧辯。五代志：湘陰縣，梁置羅州及岳陽郡。湘陰，隋屬巴陵郡。又梁置武州於武陵郡。崱，士力翻。

景使丁和將兵五千守夏首，宋子仙將兵一萬爲前驅，趣巴陵，趣，七喻翻。分遣任約直指江陵，景帥大兵水步繼進。於是緣江戍邏，望風請服，景拓邏至于隱磯。拓，斥開也。邏，遮也，巡也。拓開巡邏以張兵勢。邏，魯可翻，又魯佐翻。水經：江水自公安而東，過下雋縣北，又東逕彭城磯北。彭城磯北對隱磯，二磯之間，大江之中也。僧辯乘城固守，偃旗臥鼓，安若無人。壬戌，景衆濟江，自隱磯濟江。考異曰：梁帝紀作「甲子」。今從太清紀。遣輕騎至城下，問：「城內爲誰？」答曰：「王領軍。」騎曰：「何不早降？」降，戶江翻。僧辯曰：「大軍但向荊州，此城自當非礙。」言兵若向荊州，此城當非遮礙。騎去。頃之，執王珣等至城下，使說其弟琳。琳曰：「兄受命討賊，不能死難，說，式芮翻。難，乃旦翻。曾不內慙，翻欲賜誘！」取弓射之，珣慙而退。誘，音酉。射，而亦翻。景肉薄百道攻城，薄，伯各翻。城中鼓譟，矢石雨下，景士卒死者甚衆，乃退。僧辯遣輕兵出戰，凡十餘返，皆捷。景被甲在城下督戰，被，皮義翻。僧辯著綬、乘輿、奏鼓吹巡城，著，陟略翻。綬，音受。吹，昌瑞翻。景望之，服其膽勇。

岳陽王詧聞侯景克郢州，遣蔡大寶將兵一萬進據武寧，五代志：竟陵郡樂鄉縣，舊置武寧郡。劉昫曰：樂鄉，漢鄀縣也，其地當在今郢州長壽縣西北。宋白曰：桓玄立武寧郡於故編縣城，其屬有長林縣，與郡俱立，分編縣所置也。遣使至江陵，詐稱赴援。使，疏吏翻。衆議欲答以侯景已破，令其退軍。湘東王繹曰：「今語以退軍，語，牛倨翻。是趣之令進也。」趣，讀曰促。乃使謂大寶曰：「岳陽累啓連和，不相侵犯，卿那忽據武寧？今當遣天門太守胡僧祐精甲二萬、鐵馬五千頓湕水，待時進軍。」詧聞之，召其軍還。湕，居偃翻。還，從宣翻，又如字。僧祐，南陽人也。

22 五月，魏隴西襄公李虎卒。

23 侯景晝夜攻巴陵，不克，軍中食盡，疾疫死傷太半。湘東王繹遣晉州刺史蕭惠正將兵援巴陵，惠正辭不堪，舉胡僧祐自代。僧祐時坐謀議忤旨繫獄，據梁書胡僧祐傳：時西沮蠻反，使僧祐討之，令盡誅其渠帥，僧祐諫，忤旨下獄。忤，五故翻。繹即出之，拜武猛將軍，令赴援，戒之曰：

「賊若水戰，但以大艦臨之，必克。艦，戶黯翻。若欲步戰，自可鼓棹直就巴丘，不須交鋒也。」僧祐至湘浦，湘水入湖之口曰浦。景遣任約帥鋭卒五千據白堉以待之。堉，及尺翻。僧祐由他路西上，上，時掌翻。約謂其畏己，急追之，及於芊口，據姚思廉梁書，芊口在南平郡安南縣界。呼僧祐曰：「吳兒，何不早降，降，戶江翻。走何所之！」僧祐不應，潛引兵至赤沙亭；水經註：澧（澧）水過作唐縣北而東，逕安南縣南，又東與赤湖水會。二縣皆屬南平郡。巴陵志：洞庭湖在巴丘西，西呑赤沙，南連青草，横亙七八百里。又有赤亭城，三面臨水，即胡僧祐所據。杜佑曰：巴陵郡西華容界有赤亭城，城近赤亭湖，因名，任約擒於此。會信州刺史陸法和至，與之合軍。法和有異術，隱於江陵百里洲，盛弘之荆州記曰：百里洲在枝江縣，縣左右有數十洲，槃布川中，百里洲最爲大。衣食居處，一如苦行沙門，苦行沙門，謂沙門能清苦守戒行者也。處，昌呂翻。行，下孟翻。或豫言吉凶，多中，中，竹仲翻。人莫能測。侯景之圍臺城也，或問之曰：「事將何如？」法和曰：「凡人取果，宜待熟時，不撩自落。」撩，落雕翻，攏取物也。固問之，法和曰：「亦克亦不克。」亦克，謂侯景取臺城；不克，謂景終於敗也。法和若設爲兩端之言，使人莫之測，而卒之言驗。及任約向江陵，法和自請擊之，繹許之。

壬寅，約至赤亭。六月，甲辰，僧祐、法和縱兵擊之，約兵大潰，殺溺死者甚衆，溺，奴狄翻。擒約送江陵。景聞之，乙巳，焚營宵遁。以丁和爲郢州刺史，留宋子仙等，衆號二萬，戍郢城；別將支化仁鎮魯山，考異曰：梁帝紀作「魏司徒張化仁」。按魏司徒安得爲景守城！今從典略。

范希榮行江州事，考異曰：典略云「江州刺史」。今從太清紀。儀同三司任延和、晉州刺史夏侯威生守晉州。梁於晉熙郡置晉州。景與麾下兵數千，順流而下。丁和以大石磕殺鮑泉及虞預，沈於黃鶴磯。磕，古盍翻。沈，持林翻。祝穆曰：黃鶴山，一名黃鵠山，在江夏縣東九里，近縣西北二里有黃鶴磯。水經註：黃鵠山東北對夏口城。黃鵠磯直鸚鵡洲之下尾。任約至江陵，繹赦之。徐文盛坐怨望，下獄死。下，遐嫁翻；下東下同。巴州刺史余孝頃遣兄子僧重將兵救鄱陽，于慶退走。余孝頃起於新吳，梁授以巴州刺史。考異曰：長曆，六月癸卯朔。太清紀，「一日慶走，二日擒任約，三日景走。」今從梁帝紀。

繹以王僧辯爲征東將軍、尚書令，胡僧祐等皆進位號，使引兵東下。陸法和請還，既至，謂繹曰：「侯景自然平矣，蜀賊將至，請守險以待之。」法和知武陵王紀必東下。乃引兵屯峽口。巫峽之口也。庚申，王僧辯至漢口，先攻魯山，擒支化仁送江陵。辛酉，攻郢州，克其羅城，斬首千級。宋子仙退據金城，僧辯四面起土山，攻之。

豫州刺史荀朗自巢湖出濡須邀景，破其後軍，荀朗起兵據巢湖，帝密詔授豫州刺史，使討景。景奔歸，船前後相失。太子船入樅陽浦，樅，七容翻。船中腹心皆勸太子因此入北，太子曰：「自國家喪敗，志不圖生，主上蒙塵，寧忍違離左右！喪，息浪翻。離，力智翻。吾今若去，是乃叛父，非避賊也。」因涕泗嗚咽，卽命前進。毛詩註：自目曰涕，自鼻曰泗。史言哀太子之孝。

甲子，宋子仙等困蹙，乞輸郢城，身還就景；王僧辯僞許之，命給船百艘以安其意。

艘，蘇刀翻。子仙謂爲信然，浮舟將發，僧辯命杜龕帥精勇千人攀堞而上，龕，苦含翻。帥，讀曰率；下同。堞，達協翻。上，時掌翻。鼓譟奄進，水軍主宋遙帥樓船，暗江雲合。言樓船四合如雲，江爲之暗。子仙且戰且走，至白楊浦，白楊浦蓋去郢城未遠。大破之，周鐵虎生擒子仙及丁和，送江陵，殺之。

24 庚午，齊主以司馬子如，高祖之舊，復以爲太尉。是年三月，齊主免子如官。復，扶又翻。

25 江安侯圓正爲西陽太守，宋白曰：江安縣，本漢江陽縣地。寬和好施，好，呼到翻。施，式智翻。歸附者衆，有兵一萬。湘東王繹欲圖之，署爲平南將軍。及至，弗見，使南平王恪與之飲，醉，因囚之內省，分其部曲，使人告其罪。荆、益之釁自此起矣。圓正，武陵王紀第二子也，爲紀東下攻繹張本。釁，許覲翻。

26 陳霸先引兵發南康，灨石舊有二十四灘，會水暴漲數丈，三百里間，巨石皆沒，霸先進頓西昌。章貢圖經曰：東江發源於汀州界之新樂山，經雩都而會于章水。西江導源於南安大庾縣之聶都山，與貢水合，會于贛水。二水合而爲贛，在州治後，北流一百八十里至萬安縣界。由萬安而上，爲灘十有八，怪石如精鐵，突兀廉厲，錯峙波面。自贛水而上，信豐、寧都俱有石磧，險阻視十八灘，故俚俗以爲上下三百里贛石。吳立西昌縣，屬廬陵郡，今在吉州太和縣界。

27 鐵勒將伐柔然，突厥酋長土門邀擊，破之，盡降其衆五萬餘落。厥，九勿翻。酋，慈秋翻。

長，知兩翻。降，戶江翻。土門恃其強盛，求婚於柔然，柔然頭兵可汗大怒，使人詈辱之曰：「爾，我之鍛奴也，突厥本柔然鐵工，故云然。可，從刊入聲。汗，音寒。詈，力智翻。何敢發是言！」土門亦怒，殺其使者，遂與之絕，而求婚於魏；魏丞相泰以長樂公主妻之。使，疏吏翻。樂，音洛。妻，七細翻。

28 秋，七月，乙亥，湘東王繹以長沙王韶監郢州事。監，工銜翻。丁亥，侯景還至建康。考異曰：典略作「六月壬戌」。太清紀作「七月二十日」。今從梁帝紀。于慶自鄱陽還豫章，侯瑱閉門拒之，慶走江州，據郭默城。走，音奏。晉將郭默反時所築城也。瑱，他甸翻，又音鎮。繹以瑱爲兗州刺史。據瑱傳，授南兗州刺史。景悉殺瑱子弟。侯景留瑱子弟爲質，見上卷上年。

辛丑，王僧辯乘勝下湓城，下，遐嫁翻。陳霸先帥所部三萬人將會之，屯于巴丘。此吳所置巴丘縣也，屬廬陵郡界。帥，讀曰率。西軍乏食，王僧辯之軍自荊州來，故謂之西軍。霸先有糧五十萬石，分三十萬石以資之。八月，壬寅朔，王僧辯前軍襲于慶，慶棄郭默城走，范希榮亦棄尋陽城走。晉熙王僧振等起兵圍郡城，僧辯遣沙州刺史丁道貴助之，魏收志：梁武帝置沙州，治白沙關城，領建寧齊安郡，當在黃州黃岡縣界。任延和等棄城走。任，音壬。湘東王繹命僧辯且頓尋陽以待諸軍之集。

29 初，景既克建康，常言吳兒怯弱，易以掩取，易，弋豉翻。當須拓定中原，然後爲帝。景尚帝女溧陽公主，嬖之，妨於政事，溧，音栗。嬖，卑義翻，又博計翻。王偉屢諫景，景以告主，主有惡言，偉恐爲所讒，因說景除帝。說，式芮翻。及景自巴陵敗歸，猛將多死，謂宋子仙之屬。將，即亮翻。自恐不能久存，欲早登大位。王偉曰：「自古移鼎，武王克商，遷九鼎于洛邑；故後之奪人之國者，率謂之移鼎。必須廢立，既示我威權，且絕彼民望。」景從之。使前壽光殿學士謝昊爲詔書，以爲「弟姪爭立，弟，謂湘東王繹、武陵王紀；姪，謂河東王譽、岳陽王詧。星辰失次，皆由朕非正緒，召亂致災，宜禪位於豫章王棟。」使呂季略齎入，逼帝書之。棟，歡之子也。華容公歡，昭明太子之子。

戊午，景遣衞尉卿彭雋等帥兵入殿，廢帝爲晉安王，幽於永福省，悉撤內外侍衞，使突騎左右守之，牆垣悉布枳棘。枳，似橘而多刺；棘，似棗而多刺。帥，讀曰率。騎，奇寄翻。枳，諸氏翻。庚申，下詔迎豫章王棟。棟時幽拘，廩餼甚薄，餼，許氣翻。仰蔬茹爲食。方與妃張氏鉏葵，葵，菜也。法駕奄至，棟驚，不知所爲，泣而升輦。

景殺哀太子大器、尋陽王大心、西陽王大鈞、建平王大球、義安王大昕及王侯在建康者二十餘人。太子神明端嶷，嶷，魚力翻。於景黨未嘗屈意，所親竊問之，太子曰：「賊若於事義，未須見殺，事義，猶言事宜也。吾雖陵慢呵叱，終不敢言。若見殺時至，雖一日百拜，亦無所益。」又曰：「殿下今居困阨，而神貌怡然，不貶平日，何也？」貶，損也。太子曰：「吾自度死日必在賊前，度，徒洛翻。若諸叔能滅賊，賊必先見殺，然後就死。若其不然，賊亦殺我以取富貴，安能以必死之命爲無益之愁乎！」及難，難，乃旦翻。太子顏色不變。徐曰：「久知此事，嗟其晚耳！」刑者將以衣帶絞之，太子曰：「此不能見殺，」命取帳繩絞之而絕。

壬戌，棟即帝位。考異曰：典略作「壬辰」，誤。今從太清紀。大赦，改元天正。太尉郭元建聞之，自秦郡馳還，謂景曰：「主上先帝太子，既無愆失，何得廢之！」景曰：「王偉勸吾，云『早除民望』。吾故從之以安天下。」元建曰：「吾挾天子，令諸侯，猶懼不濟，無故廢之，乃所以自危，何安之有！」景欲迎帝復位，以棟爲太孫。王偉曰：「廢立大事，豈可數改邪！」乃止。數，所角翻。

乙丑，景又使殺南海王大臨於吳郡，南郡王大連於姑孰，考異曰：太清紀云「於九江」。今從梁書。安陸王大春於會稽，高唐王大壯於京口。大臨時爲吳郡太守。大連時爲江州刺史，在姑熟。大春時爲東揚州刺史。姚思廉梁書「大壯」作「大莊」，始封高唐郡公，後進封新興王，時爲南徐州刺史。皆就殺之。會，工外翻。以太子妃賜郭元建，元建曰：「豈有皇太子妃乃爲人妾乎！」竟不與相見，聽使入道。

丙寅，追尊昭明太子爲昭明皇帝，豫章安王爲安皇帝，華容公歡進封豫章王，薨，謚曰安。金華敬妃爲敬太皇太后，昭明太子妃蔡氏，昭明既薨，武帝爲妃別立金華宮，供侍一同常儀，薨，謚曰敬。按敬妃已薨，只當追謚皇后以從夫，曰太皇太后，非也。豫章太妃王氏爲皇太后，妃張氏爲皇后。以劉神茂爲司空。

30 九月，癸巳，齊主如趙、定二州，五代志：趙郡大陸縣，舊曰廣同，置殷州及南鉅鹿郡，後改爲南趙郡，改殷州爲定州，治中山。遂如晉陽。

31 己亥，湘東王繹以尚書令王僧辯爲江州刺史，江州刺史陳霸先爲東揚州刺史。

32 王偉說侯景弑太宗以絕衆心，侯景尊帝廟號曰高宗；元帝追謚曰簡文皇帝，廟號太宗。說，式芮翻。景從之。冬，十月，壬寅夜，偉與左衞將軍彭儁、王脩纂進酒於太宗曰：「丞相以陛下幽憂既久，使臣等來上壽。」上，時掌翻。太宗笑曰：「已禪帝位，何得言陛下！此壽酒，將不盡此乎！」言壽將盡於此酒。於是儁等齎曲項琵琶，杜佑曰：傅玄琵琶賦云：漢遣公主嫁烏孫，念其行道思慕，故使工人裁箏筑爲馬上之樂。今觀其器，中虛外實，天地象也；盤圓柄直，陰陽敍也；柱十有二，配律呂也；四絃，法四時也。以方俗語之曰琵琶，取其易傳於外國也。風俗通云：以手琵琶，因以爲名。釋名曰：推手前曰批，引手卻曰把。杜摯云：秦人苦長城之役，絃鼗而鼓之。並未詳孰是。今清樂奏琵琶，俗謂之秦漢子，圓頭脩頸而小，疑是絃鼗之遺制。傅玄云：體圓柄直，柱十有二，其他皆兌上銳下，曲項，形制稍大，本出胡中，俗傳是漢制。兼用兩制者，謂之秦、漢。據此事，則南朝似無曲項琵琶。劉昫曰：琵琶四絃。曲項琵琶，五絃，出胡中。與太宗極飲。太宗知將見殺，因盡醉，曰：「不圖爲樂之至於斯也！」樂，音洛。既醉而寢。偉乃出，儁進土囊，脩纂坐其上而殂。年四十九。偉撤門扉爲棺，遷殯於城北酒庫中。太宗自幽縶之後，無復侍者及紙，復，扶又翻。乃書壁及板障，柱間不爲壁，以板爲障，施以丹漆，因謂之板障。爲詩及文數百篇，辭甚悽愴。愴，丑亮翻。景謚曰明皇帝，廟號高宗。

33 侯景之逼江陵也，湘東王繹求援於魏，命梁、秦二州刺史宜豐侯循以南鄭與魏，晉志：豫章郡有宜豐縣。召循還江陵。循以無故輸城非忠臣之節，考異曰：南史作「宜豐侯脩」。今從梁書。報曰：「請待改命。」魏太師泰遣大將軍達奚武將兵三萬取漢中，將，卽亮翻。又遣大將軍王雄出子午谷，攻上津。五代志：西城郡豐利縣，梁置南上洛郡，西魏改郡曰豐利，後周省郡入上津郡。唐以上津爲縣，屬商州。循遣記室參軍沛人劉璠求援於武陵王紀，璠，孚袁翻。紀遣潼州刺史楊乾運救之。循，恢之子也。鄱陽王恢，武帝之弟。

王僧辯等聞太宗殂，丙辰，啓湘東王繹，請上尊號；上，時掌翻；下復上同。考異曰：典略作「乙卯」，今從太清紀。繹弗許。

34 司空、東道行臺劉神茂聞侯景自巴丘敗還，陰謀叛景，吳中士大夫咸勸之；乃與儀同三司尹思合、劉歸義、王曄、雲麾將軍元頵等據東陽以應江陵，頵，居筠翻，又紆綸翻。遣頵及別將李占下據建德江口。五代志：東陽郡金華縣，隋廢建德縣入焉。唐武德四年，復置建德縣，分爲睦州治所。今東陽江、新安江合於州城南十里。將，卽亮翻。張彪攻永嘉，克之。新安民程靈洗起兵據郡以應神茂。於是浙江以東皆附江陵。湘東王繹以靈洗爲譙州刺史，領新安太守。程靈洗，字玄滌。洗，讀如字。湘東以刺史寵靈洗，實領新安太守職。

35 十一月，乙亥，王僧辯等復上表勸進，復，扶又翻。湘東王繹不許。戊寅，繹以湘州刺史安南侯方矩爲中衛將軍以自副。考異曰：梁書在八月辛亥。今從太清紀。方矩，方諸之弟也。以南平王恪爲湘州刺史。侯景以趙伯超爲東道行臺，據錢塘；以田遷爲軍司，據富春；以李慶緒爲中軍都督，謝答仁爲右廂都督，李遵爲左廂都督，以討劉神茂。

36 己卯，加侯景九錫，漢國置丞相以下官。己丑，豫章王棟禪位于景，景卽皇帝位于南郊。還，登太極殿，其黨數萬，皆吹脣呼譟而上。上，時掌翻。大赦，改元太始。封棟爲淮陰王，并其二弟橋、樛同鎖於密室。樛，居虯翻。

王偉請立七廟，景曰：「何謂七廟？」偉曰：「天子祭七世祖考。」并請七世諱，景曰：「前世吾不復記，唯記我父名標；且彼在朔州，那得來噉此！」侯景本懷朔鎮人，魏改懷朔鎮爲朔州。衆咸笑之。景黨有知景祖名乙羽周者；自外皆王偉制其名位，追尊父標爲元皇帝。

景之作相也，以西州爲府，文武無尊卑皆引接；及居禁中，非故舊不得見，由是諸將多怨望。將，卽亮翻。景好獨乘小馬，彈射飛鳥，好，呼到翻。彈射飛鳥，北俗也。彈，徒丹翻。射，而亦翻。王偉每禁止之，不許輕出。景鬱鬱不樂，樂，音洛。更成失志，曰：「吾無事爲帝，與受擯不殊。」擯，棄也。擯斥者不得預人事，故景以爲言。

37 壬辰，湘東王以長沙王韶爲郢州刺史。

38 益州長史劉孝勝等勸武陵王紀稱帝，紀雖未許，而大造乘輿車服。乘輿車服，天子之車服也。乘，繩證翻。

39 十二月，丁未，謝答仁、李慶緒攻建德，擒元頵、李占送建康，景截其手足以徇，經日乃死。

40 齊主每出入，常以中山王自隨，王妃太原公主恆爲之飲【章：十二行本「飲」上有「嘗」字；乙十一行本同；孔本同；張校同。】食，護視之。太原公主，勃海王歡之女。恆，戶登翻。爲，于僞翻。飲，於禁翻；下同。食，祥吏翻。是月，齊主飲公主酒，使人鴆中山王，殺之，并其三子，諡王曰魏孝靜皇帝，葬於鄴西漳北。其後齊主忽掘其陵，投梓宮於漳水。齊主初受禪，魏神主悉寄於七帝寺，以寄魏七廟神主，故謂之七帝寺。至是，亦取焚之。

彭城公元韶以高氏壻，元韶娶魏孝武帝后，高歡之女也。寵遇異於諸元。開府儀同三司美陽公元暉業魏濟陰王暉業，齊受禪，降封美陽公。以位望隆重，又志氣不倫，尤爲齊主所忌，從齊主在晉陽。暉業於宮門外罵韶曰：「爾不及一老嫗，負璽與人。嫗，威遇翻。韶奉璽於齊，見上卷上年。璽，斯氏翻。何不擊碎之！我出此言，知卽死，爾亦詎得幾時！」齊主聞而殺之，及臨淮公元孝友，皆鑿汾水冰，沈其尸。孝友，彧之弟也。彧，魏臨淮王。沈，持林翻。齊主嘗剃元韶鬢鬚，加之粉黛以自隨，曰：「吾以彭城爲嬪御。」言其懦弱如婦人也。剃，他計翻。嬪，毗賓翻。懦，奴亂翻。

世祖孝元皇帝上諱繹，字世誠，小字七符，武帝第七子也。

承聖元年（壬申、五五二）是年十一月方卽位改元。

1春，正月，湘東王以南平內史王褒爲吏部尚書。褒，騫之孫也。王騫，儉之子。

2齊人屢侵侯景邊地，甲戌，景遣郭元建帥步軍趣小峴，帥，讀曰率；下同。趣，七喩翻。峴，戶典翻。侯子鑒帥舟師向濡須，己卯，至合肥；考異曰：典略：「二月庚子，子鑒等圍合肥，克其羅城。」今從太清紀。齊人閉門不出，乃引還。

3丙申，齊主伐庫莫奚，大破之，俘獲四千人，雜畜十餘萬。畜，許又翻。

齊主連年出塞，給事中兼中書舍人唐邕練習軍書，自督將以降勞効本末及四方軍士強弱多少，番代往還，器械精粗，將，卽亮翻。少，詩沼翻。粗，倉乎翻。糧儲虛實，靡不諳悉。諳，烏含翻。或於帝前簡閱，雖數千人，不執文簿，唱其姓名，未嘗謬誤。帝常曰：「唐邕強幹，一人當千。」又曰：「邕每有軍事，手作文書，口且處分，處，昌呂翻。分，扶問翻。耳又聽受，實異人也！」寵待賞賜，羣臣莫及。

4魏將王雄取上津、魏興，東梁州刺史安康李遷哲軍敗，降之。五代志：西城郡安康縣，舊曰寧都，齊置安康郡，後魏置東梁州。按蕭子顯齊書，安康、寧都二縣，皆齊所置。魏收曰：安康縣，漢時漢中郡之安陽縣也。將，卽亮翻。降，戶江翻。

5突厥土門襲擊柔然，大破之。柔然頭兵可汗自殺，厥，居勿翻。可，從刊入聲。汗，音寒。其太子菴羅辰及阿那瓌從弟登注俟利、登注子庫提並帥衆奔齊，餘衆復立登注次子鐵伐爲主。從，才用翻。帥，讀曰率；下同。復，扶又翻。土門自號伊利可汗，號其妻爲可賀敦，子弟謂之特勒，考異曰：諸書或作「特勤」。今從劉昫舊唐書及宋祁新唐書。別將兵者皆謂之設。

6湘東王命王僧辯等東擊侯景，二月，庚子，諸軍發尋陽，舳艫數百里。陳霸先帥甲士三萬，舟艦二千，自南江出湓口，會僧辯於白茅灣，贛水，謂之南江，過彭澤縣，西注于彭蠡，北入于江。白茅灣在桑落州西。南史王僧辯傳：霸先帥衆五萬，出自南江，前軍五千，行至湓口。蓋水陸俱下也。帥，讀曰率。築壇歃血，歃，色甲翻。共讀盟文，流涕慷慨。癸卯，僧辯使侯瑱襲南陵、鵲頭二戍，克之。戊申，僧辯等軍于大雷；丙辰，發鵲頭。戊午，侯子鑒還至戰鳥，子鑒蓋自合肥還。杜佑曰：宣州南陵縣有鵲洲，有戰鳥圻，孤在江中，本名孤圻。昔桓溫舉兵東下，住此圻，中宵鳥驚，溫謂官軍圍之，既而定。以羣鳥驚噪，因名戰鳥。唐顧況集有題靈山寺詩，下註：戰鳥蓋戰鳥圻，後爲靈山寺。西軍奄至，子鑒驚懼，奔還淮南。淮南，今太平州當塗之地。

7侯景儀同三司謝答仁攻劉神茂於東陽，程靈洗、張彪皆勒兵將救之，神茂欲專其功，不許，營於下淮。或謂神茂曰：「賊長於野戰，下淮地平，四面受敵，不如據七里瀨。七里瀨在桐廬縣，距建德四十餘里，與嚴陵瀨相接。賊必不能進。」不從。神茂偏裨多北人，不與神茂同心，別將王曄、酈通並據外營，降於答仁，劉歸義、尹思合等棄城走。神茂孤危，辛未，亦降於答仁，降，戶江翻。答仁送之建康。

8癸酉，王僧辯等至蕪湖，侯景守將張黑棄城走。景聞之，甚懼，下詔赦湘東王繹、王僧辯之罪，衆咸笑之。侯子鑒據姑孰南洲以拒西師，景遣其黨史安和等將兵二千助之。三月，己巳朔，景下詔欲自至姑孰，又遣人戒子鑒曰：「西人善水戰，勿與爭鋒；往年任約之敗，良爲此也。去年景與徐文盛水戰，亦敗走，不特任約也，以故畏之。爲，于僞翻。若得步騎一交，必當可破，汝但結營岸上，引船入浦以待之。」子鑒乃捨舟登岸，閉營不出。僧辯等停軍蕪湖十餘日，景黨大喜，告景曰：「西師畏吾之強，勢將遁矣，不擊，且失之。」景乃復命子鑒爲水戰之備。復，扶又翻。

丁丑，僧辯至姑孰，子鑒帥步騎萬餘人渡洲，於岸挑戰，又以鵃䑠千艘載戰士。類篇曰：鵃䑠，船長貌。玉篇曰：鵃䑠，小船也。集韻：鵃，丁了翻。䑠，朗鳥翻。按王僧辯傳：鵃䑠，其中載士，兩邊悉八十棹，棹手皆越人，去來趣襲，捷過風電。蓋今之水哨馬即其類。考異曰：典略作「烏鵲舫千艘」。今從梁書。僧辯麾細船皆令退縮，留大艦夾泊兩岸。子鑒之衆謂水軍欲退，爭出趨之；趨，七喻翻。大艦斷其歸路，斷，音短。鼓譟大呼，合戰中江，呼，火故翻。子鑒大敗，士卒赴水死者數千人。子鑒僅以身免，收散卒走還建康，據東府。僧辯留虎臣將軍莊丘慧達鎮姑孰，引軍而前，歷陽戍迎降。降，戶江翻。景聞子鑒敗，大懼，涕下覆面，覆，敷又翻。引衾而卧，良久方起，歎曰：「誤殺乃公！」

庚辰，僧辯督諸軍至張公洲，張公洲，即蔡州。考異曰：典略作「戊寅」。今從太清紀。辛巳，乘潮入淮，進至禪靈寺前。禪靈寺，齊武帝所建。景召石頭津主張賓，使引淮中舣艕及海艟，舣，音叉。艕，蒲故翻。方言。船短而深謂之艕。艟，尺庸翻。以石縋之，塞淮口；縋，馳僞翻。塞，悉則翻。緣淮作城，自石頭至于朱雀街，十餘里中，樓堞相接。堞，達協翻。僧辯問計於陳霸先，霸先曰：「前柳仲禮數十萬兵隔水而坐，韋粲在青溪，竟不渡岸，賊登高望之，表裏俱盡，故能覆我師徒。事見一百六十二卷武帝太清三年。今圍石頭，須渡北岸。諸將若不能當鋒，霸先請先往立栅。」壬午，霸先於石頭西落星山築栅，考異曰：陳書云，「横隴立栅」。今從典略。衆軍次連八城，直出石頭西北。景恐西州路絶，自帥侯子鑒等亦於石頭東北築五城以遏大路。帥，讀曰率。景使王偉守臺城。乙酉，景殺湘東王世子方諸、前平東將軍杜幼安。

9 劉神茂至建康，丙戌，景命爲大剉碓，先進其足，寸寸斬之，以至於頭。劉神茂始導侯景取壽陽，及其渡江，又爲爪牙，東南之禍，神茂實爲之，其死晚矣！大剉碓者，爲大剉刀，發機如碓，使之踏之。碓，都內翻。留異外同神茂而潛通於景，故得免禍。

10 丁亥，王僧辯進軍招提寺北，招提寺在石頭城北。侯景帥衆萬餘人、鐵騎八百餘匹陳於西州之西。陳，讀曰陣；下志陳、衝陳、陳皆同。陳霸先曰：「我衆賊寡，應分其兵勢，以強制弱；何故聚其鋒鋭，令致死於我！」乃命諸將分處置兵。景衝將軍王僧志陳，僧志小縮，霸先遣將軍安陸徐度將弩手二千橫截其後，弩矢之力，可以及遠，橫截其後，箭鋒所到，敵必驚卻。景兵乃卻。霸先與王琳、杜龕等以鐵騎乘之，僧辯以大兵繼進，景兵敗退，據其栅。龕，岸之兄子也。杜岸死於太清三年荆、雍構難之時。龕，岸兄岑之子。龕，苦含翻。景儀同三司盧暉略守石頭城，開北門降，降，戶江翻。僧辯入據之。景與霸先殊死戰，景帥百餘騎，棄矟執刀，左右衝陳；矟，色角翻。陳不動，衆遂大潰，諸軍逐北至西明門。西明門，建康外城西中門。

景至闕下，不敢入臺，召王偉責之曰：「爾令我爲帝，今日誤我！」偉不能對，繞闕而藏。景欲走，偉執鞚諫曰：鞚，苦貢翻。「自古豈有叛天子邪！宮中衞士，猶足一戰，棄此，將欲安之！」景曰：「我昔敗賀拔勝，見一百五十六卷武帝中大通六年。敗，補邁翻。破葛榮，見一百五十二卷大通二年。揚名河、朔，渡江平臺城，降柳仲禮如反掌；見一百六十有二卷太清三年。降，戶江翻。今日天亡我也！」因仰觀石闕，歎息久之。以皮囊盛其江東所生二子，盛，時征翻。景至建康所生子也。掛之鞍後，與房世貴等百餘騎東走，欲就謝答仁於吳。侯子鑒、王偉、陳慶奔朱方。

僧辯命裴之橫、杜龕屯杜姥宅，杜崱入據臺城。僧辯不戢軍士，剽掠居民。男女裸露，姥，莫補翻。崱，士力翻。戢，則立翻。剽，匹妙翻。裸，郎果翻。自石頭至于東城，號泣滿道。號，戶刀翻。是夜，軍士遺火，焚太極殿及東西堂，寶器、羽儀、輦輅無遺。史言王僧辯御軍無法，失伐罪弔民、肅清禁輦之意。

戊子，僧辯命侯瑱等帥精甲五千追景。王克、元羅等帥臺內舊臣迎僧辯於道，僧辯勞克曰：勞，力到翻。「甚苦，事夷狄之君。」克不能對。又問：「璽紱何在？」璽，斯氏翻。紱，音弗。克良久曰：「趙平原持去。」侯景侍中趙思賢兼平原太守。僧辯曰：「王氏百世卿族，一朝而墜。」僧辯迎太宗梓宮升朝堂，帥百官哭踊如禮。朝，直遙翻。

己丑，僧辯等上表勸進，上，時掌翻。考異曰：梁帝紀：「戊子，王以賊平，告明堂、太社。己丑，僧辯等奉表。」按表文云：「衆軍以戊子總集建康，」豈是日告捷，即能達江陵乎！蓋僧辯等以己丑日發表勸進耳。且迎都建業。湘東王答曰：「淮海長鯨，雖云授首；襄陽短狐，未全革面。禹貢曰：淮海惟揚州。長鯨，謂侯景。古者伐國，取其鯨鯢以爲大戮。岳陽王詧據襄陽，與湘東爲敵，故斥爲短狐。短狐，蜮也，含沙射人，中之者死。易曰：小人革面。太平玉燭，爾乃議之。」爾雅：春爲青陽，夏爲朱明，秋爲白藏，冬爲玄英；四時和謂之玉燭。釋云：此釋太平之時，四氣和暢，以致嘉祥之事也。云春爲青陽者，言春之氣和則青而溫陽也。云夏爲朱明者，言夏之氣和則赤而光明也。云秋爲白藏者，言秋之氣和則白而收藏也。云冬爲玄英者，言冬之氣和則黑而清英也。四時和謂之玉燭者，言四時和氣，溫潤明照，故謂之玉燭。李巡云：人君德美如玉而明若燭。聘義：君子比德於玉焉。是時人君若德輝動於內，則和氣應於外，統而言之，謂之玉燭。

庚寅，南兗州刺史郭元建，秦郡戍主郭正買，侯景以廣陵爲南兗州，因南朝之舊也。陽平戍主魯伯和，行南徐州事郭子仲，並據城降。降，戶江翻。

僧辯之發江陵也，啓湘東王曰：「平賊之後，嗣君萬福，未審何以爲禮？」王曰：「六門之內，自極兵威。」臺城六門，大司馬門、萬春門、東華門、西華門、太陽門、承明門。僧辯曰：「討賊之謀，臣爲己任，成濟之事，請別舉人。」成濟弒魏高貴鄉公。王僧辯欲避弒君之惡名，故云。王乃密諭宣猛將軍朱買臣，使爲之所。及景敗，太宗已殂，豫章王棟及二弟橋、樛相扶出於密室，樛，居虯翻。逢杜崱於道，爲去其鎖。二弟曰：「今日始免橫死矣！」爲，于僞翻。去，羌呂翻。橫，戶孟翻。棟曰：「倚伏難知，吾猶有懼！」賈誼鵩賦曰：禍兮福所倚，福兮禍所伏。辛卯，遇朱買臣，呼之就船共飲，未竟，並沈於水。沈，持林翻。

僧辯遣陳霸先將兵向廣陵受郭元建等降，又遣使者往安慰之。將，卽亮翻。降，戶江翻。

使，疏吏翻。諸將多私使別索馬仗，索，山客翻。會侯子鑒渡江至廣陵，謂元建等曰：「我曹，梁之深讎，何顏復見其主！復，扶又翻。不若投北，可得還鄉。」遂皆降齊。霸先至歐陽，齊行臺辛術已據廣陵。

王偉與侯子鑒相失，直瀆戍主黃公喜獲之，送建康。孫盛晉春秋曰：直瀆在方山。王安石詩：「山蟠直瀆輸淮口。」陸游曰：直瀆，吳孫氏所開。溫庭筠過吳景帝陵詩：「虛開直瀆三千里，青蓋何曾到洛陽。」按侯子鑒、王偉已渡江，此非方山之直瀆也。沈約志：盱眙太守管下有直瀆，今晉安帝立縣。王僧辯問曰：「卿爲賊相，不能死節，而求活草間邪？」偉曰：「廢興，命也。使漢帝早從偉言，明公豈有今日！」謂臺城之破，僧辯已降，侯景縱還竟陵，使有今日。偉之此言，亦以愧僧辯也。尚書左丞虞騭嘗爲偉所辱，乃唾其面。偉曰：「君不讀書，不足與語。」騭慙而退。騭，之日翻。唾，吐臥翻。僧辯命羅州刺史徐嗣徽鎮朱方。

壬辰，侯景至晉陵，得田遷餘兵，田遷東攻劉神茂，有餘兵在晉陵。因驅掠居民，東趨吳郡。趨，七喻翻。

11 夏，四月，齊主使大都督潘樂與郭元建將兵五萬攻陽平，拔之。

12 王僧辯啓陳霸先鎮京口。考異曰：陳紀：「高祖應接郭元建還，僧辯啓高祖鎮京口。」按是時徐嗣徽爲南徐州刺史；蓋霸先但領兵戍京口耳，未爲刺史也。

13益州刺史、太尉武陵王紀，頗有武略，在蜀十七年，南開寧州、越巂，西通資陵、吐谷渾，內脩耕桑鹽鐵之政，外通商賈遠方之利，巂，音髓。吐，從暾入聲。谷，音浴。賈，音古。故能殖其財用，器甲殷積，有馬八千匹。聞侯景陷臺城，湘東王將討之，謂僚佐曰：「七官文士，豈能匡濟！」湘東於兄弟次第七，故呼爲七官。內寢柏殿柱繞節生花，紀以爲己瑞。乙巳，卽皇帝位，改元天正，立子圓照爲皇太子，圓正爲西陽王，圓滿爲竟陵王，圓普爲譙王，圓肅爲宜都王。以巴西、梓潼二郡太守永豐侯撝爲征西大將軍、益州刺史，封秦郡王。吳立永豐縣，屬始安郡。撝，吁爲翻。司馬王僧略、直兵參軍徐怦固諫，不從。怦，普耕翻。僧略，僧辯之弟；怦，勉之從子也。徐勉，梁初賢相。從，才用翻。

初，臺城之圍，怦勸紀速入援，紀意不欲行，內銜之。會蜀人費合告怦反，怦有與將帥書云：「事事往人口具。」紀卽以爲反徵，費，扶沸翻。將，卽亮翻。帥，所類翻。徵，讀曰證。謂怦曰：「以卿舊情，當使諸子無恙。」恙，余亮翻。對曰：「生兒悉如殿下，留之何益！」以譏切紀不能救君父。紀乃盡誅之，梟首於市，梟，堅堯翻。亦殺王僧略。永豐侯撝歎曰：「王事不成矣！善人，國之基也，今先殺之，不亡何待！」

紀徵宜豐侯諮議參軍劉璠爲中書侍郎，璠，孚袁翻。使者八反，乃至。紀令劉孝勝深布腹心，璠苦求還。中記室韋登私謂璠曰：「殿下忍而蓄憾，足下不留，將致大禍，孰若共構大夏，【章：十二行本作「廈」；乙十一行本同；孔本同。】使身名俱美哉！」夏，戶雅翻。璠正色曰：「卿欲緩頰於我邪？緩頰，說也。漢高帝謂酈食其曰：緩頰往說魏王豹。我與府侯分義已定，府侯，謂宜豐侯循。分，扶問翻。豈以夷險易其心乎！殿下方布大義於天下，終不逞志於一夫。」紀知必不爲己用，乃厚禮遣之。以宜豐侯循爲益州刺史，封隨郡王，以璠爲循府長史、蜀郡太守。

14 謝答仁討劉神茂還，至富陽，聞侯景敗走，帥萬人欲北出候之，帥，讀曰率。趙伯超據錢塘拒之。侯景進至嘉興，沈約曰：嘉興，本名長水，秦改曰由拳。吳孫權黃龍四年，由拳縣生嘉禾，改曰禾興；孫晧避父名，改曰嘉興；今秀州是也，北至吳郡一百五十五里。聞伯超叛之，乃退據吳。己酉，侯瑱追及景於松江，松江，在今吳縣，一名笠澤，在吳縣南四十里。景猶有船二百艘，衆數千人，艘，蘇遭翻。瑱進擊，敗之，敗，補邁翻。擒彭儁、田遷、房世貴、蔡壽樂、王伯醜。樂，音洛。瑱生剖儁腹，抽其腸，儁猶不死，手自收之，乃斬之。

景與腹心數十人單舸走，推墮二子於水，舸，古我翻。推，吐雷翻。將入海，瑱遣副將焦僧度追之。將，即亮翻。景納羊侃之女爲小妻，以其兄鵾爲庫直都督，待之甚厚；鵾隨景東走，與景所親王元禮、謝葳蕤密圖之。葳蕤，答仁之弟也。景下海，欲向蒙山，景自滬瀆下海。魏收志：東安郡新泰縣有蒙山。景欲浮海趣山東，復入北也。葳，音威。蕤，如佳翻。己卯，景晝寢，鵾語海師：海師，習知海道者也。語，牛倨翻。「此中何處有蒙山，汝但聽我處分。」處，昌呂翻。分，扶問翻。

遂直向京口。至胡豆洲，景覺，大驚；問岸上人，云「郭元建猶在廣陵」，景大憙，覺，古孝翻。憙，與喜同。將依之。鵾拔刀，叱海師向京口，考異曰：典略云，「舟人李横文紿景向南徐州」，今從梁書。因謂景曰：「吾等爲王効力多矣，爲，于僞翻。今至於此，終無所成，欲就乞頭以取富貴。」景未及答，白刃交下。景欲投水，鵾以刀斫之。景走入船中，以佩刀抉船底，抉船底，欲入水。抉，一決翻。鵾以矟刺殺之。矟，色角翻。刺，七亦翻。尚書右僕射索超世在別船，葴蕤以景命召而執之。南徐州刺史徐嗣徽斬超世，王偉、索超世，景之謀主也。索，蘇各翻。以鹽內景腹中，送其尸於建康。僧辯傳首江陵，截其手，使謝葴蕤送於齊；暴景尸於市，士民爭取食之，并骨皆盡；溧陽公主亦預食焉。考異曰：典略云，「復烹溧陽公主」，今從南史。初，景之五子在北齊，世宗剝其長子面而烹之，幼者皆下蠶室。長，知兩翻。下，遐嫁翻。齊顯祖卽位，夢獼猴坐其御牀，乃盡烹之。趙伯超、謝答仁皆降於侯瑱，瑱并田遷等送建康。王僧辯斬房世貴於市，送王偉、呂季略、周石珍、嚴亶、趙伯超、伏知命於江陵。

丁巳，湘東王下令解嚴。

15 乙丑，葬簡文帝于莊陵，廟號太宗。

16 侯景之敗也，以傳國璽自隨，璽，斯氏翻。使其侍中兼平原太守趙思賢掌之，曰：「若我死，宜沈於江，勿令吳兒復得之。」思賢自京口濟江，遇盜，從者棄之草間，沈，持林翻。復，扶又翻。從，才用翻。至廣陵，以告郭元建。元建取之，以與辛術，壬申，術送之至鄴。

17 甲申，齊以吏部尚書楊愔爲右僕射，以太原公主妻之。愔，於今翻。妻，七細翻。公主，卽魏孝靜帝之后也。

18 楊乾運至劍北，劍北，劍閣之北也。魏達奚武逆擊之，大破乾運於白馬，陳其俘馘於南鄭城下，且遣人辱宜豐侯循。循怒，出兵與戰，都督楊紹伏兵擊之，殺傷殆盡。劉璠還至白馬西，劉璠自成都還。魏收志：華陽郡沔陽縣有白馬城。宜豐侯循傳：璠見禽於嶓冢。嶓冢縣亦屬華陽郡。五代志：漢中郡西縣舊曰嶓冢。爲武所獲，送長安。太師泰素聞其名，待之如舊交。時南鄭久不下，武請屠之，泰將許之。璠請之於朝，朝，謂魏朝也。朝，直遙翻。泰怒，不許；璠泣請不已，泰曰：「事人當如是。」乃從其請。

19 五月，庚午，司空南平王恪等復勸進，復，扶又翻。湘東王猶不受，遣侍中豐城侯泰謁山陵，沈約志：豫章豐城縣，吳立，曰富城，晉武帝更名。考異曰：梁書在四月，官爲司空。太清紀在此月，官太宰。今從梁書。脩復廟社。

戊寅，侯景首至江陵，梟之於市三日，梟，堅堯翻。煮而漆之，以付武庫。庚辰，以南平王恪爲揚州刺史。甲申，以王僧辯爲司徒、鎭衞將軍，封長寧公。鎭衞將軍，梁定二百四十號，其班穹矣。僧辯元功，必封長寧郡公。長寧郡，晉安帝置，屬荆州。陳霸先爲征虜將軍、開府儀同三司，封長城縣侯。賞平侯景之功也。霸先，長城縣人也。杜佑曰：湖州長城縣，吳王闔閭遣弟夫槩築城，狹而長，晉武帝太康三年置。

乙酉，誅侯景所署尚書僕射王偉、左民尚書呂季略、少府周石珍、舍人嚴亶於市。趙伯超、伏知命餓死於獄。以謝答仁不失禮於太宗，特宥之。王偉於獄中上五百言詩，五百言詩，今之五十韻詩也。上，時掌翻。湘東王愛其才，欲宥之；有嫉之者，言於王曰：「前日偉作檄文甚佳。」王求而視之，檄云：「項羽重瞳，尚有烏江之敗；重，直龍翻。湘東一目，寧爲赤縣所歸！」王大怒，釘其舌於柱，釘，丁定翻。剜腹、臠肉而殺之。剜，烏丸翻。王偉，侯景之所取計者也；自圍臺城以至於移梁祚，屠蕭氏以及其臣民，皆偉之謀。帝忘其父子兄弟之讎，乃愛其才而欲宥之，發怒於檄文而後誅之，失刑甚矣！

20 丙戌，齊合州刺史斛斯昭攻歷陽，拔之。

21 丁亥，下令，以「王偉等既死，自餘衣冠舊貴，被逼偷生，被，皮義翻。猛士勳豪，和光苟免者，皆不問。」

22 扶風民魯悉達，糾合鄉人以保新蔡，陳書：魯悉達，扶風人，祖父至悉達皆仕於齊、梁。沈約宋志：江州所部有南新蔡郡，不言僑置之地，但云去京都水行一千三百七十六里有餘。以水程約言之，南新蔡郡當置於今蘄州界。五代志：蘄州黃梅縣，舊曰永興，隋開皇初，改曰新蔡，蓋因南新蔡郡以名縣也。劉昫曰：黃梅縣，宋分置新蔡郡。力田蓄穀。時江東饑亂，餓死者什八九，遺民攜老幼歸之。悉達分給糧廩，全濟甚衆，招集晉熙等五郡，盡有其地。使其弟廣達將兵從王僧辯討侯景，將，卽亮翻；下同。景平，以悉達爲北江州刺史。魏收志：梁武帝置北江州，治鹿城關，領義陽、齊昌、新昌、梁安、齊興郡。五代志：黃州木蘭縣，梁置北江州，唐併木蘭入黃岡縣。

23 齊主使其散騎常侍曹文皎等來聘，湘東王使散騎常侍柳暉等報之，且告平侯景；亦遣舍人魏彥告于魏。

24 齊主使潘樂、郭元建將兵圍秦郡，行臺尚書辛術諫曰：「朝廷與湘東王信使不絕。使，疏吏翻。陽平，侯景之土，取之可也；今王僧辯已遣嚴超達守秦郡，於義何得復爭之！復，扶又翻。且水潦方降，不如班師。」弗從。陳霸先命別將徐度引兵助秦郡固守。齊衆七萬，攻之甚急。王僧辯使左衞將軍杜崱救之，霸先亦自歐陽來會；與元建大戰於士林，大破之，士林在六合縣界。斬首萬餘級，生擒千餘人。元建收餘衆北遁；猶以通好，不窮追也。好，呼到翻。

辛術遷吏部尚書。自魏遷鄴以後，大選之職，知名者數人，吏部選爲大選。選，須絹翻。互有得失：齊世宗少年高朗，所弊者疏；袁叔德沈密謹厚，所傷者細；少，詩照翻。沈，持林翻。楊愔風流辯給，取士失於浮華。唯術性尚貞明，取士必以才器，循名責實，新舊參舉，管庫必擢，門閥不遺，閥，音伐。說文：閥閱，自序也。史記：明其等曰閥，積其功曰閱。此所謂門閥者，直言世家子弟門地素高者耳。又說：門在左曰閥，在右曰閱。考之前後，最爲折衷。衷，陟仲翻。

25 魏達奚武遣尙書左丞柳帶韋入南鄭，說宜豐侯循曰：說，式芮翻。「足下所固者險，所恃者援，所保者民。今王旅深入，所憑之險不足固也；白馬破走，酋豪不進，謂楊乾運也。酋，慈秋翻。所望之援不可恃也；長圍四合，所部之民不可保也。且足下本朝喪亂，社稷無主，欲誰爲爲忠乎？朝，直遙翻。喪，息浪翻。誰爲之爲，于僞翻。豈若轉禍爲福，使慶流子孫邪！」循乃請降。降，戶江翻。帶韋，慶之子也。柳慶見一百六十一卷武帝太淸二年。開府儀同三司賀蘭德願聞城中食盡，請攻之，大都督赫連達曰：「不戰而獲城，策之上者，豈可利其子女，貪其貨財，而不愛民命乎！且觀其士馬猶強，城池尙固，攻之縱克，則彼此俱傷；如困獸猶鬭，左傳吳夫槩王之言。則成敗未可知也。」武曰：「公言是也。」乃受循降，獲男女二萬口而還。還，從宣翻，又如字。於是劍北皆入於魏。

26 六月，丁未，齊主還鄴；乙卯，復如晉陽。復，扶又翻。

27 庚寅，立安南侯方矩爲王太子。

28 齊遣散騎常侍謝季卿來賀平侯景。

29 衡州刺史王懷明作亂，廣州刺史蕭勃討平之。

30 齊政煩賦重，江北之民不樂屬齊，其豪傑數請兵於王僧辯，僧辯以與齊通好，皆不許。樂，音洛。數，所角翻。好，呼到翻。秋，七月，廣陵僑人朱盛等僑人，本非廣陵人而僑居廣陵者。潛聚黨數千人，謀襲殺齊刺史溫仲邕，遣使求援於陳霸先，使，疏吏翻；下使未同。云已克其外城。霸先使告僧辯，僧辯曰：「人之情僞，未易可測，易，弋豉翻。若審克外城，亟須應援，如其不爾，無煩進軍。」使未報，霸先已濟江，僧辯乃命武州刺史杜崱等助之。會盛等謀泄，霸先因進軍圍廣陵。

31 八月，魏安康人黃衆寶反，攻魏興，執太守柳檜，進圍東梁州。梁置南梁州於西城郡，西魏改曰東梁州；西城，古魏興郡治所。魏收志：後魏太延五年，別置魏興郡於上洛郡界，帶陽亭縣，屬洛州；洛州，後改爲商州。令檜誘說城中，誘，音酉。說，式芮翻。檜不從而死。檜，虯之弟也。柳虯，柳慶之兄，見二百五十一卷武帝大同三年。太師泰遣王雄與驃騎大將軍武川宇文虯討之。驃，匹妙翻。騎，奇寄翻。

32 武陵王紀舉兵由外水東下，以永豐侯撝爲益州刺史，守成都，使其子宜都王圓肅副之。

33 九月，甲戌，司空南平王恪卒。甲申，以王僧辯爲揚州刺史。

34 齊主使告王僧辯、陳霸先曰：「請釋廣陵之圍，必歸廣陵、歷陽兩城。」霸先引兵還京口，江北之民從霸先濟江者萬餘口。湘東王以霸先爲征北大將軍、開府儀同三司、南徐州刺史，徵霸先世子昌霸先封長城縣侯，昌爲世子。及兄子頊詣江陵，以昌爲散【章：十二行本「散」上有

「員外」二字；乙十一行本同；孔本同；張校同。】騎常侍，項爲領直。梁宿衞之官有四廂領直，蓋領直衞之士，因以名官。爲昌、項陷魏張本。

35 宜豐侯循之降魏也，丞相泰許其南還，久而未遣，從容問劉璠曰：從，千容翻。「我於古誰比？」對曰：「璠常以公爲湯、武，今日所見，曾桓、文之不如！」泰曰：「我安敢比湯、武，庶幾望伊、周，何至不如桓、文！」對曰：「齊桓存三亡國，左傳：宋司馬子魚曰：齊桓存三亡國以屬諸侯。杜預註曰：三亡國，魯、衞、邢。晉文公不失信於伐原。」語未竟，泰撫掌曰：「我解爾意，解，戶買翻。欲激我耳。」乃謂循曰：「王欲之荆，爲之益？」武陵王紀封循爲隨郡王，故以王稱之。循請還江陵，泰厚禮遣之。考異曰：典略云：「十月，乙未朔，太祖謂循」云云。按太清紀，是月循至江陵，今從之。循以文武千家自隨，湘東王疑之，遣使覘察，相望於道；使，疏吏翻。覘，丑廉翻，又丑豔翻。始至之夕，命劫竊其財，及旦，循啓輸馬仗，王乃安之，引入，對泣，以循爲侍中、驃騎將軍、開府儀同三司。

36 冬，十月，齊主自晉陽如離石，自黃櫨嶺起長城，北至社平戍，四百餘里，置三十六戍。此長城蓋起於唐石州，北抵武州之境。櫨，音盧。「社平」，齊紀作「社子」。按斛律金傳：黃櫨嶺在烏突戍東。

37 戊申，湘東王執湘州刺史王琳於殿中，殺其副將殷晏。琳本會稽兵家，將，卽亮翻。會，工外翻。其姊妹皆入王宮，故琳少在王左右。琳好勇，王以爲將帥。琳傾身下士，少，詩照翻。好，呼到翻。帥，所類翻。下，遐嫁翻；下王下同。所得賞賜，不以入家。麾下萬人，多江、淮羣盜，從王僧辯平侯景，與杜龕功居第一。龕，苦含翻。在建康，恃寵縱暴，僧辯不能禁。僧辯以宮殿之燒，謂軍人遺火焚太極殿及東、西堂也。恐得罪，欲以琳塞責，塞，悉則翻。乃密啓王，請誅琳。王以琳爲湘州，琳自疑及禍，使長史陸納帥部曲赴湘州，帥，讀曰率。身詣江陵陳謝，謂納等曰：「吾若不返，子將安之？」之，往也。咸曰：「請死之。」相泣而別。至江陵，王下琳吏。

辛酉，以王子方略爲湘州刺史，又以廷尉黄羅漢爲長史，使與太舟卿張載至巴陵，先據琳軍。五代志：太舟卿，梁初爲都水臺使者，天監七年改焉，位視中書郎，列卿之最末者也，主舟航、堤渠。載有寵於王，而御下峻刻，荆州人疾之如讎。羅漢等至琳軍，陸納及士卒並哭，不肯受命，執羅漢及載。王遣宦者陳旻往諭之，納對旻刳載腹，抽腸以繫馬足，使繞而走，腸盡氣絶。又臠割，出其心，向之抃舞，抃舞，拊手而舞。焚其餘骨。以黄羅漢清謹而免之。納與諸將引兵襲湘州，時州中無主，納遂據之。

38 公卿藩鎭數勸進於湘東王，數，所角翻。十一月，丙子，世祖卽皇帝位於江陵，改元，大赦。改太清爲承聖。是日，帝不升正殿，公卿陪列而已。史言帝不能正其始。

39 丁丑，以宜豐侯循爲湘州刺史。

40己卯，立王太子方矩爲皇太子，更名元良。更，丁行翻。皇子方智爲晉安王，方略爲始安王，方等之子莊爲永嘉王。方等伐湘州，戰敗而死。追尊母阮脩容爲文宣皇后。脩容，魏文帝所制，自晉以來，位列九嬪。

侯景之亂，州郡太半入魏，自巴陵以下至建康，以長江爲限，荆州界北盡武寧，西拒硤口，北盡武寧，與岳陽王詧分界。西拒峽口，與武陵王紀分界。「硤」，當作「峽」。嶺南復爲蕭勃所據，復，扶又翻。詔令所行，千里而近，民戶著籍，不盈三萬而已。著，直略翻。史言荆州管内蕭條。

41陸納襲擊衡州刺史丁道貴於渌口，破之。衡州，治衡陽縣。縣東二十里有酃湖，其水湛然綠色，取以釀酒，甘美，謂之酃渌。渌口，卽酃湖口也。唐志：潭州有渌口戍。丁度曰：湘東有渌水。張舜民郴行録：嘉魚縣口舟行七十餘里，至渌溪口。南北對境圖，自岳州沿江東北下，過侯敬港、神林港、象湖港、新打口、石頭口，得渌溪口。按郴行録、對境圖之渌溪口，皆非丁道貴敗處，唯唐志之潭州渌口戍爲是。渌，音綠。道貴奔零陵，其衆悉降於納。降，戶江翻。上聞之，遣使徵司徒王僧辯、右衞將軍杜崱、平北將軍裴之横與宜豐侯循共討納，循軍巴陵以待之。侯景之亂，零陵人李洪雅據其郡，上卽以爲營州刺史。營陽郡，亦漢零陵郡之地，故因置營州，隋爲永州。洪雅請討陸納，上許之。丁道貴收餘衆與之俱。納遣其將吳藏襲擊，破之，洪雅等退保空雲城。姚思廉梁書作「空靈灘」。水經註：長沙建寧縣故城，南有空泠峽，湘水所經也，驚浪雷奔，濬同三峽。張舜民郴行録曰：自醴陵江口南行十餘里，有空靈岸。考異曰：典略作「空零城」，今從梁書。余謂「空零」蓋「空靈」之誤也。藏引兵圍之。頃之，納請降，求送妻子，送妻子爲質以示誠款。上遣陳旻至納所，納衆皆泣，曰：「王郎被囚，被，皮義翻。故我曹逃罪於湘州，非有他志也。」乃出妻子付旻。旻至巴陵，循曰：「此詐也，必將襲我。」乃密爲之備。納果夜以輕兵繼旻後，約至城下鼓譟。十二月，壬午晨，去巴陵十里，言納兵夜行至晨，距巴陵相去十里。衆謂已至，卽鼓譟，軍中皆驚。循坐胡牀，於壘門望之，納乘水來攻，矢下如雨，循方食甘蔗，略無懼色，蔗，之夜翻。徐部分將士擊之，分，扶問翻。獲其一艦；艦，戶黯翻。納退保長沙。

42 壬午，齊主還鄴；戊午，復如晉陽。復，扶又翻。

資治通鑑卷第一百六十五

端明殿學士兼翰林侍讀學士朝散大夫右諫議大夫充集賢殿修撰提舉嵩山崇福宮上柱國河內郡開國侯食邑一千八百戶食實封六百戶賜紫金魚袋臣司馬光　奉敕編集

後學天台胡三省　音註

梁紀二十一　起昭陽作噩（癸酉），盡閼逢閹茂（甲戌），凡二年。

世祖孝元皇帝下

承聖二年（癸酉、五五三）

1 春，正月，王僧辯發建康，承制使陳霸先代鎮揚州。使陳霸先自京口代鎮揚州。

2 丙子，山胡圍齊離石。戊寅，齊主討之，未至，胡已走，因巡三堆，魏收地形志：永安郡平寇縣，魏眞君七年併三堆屬焉。隋鴈門郡崞縣有平寇縣。大獵而歸。

3 以吏部尚書王褒爲左僕射。

4 己丑，齊改鑄錢，文曰「常平五銖」。五代志：齊文宣除魏永安五銖，改鑄常平五銖，重如其文，其錢甚貴，且制造甚精。

5 二月，庚子，李洪雅力屈，以空雲城降陸納。去年吳藏攻李洪雅。降，戶江翻；下同。納囚洪雅，殺丁道貴。納以沙門寶誌詩讖有「十八子」，以爲李氏當王，天監中，寶誌爲讖云：「太歲龍，將無理。蕭經霜，草應死。餘人散，十八子。」時言蕭氏當滅，李氏代興。讖，楚譖翻。甲辰，推洪雅爲主，號大將軍，使乘平肩輿，列鼓吹，納帥衆數千，左右翼從。吹，尺瑞翻。帥，讀曰率；下同。從，才用翻。

6 魏太師泰去丞相、大行臺，去，羌呂翻。爲都督中外諸軍事。

7 王雄至東梁州，黃衆寶帥衆降。黃衆寶反見上卷上年。太師泰赦之，遷其豪帥於雍州。帥，所類翻。雍，於用翻。

8 齊主送柔然可汗鐵伐之父登注及兄庫提還其國。登注等奔齊見上卷上年。可，從刊入聲。汗，音寒。鐵伐尋爲契丹所殺，契，欺訖翻，又音喫。國人立登注爲可汗。登注復爲其大人阿富提所殺，復，扶又翻。國人立庫提。

9 突厥伊利可汗卒，子科羅立，號乙息記可汗；厥，君勿翻。考異曰：顏師古隋書突厥傳云：「弟逸可汗立。」今從周書及北史。三月，遣使獻馬五萬于魏。使，疏吏翻。柔然別部又立阿那瓌叔父鄧叔子爲可汗；考異曰：魏書、北史蠕蠕傳皆云「立鐵伐爲可汗」，突厥傳皆云「立鄧叔子爲可汗」。蓋諸部分散，各有所立也。乙息記擊破鄧叔子於沃野北木賴山。乙息記卒，捨其子攝圖而立其弟俟斤，號木杆可汗。俟，渠之翻。杆，公旦翻。爲後佗鉢卒、攝圖爭國張本。考異曰：周書作「木汗」，隋書作「俟斗木杆」。今從北史。木杆狀貌奇異，性剛勇，多智略，善用兵，鄰國畏之。

10 上聞武陵王紀東下，使方士畫版爲紀像，畫，與畫同。親釘支體以厭之，釘，丁定翻。厭，於叶翻。又執侯景之俘以報紀。初，紀之舉兵，皆太子圓照之謀也。圓照時鎮巴東，巴東，信州。執留使者，啓紀云：「侯景未平，宜急進討；已聞荆鎮爲景所破。」紀信之，趣兵東下。使，疏吏翻。趣，讀曰促。

上甚懼，與魏書曰：「『子糾，親也，請君討之。』」左傳：齊無知弑其君，雍廩殺無知。公子小白自莒入于齊。魯莊公伐齊，納子糾，魯師敗績。齊鮑叔帥師來言曰：「子糾，親也，請君討之。」乃殺子糾。太師泰曰：「取蜀制梁，在茲一舉。」諸將咸難之。咸以爲難也。大將軍代人尉遲迥，泰之甥也，迥傳：其先魏之別種，號尉遲部，因氏焉。尉，紆勿翻。獨以爲可克。泰問以方略，迥曰：「蜀與中國隔絶百有餘年，恃其險，【章：十二行本「險」下有「遠」字；乙十一行本同；孔本同；張校同。】不虞我至，若以鐵騎兼行襲之，無不克矣。」騎，奇寄翻；下同。泰乃遣迥督開府儀同三司原珍等六軍，甲士萬二千，騎萬匹，自散關伐蜀。考異曰：典略在正月戊辰。今從周紀。

11 陸納遣其將吳藏、潘烏黑、李賢明等下據車輪。將，即亮翻；下同。按下文，陸納夾岸爲城。甲子，王僧辯攻拔之，乙丑，進圍長沙。則車輪之地，蓋據湘江之要，去長沙不遠也。考異曰：梁紀云「二月丙子」。按長曆，二月無丙子。梁紀誤。王僧辯至巴陵，考異曰：典略云「三月辛酉」。按長曆，是月癸亥朔，無辛酉。典略誤。宜豐侯循讓都督於僧辯，考異曰：僧辯傳云「與陳霸先讓都督」。今從典略。僧辯弗受。上乃以僧辯、循爲東、西都督。夏，四月，丙申，僧辯軍于車輪。考異曰：典略作「甲子」，非也。今從梁紀。

12 吐谷渾可汗夸呂，雖通使於魏而寇抄不息，吐，從暾入聲。谷，音浴。使，疏吏翻；下同。抄，楚交翻。宇文泰將騎三萬踰隴，至姑臧，討之。夸呂懼，請服；既而復通使於齊。涼州刺史史寧覘知其還，襲之於赤泉，唐志：涼州姑臧縣有赤水軍，本赤烏鎮，有赤烏泉，因名，幅員五千一百八十里，軍之最大者也。復，扶又翻。覘，丑廉翻，又丑豔翻。獲其僕射乞伏觸狀。【嚴：「狀」改「拔」。】

13 陸納夾岸爲城，以拒王僧辯。納士卒皆百戰之餘，僧辯憚之，不敢輕進，稍作連城以逼之。納以僧辯爲怯，不設備；五月，甲子，僧辯命諸軍水陸齊進，急攻之，僧辯親執旗鼓，宜豐侯循親受矢石，拔其二城；納衆大敗，步走，保長沙。乙丑，僧辯進圍之。僧辯坐壟上視築圍壘，吳藏、李賢明帥銳卒千人開門突出，蒙楯直進，趨僧辯。帥，讀曰率。楯，食尹翻。趨，七喻翻。時杜崱、杜龕並侍左右，甲士衞者止百餘人，力戰拒之。崱，士力翻。龕，苦含翻。僧辯據胡牀不動，裴之橫從旁擊藏等，藏等敗退，賢明死，李賢明，本侯景將也，景敗，歸王琳。藏脫走入城。

14 武陵王紀至巴郡，聞有魏兵，遣前梁州刺史巴西譙淹還軍救蜀。初，楊乾運求爲梁州刺史，紀以爲潼州刺史；【章：十二行本無「刺史」二字；乙十一行本同；張校同，云無註本亦無。】五代志：金山郡，西魏置潼州。蓋梁已置此州也，治涪城。楊法琛求爲黎州刺史，以爲沙州；蓋卽以平興爲沙州也。潼，音同。琛，丑林翻。二人皆不悅。乾運兄子略說乾運曰：「今侯景初平，宜同心戮力，說，式芮翻。戮，音留，又音六，并力也。保國寧民，而兄弟尋戈，左傳，子產曰：「昔高辛氏有二子，伯曰閼伯，季曰實沈，不相能也，日尋干戈，以相征討。」此自亡之道也。夫木朽不雕，論語，孔子曰：「朽木不可雕也。」世衰難佐，不如送款關中，可以功名兩全。」乾運然之，令略將二千人鎮劍閣，又遣其壻樂廣鎮安州，五代志：普安郡，梁置南安州，後改爲安州。普安舊曰南安，西魏改普安。將，卽亮翻。與法琛皆潛通於魏。魏太師泰密賜乾運鐵券，授驃騎大將軍、開府儀同三司、梁州刺史。西魏之官，驃騎大將軍、開府儀同三司，位次柱國大將軍。驃，匹妙翻。尉遲迥以開府儀同三司侯呂陵始爲前軍，侯呂陵，虜三字姓。至劍閣，略退就樂廣，翻城應始，始入據安州。甲戌，迥至涪水，涪水自龍州入潼州界。潼州治涪，其城西臨涪水。涪，音浮。乾運以州降。降，戶江翻。迥分軍守之，進襲成都。時成都見兵不滿萬人，見，賢遍翻。倉庫空竭，永豐侯撝嬰城自守，迥圍之。譙淹遣江州刺史景欣、幽州刺史趙拔扈援成都，五代志：隆山郡隆山縣，舊曰犍爲縣，置江州。迥使原珍等擊走之。

武陵王紀至巴東，聞侯景已平，乃自悔，召太子圓照責之，對曰：「侯景雖平，江陵未服。」紀亦以既稱尊號，紀稱尊號，見上卷上年。不可復爲人下，復，扶又翻；下上復、復送、乃復、無復同。

欲遂東進。將卒日夜思歸，其江州刺史王開業以爲宜還救根本，更思後圖；諸將皆以爲然。將，即亮翻。圓照及劉孝勝固言不可，紀從之，宣言於衆曰：「敢諫者死！」己丑，紀至西陵，軍勢甚盛，舳艫翳川。舳，音逐。艫，音盧。翳，蔽也。護軍陸法和築二城於峽口兩岸，運石填江，鐵鎖斷之。斷，音短。

帝拔任約於獄，以爲晉安王司馬，帝封子方智爲晉安王。任，音壬。使助法和拒紀，赤亭之戰，法和活約，是有舊恩，故使助之。謂之曰：「汝罪不容誅，我不殺，本爲今日！」因撤禁兵以配之，仍許妻以廬陵王續之女，使宣猛將軍劉棻與之俱。爲，于僞翻。妻，七細翻。棻，符分翻。

15 庚辰，巴州刺史余孝頃將兵萬人會王僧辯於長沙。將，即亮翻；下同。

16 豫章太守觀寧侯永，昏而少斷，少，詩沼翻。斷，丁亂翻。左右武蠻奴用事，軍主文重疾之。永將兵討陸納，至宮亭湖，重殺蠻奴，永軍潰，奔江陵。重將其衆奔開建侯蕃，蕃殺之而有其衆。開建侯蕃時鎮鄱陽。沈約曰：宋文帝分臨賀郡之封陽縣立開建縣。

17 六月，壬辰，武陵王紀築連城，攻絕鐵鎖，陸法和告急相繼。上復拔謝答仁於獄，去年侯景敗，得謝答仁，不殺而囚之。以爲步兵校尉，梁東宮有步兵等三校尉。校，戶教翻。配兵使助法和；又遣使送王琳，令說諭陸納。使，疏吏翻。說，式芮翻。乙未，琳至長沙，僧辯使送示之，納衆悉拜且泣，使謂僧辯曰：「朝廷若赦王郎，乞聽入城。」僧辯不許，復送江陵。陸法和求救不已，上欲召長沙兵，恐失陸納，乃復遣琳許其入城。琳既入，納遂降，湘州平。降，戶江翻。考異曰：梁紀：「乙酉，湘州平。」按長曆，是月無乙酉。梁紀誤。上復琳官爵，使將兵西援峽口。將，卽亮翻。

18 甲辰，齊章武景王庫狄干卒。

19 武陵王紀遣將軍侯叡將衆七千築壘與陸法和相拒。上遣使與紀書，許其還蜀，專制一方；紀不從，報書如家人禮。不肯定君臣之分而用兄弟之禮。使，疏吏翻；下同。陸納既平，湘州諸軍相繼西上，上，時掌翻。上復與紀書曰：「吾年爲一日之長，屬有平亂之功，膺此樂推，事歸當璧。長，陟丈翻。屬，之欲翻。樂，音洛。左傳：楚共王無冢適，有寵子五人，無適立焉。乃大有事於羣望，而祈曰：「請神擇於五人者，使主社稷。」乃徧以璧見于羣望曰：「當璧而拜者，神所立也。」既乃密埋璧於大室之庭，使五人者齊而長入拜，康王跨之，靈王肘加焉，子干、子皙皆遠之。平王弱，抱以入，再拜，皆厭紐。後平王卒有楚國。儻遣使乎，良所遲也。遲，直利翻，待也。如曰不然，於此投筆。友于兄弟，分形共氣，兄肥弟瘦，無復相見之期，讓棗推梨，永罷懽愉之日。漢孔融兄弟七人，融第六，四歲時，與諸兄共食梨棗，輒引小者。人問其故，答曰：「我小兒，法當取小者。」人皆異之。推，吐雷翻。心乎愛矣，書不盡言。」言兄弟之愛存之於心，非書翰之間所能盡言也。紀頓兵日久，頻戰不利，又聞魏寇深入，成都孤危，憂懣不知所爲。懣，音悶，又音滿。乃遣其度支尚書樂奉業詣江陵求和，請依前旨還蜀。度，徒洛翻。奉業知紀必敗，啓上曰：「蜀軍乏糧，士卒多死，危亡可待。」上遂不許其和。史言上兄弟皆阻兵而安忍。

紀以黃金一斤爲餅，餅百爲篋，至有百篋，銀五倍於金，錦罽、繒綵稱是，每戰，懸示將士，不以爲賞。罽，音計。繒，慈陵翻。稱，尺證翻。將，卽亮翻；下同。寧州刺史陳智祖請散之以募勇士，弗聽，智祖哭而死。有請事者，紀稱疾不見，由是將卒解體。

秋，七月，辛未，巴東民苻昇等斬峽口城主公孫晃，降於王琳。將，卽亮翻。降，戶江翻。考異曰：典略作「丙戌」。今從梁書。謝答仁、任約進攻侯叡，破之，拔其三壘。於是兩岸十四城俱降。紀不獲退，諸城已降，江陵兵斷道，故不獲退。順流東下，遊擊將軍【章：十二行本「軍」下有「南陽」二字；乙十一行本同；孔本同；退齋校同。】樊猛追擊之，紀衆大潰，赴水死者八千餘人，猛圍而守之。上密敕猛曰：「生還，不成功也。」猛引兵至紀所，紀在舟中繞牀而走，以金囊擲猛曰：「以此雇卿，送我一見七官。」猛曰：「天子何由可見！殺足下，金將安之！」之，往也。遂斬紀及其幼子圓滿。陸法和收太子圓照兄弟三人送江陵。上絕紀屬籍，賜姓饕餮氏。饕，他刀翻。餮，他結翻。貪財爲饕，貪食爲餮，以帝鴻氏不才子比紀也。下劉孝勝獄，已而釋之。紀之稱帝舉兵，劉孝勝實鼓成之，此而不誅，亦失刑也。下，遐嫁翻。上使謂江安侯圓正曰：「西軍已敗，汝父不知存亡。」意欲使其自裁。圓正見囚，見上卷簡文帝大寶二年。圓正聞之號哭，稱世子不絕聲。咎圓照之誤紀也。號，戶刀翻。上頻使覘之，知不能死，移送廷尉獄，見圓照，曰：「兄何乃亂人骨肉，使痛酷如此！」圓照唯云「計誤」。上並命絕食於獄，至齧臂啖之，十三日而死，遠近聞而悲之。睍，丑廉翻，又丑黠翻。齧，魚結翻。啖，徒敢翻，又徒濫翻。

乙未，王僧辯還江陵。詔諸軍各還所鎮。

20 魏尉遲迥圍成都五旬，永豐侯撝屢出戰，皆敗，乃請降。諸將欲不許，迥曰：「降之則將士全，遠人悅；攻之則將士傷，遠人懼。」遂受之。八月，戊戌，撝與宜都王圓肅帥文武詣軍門降。撝，許韋翻。降，戶江翻。將，卽亮翻。帥，讀曰率。迥以禮接之，與盟於益州城北。吏民皆復其業，唯收奴婢及儲積以賞將士，軍無私焉。史言尉遲迥能凝蜀人之心。魏以撝及圓肅並爲開府儀同三司，以迥爲大都督益・潼等十二州諸軍事、益州刺史。

21 庚子，下詔將還建康，領軍將軍胡僧祐、太府卿黃羅漢、吏部尚書宗懍、懍，力荏翻，又巨禁翻。御史中丞劉瑴瑴，訖岳翻。諫曰：「建業王氣已盡，與虜正隔一江，若有不虞，悔無及也！建業與齊止隔一江，固也。獨不思江陵介在江北，逼近襄陽，岳陽有復讎之志，宇文有啓疆之思乎！且古老相承云：『荆州洲數滿百，當出天子。』今枝江生洲，百數已滿，盛弘之荆州記曰：自枝江縣西至上明，東及江津，其中有九十九洲。楚諺云：洲不百，故不出王者。陛下龍飛，是其應也。」上令朝臣議之。朝，直遙翻。黃門侍郎周弘正、尚書右僕射王褒曰：「今百姓未見輿駕入建康，謂是列國諸王；願陛下從四海之望。」時羣臣多荆州人，皆曰：「弘正等東人也，周顗、王導自南渡以來世居建康，故謂爲東人。志願東下，恐非良計。」弘正面折之曰：折，之舌翻。「東人勸東，謂非良計；西【章：十二行本「西」上有「君等」二字；乙十一行本同。】人欲西，豈成長策？」上笑。又議於後堂，會者五百人，上問之曰：「吾欲還建康，諸卿以爲如何？」衆莫敢先對。上曰：「勸吾去者左袒。」左袒者過半。武昌太守朱買臣言於上曰：「建康舊都，山陵所在；梁氏自簡文以上葬建康，武帝以上葬晉陵。守，式又翻。荆鎮邊疆，非王者之宅。荆州被邊，自晉以來爲重鎮。願陛下勿疑，以致後悔。臣家在荆州，豈不願陛下居此，但恐是臣富貴，非陛下富貴耳！」上使術士杜景豪卜之，不吉，對上曰：「未去。」退而言曰：「此兆爲鬼賊所留也。」上以建康彫殘，江陵全盛，意亦安之，卒從僧祐等議。史言上懷居違卜，以成亡國之禍。卒，子恤翻。

22 以湘州刺史王琳爲衡州刺史。

23 九月，庚午，詔王僧辯還鎮建康，陳霸先復還京口。復，扶又翻。丙子，以護軍將軍陸法和爲郢州刺史。法和爲政，不用刑獄，專以沙門法及西域幻術幻，胡辦翻。教化，部曲數千人，通謂之弟子。

24 契丹寇齊邊。契，欺訖翻。壬午，齊主北巡冀、定、幽、安，冀、定、幽、安，四州名。遂伐契丹。

25 齊主使郭元建治水軍二萬餘人於合肥，治，直之翻。將襲建康，納湘潭侯退，退北奔見一百六十二卷武帝太清二年。又遣將軍邢景遠、步大汗薩帥衆繼之。步大汗，虜三字姓。汗，音寒。薩，桑葛翻。考異曰：梁書作「邢杲遠，步六汗薩。」今從北齊書、北史。陳霸先在建康聞之，白上；上詔王僧辯鎮姑孰以禦之。

26冬，十月，丁酉，齊主至平州，從西道趣長塹，曹操征烏桓，出盧龍塞，塹山堙谷五百餘里，後人因謂之長塹。趣，七喻翻。塹，七豔翻。使司徒潘相樂帥精騎五千自東道趣青山。辛丑，至白狼城；壬寅，至昌黎城，使安德王韓軌帥精騎四千東斷契丹走路；魏收地形志：營州統內建德郡治白狼城。中興初，分樂陵置安德郡，治般縣。帥，讀曰率。騎，奇寄翻。癸卯，至陽師水，唐志：貞觀三年，以契丹、室韋部落置師州及陽師縣於營州之廢陽師鎮，卽此。倍道兼行，掩襲契丹。齊主露髻肉袒，晝夜不息，行千餘里，踰越山嶺，爲士卒先，唯食肉飲水，壯氣彌厲。甲辰，與契丹遇，奮擊，大破之，虜獲十餘萬口，雜畜數百萬頭。畜，許救翻。潘相樂又於青山破契丹別部。丁未，齊主還至營州。

27己酉，王僧辯至姑孰，遣婺州刺史侯瑱、東陽郡，梁置婺州。瑱，他甸翻，又音鎮。吳郡太守張彪、吳興太守裴之橫築壘東關，以待齊師。

28丁巳，齊主登碣石山，臨滄海，遂如晉陽。以肆州刺史斛律金爲太師，乃【章：十二行本「乃」作「召」；乙十一行本同；孔本同。】還晉陽，拜其子豐樂爲武衞大將軍，樂，音洛。命其孫武都尙義寧公主，寵待之厚，羣臣莫及。金子羨，字豐樂。武都，光之子也。樂，音洛。

29 閏月，丁丑，南豫州刺史侯瑱南豫州時治姑孰。瑱，他甸翻，又音鎮。與郭元建戰於東關，齊師大敗，溺死者萬計。溺，奴狄翻。湘潭侯退復歸于鄴，復，扶又翻。王僧辯還建康。

30 吳州刺史開建侯蕃，恃其兵強，貢獻不入，五代志：鄱陽郡，梁置吳州。上密令其將徐佛受圖之。將，卽亮翻。佛受使其徒詐爲訟者，詣蕃，遂執之。上以佛受爲建安太守，以侍中王質爲吳州刺史。質至鄱陽，佛受置之金城，自據羅城，掌門管，左傳：秦杞子曰：「鄭人使我掌北門之管。」杜預註曰：管，籥也。繕治舟艦甲兵，治，直之翻。艦，戶黯翻。質不敢與爭。故開建侯部曲數千人攻佛受，佛受奔南豫州，侯瑱殺之，質始得行州事。

31 十一月，戊戌，以尚書右僕射王褒爲左僕射，湘東太守張綰爲右僕射。

32 己未，突厥復攻柔然，柔然舉國奔齊。復，扶又翻。

33 癸亥，齊主自晉陽北擊突厥，迎納柔然，廢其可汗庫提，立阿那瓌子菴羅辰爲可汗，置之馬邑川，給其廩餼繒帛；餼，許氣翻。繒，慈陵翻。親追突厥於朔州，突厥請降，降，戶江翻；下同。許之而還。還，從宣翻，又如字。自是貢獻相繼。

34 魏尚書元烈謀殺宇文泰，事泄，泰殺之。宇文泰於此獨不書其官，因舊史成文也。

35 丙寅，上使侍中王琛使於魏。琛，丑林翻。使，疏吏翻。太師泰陰有圖江陵之志，梁王詧聞之，益重其貢獻。梁王詧欲倚魏以報河東王譽之讎。通鑑至此復書梁王詧。

36十二月，齊宿預民東方白額以城降，江西州郡皆起兵應之。江、淮之民苦於齊之虐政，欲相率而歸江南。

三年（甲戌、五五四）

1春，正月，癸巳，齊主自離石道討山胡，遣斛律金從顯州道，魏收地形志：永安中，置顯州，治汾州六壁城。蓋在隋西河郡界。常山王演從晉州道夾攻，大破之，男子十三以上皆斬，考異曰：北史作「十二以上」。今從典略。女子及幼弱以賞軍，遂平石樓。石樓絕險，自魏世所不能至，水經：河水東逕蒲川石樓山南，又南逕蒲城東。蓋其地在蒲子縣西。五代志，汾州樓山縣有北石樓山；又有石樓縣，舊置吐京郡。宋白曰：石樓縣本漢土軍縣，後魏置吐京郡。蓋胡俗譯言音訛變，故曰吐京也。隋改縣曰石樓。於是遠近山胡莫不懾服。攝，之涉翻。有都督戰傷，其什長路暉禮不能救，帝命刳其五藏，什長，十人之長也。五藏，心、肺、肝、膽、腎。長，陟丈翻。藏，徂浪翻。令九人食之，肉及穢惡皆盡。自是始爲威虐。

2陳霸先自丹徒濟江，圍齊廣陵，秦州刺史嚴超達自秦郡進圍涇州，五代志：江都郡永福縣舊曰沛，梁置涇州，領涇城、東陽二郡；陳廢涇州，併二郡爲沛郡；後周改沛郡爲石梁縣，唐併石梁縣入六合。北史：梁涇州在石梁。杜佑曰：揚州天長縣，梁於石梁置涇州。南豫州刺史侯瑱、吳郡太守張彪皆出石梁，爲之聲援。辛丑，使晉陵太守杜僧明帥三千人助東方白額。帥，讀曰率。

3 魏太師泰始作九命之典，以敍內外官爵，改流外品爲九秩。五代志曰：泰命尚書盧辯遠師周之建職，置三公、三孤，以爲論道之官；次置六卿，以分司庶務。其內命謂王朝之臣：三公九命，三孤八命，六卿七命，上大夫六命，中大夫五命，下大夫四命，上士三命，中士再命，下士一命。外命謂諸侯及其臣：諸公九命，諸侯八命，諸伯七命，諸子六命，諸男五命，諸公之孤、卿四命，侯之孤・卿、公之大夫三命，子・男之孤・卿、侯・伯之大夫、公之上士再命，公之中士、侯・伯之上士一命，公之下士、侯・伯之中士・下士、子男之士不命。其制祿秩：下士一百二十五石，中士以上至於上大夫各倍之，上大夫是爲四千石；卿二分，孤三分，公四分，各益其一，公因盈數爲一萬石。其九秩一百二十石，八秩至於七秩，每二秩六分，而下各去其一，二秩俱爲四十石。凡頒祿，視其年之上下：畝至四釜爲上年，上年頒其正；三釜爲中年，中年頒其半；二釜爲下年，下年頒其一；無年爲凶荒，不頒祿。盧辯傳曰：柱國大將軍，建德四年增置上柱國上將軍也：正九命。驃騎大將軍、開府儀同三司，建德四年改爲開府儀同大將軍，仍增上將軍（將軍二字衍）開府儀同大將軍，雍州牧：九命。驃騎大將軍，右光祿大夫，車騎將軍，左光祿大夫，戶三萬以上州刺史：正八命。征東、征南、征西、征北等將軍，右金紫光祿大夫，中軍、鎭軍、撫軍等將軍，左金紫光祿大夫，〔大〕都督，二萬戶以上州刺史，京兆尹：八命。平東、平西、平南、平北等將軍，右銀青光祿大夫，前、右、左、後等將軍，左銀青光祿大夫，帥都督，柱國大將軍府長史、司馬，司錄，戶一萬以上州刺史：正七命。冠軍將軍，太中大夫，輔國將軍，中散大夫，都督，五千戶以上州刺史，戶一萬五千戶以上郡守：七命。鎭遠將軍，諫議大夫，建忠將軍，朝散〔誠議〕大夫，州〔別〕將，開府長史、司馬、司錄，戶不滿五千以下州刺史，戶一萬以上郡守：正六命。中堅將軍，右中郎將，寧朔將軍，左中郎將，儀同府，正八命州長史、司馬、司錄，戶五千以上郡守，大呼藥：六命。寧遠將軍，右員外常侍，揚烈將軍，左員外常侍，統軍、驃騎・車騎將軍府，八命州長史、司馬、司錄，柱國大將軍府中郎掾屬，戶一千以上郡守，長安、萬年縣令：正五命。伏波將軍，奉車都尉，輕車將軍，奉騎都尉，四征、中、鎮、撫將軍府，正七命州長史、司馬、司錄，開府正〔府〕中郎掾屬，戶不滿一千以下郡守，戶七千以上縣令，正八命州呼藥：五命。宣威將軍，虎賁給事，明威將軍，宂從給事，儀同府中郎掾屬，柱國大將軍府列曹參軍，冠軍輔國（上四字衍）〔四平、前、後、左、右〕將軍府，正六〔七〕命州長史、司馬、司錄，正七〔八〕命州中從事（上三字衍）〔別駕〕，七命郡丞（上四字衍），戶四千以上縣令，八命州呼藥：正四命。給事中，厲威將軍，奉朝請，軍主，開府列曹參軍，冠軍、輔國將軍府，正六命州長史、司馬、司錄，正七命州別駕，正八命州從事，七命郡丞，戶二千以上縣令，正七命州呼藥：四命。威烈將軍，右員外侍郎，討寇將軍，左員外侍郎，幢主，儀同府，正八命州列曹參軍，柱國大將軍府參軍，鎮遠、建忠、中堅、寧朔將軍府長史、司馬，正六命州別駕，正七命州〔中〕從事，正六命郡丞，五百戶以上縣令，七命州呼藥：正三命。蕩寇將軍，武騎常侍，蕩難將軍，武騎侍郎，開府參軍，驃騎、車騎將軍府，正八命州列曹參軍，寧遠、揚烈、伏波、輕車將軍府長史，正六命州中從事，六命郡丞，戶不滿五百以下縣令，戍主，正六命州呼藥：三命。殄寇將軍，強弩司馬，殄難將軍，積弩司馬，四征、中、鎮、撫將軍府，正七命州列曹參軍，正五命郡丞：正二命。掃寇將軍，武騎司馬，掃難將軍，武威司馬，四平、前、右、左、後將軍府，七命州列曹參軍，五命郡丞，戍副：二命。曠野將軍，殿中司馬，橫野將軍，員外司馬，冠軍、輔國將軍府，正六命州列曹參軍：正一命。武威將軍，淮海都尉，虎牙將軍，山林都尉，鎮遠、建忠、中堅、寧朔、寧遠、揚烈、伏波、輕車將軍府列曹參軍：一命。

4 魏主自元烈之死，有怨言，密謀誅太師泰；臨淮王育、廣平王贊垂涕切諫，不聽。泰諸子皆幼，兄子章武公導、中山公護皆出鎮，導、護皆泰兄顥之子也。導鎮上邽。唯以諸壻爲心膂，大都督清河公李基、義城公李暉、常山公于翼俱爲武衛將軍，魏武爲丞相，有武衛營。元魏之制，迄于高齊，左、右衞將軍各一人，掌左、右廂，所主朱華閤以外，各武衞將軍二人貳之。宇文相魏，亦置武衞將軍以掌宿衞，而盧辯所定九命無其官，此蓋猶在盧辯定官之前，以武衞授諸壻。然宇文所置，如大都督八命，帥都督正七命，抑李基等皆以大都督敍官邪？至隋，始置左右武衞府，列於十二衞。分掌禁兵。基，遠之子；暉，弼之子；翼，謹之子也。由是魏主謀泄，禁兵既泰諸壻所掌，魏主誰與謀哉！由是事泄。泰廢魏主，置之雍州，置之雍州廨舍。雍，於用翻。立其弟齊王廓，廓，文帝之第四子。考異曰：國典云「三月，廢帝。四月，立恭帝」。北史皆在正月。今從之。去年號，稱元年，去，羌呂翻。復姓拓跋氏，九十九姓改爲單者，皆復其舊。單，音丹。魏改姓見一百四十卷齊明帝建武三年。魏初統國三十六，大姓九十九，魏始祖成帝毛統國三十六，大姓九十九，蓋後漢時匈奴既衰、鮮卑始盛之際也。後多滅絕。泰乃以諸將功高者爲三十六姓，次者爲九十九姓，所將士卒亦改從其姓。洪邁曰：西魏以中原故家易賜蕃姓，如李弼爲徒河氏，趙肅、趙貴爲乙弗氏，劉亮爲侯莫陳氏，楊忠爲普六茹氏，王雄爲可頻氏，李虎、閻慶爲大野氏，辛威爲普毛氏，田宏爲紇干氏，耿豪爲和稽氏，王勇爲庫汗氏，楊紹爲叱利氏，侯植爲侯伏侯氏，竇熾爲紇豆陵氏，李穆爲搶拔氏，陸通爲步六孤氏，楊纂爲莫胡盧氏，寇儁爲若口引氏，段永爲爾綿氏，韓褒爲俟呂陵氏，裴文舉爲賀蘭氏，陳忻爲尉遲氏，樊深爲萬紐于氏。將，即亮翻。

5 三月，丁亥，長沙王韶取巴郡。魏得成都，未暇東略，故韶得乘而取之。取，言易也。

6 甲辰，以王僧辯爲太尉、車騎大將軍。考異曰：典略作「二月甲子」。今從梁紀。

7 丁未，齊將王球攻宿預，杜僧明出擊，大破之，球歸彭城。將，即亮翻；下同。

8郢州刺史陸法和上啓自稱司徒，上怪之。王褒曰：「法和既有道術，容或先知。」戊申，上就拜法和爲司徒。

9己酉，魏侍中宇文仁恕來聘。會齊使者亦至江陵，帝接仁恕不及齊使，使，疏吏翻。仁恕歸，以告太師泰。帝又請據舊圖定疆境，辭頗不遜，泰曰：「古人有言，『天之所棄，誰能興之，』左傳晉胥午之言。其蕭繹之謂乎！」荊州刺史長孫儉屢陳攻取之策，泰徵儉入朝，問以經略，復命還鎮，密爲之備。馬伯符密使告帝，武帝太清三年，楊忠入寇，伯符以下溠城降之，因留於魏。復，扶又翻。朝，直遙翻。帝弗之信。

10柔然可汗菴羅辰叛齊，齊主自將出擊，大破之，菴羅辰父子北走。太保安定王賀拔仁獻馬不甚駿，齊主【章：十二行本「主」下有「怒」字；乙十一行本同；孔本同。】拔其髮，免爲庶人，輸晉陽負炭。

11齊中書令魏收撰魏書，頗用愛憎爲褒貶，每謂人曰：「何物小子，敢與魏收作色！舉之則使升天，按之則使入地！」既成，東魏孝靜天保二年，詔魏收撰魏史，至是而成。中書舍人盧潛奏「收誣罔一代，罪當誅。」尚書左丞盧斐、頓丘李庶皆言魏史不直。收啓齊主云：「臣既結怨強宗，盧、李，山東望族，故以爲強宗。將爲刺客所殺。」帝怒，於是斐、庶及尚書郎中王松年皆坐謗史，鞭二百，配甲坊。甲坊，造甲之所。斐、庶死於獄中，潛亦坐繫獄。然時人終不服，謂之「穢史」。潛，度世之曾孫；斐，同之子；松年，遵業之子也。盧度世見一百三十二卷宋明帝泰始三年。盧同見一百四十八卷梁武帝天監八年。王遵業見一百五十二卷大通二年。

12 夏，四月，柔然寇齊肆州，齊主自晉陽討之，至恆州，恆，戶登翻。柔然散走。帝以二千餘騎爲殿，殿，丁練翻。宿黃瓜堆。柔然別部數萬騎奄至，帝安臥，平明乃起，神色自若，指畫形勢，縱兵奮擊；柔然披靡，披，普彼翻。因潰圍而出。柔然走，追擊之，伏尸二十餘里，獲菴羅辰妻子，虜三萬餘口，令都督善無高阿那肱帥騎數千塞其走路。時柔然軍猶盛，阿那肱以兵少，請益，帥，讀曰率。塞，悉則翻。少，詩沼翻。帝更減其半。阿那肱奮擊，大破之。菴羅辰超越巖谷，僅以身免。同一高阿那肱也，齊文宣用之則致死以破敵，後主用之則賣主以求生。蓋厲威猶可使之知懼，濫恩不足以得其死力也。塞，悉則翻。

13 丙寅，上使散騎常侍庾信等聘於魏。散，悉亶翻。騎，奇寄翻。

14 癸酉，以陳霸先爲司空。

15 丁未，齊主復自擊柔然，大破之。復，扶又翻。

16 庚戌，魏太師泰酖殺廢帝。

17 五月，魏直州人樂熾、洋州人黃國等作亂，五代志：西城郡安康縣，齊置安康郡，魏置東梁州，西魏改曰直州。漢川郡西鄉縣，舊曰豐寧，置洋州及洋川郡。考漢川志，蜀分漢成固縣立南鄉縣，晉改爲西鄉縣，魏廢縣，仍於豐寧戍置豐寧縣。開府儀同三司高平田弘、河南賀若敦討之，不克。若，人者翻。太師泰命車騎大將軍李遷哲與敦共討熾等，平之。仍與敦南出，徇地至巴州，後漢分宕渠北界置漢昌縣，蜀先主置巴西郡，宋武帝置歸化郡；魏於漢昌縣治置大谷郡，又於郡北置巴州。五代志：淸化郡化成縣，梁置歸化郡及巴州。巴州刺史牟安民降之，考異曰：典略云：「斬梁巴州刺史牟安平。」今從周書、北史。巴、濮之民皆附於魏。春秋巴子之國，三巴郡地是也。春秋百濮之地，在西城、上庸之間。濮，博木翻。蠻酋向五子王陷白帝，酋，慈秋翻。遷哲擊之，五子王遁去，遷哲追擊，破之。泰以遷哲爲信州刺史，鎭白帝。信州先無儲蓄，遷哲與軍士共采葛根爲糧，時有異味，輒分嘗之，軍士感悅。屢擊叛蠻，破之，羣蠻懾服，皆送糧餼，遣子弟入質。懾，之涉翻。餼，許氣翻。質，音致。由是州境安息，軍儲亦贍。

18 柔然乙旃達官寇魏廣武，魏收志：東夏州偏城郡帶廣武縣。五代志：延安郡豐林縣，後魏置廣武縣及偏城郡。宋熙寧九年，省豐林爲鎭，併屬膚施縣。柱國李弼遣擊，破之。「遣擊」，恐當作「追擊」。【章：十二行本正作「追」；乙十一行本同；孔本同。】

19 廣州刺史曲江侯勃，自以非上所授，陳霸先推蕭勃爲廣州刺史，見一百六十二卷武帝太淸三年。內不自安，上亦疑之。勃啓求入朝；朝，直遙翻。五月，乙巳，上以王琳爲廣州刺史，勃爲晉州刺史。五代志：同安郡，梁置豫州，後改曰晉州。上以琳部衆強盛，又得衆心，故欲遠之。遠，于願翻。

琳與主書廣漢李膺厚善，私謂膺曰：「琳，小人也，蒙官拔擢至此。今天下未定，遷琳嶺南，如有不虞，安得琳力！竊揆官意不過疑琳，琳分望有限，言自揆分不敢懷非望也。分，扶問翻。豈與官爭爲帝乎！何不以琳爲雍州刺史、鎮武寧，雍，於用翻。琳自放兵作田，爲國禦捍。」膺然其言而弗敢啓。史言王琳忠於所事而帝不能用。爲國，于僞翻。

20 散騎郎新野庾季才言於上曰：「去年八月丙申，月犯心中星，今月丙戌，赤氣干北斗。心爲天王，丙主楚分，分，扶問翻。臣恐建子之月有大兵入江陵，陛下宜留重臣鎮江陵，整旆還都以避其患。假令魏虜侵蹙，止失荆、湘，在於社稷，猶得無慮。」上亦曉天文，知楚有災，歎曰：「禍福在天，避之何益！」天之警帝，未棄帝也；帝不知避，是自棄也。

21 六月，壬午，齊步大汗薩將兵四萬趣涇州，王僧辯使侯瑱、張彪自石梁引兵助嚴超達拒之，瑱、彪遲留不進。將軍尹令思將萬餘人謀襲盱眙。盱眙，音吁怡。齊冀州刺史段韶將兵討東方白額於宿預，廣陵、涇州皆來告急，諸將患之。韶曰：「梁氏喪亂，喪，息浪翻。國無定主，人懷去就，強者從之。霸先等外託同德，內有離心，諸君不足憂，吾揣之熟矣！」揣，初委翻。乃留儀同三司敬顯攜等圍宿預，「敬顯攜」當作「敬顯儁」。自引兵倍道趣涇州，塗出盱眙。令思不意齊師猝至，望風退走。韶進擊超達，破之，回趣廣陵，陳霸先解圍走。趣，七喻翻。杜僧明還丹徒，侯瑱、張彪還秦郡。吳明徹圍海西，海西縣，前漢屬東海郡，後漢屬廣陵郡，齊明帝置東海郡，東魏武定七年，改海西郡，今西海州即其地。鎮將中山郎基固守，削木爲箭，翦紙爲羽，圍之十旬，卒不能克而還。將，即亮翻；下同。卒，子恤翻。

22 柔然帥餘衆東徙，且欲南寇，齊主帥輕騎邀之於金川。唐志：單于府帶金河縣。其即金川歟。帥，讀曰率。柔然聞之，遠遁，營州刺史靈丘王峻設伏擊之，獲其名王數十人。

23 鄧至羌檐桁失國，檐，余廉翻。桁，戶庚翻。奔魏，太師泰使秦州刺史宇文導將兵納之。

24 齊段韶還至宿預，使辯士說東方白額，說，式芮翻。白額開門請盟，因執而斬之。

25 秋，七月，庚戌，齊主還鄴。

26 魏太師泰西巡，至原州。

27 八月，壬辰，齊以司州牧清河王岳爲太保，司空尉粲爲司徒，太子太師侯莫陳相爲司空，尚書令平陽王淹錄尚書事，常山王演爲尚書令，中書令上黨王渙爲左僕射。

28 乙亥，齊儀同三司元旭坐事賜死。丁丑，齊主如晉陽。齊主之未爲魏相也，相，息亮翻。太保、錄尚書事平原王高隆之常侮之，及將受禪，隆之復以爲不可，事見一百六十三卷簡文帝大寶元年。復，扶又翻。齊主由是銜之。崔季舒譖「隆之每見訴訟者輒加哀矜之意，以示非己能裁。」帝禁之尚書省。崔季舒報徙邊之怨也。隆之嘗與元旭飲，謂旭曰：「與王交，當生死不相負。」人有密言之者，帝由是發怒，令壯士築百餘拳而捨之，辛巳，卒於路。卒，子恤翻。久之，帝追忿隆之，執其子慧登等二十人於前，帝以鞭叩鞍，一時頭絕，並投尸漳水；又發隆之冢，出其尸，斬截骸骨焚之，棄於漳水。

29齊主使常山王演、上黨王渙、清河王岳、平原王段韶帥衆於洛陽西南築伐惡城、新城、嚴城、河南城。帥，讀曰率。九月，齊主巡四城，欲以致魏師，魏師不出，史言齊強，宇文泰畏之。乃如晉陽。

30魏宇文泰命侍中崔猷開回車路以通漢中。按北史崔猷傳，泰欲開梁、漢舊路，乃命猷開通車路，鑿山堙谷五百餘里，至于梁州。此特因舊路開而廣之，以通車耳。前史蓋誤以通字爲「迴」，傳寫者又去其傍爲「回」也。泰不書官而書姓，亦無義例之可言。

31帝好玄談，好，呼到翻。辛卯，於龍光殿講老子。

32曲江侯勃遷居始興，王琳使副將孫瑒先行據番禺。將，卽亮翻。番禺，音潘愚。

33乙巳，魏遣柱國常山公于謹、中山公宇文護、大將軍楊忠將兵五萬入寇，冬，十月，壬戌，發長安。長孫儉問謹曰：「爲蕭繹之計，將如之何？」謹曰：「耀兵漢、沔，席卷渡江，直據丹楊，上策也；謂東還建康也。卷，讀曰捲。移郭內居民退保子城，峻其陴堞，以待援軍，中策也；陴，頻彌翻。堞，達協翻。若難於移動，據守羅郭，下策也。」儉曰：「揣繹定出何策？」揣，初委翻；下同。謹曰：「下策。」儉曰：「何故？」謹曰：「蕭氏保據江南，綿歷數紀，十二年爲一紀。

屬中原多故，屬，之欲翻。未遑外略；又以我有齊氏之患，必謂力不能分。且繹懦而無謀，多疑少斷，少，詩沼翻。斷，丁亂翻。愚民難與慮始，皆戀邑居，所以知其用下策也！」

癸亥，武寧太守宗均告魏兵且至，帝召公卿議之。領軍胡僧祐、太府卿黄羅漢曰：「二國通好，未有嫌隙，必應不爾。」江陵諸將，胡僧祐其巨擘也，識見如此，烏能敵于謹哉！好，呼到翻。侍中王琛曰：「臣揣宇文容色，必無此理。」去年王琛使魏，故自謂揣其容色，必無此事，可謂不善於覘國者矣。乃復使琛使魏。復，扶又翻；下復講同。丙寅，于謹至樊、鄧，梁王詧帥衆會之。辛【章：十二行本「辛」作「丁」；乙十一行本同；孔本同。】卯，帝停講，停講老子也。帥，讀曰率；下同。内外戒嚴。王琛至石梵，杜佑曰：石梵在沔州沔口上。又據梁書安成王秀傳，石梵時屬竟陵界。未見魏軍，馳書報黄羅漢曰：「吾至石梵，境上帖然，前言皆兒戲耳。」帝聞而疑之。庚午，復講，百官戎服以聽。

辛未，帝使主書李膺至建康，徵王僧辯爲大都督、荆州刺史，命陳霸先徙鎮揚州。僧辯遣豫州刺史侯瑱帥程靈洗等爲前軍，兗州刺史杜僧明帥吳明徹等爲後軍。王僧辯一聞徵命，當投袂勤王可也。外言部分諸軍，不聞星馳電赴，江陵覆沒，僧辯之罪也。帥，讀曰率。甲戌，帝夜登鳳皇閣，徙倚歎息曰：倚欄而又徙處爲徙倚。「客星入翼、軫，翼、軫，楚荆州分。今必敗矣！」嬪御皆泣。嬪，毗賓翻。

陸法和聞魏師至，自郢州入漢口，將赴江陵。帝使逆之曰：「此自能破賊，但鎮郢州，不須動也！」法和還州，堊其城門，堊，烏各翻。以白土塗城門，示有喪也。著衰絰，坐葦席，終日，乃脫之。著，陟略翻。衰，倉回翻。此法和預爲喪君之服。設使法和果至江陵，亦不能制魏兵之攻圍。此其徒欲神法和之術，託爲之言，以爲能知來耳。

十一月，帝大閱於津陽門外，江左都建康，外城十二門，門名皆用洛城門名。帝都江陵，外城門亦依建康城門名之。津陽門，城南面東來第二門。遇北風暴雨，輕輦還宮。癸未，魏軍濟漢，于謹令宇文護、楊忠帥精騎先據江津，斷東路。斷，音短。甲申，護克武寧，執宗均。是日，帝乘馬出城行柵，行，下孟翻；下巡行同。插木爲之，周圍六十餘里。以領軍將軍胡僧祐都督城東諸軍事，尚書右僕射張綰爲之副，左僕射王褒都督城西諸軍事，四廂領直元景亮爲之副；王公已下各有所守。丙戌，命太子巡行城樓，令居人助運木石。夜，魏軍至黃華，去江陵四十里，丁亥，至柵下。戊子，巂州刺史裴畿、越巂郡，梁置巂州。巂，音髓。畿弟新興太守機、武昌太守朱買臣、衡陽太守謝答仁開枇杷門出戰，裴機殺魏儀同三司胡文伐。畿，之高之子也。臺城既沒，裴之高赴江陵。

帝徵廣州刺史王琳爲湘東【章：十二行本「東」作「州」；乙十一行本同。】刺史，使引兵入援。丁酉，柵內火，焚數千家及城樓二十五，帝臨所焚樓，望魏軍濟江，四顧歎息。是夜，遂止宮外，宿民家，己亥，移居祇洹寺。祇，巨支翻。洹，胡官翻。于謹令築長圍，中外信命始絕。

庚子，信州刺史徐世譜、晉安王司馬任約等築壘於馬頭，江陵南岸，謂之馬頭岸。遥爲聲援。是夜，帝巡城，猶口占爲詩，羣臣亦有和者。和，戶臥翻。帝裂帛爲書，趣王僧辯曰：趣，讀曰促。「吾忍死待公，可以至矣！」壬寅，還宮；癸卯，出長沙寺。戊申，王褒、胡僧祐、朱買臣、謝答仁等開門出戰，皆敗還。己酉，帝移居天居寺；癸丑，移居長沙寺。朱買臣按劍進曰：「唯斬宗懍、黄羅漢，可以謝天下！」買臣罪其諫還建康也。懍，力荏翻，又力禁翻。帝曰：「曩實吾意，宗、黄何罪！」二人退入衆中。

王琳軍至長沙，鎮南府長史裴政請間道先報江陵，王琳爲鎮南將軍，以裴政爲府長史。間，古莧翻；下間使同。至百里洲，爲魏人所獲。梁王詧謂政曰：「我，武皇帝之孫也，不可爲爾君乎？若從我計，貴及子孫；如或不然，腰領分矣。」政詭對曰：「唯命。」詧鎖之至城下，使言曰：「王僧辯聞臺城被圍，時都江陵，上臺所在，故亦謂之臺城。已自爲帝。王琳孤弱，不能復來。」復，扶又翻。政告城中曰：「援兵大至，各思自勉。吾以間使被擒，當碎身報國。」監者擊其口，使，疏吏翻。監，工銜翻。詧怒，使速殺之。西中郎參軍蔡大業梁置西中郎將於襄陽，以蔡大業爲參軍。諫曰：「此民望也，殺之，則荆州不可下矣。」乃釋之。政，之禮之子；裴之禮，邃之子也。大業，大寶之弟也。

時徵兵四方，皆未至。甲寅，魏人百道攻城，考異曰：梁紀作「辛卯」，誤也。今從典略。城中負戶蒙楯，楯，食尹翻。胡僧祐親當矢石，晝夜督戰，獎勵將士，明行賞罰，衆咸致死，所向摧殄，魏不得前。俄而僧祐中流矢死，中，竹仲翻。內外大駭。魏悉衆攻柵，反者開西門納魏師，帝與太子、王褒、謝答仁、朱買臣退保金城，令汝南王大封、晉熙王大圓質於于謹以請和。大封、大圓，皆簡文帝之子。質，音致；下同。魏軍之初至也，衆以王僧辯子侍中顗可爲都督，顗，魚豈翻。帝不用，更奪其兵，使與左右十人入守殿中；及胡僧祐死，乃用爲都督城中諸軍事。裴畿、裴機、歷陽侯峻皆出降。降，戶江翻；下同。于謹以機手殺胡文伐，并畿殺之。峻，淵猷之子也。淵猷，長沙王懿之子。時城南雖破，而城北諸將猶苦戰，日暝，聞城陷，乃散。暝，莫定翻。

帝入東閤竹殿，命舍人高善寶焚古今圖書十四萬卷，考異曰：隋經籍志云「焚七萬卷」，南史云「十餘萬卷」。按周僧辯所送建康書已八萬卷，并江陵舊書，豈止七萬卷乎！今從典略。「周」，當作「王」。將自赴火，宮人左右共止之。又以寶劍斫柱令折，歎曰：「文武之道，今夜盡矣！」焚書、折劍，以爲文武道盡。折，而設翻。乃使御史中丞王孝祀作降文。謝答仁、朱買臣諫曰：「城中兵衆猶強，乘闇突圍而出，賊必驚，因而薄之，可渡江就任約。」任約築壘馬頭岸，與江陵僅隔一江耳。帝素不便走馬，曰：「事必無成，祇增辱耳！」答仁求自扶，帝以問王褒，褒曰：「答仁，侯景之黨，豈足可信！成彼之勳，不如降也。」答仁又請守子城，收兵可得五千人，帝然之，卽授城中大都督，配以公主。既而召王褒謀之，以爲不可。答仁請入不得，歐血而去。歐，烏口翻。于謹徵太子爲質，帝使王褒送之。謹子以褒善書，給之紙筆，乃書曰：「柱國常山公家奴王褒。」謹爲柱國大將軍，封常山公，褒以此自處，安能爲帝謀乎！有頃，黃門郎裴政犯門而出。帝遂去羽儀文物，去，羌呂翻。白馬素衣出東門，抽劍擊闔曰：「蕭世誠一至此乎！」左傳：晉州綽攻齊東門，以枚數闔。杜預註曰：闔，門扇也。世誠，帝字也。魏軍士度塹牽其轡，塹，七豔翻。至白馬寺北，奪其所乘駿馬，以駑馬代之，遣長壯胡人手扼其背以行，逢于謹，胡人牽帝使拜。考異曰：典略云：「謹撝梁主令西至龍泉廟，出武陵、河東二王子孫於獄，列於沙州，鎖械嚴酷，瘡痍腐爛，引梁主使視之，謂曰：『此皆骨肉，忍虐如此，何以爲君！』上無以應。」按武陵諸子先已餓死，河東子孫亦應不存。今不取。梁王詧使鐵騎擁帝入營，囚于烏幔之下，幔，莫半翻。甚爲詧所詰辱。詰，去吉翻。乙卯，于謹令開府儀同三司長孫儉入據金城。帝紿儉云：「城中埋金千斤，欲以相贈。」儉乃將帝入城。帝因述詧見辱之狀，謂儉曰：「向聊相紿，欲言此耳，紿，蕩亥翻。豈有天子自埋金乎！」儉乃留帝於主衣庫。此主衣庫，在江陵金城中之禁中。

帝性殘忍，且懲高祖寬縱之弊，故爲政尚嚴。及魏師圍城，獄中死囚且數千人，有司請釋之以充戰士；帝不許，悉令棓殺之，棓，蒲項翻。事未成而城陷。

中書郎殷不害先於別所督戰，城陷，失其母，時冰雪交積，凍死者填滿溝塹，不害行哭於道，求其母尸，無所不至，見溝中死人，輒投下捧視，舉體凍濕，水漿不入口，號哭不輟聲，號，戶刀翻。如是七日，乃得之。

十二月，丙辰，徐世譜、任約退戍巴陵。于謹逼帝使爲書召王僧辯，帝不可。使者曰：「王今豈得自由？」帝曰：「我既不自由，僧辯亦不由我。」又從長孫儉求宮人王氏、荀【章：十二行本「荀」作「苟」；乙十一行本同；孔本同；熊校同。】氏及幼子犀首，儉並還之。或問：「何意焚書？」帝曰：「讀書萬卷，猶有今日，故焚之！」帝之亡國，固不由讀書也。

34 庚申，齊主北巡，至達速嶺，行視山川險要，將起長城。

35 辛未，帝爲魏人所殺。年四十七。梁王詧遣尚書傅準監刑，監，工銜翻。以土囊隕之。詧使以布帊纏尸，帊，普駕翻。通俗文曰：三幅爲帊。斂以蒲席，束以白茅，斂，力贍翻。葬於津陽門外。并殺愍懷太子元良、始安王方略、桂陽王大成等。世祖性好書，梁王方智承制，謚帝曰元，廟號世祖。好，呼到翻。常令左右讀書，晝夜不絕，雖熟睡，卷猶不釋，或差誤及欺之，帝輒驚寤。作文章，援筆立就。常言：「我韜於文士，今人謂器幣有餘用者爲寬韜，與此韜同義。愧於武夫。」論者以爲得言。得言，謂其自言者此爲得之。

魏立梁王詧爲梁主，資以荊州之地，延袤三百里，資以江陵緣江之地，延袤三百里，廣不及三百里也。袤，音茂。仍取其雍州之地。雍，於用翻。詧居江陵東城，魏置防主，將兵居西城，名曰助防，外示助詧備禦，內實防之。魏克江陵，因取襄、樊之地。此正滅虢取虞之計，詧雖悔之，何及矣！以前儀同三司王悅留鎮江陵。于謹收府庫珍寶及宋渾天儀、梁銅晷表、宋渾天儀，元嘉十三年錢樂之所鑄也。梁銅晷表，武帝所造。大玉徑四尺及諸法物；盡俘王公以下及選百姓男女數萬口爲奴婢，考異曰：典略作「五十萬」。今從梁紀、南史。分賞三軍，驅歸長安，小弱者皆殺之。得免者三百餘家，而人馬所踐及凍死者什二三。踐，慈演翻；下同。

魏師之在江陵也，梁王詧將尹德毅說詧曰：「魏虜貪惏，說，式芮翻。惏，與婪同；盧含翻。肆其殘忍，殺掠士民，不可勝紀。勝，音升。江東之人塗炭至此，咸謂殿下爲之。殿下既殺人父兄，孤人子弟，人盡讎也，誰與爲國！今魏之精銳盡萃於此，若殿下爲設享會，下爲，于僞翻。請于謹等爲歡，預伏武士，因而斃之，分命諸將，掩其營壘，大殲羣醜，俾無遺類。殲，息廉翻。收江陵百姓，撫而安之，文武羣寮，隨材銓授。魏人懾息，未敢送死，懾，之涉翻。王僧辯之徒，折簡可致。然後朝服濟江，入踐皇極，謂還建康卽位也。朝，直遙翻。晷刻之間，大功可立。古人云：『天與不取，反受其咎。』漢蒯通之言。願殿下恢弘遠略，勿懷匹夫之行。」匹夫之行，小廉小謹以自託於鄉黨。行，下孟翻。詧曰：「卿此策非不善也，然魏人待我厚，未可背德。背，蒲妹翻。若遽爲卿計，人將不食吾餘。」左傳：鄧祁侯之言。既而闔城長幼被虜，又失襄陽，被，皮義翻。詧乃歎曰：「恨不用尹德毅之言！」

王僧辯、陳霸先等共奉江州刺史晉安王方智爲太宰，承制。王褒、王克、劉瑴、宗懍、殷不害及尚書右丞吳興沈炯至長安，瑴，古岳翻。炯，古迥翻。太師泰皆厚禮之。泰親至于謹第，宴勞極歡，勞，力到翻。賞謹奴婢千口及梁之寶物并雅樂一部，別封新野公；既封常山，又封新野，故曰別封。謹固辭，不許。謹自以久居重任，功名既立，欲保優閒，乃上先所乘駿馬及所著鎧甲等。上，時掌翻。著，陟略翻。鎧，可亥翻。泰識其意，曰：「今巨猾未平，公豈得遽爾獨善！」巨猾，謂齊。孟子曰：達則兼善天下，窮則獨善其身。遂不受。

36 是歲，魏秦州刺史章武孝公宇文導卒。

37 魏加益州刺史尉遲迥督六州，通前十八州，自劍閣以南，得承制封拜及黜陟。迥明賞罰，布威恩，綏輯新民，經略未附，華、夷懷之。

容肇祖標點聶崇岐覆校

資治通鑑卷第一百六十六

端明殿學士兼翰林侍讀學士朝散大夫右諫議大夫充集賢殿修撰提舉西京嵩山崇福宮上柱國河内郡開國侯食邑一千八百戶食實封六百戶賜紫金魚袋臣　司馬光　奉敕編集

後　學　天　台　胡三省　音　註

梁紀二十二 起旃蒙大淵獻（乙亥），盡柔兆困敦（丙子），凡二年。

敬皇帝 諱方智，字慧相，小字法眞，元帝第九子也。諡法：夙夜警戒曰敬。

紹泰元年（乙亥、五五五）是年十月方改元。

1 春，正月，壬午朔，邵陵太守劉棻將兵援江陵，吳孫晧寶鼎元年，分零陵北部都尉置邵陵郡；隋廢邵陵郡爲邵陽縣，屬長沙郡；唐爲邵州。棻，符分翻。將，卽亮翻。至三百里灘，部曲宋文徹殺之，帥其衆還據邵陵。帥，讀曰率。

2 梁王詧卽皇帝位於江陵，詧，字理孫，梁昭明太子之第三子也。考異曰：周書詧傳云：「詧在位八載，保定二年薨。」然則詧雖以甲戌年爲魏所立，乙亥年乃卽位改元也。改元大定；追尊昭明太子爲昭明皇帝，廟號高宗，妃蔡氏爲昭德皇后；尊其母龔氏爲皇太后，立妻王氏爲皇后，子巋爲皇太子。歸，區韋翻，又苦鬼翻，又丘愧翻。賞刑制度並同王者，唯上疏於魏則稱臣，奉其正朔。上，時掌翻。至於官爵其下，亦依梁氏之舊，其勳級則兼用柱國等名。勳級，置以賞功。柱國，魏所置也，爲勳級之首。以諮議參軍蔡大寶爲侍中、尚書令，參掌選事；選，須絹翻。外兵參軍太原王操爲五兵尚書。大寶嚴整有智謀，雅達政事，雅，素也。文辭贍速，後梁主推心任之，以爲謀主，比之諸葛孔明；操亦亞之。追贈邵陵王綸太宰，謚曰壯武；邵陵王綸死於大寶二年。河東王譽丞相，謚曰武桓。河東王譽死於大寶元年。以莫勇爲武州刺史，魏永壽爲巴州刺史。武州、巴州皆置於江陵之南岸，二將尋爲侯平所擒，不能有二州也。

3湘州刺史王琳將兵自小桂北下，據姚思廉陳書，小桂，嶺名。輿地志：連州桂陽縣，漢屬桂陽郡，所謂小桂也。至蒸城，蓋漢臨蒸縣古城也，在衡州界。聞江陵已陷，爲世祖發哀，三軍縞素，爲，于僞翻。縞，古老翻。遣別將侯平帥舟師攻後梁。帥，讀曰率。琳屯兵長沙，傳檄州郡，爲進取之計。長沙王韶及上游諸將皆推琳爲盟主。

4齊主使清河王岳將兵攻魏安州，五代志：安陸郡，西魏置安州。以救江陵。岳至義陽，江陵陷，因進軍臨江，郢州刺史陸法和及儀同三司宋蒞舉州降之；降，戶江翻。考異曰：北史「宋蒞」作「宋茝」。今從北齊紀。又北齊紀云：「壬寅，岳渡江，克夏首，送法和。」按典略，甲午，齊已召岳還。今從典略。長史江夏太守王珉不從，殺之。夏，戶雅翻。甲午，齊召岳還，使儀同三司清都慕容儼戍郢州。北齊書，慕容儼，清都武安人，皝之後也。按魏收地形志，東魏都鄴，以魏郡置魏尹，武安縣屬焉。五代志：齊官有清都尹，蓋改魏尹爲清都尹也。考異曰：梁紀：「四月，法和降齊，使侯瑱討之。」按齊主與王僧辯書云：「清河王岳今次漢口，與陸居士相會。」然則法和先已降齊也。今從典略。王僧辯遣江州刺史侯瑱攻郢州，任約、徐世譜、宜豐侯循皆引兵會之。瑱，他甸翻，又音鎮。任，音壬。

5 辛丑，齊立貞陽侯淵明爲梁主，使其上黨王渙將兵送之，寒山之敗，貞陽沒於齊。徐陵、湛海珍等皆聽從淵明歸。武帝太清二年，徐陵使魏；魏禪於齊，而梁又有侯景之亂，是以留北。湛海珍降，見一百六十二卷三年。

6 二月，癸丑，晉安王至自尋陽，入居朝堂，朝，直遥翻。即梁王位，時年十三。以太尉王僧辯爲中書監、錄尚書、驃騎大將軍、都督中外諸軍事，驃，匹妙翻。騎，奇寄翻。加陳霸先征西大將軍，以南豫州刺史侯瑱爲江州刺史，湘州刺史蕭循爲太尉，廣州刺史蕭勃爲司徒，鎮東將軍張彪爲郢州刺史。

7 齊主先使殿中尚書邢子才馳傳詣建康，與王僧辯書，以爲：「嗣主沖藐，傳，張戀翻。藐，亡沼翻。未堪負荷。荷，下可翻，又如字。彼貞陽侯，梁武猶子，長沙之胤，貞陽雖爲縲臣於齊，而貞陽侯則梁爵也，故與僧辯書稱「彼貞陽侯」。淵明，長沙王懿之子，武帝兄子，故曰猶子。以年以望，堪保金陵，故置爲梁主，納於彼國。卿宜部分舟艦，迎接今主，分，扶問翻。艦，戶黯翻。并心一力，善建良圖。」乙卯，貞陽侯淵明亦與僧辯書求迎。僧辯復書曰：「嗣主體自宸極，受於乂祖。「乂」，當作「文」。蓋用受終于文祖事。【章：乙十一行本正作「文」；孔本同；張校同；退齋校同；十二行本作「父」。】明公儻能入朝，同奬王室，朝，直遙翻。伊、呂之任，僉曰仰歸；意在主盟，不敢聞命。」甲子，齊以陸法和爲都督荆・雍等十州諸軍事、太尉、大都督、西南道大行臺，雍，於用翻。又以宋莅爲郢州刺史，莅弟簉爲湘州刺史。簉，初救翻。甲戌，上黨王渙克譙郡。梁置合州於合肥，立南譙郡於襄安縣界。襄安，漢之巢縣也，梁置蕲縣，隋改曰襄安，唐復曰巢縣。己卯，淵明又與僧辯書，僧辯不從。

8 魏以右僕射申徽爲襄州刺史。魏既得梁雍州，改曰襄州，因襄陽以名州也。

9 侯平攻後梁巴、武二州，故劉棻主帥趙朗殺宋文徹，以邵陵歸于王琳。帥，所類翻。

10 三月，貞陽侯淵明至東關，散騎常侍裴之橫禦之。齊軍司尉瑾、儀同三司蕭軌南侵皖城，晉熙郡懷寧縣，漢之皖城也。散，悉亶翻。騎，奇寄翻。皖，戶板翻。晉州刺史蕭惠以州降之。降，戶江翻。齊改晉熙爲江州，齊晉州治平陽，故此晉州改爲江州。以尉瑾爲刺史。丙戌，齊克東關，斬裴之橫，俘數千人；王僧辯大懼，出屯姑孰，謀納淵明。

11 丙申，齊主還鄴，封世宗二子孝珩爲廣寧王，珩，音行。延宗爲安德王。

12 孫瑒聞江陵陷，棄廣州還，瑒，雉杏翻，又音暢。曲江侯勃復據有之。去年蕭勃避王琳居始興。

復，扶又翻。

13魏太師泰遣王克、沈炯等還江南。去年，江陵陷，王克等入長安。泰得庾季才，厚遇之，令參掌太史。季才散私財，購親舊之爲奴婢者，泰問：「何能如是？」對曰：「僕聞克國禮賢，古之道也。武王克商，釋箕子囚，式商容閭，封比干墓，所謂禮賢也。今郢都覆沒，其君信有罪矣，江陵，楚之故都，古郢城及渚宮皆在其地。搢紳何咎，皆爲皁隸！杜預曰：皁隸，賤官。皁，才早翻。隸，力計翻。鄙人羈旅，不敢獻言，誠竊哀之，故私購之耳。」泰乃悟曰：「吾之過也！微君，遂失天下之望！」因出令，免梁俘爲奴婢者數千口。

14夏，四月，庚申，齊主如晉陽。

15五月，庚辰，侯平等擒莫勇、魏永壽。江陵之陷也，永嘉王莊生七年矣，莊，世子方等之子，元帝之孫。尼法慕匿之，尼，女夷翻。王琳迎莊，送之建康。

16庚寅，齊主還鄴。

17王僧辯遣使奉啓於貞陽侯淵明，定君臣之禮，又遣別使奉表於齊，使，疏吏翻。以子顯及顯母劉氏、弟子世珍爲質於淵明，質，音致。考異曰：典略：「三月，辛卯，遣廷尉張種等送質于鄴。」按淵明五月始入建康，疑太早，恐非。遣左民尚書周弘正至歷陽奉迎，晉武帝太康中，置左民尚書。唐六典：曹魏置左民尚書，晉惠帝置右戶尚書。唐戶部尚書，卽左民、右戶之任也。因求以晉安王爲皇太子；淵明許之。淵明求度衛士三千，僧辯慮其爲變，止受散卒千人。散，蘇旱翻。散卒者，冗散之卒，非敗散之卒也。敗散之散，去聲。庚子，遣龍舟法駕迎之。淵明與齊上黨王渙盟於江北，辛丑，自采石濟江。考異曰：梁紀：「七月，辛丑，淵明濟江。甲辰，入京師。」北齊紀：「五月，蕭明入建業。」按典略，「五月，庚子，僧辯逆淵明；辛丑，濟江；癸卯，至建康。」今從之。於是梁輿南渡，齊師北返。僧辯疑齊，擁檝中流，檝，與楫同，櫂也；所以撥水行船。擁檝，附船而不鼓，則船定而不進。不敢就西岸。齊侍中裴英起衞送淵明，與僧辯會于江寧。癸卯，淵明入建康，望朱雀門而哭，逆者以哭對。丙午，卽皇帝位，改元天成，以晉安王爲皇太子，王僧辯爲大司馬，陳霸先爲侍中。

18 六月，庚戌朔，齊發民一百八十萬築長城，自幽州夏口西至恆州九百餘里，幽州夏口，蓋卽居庸下口也。幽州軍都縣西北有居庸關。㶟餘水出上谷沮陽縣之東，南流出關，謂之下口。「夏」當作「下」。恆，戶登翻。命定州刺史趙郡王叡將兵監之。叡，琛之子也。趙郡王琛，卽高永寶，歡之弟也。永寶，琛字。監，工銜翻。琛，丑林翻。

19 齊慕容儼始入郢州而侯瑱等奄至城下，儼隨方備禦，瑱等不能克；乘間出擊瑱等軍，大破之。間，古莧翻。城中食盡，煑草木根葉及靴皮帶角食之，靴，許戈翻。與士卒分甘共苦，堅守半歲，人無異志。貞陽侯淵明立，乃命瑱等解圍，瑱還鎭豫章。齊人以城在江外難守，因割以還梁。儼歸，望齊主，悲不自勝。勝，音升。齊主呼前，執其手，脫帽看髮，歎息久之。

20 吳興太守杜龕，龕，苦含翻。王僧辯之壻也。僧辯以吳興爲震州，因震澤以爲州名。用龕爲刺史，又以其弟侍中僧愔爲豫章太守。愔，於今翻。

21 壬子，齊主以梁國稱藩，詔凡梁民悉遣南還。

22 丁卯，齊主如晉陽；壬申，自將擊柔然。將，卽亮翻。秋，七月，己卯，至白道，留輜重，重，直用翻。帥輕騎五千追柔然，壬午，及之於懷朔鎭。齊主親犯矢石，頻戰，大破之，至于沃野，獲其酋長水經註：雲中郡有白道嶺、白道川。帥，讀曰率。騎，奇寄翻。酋，慈秋翻。長，知兩翻。及生口二萬餘，牛羊數十萬。壬申，【章：十二行本「申」作「辰」；乙十一行本同；孔本同；張校同；退齋校同。】還晉陽。

23 八月，辛巳，王琳自蒸城還長沙。

24 齊主還鄴，以佛、道二教不同，欲去其一，集二家【章：十二行本「家」下有「學者」二字；乙十一行本同；孔本同。】論難於前，去，羌呂翻。難，乃旦翻。遂敕道士皆剃髮爲沙門；有不從者，殺四人，乃奉命。於是齊境皆無道士。今道家有太霄琅書經云：人行大道，號曰道士。士者何，理也，事也。身心順理，唯道是從，從道爲事，故曰道士。余按此說，是道流借吾儒經解大義以演繹道士二字。道家雖曰宗老子，而西漢以前未嘗以道士自名，至東漢始有張道陵、于吉等，其實與佛教皆起於東漢之時。

25 初，王僧辯與陳霸先共滅侯景，見一百六十四卷世祖承聖元年。情好甚篤，僧辯爲子頠娶霸先女，好，呼到翻。爲，于僞翻。頠，魚委翻。會僧辯有母喪，未成婚。僧辯居石頭城，霸先在京口，僧辯推心待之，頠兄頵屢諫，不聽。頵，魚豈翻。及僧辯納貞陽侯淵明，霸先遣使苦爭之，使，疏吏翻。往返數四，僧辯不從。霸先竊歎，謂所親曰：「武帝子孫甚多，唯孝元能復讎雪恥，謂誅滅侯景也。其子何罪，而忽廢之！吾與王公並處託孤之地，處，昌呂翻。而王公一旦改圖，外依戎狄，援立非次，其志欲何所爲乎！」僧辯立淵明，名不正而言不順，故姦雄得因以爲資。乃密具袍數千領及錦綵金銀爲賞賜之具。

會有告齊師大舉至壽春將入寇者，僧辯遣記室江旰告霸先，使爲之備。霸先因是留旰於京口，旰，古汗翻。舉兵襲僧辯。九月，壬寅，召部將侯安都、周文育及安陸徐度、錢塘杜稜謀之。將，卽亮翻；下同。稜以爲難，霸先懼其謀泄，以手巾絞稜，今人盥洗，以布拭手，長七八尺，謂之手巾。悶絶于地，因閉於別室。部分將士，分，扶問翻。分賜金帛，以弟子著作郎曇朗鎭京口，知留府事，曇朗，霸先母弟休先之子。曇，徒含翻。使徐度、侯安都帥水軍趨石頭，帥，所類翻；下同。趨，七喻翻。霸先帥馬步自江乘羅落會之，江乘羅落，江乘縣之羅落橋。自江乘至羅落橋，京口趨建康之大路，劉裕伐桓玄由此。是夜，皆發，召杜稜與同行。知其謀者，唯安都等四將，外人皆以爲江旰徵兵禦齊，不之怪也。

甲辰，安都引舟艦將趣石頭，艦，戶黯翻。趣，七喻翻。霸先控馬未進，安都大懼，追霸先罵曰：「今日作賊，事勢已成，生死須決，在後欲何所望！若敗，俱死，後期得免斫頭邪？」霸先曰：「安都嗔我！」乃進。霸先控馬踟躕，以觀安都之意，見安都決死前向，乃進。嗔，昌眞翻，恚怒也。安都至石頭城北，棄舟登岸。石頭城北接岡阜，不甚危峻，安都被甲帶長刀，軍人捧之，投於女垣內，被，皮義翻。女垣，城上堞也。衆隨而入，進及僧辯臥室；霸先兵亦自南門入。僧辯方視事，外白有兵，俄而兵自內出。僧辯遽走，遇子頠，與俱出閤，帥左右數十人苦戰于聽事前，聽，讀曰廳。力不敵，走登南門樓，拜請求哀。霸先欲縱火焚之，僧辯與頠俱下就執。霸先曰：「我有何辜，公欲與齊師賜討？」且曰：「何意全無備？」僧辯曰：「委公北門，何謂無備？」京口爲建康北門。是夜，霸先縊殺僧辯父子。既而竟無齊兵，亦非霸先之譎也。譎，古穴翻。前青州刺史新安程靈洗帥所領救僧辯，力戰於石頭西門，軍敗；霸先遣使招諭，久之乃降。使，疏吏翻。降，戶江翻。霸先深義之，以爲蘭陵太守，使助防京口。守，式又翻。乙巳，霸先爲檄布告中外，列僧辯罪狀，且曰：「資斧所指，唯王僧辯父子兄弟，其餘親黨，一無所問。」

丙午，貞陽侯淵明遜位，出就邸，考異曰：梁書：「九月，丙午，帝即皇帝位。十月，己巳，大赦，改元。」按長曆，丙午，九月二十九日；己巳，十月二十二日。豈有即位二十四日始改元大赦乎！蓋丙午復梁王位，十月乃即帝位耳。典略：「丁未，廢貞陽侯出就邸。」今並從陳書。百僚上晉安王表，勸進。上，時掌翻。冬，十月，己酉，晉安王即皇帝位，大赦，改元，改元紹泰。中外文武賜位一等。以貞陽侯淵明爲司徒，封建安公。告齊云：「僧辯陰圖篡逆，故誅之。」仍請稱臣於齊，永爲藩國。齊遣行臺司馬恭與梁人盟于歷陽。

26 辛亥，齊主如晉陽。

27 壬子，加陳霸先尚書令、都督中外諸軍事、車騎將軍、揚·南徐二州刺史。癸丑，以宜豐侯循爲太保，建安公淵明爲太傅，曲江侯勃爲太尉，王琳爲車騎將軍、開府儀同三司。帝之初爲梁王也，諸藩皆進官，獨不及王琳，抑王僧辯雅知王琳之不可制邪！

28 戊午，尊帝所生夏貴妃爲皇太后，夏，戶雅翻。立妃王氏爲皇后。

29 杜龕恃王僧辯之勢，龕，苦含翻。素不禮於陳霸先，在吳興，每以法繩其宗族，霸先深怨之。及將圖僧辯，密使兄子蒨還長城，長城縣，霸先與其宗族世居之。晉太康三年，分烏程立長城縣，屬吳興郡，今湖州長興縣是也，在湖州西北七十里。蒨，七見翻。立柵以備龕。僧辯死，龕據吳興拒霸先，義興太守韋載以郡應之。考異曰：典略作「韋載」。今從梁、陳書。今按典略若作「韋載」，則與梁、陳書同，不須考異矣。吳郡太守王僧智，僧辯之弟也，亦據城拒守。考異曰：南史云，「僧智奔任約。」今從典略。陳蒨至長城，收兵纔數百人，杜龕遣其將杜泰將精兵五千奄至，將士相視失色。將，卽亮翻；下同。蒨言笑自若，部分益明，分，扶問翻。衆心乃定。泰晝夜苦攻，數旬，不克而退。霸先使周文育攻義興，義興屬縣卒皆霸先舊兵，善用弩，韋載收得數十人，繫以長鎖，命所親監之，監，工銜翻。使射文育軍，約曰：「十射不兩中者死。」射，而亦翻。中，竹仲翻。故每發輒斃一人，文育軍稍卻。載因於城外據水立柵，相持數旬。杜龕遣其從弟北叟將兵拒戰，從，才用翻；下同。北叟敗，歸于義興。霸先聞文育軍不利，辛未，自表東討，留高州刺史侯安都、石州刺史杜稜宿衛臺省。五代志：永平郡，梁置石州，隋後改曰藤州。宋白曰：藤州，治鐔津縣，漢猛陵縣也。甲戌，軍至義興，丙子，拔其水柵。

譙、秦二州刺史徐嗣徽從弟嗣先，僧辯之甥也。僧辯死，嗣先亡就嗣徽，嗣徽以州入于齊。五代志：江都郡清流縣，梁置新昌郡及譙州。又，六合縣，置秦郡及秦州。及陳霸先東討義興，嗣徽密結南豫州刺史任約，將精兵五千乘虛襲建康，是日，襲據石頭，遊騎至闕下。侯安都閉門藏旗幟，示之以弱，令城中曰：「登陴闚賊者斬！」幟，昌志翻。陴，頻彌翻。及夕，嗣徽等收兵還石頭。安都夜爲戰備，將旦，嗣徽等又至，安都帥甲士三百開東、西掖門出戰，臺城正南端門，其左、右二門曰東、西掖門。帥，讀曰率。大破之，嗣徽等奔還石頭，不敢復逼臺城。復，扶又翻。

陳霸先遣韋載族弟翽齎書諭載，翽，呼會翻。丁丑，載及杜北叟皆降，降，戶江翻。霸先厚撫之，以翽監義興郡，監，工銜翻。引載置左右，與之謀議。霸先卷甲還建康，卷，讀曰捲。考異曰：梁書：「十一月，庚寅，霸先還建康。」按庚寅，十一月十三日，太晚。且庚寅以前，霸先已有在建康與齊相拒事迹。今從陳書。使周文育討杜龕，救長城。將軍黃他攻王僧智於吳郡，不克，霸先使寧遠將軍裴忌助之。忌選所部精兵輕行倍道，自錢塘直趣吳郡，按陳霸先自義興還建康，遣裴忌助黃他攻吳郡，自錢塘直趣吳郡，非路也，錢塘必誤。趣，七喻翻。夜，至城下，鼓譟薄之。薄，伯各翻。僧智以爲大軍至，輕舟奔吳興。忌入據吳郡，因以忌爲太守。

十一月，己卯，齊遣兵五千渡江據姑孰，以應徐嗣徽、任約。陳霸先使合州刺史徐度立栅於冶城。庚寅，【章：乙十一行本「寅」作「辰」；退齋校同。】齊又遣安州刺史翟子崇、楚州刺史劉士榮、淮州刺史柳達摩五代志：鍾離郡，梁置北徐州，齊改曰楚州，管下定遠縣，梁置安州。江都郡山陽縣有淮陰郡，東魏置淮州。翟，直格翻。將兵萬人於胡墅度米三萬石、馬千匹入石頭。胡墅，在大江北岸，對石頭城。墅，神與翻。霸先問計於韋載，載曰：「齊師若分兵先據三吳之路，略地東境，則時事去矣。今可急於淮南因侯景故壘築城，以通東道轉輸，淮南，秦淮之南也。輸，式喻翻；下運輸同。分兵絕彼之糧運，則【章：十二行本「則」上有「使進無所資」五字；乙十一行本同；孔本同；張校同。】齊將之首旬日可致。」將，即亮翻。霸先從之。癸未，使侯安都夜襲胡墅，考異曰：典略作「己巳」。按長曆，是月戊寅朔，無己巳。今從陳書。燒齊船千餘艘；艘，蘇遭翻。仁威將軍周鐵虎斷齊運輸，斷，音短。擒其北徐州刺史張領州；五代志：琅邪郡，舊置北徐州。仍遣韋載於大航築侯景故壘，使杜稜守之。航，戶剛翻。齊人於倉門、水南立二柵，倉門，石頭倉城門。水南，秦淮水之南。與梁兵相拒。壬辰，齊大都督蕭軌將兵屯江北。

30 初，齊平秦王歸彥幼孤，高祖令清河昭武王岳養之，歸彥，高歡族弟也。歸彥父徽，於歡有舊恩，故歡憐其孤而命岳養之。歡廟號高祖。岳情禮甚薄，歸彥心銜之。及顯祖卽位，歸彥爲領軍大將軍，大被寵遇；被，皮義翻。岳謂其德己，更倚賴之。岳屢將兵立功，有威名，而性豪侈，好酒色，好，呼到翻。起第於城南，城南，鄴城之南。聽事後開巷。聽，讀曰廳。歸彥譖之於帝曰：「清河僭擬宮禁，制爲永巷，但無闕耳。」帝由是惡之。惡，烏路翻。帝納倡婦薛氏於後宮，倡，尺良翻，優也。岳先嘗因其姊迎之至第。帝夜遊於薛氏家，其姊爲其父乞司徒。爲，于僞翻。帝大怒，懸其姊，鋸殺之。讓岳以姦，岳不服，帝益怒，乙亥，使歸彥鴆岳。岳自訴無罪，歸彥曰：「飲之則家全。」飲之而卒，葬贈如禮。

薛嬪有寵於帝，嬪，毗賓翻。久之，帝忽思其與岳通，無故斬首，藏之於懷，出東山宴飲。勸酬始合，忽探出其首，投於柈上，探，吐南翻。柈，蒲官翻。支解其尸，弄其髀爲琵琶，一座大驚。帝方收取，對之流涕曰：「佳人難再得！」漢李延年歌曰：「北方有佳人，絕世而獨立，一顧傾人城，再顧傾人國。寧不知傾城與傾國，佳人難再得！」載尸以出，被髮步哭而隨之。被，皮義翻。

31 甲辰，徐嗣徽等攻冶城柵，陳霸先將精甲自西明門出擊之，嗣徽等大敗，留柳達摩等守城，自往采石迎齊援。

32以郢州刺史宜豐侯循爲太保，廣州刺史曲江侯勃爲司空，并徵入侍。循受太保而辭不入。勃方謀舉兵，遂不受命。

33鎮南將軍王琳侵魏，魏大將軍豆盧寧禦之。姓氏志：豆盧本姓慕容氏，燕北地王精降魏，北人謂歸義爲豆盧，因賜以爲氏。

34十二月，癸丑，侯安都襲秦郡，破徐嗣徽柵，俘數百人。收其家，得其琵琶及鷹，遣使送之曰：「昨至弟處得此，今以相還。」使，疏吏翻；下同。嗣徽大懼。丙辰，陳霸先對冶城立航，航，戶剛翻，連舟爲橋也。悉渡衆軍，攻其水南二柵。即倉門、水南二柵。柳達摩等渡淮置陳，陳，讀曰陣。霸先督兵疾戰，縱火燒柵，齊兵大敗，爭舟相擠，擠，牋西翻，又子細翻。溺水者以千數，呼聲震天地，溺，奴狄翻。呼，火故翻。盡收其船艦。是日，嗣徽與任約引齊兵水步萬餘人還據石頭，霸先遣兵詣江寧，據要險。嗣徽等水步不敢進，頓江寧浦口，霸先遣侯安都將水軍襲破之，嗣徽等單舸脫走，舸，古我翻。盡收其軍資器械。

己未，霸先四面攻石頭，城中無水，升水直絹一匹。庚申，達摩遣使請和於霸先，且求質子。請和而求質子者，恐還以無功得罪，欲以質子藉手。質，音致。時建康虛弱，糧運不繼，朝臣皆欲與齊和，朝，直遙翻。請以霸先從子曇朗爲質。曇朗時留鎮京口。從，才用翻。曇，苦含翻。霸先曰：

「今在位諸賢欲息肩於齊，左傳：鄭成公疾，子駟請息肩於晉。杜預註曰：以負擔諭。若違衆議，謂孤愛曇朗，不恤國家，今決遣曇朗，棄之寇庭。齊人無信，謂我微弱，必當背盟。背，蒲妹翻。齊寇若來，諸君須爲孤力鬭也！」霸先知齊人恥於無功，必增兵復至，故先以此諭衆，責其効死。爲，于僞翻。乃與曇朗及永嘉王莊、丹楊尹王沖之子珉爲質，「與」，當作「以」，則文意明順。【章：乙十一行本正作「以」；退齋校同。】與齊人盟於城外，城外者，石頭城外。將士恣其南北。徐嗣徽等南人恣其南，柳達摩等北人恣其北。恣其南北，言唯意所適也。辛酉，霸先陳兵石頭南門，送齊人歸北，徐嗣徽、任約皆奔齊。收齊馬仗船米，不可勝計。勝，音升。齊主誅柳達摩。壬戌，齊和州長史烏丸遠自南州奔還歷陽。劉昫曰：齊、梁通和，置和州於歷陽郡。烏丸蓋出於東胡烏丸之種，因以爲姓。江寧令陳嗣、黄門侍郎曹朗據姑孰反，霸先命侯安都等討平之。霸先恐陳曇朗亡竄，自帥步騎至京口迎之。帥，讀曰率。

35 交州刺史劉元偃帥其屬數千人歸王琳。

36 魏以侍中李遠爲尚書左僕射。

37 魏益州刺史宇文貴使譙淹從子子嗣誘說淹，以爲大將軍，從，才用翻。說，式芮翻。淹不從，斬子嗣。貴怒，攻之，淹自東遂寧徙屯墊江。晉於德陽縣界東南置遂寧郡。五代志：遂寧郡方義縣，梁曰小溪，置東遂寧郡。墊江縣，漢屬巴郡，梁爲楚州治所，隋爲渝州。墊，音疉。

38初，晉安民陳羽，吳立東安縣，晉武帝更名晉安。太康三年，分建安立晉安郡。五代志：建安郡南安縣舊曰晉安。今之泉州卽其地。世爲閩中豪姓，其子寶應多權詐，郡中畏服。侯景之亂，晉安太守賓化侯雲以郡讓羽，羽老，但治郡事，令寶應典兵。時東境荒饉，而晉安獨豐衍，寶應數自海道出，寇抄臨安、永嘉、會稽，沈約志：吳分餘杭爲臨水縣，晉武帝太康元年更名臨安。五代志無臨安郡及臨安縣，但有餘杭郡耳。數，所角翻。抄，楚交翻。會，工外翻。或載米粟與之貿易，由是能致富強。侯景平，世祖因以羽爲晉安太守。及陳霸先輔政，羽求傳位於寶應，霸先許之。爲後陳寶應亂閩中張本。

39是歲，魏宇文泰諷淮安王育上表請如古制降爵爲公，於是宗室諸王皆降爲公。

40突厥木杆可汗擊柔然鄧叔子，滅之，厥，九勿翻。杆，公旦翻。可，從刊入聲。汗，音寒。叔子收其餘燼奔魏。木杆西破嚈噠，嚈，益涉翻。噠，當割翻，又宅軋翻。東走契丹，北幷契骨，契骨，卽唐之結骨。唐書曰：黠戛斯，古堅昆國，或曰居勿，或曰結骨。蓋堅昆語訛爲結骨，稍號紇骨，亦曰紇扢斯。契丹，欺訖翻，又音喫。契骨，苦結翻。威服塞外諸國。其地東自遼海，西至西海，長萬里，長，直亮翻。南自沙漠以北五六千里皆屬焉。木杆恃其強，請盡誅鄧叔子等於魏，使者相繼於道；太師泰收叔子以下三千餘人付其使者，盡殺之於青門外。長安城東出南頭第一門曰霸城門，民見門色青，名曰青城門，或曰青門。秦東陵侯召平種瓜於青門外，卽其地。使，疏吏翻。

41 初，魏太師泰以漢、魏官繁，命蘇綽及尚書令盧辯依周禮更定六官。更，工衡翻。

太平元年（丙子、五五六）是年九月方改元太平。

1 春，正月，丁丑，魏初建六官，以宇文泰爲太師、大冢宰，柱國李弼爲太傅、大司徒，趙貴爲太保、大宗伯，宗伯以上，以三公兼六卿之職。北史盧辯傳：置太師、太傅、太保各一人，是曰三孤。獨孤信爲大司馬，于謹爲大司寇，侯莫陳崇爲大司空。自餘百官，皆倣周禮。

2 戊寅，大赦，其與任約、徐嗣徽同謀者，一無所問。癸未，陳霸先使從事中郎江旰說徐嗣徽使南歸，說，式芮翻；下因說同。嗣徽執旰送齊。

3 陳蒨、周文育合軍攻杜龕於吳興。龕勇而無謀，嗜酒常醉，其將杜泰陰與蒨等通。龕與蒨等戰敗，泰因說龕使降，將，即亮翻。說，輸芮翻。降，戶江翻。龕然之。其妻王氏曰：王氏，僧辯女也。「霸先讎隙如此，何可求和！」因出私財賞募，復擊蒨等，大破之。復，扶又翻。既而杜泰降於蒨，龕尚醉未覺，覺，古效翻，又如字。蒨遣人負出，於項王寺前斬之。項羽起吳下，故後人爲立寺於吳興。考異曰：梁書：「太平元年，正月癸未，杜龕降，詔賜死。」陳書：「紹泰元年，十二月，杜龕以城降；明年，正月癸未，誅杜龕于吳興，龕從弟北叟、司馬沈孝敦並賜死。」典略：「魏恭帝二年，十二月，蒨命劉澄等攻龕，大敗之，龕乃降；明年，正月丁亥，周鐵虎送杜龕祠項王神，使力士拉龕於坐，從弟北叟、司馬沈孝敦並賜死。」今從南史。王僧智與其弟豫章太守僧愔俱奔齊。愔，於今翻。考異曰：梁書、南史王僧辯傳：「僧辯既亡，僧智得就任約。約敗走，僧智肥不能行，又遇害。僧智弟僧愔位譙州刺史，征蕭勃，及聞兄死，引軍還。時吳州刺史羊亮隸在僧愔下，與僧愔不平，密召侯瑱見禽。僧愔以名義責瑱，瑱乃委罪於將羊鯤，斬之，僧愔復得奔齊。」陳書、南史侯瑱傳則云：「僧辯使其弟僧愔與瑱共討蕭勃，及陳武帝誅僧辯，僧愔陰欲圖瑱及奪其軍，瑱知之，盡收僧愔徒黨，僧愔奔齊。」典略：「魏恭帝三年，正月，初，僧愔與瑱共討曲江侯勃，至是，吳州刺史羊亮說僧愔襲瑱，而翻以告瑱，瑱攻之，僧愔奔齊。」凡此諸說，莫知孰是。今約其梗概言之。

東揚州刺史張彪素爲王僧辯所厚，不附霸先，二月，庚戌，陳蒨、周文育輕兵襲會稽，彪兵敗，走入若邪山中，簡文帝大寶元年，張彪起兵於若邪山。邪，音耶。蒨遣其將吳興章昭達追斬之。將，即亮翻；下同。東陽太守留異饋蒨糧食，霸先以異爲縉州刺史。因縉雲山而置縉州。五代志：處州栝蒼縣有縉雲山。縉，音晉。

江州刺史侯瑱本事王僧辯，亦擁兵據豫章及江州，不附霸先。霸先以周文育爲南豫州刺史，使將兵擊湓城，庚申，又遣侯安都、周鐵虎將舟師立柵於梁山，以備江州。

4 癸亥，徐嗣徽、任約襲采石，執戍主明州刺史張懷鈞送於齊。五代志：日南郡交谷縣，梁置明州。張懷鈞蓋帶刺史而戍采石也。

5 後梁主擊侯平於公安，平與長沙王韶引兵還長沙。王琳遣平鎮巴州。

6 三月，壬午，詔雜用古今錢。

7 戊戌，齊遣儀同三司蕭軌、庫狄伏連、堯難宗、東方老等與任約、徐嗣徽合兵十萬入寇，出柵口，柵口，柵江口也，在今和州歷陽縣西南百五十里，與無爲軍分界，卽古之濡須口。宋白曰：廬州東南至柵口，今謂之新婦口，三百八十四里，對岸卽舊南陵縣地，對岸爲繁昌縣。向梁山。陳霸先帳內盪主黃叢逆擊，破之，盪主，主勇士以突盪敵人。齊師退保蕪湖。霸先遣定州刺史沈泰等就侯安都，共據梁山以禦之。周文育攻湓城，未克，召之還。夏，四月，丁巳，霸先如梁山巡撫諸軍。

8 乙丑，齊儀同三司婁叡討魯陽蠻，破之。

9 侯安都輕兵襲齊行臺司馬恭於歷陽，考異曰：梁書云：「壬午，安都襲恭。」按長曆，是月乙巳朔，無壬午。大破之，俘獲萬計。

10 魏太師泰尚孝武妹馮翊公主，生略陽公覺；姚夫人生寧都公毓。毓於諸子最長，五代志：西城郡安康縣，舊曰寧都。毓，余六翻。長，知兩翻；下同。娶大司馬獨孤信女。泰將立嗣，謂公卿曰：「孤欲立子以嫡，恐大司馬有疑，如何？」衆默然，未有言者。尚書左僕射李遠曰：「夫立子以嫡不以長，春秋公羊傳之言。略陽公爲世子，公何所疑！若以信爲嫌，請先斬之。」遂拔刀而起。泰亦起，曰：「何至於是！」信又自陳解，遠乃止。於是羣公並從遠議。遠出外，拜謝信曰：「臨大事不得不爾！」信亦謝遠曰：「今日賴公決此大議。」遂立覺爲世子。

11 太師泰北巡。

12 五月，齊人召建安公淵明，詐許退師，考異曰：典略云：「五月，齊主在東山飲酒，投杯赫怒，召魏收於前，立爲制書，欲自將西討長安，令上黨王渙將兵伐梁，於是渙南侵。」按梁、陳、北齊帝紀及渙傳皆無是事，今去之。陳霸先具舟送之。癸未，淵明疽發背卒。甲申，齊兵發蕪湖，庚寅，入丹楊縣，此丹楊縣乃漢古縣，非今鎮江府之丹楊縣也。據沈約志，晉武帝太康三年，分丹楊縣立于湖縣。于湖，今太平州也。丹楊縣地當在太平州東北。丙申，至秣稜故治。沈約曰：秣陵本治去京邑六十里，今故治村是也。晉安帝義熙九年移治京邑，在鬬場。鬬場，猶今言教場。晉成帝咸和中，詔內外諸軍戲於南郊之場，因名戲場，亦曰鬬場。陳霸先遣周文育屯方山，丹楊記，秦始皇鑿方山，其斷處爲瀆，則今淮水。徐度頓馬牧，馬牧，牧馬之地。杜稜頓大航南以禦之。

13 齊漢陽敬懷王洽卒。洽，齊主之弟。

14 辛丑，齊人跨淮立橋柵渡兵，夜至方山，徐嗣徽等列艦於青墩，至于七磯，以斷周文育歸路。艦，戶黯翻；下同。墩，音敦。斷，音短。文育鼓譟而發，嗣徽等不能制；至旦，反攻嗣徽。嗣徽驍將鮑砰獨以小艦殿軍，驍，堅堯翻。將，卽亮翻；下同。砰，普耕翻。殿，丁練翻。文育乘單舴艋與戰，舴，陟格翻。艋，莫梗翻。舴艋，小船。一舟曰單。跳入艦中，跳，他弔翻。斬砰，仍牽其艦而還。還，從宣翻，又如字。嗣徽衆大駭，因留船蕪湖，自丹楊步上。上，時掌翻；下槊上同。陳霸先追侯安都、徐度皆還。追梁山之軍還建康，以禦齊師。

癸卯，齊兵自方山進及倪塘，倪塘在臺城東。游騎至臺，騎，奇寄翻。建康震駭，帝總禁兵出頓長樂寺，樂，音洛。內外纂嚴。霸先拒嗣徽等於白城，白城當在湖熟縣界。適與周文育會。將戰，風急，霸先曰：「兵不逆風。」文育曰：「事急矣，何用古法！」抽槊上馬先進，【章：十二行本「進」下有「衆軍從之」四字；乙十一行本同；孔本同；張校同；退齋校同。】槊，色角翻。風亦尋轉，殺傷數百人。侯安都與嗣徽等戰於耕壇南，天子親耕藉田，祭先農於田所，故有耕壇。宋文帝元嘉二十一年，令司空、司農、京尹、令、尉度宮之辰地，八里之外，整制千畝，中開阡陌，立先農壇於中阡西陌南，設御耕壇於中阡東陌北。安都帥十二騎突其陳，破之，騎，奇寄翻。陳，讀曰陣。生擒齊儀同三司乞伏無勞。考異曰：南史作「乞伏無芳」。今從陳書。霸先潛撤精卒三千配沈泰渡江，襲齊行臺趙彥深於瓜步，獲艦百餘艘，粟萬斛。艘，蘇遭翻。

六月，甲辰，齊兵潛至鍾山，侯安都與齊將王敬寶戰于龍尾，鍾山之龍尾也。自山趾築道陂陀以登山，曰龍尾。軍主張纂戰死。丁未，齊師至幕府山，幕府山在今建康城西二十五里，晉琅邪王初渡江，丞相王導建幕府其上，因名。霸先遣別將錢明將水軍出江乘，邀擊齊人糧運，盡獲其船米。齊軍乏食，殺馬驢食之。庚戌，齊軍踰鍾山，霸先與衆軍分頓樂遊苑東及覆舟山北，斷其衝要。斷，音短。壬子，齊軍至玄武湖西北，將據北郊壇，晉成帝立北郊壇於覆舟山南。衆軍自覆舟東移頓壇北，與齊人相對。

會連日大雨，平地水丈餘，齊軍晝夜坐立泥中，足指皆爛，懸鬲以爨，鬲，音歷。爾雅：鼎款足者謂之鬲。說文：鬲，鼎屬也；實五觳。斗二升曰觳。而臺中及潮溝北路燥，潮溝，吳孫權所開，以引潮抵于秦淮。梁軍每得番易。時四方壅隔，糧運不至，建康戶口流散，徵求無所。甲寅，少霽，少，詩沼翻。霸先將戰，調市人得麥飯，調，徒弔翻。分給軍士，士皆飢疲。會陳蒨饋米三千斛、鴨千頭，霸先命炊米煑鴨，人人以荷葉裹飯，婫以鴨肉數臠，婫，公渾翻。以鴨肉蓋飯上曰婫。今江東人猶謂以物蒙頭曰婫。臠，力兗翻。乙卯，未明，蓐食，比曉，比，必利翻。霸先帥麾下出莫府山。侯安都謂其部將蕭摩訶曰：「卿驍勇有名，千聞不如一見。」帥，讀曰率。將，即亮翻。驍，堅堯翻。摩訶對曰：「今日令公見之。」及戰，安都墜馬，齊人圍之，摩訶單騎大呼，直衝齊軍，齊軍披靡，安都乃免。騎，奇寄翻。呼，火故翻。披，普彼翻。霸先與吳明徹、沈泰等衆軍首尾齊舉，縱兵大戰，安都自白下引兵橫出其後，齊師大潰，斬獲數千人，相蹂踐而死者不可勝計，蹂，人九翻。踐，慈演翻。勝，音升。生擒徐嗣徽及弟嗣宗，斬之以徇，追奔至于臨沂。晉成帝咸康元年，桓溫領南琅邪太守，鎮江乘蒲州之金城，求割丹楊之江乘縣境立郡，又分江乘地立臨沂縣。宋白曰：臨沂山西北臨大江。其江乘、攝山、鍾山等諸軍相次克捷，攝山，在今建康城北四十五里。江乘地記曰：有草可以攝生，故名。虜蕭軌、東方老、王敬寶等將帥凡四十六人。將，即亮翻。帥，所類翻。其軍士得竄至江者，縛荻筏以濟，荻，亭歷翻，萑也。中江而溺，流尸至京口，翳水彌岸；唯任約、王僧愔得免。

丁巳，衆軍出南州，燒齊舟艦。

戊午，大赦。己未，解嚴。軍士以賞俘貿酒，一人裁得一醉。貿，音茂。庚申，斬齊將蕭軌等，齊人聞之，亦殺陳曇朗。霸先啓解南徐州以授侯安都。賞其功也。

15 侯平頻破後梁軍，以王琳兵威不接，更不受指麾；琳遣將討之。平殺巴州助防呂旬，收其衆，奔江州，侯瑱與之結爲兄弟。琳軍勢益衰，乙丑，遣使奉表詣齊，幷獻馴象。安南出象處曰象山，歲一捕之，縛欄道旁，中爲大穽，以雌象前行爲媒，遺甘蔗於地，傅藥蔗上。雄象來食蔗，漸引入欄，閉其中，就穽中教習馴擾之，始甚咆哮，穽深不可出，牧者以言語諭之，久則漸解人意。使，疏吏翻。馴，松倫翻。江陵之陷也，琳妻蔡氏、世子毅皆沒于魏，琳又獻款于魏以求妻子；亦稱臣于梁。

16 齊發丁匠三十餘萬脩廣三臺宮殿。三臺在鄴城，曹操所築。

17 齊顯祖之初立也，留心政術，務存簡靖，坦於任使，謂任使之際，坦懷待人。人得盡力。又能以法馭下，或有違犯，不容勳戚，內外莫不肅然。至於軍國機策，獨決懷抱；每臨行陳，行，戶剛翻。陳，讀曰陣。親當矢石，所向有功。數年之後，漸以功業自矜，遂嗜酒淫泆，泆，弋乙翻，淫放也。肆行狂暴；或身自歌舞，盡日通宵；或散髮胡服，雜衣錦綵；衣，於既翻。或袒露形體，塗傅粉黛；或乘驢、牛、橐駝、白象，不施鞍勒；或令崔季舒、劉桃枝負之而行，擔胡鼓拍之；胡鼓，以手拍之成聲。劉昫曰：腰鼓大者瓦，小者木，皆廣首而纖腹，本胡鼓也。擔，都甘翻。勳戚之第，朝夕臨幸，游行市里，街坐巷宿；或盛夏日中暴身，暴，讀曰曝。或隆冬去衣馳走；從者不堪，去，羌呂翻。從，才用翻。帝居之自若。三臺構木高二十七丈，高，居報翻。兩棟相距二百餘尺，工匠危怯，皆繫繩自防，帝登脊疾走，殊無怖畏；脊，棟脊也。怖，普布翻。時復雅儛，復，扶又翻。儛，與舞同。折旋中節，中，竹仲翻。傍人見者莫不寒心。嘗於道上問婦人曰：「天子何如？」曰：「顛顛癡癡，何成天子！」帝殺之。

婁太后以帝酒狂，舉杖擊之曰：「如此父生如此兒！」帝曰：「卽當嫁此老母與胡。」太后大怒，遂不言笑。帝欲太后笑，自匍匐匍，音蒲。匐，莫北翻。以身舉牀，墜太后於地，頗有所傷。既醒，大慚恨，使積柴熾火，欲入其中。太后驚懼，親自持挽，強爲之笑，曰：「曏汝醉耳！」強，其兩翻。爲，于僞翻。帝乃設地席，命平秦王歸彥執杖，口自責數，自責而數罪也。數，所具翻。脫背就罰，謂歸彥曰：「杖不出血，當斬汝。」太后前自抱之，帝流涕苦請，乃笞腳五十，然後衣冠拜謝，悲不自勝。勝，音升。因是戒酒，一旬，又復如初。

帝幸李后家，以鳴鏑射后母崔氏，射，而亦翻。罵曰：「吾醉時尚不識太后，老婢何事！」馬鞭亂擊一百有餘。雖以楊愔爲相，使進廁籌，以馬鞭鞭其背，流血浹袍。嘗欲以小刀剺其腹，愔，於今翻。相，息亮翻。浹，卽協翻。剺，力之翻，劃也。崔季舒託俳言曰：「老小公子惡戲。」託爲俳諧之言。因掣刀去之。掣，昌列翻。去，羌呂翻。又置愔於棺中，載以輀車。輀，音而，喪車也。又嘗持槊走馬，槊，色角翻。以擬左丞相斛律金之胸者三，金立不動，乃賜帛千段。

高氏婦女，不問親疏，多與之亂，或以賜左右，又多方苦辱之。彭城王浟太妃爾朱氏，魏敬宗之后也，浟，夷周翻。帝欲蒸之，不從；手刃殺之。故魏樂安王元昂，李后之姊壻也，其妻有色，帝數幸之，數，所角翻。欲納爲昭儀。召昂，令伏，以鳴鏑射之百餘下，射，而亦翻。凝血垂將一石，竟至於死。后啼不食，乞讓位於姊，太后又以爲言，帝乃止。

又嘗於衆中召都督韓哲，無罪，斬之。作大鑊、長鋸、剉、碓之屬，陳之於庭，鑊，戶郭翻。鼎大無足曰鑊。每醉，輒手殺人，以爲戲樂。樂，音洛。所殺者多令支解，或焚之於火，或投之於水。楊愔乃簡鄴下死囚，置之仗內，殿庭左右立仗。謂之供御囚，帝欲殺人，輒執以應命，三月不殺，則宥之。

開府參軍裴謂之上書極諫，帝謂楊愔曰：「此愚人，何敢如是！」對曰：「彼欲陛下殺之，以成名於後世耳。」帝曰：「小人，我且不殺，爾焉得名！」焉，音煙。帝與左右飲酒，曰：「樂哉！」都督王紘曰：「有大樂，亦有大苦。」樂，音洛。帝曰：「何謂也？」對曰：「長夜之飲，不寤國亡身隕，所謂大苦！」帝縛紘，欲斬之，思其有救世宗之功，乃捨之。高澄之死，王紘冒刃禦賊，見一百六十二卷武帝太清二年。

帝遊宴東山，以關、隴未平，投盃震怒，召魏收於前，立爲詔書，宣示遠近，將事西行。魏人震恐，常爲度隴之計。宇文泰識虛實，何得因西行一詔，便爲度隴之計！此齊史官之華言耳。然實未行。一日，泣謂羣臣曰：「黑獺不受我命，柰何？」都督劉桃枝曰：「臣得三千騎，騎，奇寄翻。請就長安擒之以來。」帝壯之，賜帛千匹。趙道德進曰：「東西兩國，強弱力均，彼可擒之以來，此亦可擒之以往。桃枝妄言應誅，陛下柰何濫賞！」帝曰：「道德言是。」回絹賜之。帝乘馬欲下峻岸入于漳，欲入漳水。道德攬轡回之；帝怒，將斬之。道德曰：「臣死不恨，當於地下啓先帝，論此兒酣酗顛狂，不可教訓。」酗，吁句翻。陸德明曰：以酒爲凶曰酗。帝默然而止。他日，帝謂道德曰：「我飲酒過，過，謂過多。須痛杖我。」道德扶之，扶，升栗翻，擊也。帝走。道德逐之曰：「何物人，爲此舉止！」

典御丞李集面諫，五代志曰：後齊制官，多循後魏之舊。尚食、尚藥二局，皆有典御及丞。尚食總知御膳事，尚藥總知御藥事，屬門下省。比帝於桀、紂。帝令縛置流中，流水中也。沈沒久之，沈，持林翻。復令引出，復，扶又翻。謂曰：「吾何如桀、紂？」集曰：「向來彌不及矣！」帝又令沈之，引出，更問，如此數四，集對如初。帝大笑曰：「天下有如此癡人，方知龍逄、比干未是俊物！」龍逄，諫夏桀而死，比干諫殷紂而死。逄，皮江翻。遂釋之。頃之，又被引入見，被，皮義翻。見，賢遍翻。似有所諫，帝令將出要斬。要，讀曰腰。其或斬或赦，莫能測焉。

內外憯憯，憯，七感翻。憯憯，痛毒之意。各懷怨毒；而素能默識強記，加以嚴斷，斷，丁亂翻。羣下戰慄，不敢爲非。又能委政楊愔，愔總攝機衡，百度脩敕，敕，理也。故時人皆言主昏於上，政清於下。愔風表鑒裁，爲朝野所重，少歷屯阨，爾朱屠害楊氏，唯愔得脱，潛竄累載，後歸高歡，又以讒間逃隱海島，歡訪而用之。裁，才代翻。少，詩照翻。屯，陟輪翻。及得志，有一餐之惠者必重報之，雖先嘗欲殺己者亦不問；典選二十餘年，以獎拔賢才爲己任。性復強記，一見皆不忘其姓名，選人魯漫漢自言猥賤獨不見識，選，須絹翻。復，扶又翻。猥，鄙也。愔曰：「卿前在元子思坊，元子思坊，鄴城中坊名。魏侍中元子思居此，後謀西奔，被誅，時人因以名坊。乘短尾牝驢，見我不下，以方麴障面，我何爲不識卿！」漫漢驚服。

18 秋，七月，甲戌，前天門太守樊毅襲武陵，殺武州刺史衡陽王護，王琳使司馬潘忠擊之，執毅以歸。護，暢之孫也。暢，武帝之弟。

19 丙子，以陳霸先爲中書監、司徒、揚州刺史，進爵長城公，餘如故。

20 初，余孝頃爲豫章太守，姓譜：余姓，由余之後。侯瑱鎮豫章，孝頃於新吴縣漢靈帝中平中，立新吴縣，屬豫章郡，今洪州奉新縣即其地。別立城柵，與瑱相拒。瑱使其從弟奫守豫章從，才用翻。奫，於倫翻。悉衆攻孝頃，久不克，築長圍守之。癸酉，侯平發兵攻奫，大掠豫章，焚之，奔于建康。瑱衆潰，奔湓城，依其將焦僧度。僧度勸之奔齊，會霸先使記室濟陽蔡景歷南上，濟，子禮翻。自建康泝流至湓城爲南上。上，時掌翻。說瑱令降，瑱乃詣闕歸罪，霸先爲之誅侯平。說，式芮翻。降，戶江翻。爲，于僞翻。丁亥，以瑱爲司空。

南昌民熊曇朗，世爲郡著姓。曇朗有勇力，侯景之亂，聚衆據豐城爲柵，南昌縣帶豫章郡。吳立富城縣，晉武帝太康元年，更名豐城縣，屬豫章郡，今縣在郡城南一百五十五里。曇，徒含翻。世祖以爲巴山太守。元帝廟號世祖。江陵陷，曇朗兵力浸強，侵掠鄰縣。侯瑱在豫章，曇朗外示服從而陰圖之，及瑱敗走，曇朗獲其馬仗。

21 己亥，齊大赦。

22 魏太師泰遣安州長史鉗耳康買使于王琳，鉗耳，夷姓也，出於西羌。鉗，其廉翻。孫愐曰：鉗耳，西羌人，自云周王季之後，爲虔仁氏，音訛爲鉗耳。琳遣長史席豁報之，且請歸世祖及愍懷太子之柩；泰許之。江陵之陷，魏既戕元帝，遂殺愍懷太子元良。柩，音舊。

23 八月，己酉，鄱陽王循卒于江夏，弟豐城侯泰監郢州事。夏，戶雅翻。監，工銜翻。王琳使兗州刺史吳藏攻江夏，不克而死。琳署藏領兗州耳。

24 魏太師泰北渡河。據魏紀，泰北巡，渡北河。

25 魏以王琳爲大將軍、長沙郡公。

26 魏江州刺史陸騰討陵州叛獠，五代志：隆山郡，西魏置陵州，今陵井監是也。江州亦置於隆山郡之隆山縣。獠，魯皓翻。獠因山爲城，攻之難拔。騰乃陳伎樂於城下一面，伎，渠綺翻。獠棄兵，攜妻子臨城觀之，騰潛師三面俱上，斬首萬五千級，遂平之。唐柴紹破吐谷渾亦用此術。上，時掌翻。

騰，俟之玄孫也。陸俟事魏太武帝，及文成帝之初立，以子麗誅宗愛功封王。

27庚申，齊主將西巡，百官辭於紫陌，帝使稍騎圍之，騎兵執稍者爲稍騎。稍，色角翻。騎，奇寄翻。曰：「我舉鞭，卽殺之。」日晏，帝醉不能起。黄門郎是連子暢曰：是連，亦夷姓也。魏書官氏志：內入諸姓有是連氏。「陛下如此，羣臣不勝恐怖。」勝，音升。怖，普布翻。帝曰：「大怖邪！若然，勿殺。」若然，猶云若如此也。遂如晉陽。

28九月，壬寅，改元，大赦。以陳霸先爲丞相、錄尚書事、鎮衛大將軍、揚州牧、義興公。自長城縣公進封義興郡公。按陳書帝紀，「義」當作「吳」。以吏部尚書王通爲右僕射。

29突厥木杆可汗假道於涼州以襲吐谷渾，魏太師泰使涼州刺史史寧帥騎隨之，至番禾，番禾縣，漢屬張掖郡，魏分置番禾郡。如淳曰：番，音盤。隋廢番禾郡爲番禾縣，屬涼州；唐天寶三年，改爲天寶縣。厥，九勿翻。杆，公旦翻。可，從刊入聲。汗，音寒。吐，從暾入聲。谷，音浴。帥，讀曰率。騎，奇寄翻。吐谷渾覺之，奔南山。木杆將分兵追之，寧曰：「樹敦、賀眞二城，吐谷渾之巢穴也，拔其本根，餘衆自散。」木杆從之。木杆從北道趣賀眞，寧從南道趣樹敦。樹敦城，在曼頭山北，吐谷渾之舊都也。周穆王時，犬戎樹惇居之，因以名城。祭公謀父所謂「犬戎樹惇，能帥舊德」者也。趣，七喻翻。吐谷渾可汗【章：十二行本「汗」下有「夸呂」二字；乙十一行本同；孔本同；張校同。】在賀眞，使其征南王將數千人守樹敦。將，卽亮翻。木杆破賀眞，獲夸呂妻子；寧破樹敦，虜征南王；還，與木杆會于靑海，吐谷渾中有青海，周回千餘里，海中有小山。每冬冰合，以良牝馬置此山，至來春收之，牝馬皆有孕，生駒，號爲龍種，必多駿異，日行千里。木杆歎寧勇決，贈遺甚厚。遺，于季翻。

30 甲子，王琳以舟師襲江夏；冬，十月，壬申，豐城侯泰以州降之。

31 齊發山東寡婦二千六百人以配軍，有夫而濫奪者什二三。

32 魏安定文公宇文泰還至牽屯山而病，北巡而還也。杜佑曰：牽屯在平涼郡高平縣，亦曰汧屯山，今謂之笄頭山。驛召中山公護。護至涇州，見泰，泰謂護曰：「吾諸子皆幼，外寇方強，天下之事，屬之於汝，屬，之欲翻；下所屬同。宜努力以成吾志。」乙亥，卒於雲陽。年五十。雲陽縣，漢屬馮翊，魏收志屬北地郡；後周置雲陽郡，有雲陽宮。護還長安，發喪。泰能駕御英豪，得其力用，性好質素，不尚虛飾，明達政事，崇儒好古，凡所施設，皆依倣三代而爲之。好，呼到翻。丙子，世子覺嗣位，爲太師、柱國、大冢宰，出鎮同州，宇文泰輔政多居同州，以其地扼關、河之要，齊人或來侵軼，便於應接也。時年十五。

中山公護，名位素卑，雖爲泰所屬，而羣公各圖執政，莫肯服從。護問計於大司寇于謹，謹曰：「謹早蒙先公非常之知，恩深骨肉，今日之事，必以死爭之。若對衆定策，公必不得讓。」明日，羣公會議，謹曰：「昔帝室傾危，非安定公無復今日。謂魏孝武帝爲高歡所逼，遁逃入關，宇文泰迎而輔之，以立國於關右。復，扶又翻。今公一旦違世，嗣子雖幼，中山公親其兄子，兼受顧託，軍國之事，理須歸之。」辭色抗厲，衆皆悚動。抗厲，舉聲高亢，且正色嚴厲也。護曰：「此乃家事，護雖庸昧，何敢有辭。」謹素與泰等夷，護常拜之，至是，謹起而言曰：「公若統理軍國，謹等皆有所依。」遂再拜。羣公迫於謹，亦再拜，於是衆議始定。護綱紀內外，撫循文武，人心遂安。

33十一月，辛丑，豐城侯泰奔齊，齊以爲永州刺史。南方以零陵郡爲永州。齊以泰爲永州刺史，未知此永州置於何地。詔徵王琳爲司空，此齊詔也。琳辭不至，留其將潘純陀監郢州，監，工銜翻。身還長沙。魏人歸其妻子。

34壬子，齊主詔以「魏末豪傑糾合鄉部，因緣請託，各立州郡，離大合小，公私煩費，丁口減於疇日，疇日，猶言昔日。守令倍於昔時。且要荒向化，要荒，引古要服、荒服爲言。要者，要結好信而從服之。荒者，言其來服荒忽無常也。要，一遙翻。舊多浮僞，百室之邑，遽立州名，三戶之民，空張郡目，此謂梁末所置州郡在江、淮之間者也。循名責實，事歸焉有。」焉，於虔翻，何也。於是併省三州，一百五十三郡。【章：十二行本「郡」下有「五百八十九縣、三鎮、二十六戍」十二字；乙十一行本同；孔本同；退齋校同。】考異曰：北史作「五十六郡」。今從齊書。

35詔分江州四郡置高州。四郡，蓋臨川、安成、豫寧、巴山，以其地在南江之西，負山面水，據高臨深，因名高州。軍【章：十二行本「軍」上有「以明威將」四字；乙十一行本同；孔本同；退齋校同。】黄法𣰰爲刺史，鎮巴山。㲘，巨俱翻。宋白曰：梁大同二年分廬陵之興平、臨川之新建二縣，立西寧、巴山二縣，合其縣立爲巴山郡。其郡古迹在撫州崇仁縣巴山之北。

36 十二月，壬申，以曲江侯勃爲太保。

37 甲申，魏葬安定文公。丁亥，以岐陽之地封世子覺爲周公。岐陽，即扶風之地。昔周興於岐周，因爲國號。宇文輔魏，倣周以立法制，故魏朝之臣以周封之，將禪代也。

38 初，侯景之亂，臨川民周續起兵郡中，臨川，漢豫章郡南城縣之地，後漢分南城北境爲臨汝縣，吳孫亮太平二年，分豫章之東部南城、臨汝二縣置臨川郡，隋、唐爲撫州。始興王毅以郡讓之而去。續部將皆郡中豪族，多驕横，將，即亮翻；下同。横，戶孟翻。續裁制之，諸將皆怨，相與殺之。續宗人迪，勇冠軍中，冠，古玩翻。衆推爲主。迪素寒微，恐郡人不服，以同郡周敷族望高顯，折節交之，折，而設翻。敷亦事迪甚謹。迪據上塘，「上塘」，下卷作「工塘」，必有一誤。按陳書周迪傳，「工」字爲是。敷據故郡，朝廷以迪爲衡州刺史，領臨川内史。以臨川内史帶衡州刺史耳。時民遭侯景之亂，皆棄農業，羣聚爲盜，唯迪所部獨務農桑，各有贏儲，政教嚴明，教，謂教令，州郡下令謂之教。徵斂必至，斂，力贍翻。餘郡乏絶者皆仰以取給。仰，牛向翻。迪性質朴，不事威儀，居常徒跣，雖外列兵衞，内有女伎，挼繩破篾，傍若無人，伎，渠綺翻。挼，奴禾翻。篾，莫結翻，竹笴也。訥於言語而襟懷信實，臨川人皆附之。

39齊自西河總秦戍築長城，考異曰：去歲六月已云築長城，而地名、長、短不同，不知與此爲一事爲二事。北齊書、北史皆然。今兩存之。東至於海，前後所築東西凡三千餘里，率十里一戍，其要害置州鎮，凡二十五所。

40魏宇文護以周公幼弱，欲早使正位以定人心，庚子，以魏恭帝詔禪位于周，魏道武帝以晉孝武太元二十一年改元皇始，歷十二世至孝武帝永熙三年西遷，魏遂分爲東、西。西魏又歷三世，凡十五世，一百六十年而亡。使大宗伯趙貴持節奉册，濟北公迪致皇帝璽紱；恭帝出居大司馬府。濟，子禮翻。璽，斯氏翻。紱，音弗。

資治通鑑卷第一百六十七

端明殿學士兼翰林侍讀學士朝散大夫右諫議大夫充集賢殿修撰提舉西京嵩山崇福宮上柱國河內郡開國侯食邑一千八百戶食實封六百戶賜紫金魚袋臣**司馬光**　奉敕編集

後學天台**胡三省**　音註

陳紀一　起強圉赤奮若（丁丑），盡屠維單閼（己卯），凡三年。

武帝既有功於梁，自以爲姓出於陳，自吳興郡公進封陳公；及受命，國遂號曰陳。

高祖武皇帝【章：乙十一行本有「帝姓陳氏，諱霸先，梁太平二年進封陳王，尋受梁禪」二十字。】諱霸先，字興國，小字法生，姓陳氏，吳興長城下若里人。

永定元年（丁丑、五五七）是年十月受禪，始改元永定。自十月以前，猶是梁太平二年。

1**春，正月，辛丑，周公卽天王位，**諱覺，字陁羅尼，宇文泰第三子也。宇文輔政，慕倣周禮，泰卒，覺嗣，遂封周公；既受命，國號曰周。**柴燎告天，朝百官于露門；**露門，卽古之路門。路，大也。宇文建國，率倣古制，故外朝曰路門。鄭玄曰：外門曰皐門，朝門曰應門，內有路門。孔穎達曰：爾雅：門屏之間謂之宁。郭曰：人主視朝所宁立處。李巡曰：正門外兩塾間曰宁。謂天子受朝於路門外之朝，於門外而宁立，以待諸侯之至，故云當宁而立也。然門外有屏者，卽樹塞門是也。爾雅云：正門謂之應門。又云：屏，謂之樹。李巡曰：常當門自蔽，名曰樹。郭云：小牆當門中。按李、郭二註以推驗禮文，諸侯內屏在路門之內，天子外屏在路門之外，而近應門。周制，天子三朝，其一在路門內，謂之燕朝，太僕掌之。故太僕云，王視燕朝，則正其位。文王世子云：公族朝于內朝，親之也。此則王與宗人圖其嘉事，及王退揖大夫之朝也。其二是路門外之朝，謂之治朝，司士掌之。故司士云，正朝儀之位。此是每日視朝之位，其王與諸侯賓射，亦與治朝同。其三是皋門之內，庫門之外，謂之外朝，朝士掌之。此是詢衆庶之朝也。朝，直遙翻。追尊王考文公爲文王，妣爲文后；大赦。封魏恭帝爲宋公。以木德承魏水，行夏之時，服色尚黑。行夏之時，用寅正也。服色尚黑，隨水行也。夏，戶雅翻。以李弼爲太師，趙貴爲太傅、大冢宰，獨孤信爲太保、大宗伯，中山公護爲大司馬。後周太祖初據關右，官名未改魏號。及域內粗定，改定章程，命尚書令盧辯遠師周制，置三公、三孤，以爲論道之官；次置六卿，以分司庶務。閔帝受禪，大司馬掌兵，宇文護居之，以專兵要。

2 詔以王琳爲司空、驃騎大將軍，驃，匹妙翻。騎，奇寄翻。以尚書右僕射王通爲左僕射。

3 周王祀圜丘，自謂先世出於神農，以神農配二丘，宇文氏自謂其先出於炎帝。炎帝爲黃帝所滅，子孫遁去朔野，其後有葛烏兔者，雄武多算略，鮮卑奉以爲主。裔孫曰普回，因狩得玉璽三紐，文曰「皇帝璽」，以爲天授，其俗謂天子曰宇文，遂以爲氏及國號。二丘，圜丘、方丘也。始祖獻侯配南北郊，普回子莫那自陰山南徙，始居遼西，謚曰獻侯。文王配明堂，廟號太祖。癸卯，祀方丘。甲辰，祭大社。五代志：後周憲章姬周，祭祀之式，多依儀禮。司量，掌爲壇之制。圜丘三成，崇一丈二尺，深二丈，上徑六丈，十有二階，每等十有二節，在國陽七里之郊。圜壝徑三百步，內壝半之，方一成，下崇一丈，徑六丈八尺，上崇五尺，方四丈。八方，方一階，階十級，級一尺。方丘在國陰十里之郊，丘一成八方，下崇一丈，方六丈八尺，上崇五尺，方四丈。八方一階，級一尺。其壝八面，徑百二十步，內壝半之。南郊爲方壇於國南五里，其崇一丈二尺，其廣二丈。其壝方百二十步，內壝半之。神州之壇，崇一丈，方四丈，在北郊方丘之右，其壝如方丘。其祭圜丘及南郊，並正月上辛。右宗廟而左社稷。皇帝親祀社稷，冢宰亞獻，宗伯終獻。**除市門稅。**魏末盜賊羣起，國用不足，稅入市門者人一錢，今除之。**乙巳，享太廟，仍用鄭玄義，立太祖與二昭、二穆爲五廟，其有德者別爲祧廟，不毀。**記王制曰：天子七廟，三昭三穆，與太祖之廟而七。鄭玄註云：此周制七者，太祖及文王、武王之祧與親廟四。決疑要註曰：凡昭穆，父南面，故曰昭，昭，明也；子北面，故曰穆，穆，順也。李涪曰：昭，本如字，爲漢諱昭，改曰韶。一曰：晉文帝名昭，故讀曰韶。**辛亥，祀南郊。壬子，立王后元氏。后，魏文帝之女晉安公主也。**

4**齊南安城主馮顯請降於周，**降，戶江翻。**周柱國宇文貴使豐州刺史太原郭彥將兵迎之，**五代志：永安郡黃岡縣，齊曰南安。又魏收志：天平初，置南安郡，屬襄州，後陷。以地考之，當在五代志之潁川郡葉縣界。又五代志：淅陽郡武當縣，舊置武當郡及始平郡，後改爲齊興郡，梁置興州，後周改爲豐州，隋爲均州。將，卽亮翻。**遂據南安。**

5**吐谷渾爲寇於周，攻涼、鄯、河三州。**武威郡，涼州。西平郡，鄯州。枹罕郡，河州。吐，從暾入聲。谷，音浴。鄯，時戰翻。**秦州都督遣渭州刺史于翼赴援，**魏黃初三年，始置都督諸州軍事。又有都督中外諸軍，其任尤重。南、北朝皆因之。而軍行又有都督諸軍，左、右、前、後、中軍大都督；內而宿衛，有正副都督、散都督、帥都督、旅都督；外而州郡，有防城都督、帳內都督。都督之名雖同，其位任懸絕矣。此秦州都督，蓋都督河、渭、涼、鄯諸州也。後周九命之制，都督八命。其授柱國大將軍、開府儀同者，並加使持節、大都督，蓋九命也。翼不從。僚屬咸以爲言，翼曰：「攻取之術，非夷俗所長。此寇之來，不過抄掠邊牧，掠而無獲，勢將自走。勞師而往，必無所及。」翼揣之已了，了，明也。抄，楚交翻。揣，初委翻。幸勿復言。」復，扶又翻。數日，問至，果如翼所策。

6 初，梁世祖以始興郡爲東衡州，以歐陽頠爲刺史。久之，徙頠爲郢州刺史，蕭勃留頠不遣。頠，魚委翻。世祖以王琳代勃爲廣州刺史，勃遣其將孫瑒監廣州，盡帥所部屯始興以避之。見一百六十五卷梁元帝承聖三年。將，卽亮翻；下同。監，工銜翻。帥，讀曰率。頠別據一城，不往謁，閉門自守。勃怒，遣兵襲之，盡收其貨財馬仗；尋赦之，使復其所，與之結盟。江陵陷，頠遂事勃。二月，庚午，勃起兵於廣州，遣頠及其將傅泰、蕭孜爲前軍。孜，勃之從子也。從，才用翻。考異曰：陳書、南史周文育傳皆作「子」。今從梁書帝紀。南江州刺史余孝頃以兵會之。孝頃據新吳，蓋就置南江州，命爲刺史。考異曰：典略作「南康州刺史」。今從梁書。詔平西將軍周文育帥諸軍討之。帥，讀曰率。

7 癸酉，周王朝日於東郊；朝，直遙翻；下同。戊寅，祭太社。

8 周楚公趙貴、衞公獨孤信故皆與太祖等夷，宇文泰廟號太祖。及晉公護專政，宇文護自中山公進封晉公。皆怏怏不服。怏，於兩翻。貴謀殺護，信止之；開府儀同三司宇文盛告之。丁亥，貴入朝，護執而殺之，免信官。此所謂主少國疑，大臣未附之時也。既殺趙貴，護之威權成矣。

9 領軍將軍徐度出東關侵齊，戊子，至合肥，燒齊船三千艘。艘，蘇遭翻。

10 歐陽頠等出南康。頠屯豫章之苦竹灘，傅泰據蹠口城，蹠，之石翻。周文育傳作「墌」。余孝頃遣其弟孝勱守郡城，自出豫章據石頭。水經註：贛水逕豫章郡北，水之西岸有石盤，謂之石頭，津步之處也。汪藻曰：自豫章絕江而西，有山屹然，並江而出者，石頭渚也；阻江負城，十里而近，即殷羨投書處。勱，音邁。巴山太守熊曇朗誘頠共襲高州刺史黃法氍；又語法氍，約共破頠，曇，徒含翻。誘，音酉。語，牛倨翻。氍，巨俱翻。且曰：「事捷，與我馬仗。」遂出軍，與頠俱進。至法氍城下，曇朗陽敗走，法氍乘之，頠失援而走，曇朗取其馬仗，歸于巴山。

周文育軍少船，少，詩沼翻。余孝頃有船在上牢，文育遣軍主焦僧度襲之，盡取以歸，仍於豫章立柵。軍中食盡，諸將欲退，文育不許，使人間行遺周迪書，間，古莧翻。遺，于季翻。約爲兄弟。迪得書甚喜，許饋以糧。於是文育分遣老弱乘故船沿流俱下，燒豫章柵，僞若遁去者。孝頃望之，大喜，不復設備。文育由間道兼行，據芊韶，復，扶又翻。間，古莧翻。據姚思廉梁書，芊韶在巴山界。芊，音千。芊韶上流則歐陽頠、蕭孜，下流則傅泰、余孝頃營，文育據其中間，築城饗士，頠等大駭。頠退入泥溪，文育遣嚴威將軍周鐵虎等襲頠，癸巳，擒之。文育盛陳兵甲，與頠乘舟而宴，巡蹠口城下，使其將丁法洪攻泰，擒之。孜、孝頃退走。

11 甲午，周以于謹爲太傅，大宗伯侯莫陳崇爲太保，晉公護爲大冢宰，于謹、侯莫陳崇既登公位，宇文護若以序遷而爲大冢宰，實則周之元輔也。柱國武川賀蘭祥爲大司馬，高陽公達奚武爲大司寇。

12 周人殺魏恭帝。

13 三月，庚子，周文育送歐陽頠、傅泰于建康。丞相霸先與頠有舊，釋而厚待之。霸先發身於嶺南，故與頠有舊。

14 周晉公護以趙景公獨孤信名重，不欲顯誅之，己酉，逼令自殺。

15 甲辰，以司空王琳爲湘、郢二州刺史。

16 曲江侯勃在南康，聞歐陽頠等敗，軍中恟懼。恟，許拱翻。甲寅，德州刺史陳法武、五代志：日南郡，梁置德州。前衡州刺史譚世遠攻勃，殺之。

17 夏，四月，己卯，鑄四柱錢，一當二十。梁末有兩柱錢及鵝眼錢，時人雜用，其價同，但兩柱重，鵝眼輕。至是鑄四柱錢，一當細錢二十。

18 齊遣使請和。使，疏吏翻。

19 壬午，周王謁成陵；周太祖陵曰成陵。乙酉，還宮。

20 齊以太師斛律金爲右丞相，前大將軍可朱渾道元爲太傅，可朱渾道元前爲車騎大將軍。後齊置太師、太傅、太保，是爲三師，擬古上公，非勳德崇者不居。次有大司馬、大將軍，是爲二大，並典司武事。次置太尉、司徒、司空，是爲三公。皆第一品。其驃騎、車騎二將軍加大者，在開國郡公下。開國郡公，從一品。開府儀同三司賀拔仁爲太保，尚書令常山王演爲司空，錄尚書事長廣王湛爲尚書令，右僕射楊愔爲左僕射，仍加開府儀同三司。愔，於今翻。幷省尚書右僕射崔暹爲左僕射，上黨王渙錄尚書事。自高歡居晉陽，幷州有行臺尚書令、僕等官。及齊顯祖受魏禪，遂以幷州行臺爲幷省，位任亞於鄴省。

21 丁亥，周王享太廟。

22 壬辰，改四柱錢一當十；丙申，復閉細錢。閉者，閉絕不使行。細錢，民間私鑄者也。時私錢細小，交易以車載錢，不復計數。復，扶又翻；下復亦同。

23 故曲江侯勃主帥蘭敳襲殺譚世遠，軍主夏侯明徹殺敳，持勃首降。帥，所類翻。敳，五哀翻。降，戶江翻；下同。勃故記室李寶藏奉懷安侯任據廣州。任亦蕭氏子，封懷安侯。何承天志：鬱林郡有懷安縣。蕭孜、余孝頃猶據石頭，爲兩城，各據其一，多設船艦，夾水而陳。艦，戶黯翻；下同。陳，讀曰陣。丞相霸先遣平南將軍侯安都助周文育擊之。戊戌，安都潛師夜燒其船艦，文育帥水軍、安都帥步軍進攻之；帥，讀曰率。蕭孜出降，孝頃逃歸新吳，文育等引兵還。丞相霸先以歐陽頠聲著南土，復以頠爲衡州刺史，「衡」上，前有「東」字。按五代志：南海郡含涯縣，梁置衡州。始興縣，梁置東衡州。此時蓋命頠鎭含涯也。使討嶺南，未至，其子紇已克始興，頠至嶺南，諸郡皆降，遂克廣州，嶺南悉平。爲歐陽頠父子世據嶺南張本。

24 周儀同三司齊軌謂御正中大夫薛善曰：五代志：御正中大夫，屬大冢宰，五命。「軍國之政，當歸天子，何得猶在權門！」善以告晉公護，護殺之，以善爲中外府司馬。中外府，都督中外諸軍事府。

25 五月，戊辰，余孝頃遣使詣丞相府乞降。使，疏吏翻。

26 王琳既不就徵，大治舟艦，將攻陳霸先；治，直之翻。六月，戊寅，霸先以開府儀同三司侯安都爲西道都督，周文育爲南道都督，將舟師二萬會武昌以擊之。將，卽亮翻；下同。

27 秋，七月，辛亥，周王享太廟。

28 河南、北大蝗。齊主問魏郡丞崔叔瓚曰：五代志：齊制，上郡丞，六品；中，七品；下，八品。瓚，藏旱翻。「何故致蝗？」對曰：「五行志：五行志言螽蝗之災，率歸之勞民動衆，故叔瓚云然。『土功不時，蝗蟲爲災。』今外築長城，內興三臺，殆以此乎！」齊主怒，使左右毆之，毆，烏口翻。擢其髮，以溷沃其頭，擢，拔也。溷，戶困翻，不潔也。曳足以出。叔瓚，季舒之兄也。

29 八月，丁卯，周人歸梁世祖之柩及諸將家屬千餘人於王琳。柩，音舊。

30 戊辰，周王祭太社。

31 甲午，進丞相霸先位太傅，加黃鉞、殊禮，贊拜不名。九月，辛丑，進丞相爲相國，總百撰，封陳公，備九錫，陳國置百司。

32周孝愍帝性剛果，惡晉公護之專權。惡，烏路翻。司會李植自太祖時爲相府司錄，參掌朝政，周禮：司會掌聽財用之會計以詔王及冢宰。後周之制，司會中大夫，屬大冢宰，五命。柱國大將軍府長史、司馬、司錄，正七命。會，古外翻。相府司錄，總錄相府之機務。朝，直遙翻。軍司馬孫恆亦久居權要，唐六典：周禮大司馬屬官有軍司馬，下大夫，蓋兵部郎中之任也。後周依周置官，軍司馬中大夫，五命。恆，戶登翻。及護執政，植、恆恐不見容，乃與宮伯乙弗鳳、賀拔提等共譖之於周王。周禮，宮伯掌王宮之士庶子，凡在版者，掌其政令，行其秩敘，作其徒役之事，以時頒其衣裳，掌其誅賞，屬天官冢宰。後周左宮伯中大夫，五命。植、恆曰：「護自誅趙貴以來，威權日盛，謀臣宿將，爭往附之，將，即亮翻。大小之政，皆決於護。以臣觀之，將不守臣節，願陛下早圖之！」王以爲然。鳳、提曰：「以先王之明，猶委植、恆以朝政，朝，直遙翻。今以事付二人，何患不成！且護常自比周公，臣聞周公攝政七年，書曰：惟周公誕保文、武受命，惟七年。陛下安能七年邑邑如此乎！」邑邑，不得志之貌。王愈信之，數引武士於後園講習，爲執縛之勢。此事何必講習邪！宜其謀泄也。數，所角翻。植等又引宮伯張光洛同謀，光洛以告護。護乃出植爲梁州刺史，恆爲潼州刺史，五代志：漢川郡置梁州。金山郡，西魏置潼州，隋開皇五年改曰綿州。欲散其謀。後王思植等，每欲召之，護泣諫曰：「天下至親，無過兄弟，若兄弟尚相疑，他人誰可信者！太祖以陛下富於春秋，屬臣後事，屬，之欲翻。

臣情兼家國，以家則兄弟之親，以國則君臣之義。實願竭其股肱。若陛下親覽萬機，威加四海，臣死之日，猶生之年。但恐除臣之後，姦回得志，非唯不利陛下，亦將傾覆社稷，使臣無面目見太祖於九泉。且臣既爲天子之兄，位至宰相，尚復何求！復，扶又翻。願陛下勿信讒臣之言，疏棄骨肉。」王乃止不召，而心猶疑之。

鳳等益懼，密謀滋甚，刻日召羣公入醼，醼，伊甸翻，合飲也。因執護誅之；張光洛又以告護。護乃召柱國賀蘭祥、周書祥傳曰：其先與魏俱起，有紇伏者，爲賀蘭莫何弗，因以爲氏。領軍尉遲綱等謀之，祥等勸護廢立。時綱總領禁兵，護遣綱入宮召鳳等議事，及至，以次執送護第，因罷散宿衞兵。王方悟，獨在内殿，令宮人執兵自守。護遣賀蘭祥逼王遜位，幽於舊第。略陽公舊第也。悉召公卿會議，廢王爲略陽公，迎立岐州刺史寧都公毓。五代志：西城郡安康縣，舊曰寧都。公卿皆曰：「此公之家事，敢不唯命是聽！」乃斬鳳等於門外，宮門之外也。孫恆亦伏誅。

時李植父柱國大將軍遠鎭弘農，西魏之境，東盡瀍、洛，以弘農爲要地，率用重將鎭之。護召遠及植還朝，召植於梁州。朝，直遙翻。遠疑有變，沈吟久之，沈，持林翻。乃曰：「大丈夫寧爲忠鬼，安可作叛臣邪！」遂就徵。既至長安，護以遠功名素重，猶欲全之，引與相見，謂之曰：「公兒遂有異謀，非止屠戮護身，乃是傾危宗社。叛臣賊子，理宜同疾，公可早爲之所。」乃以植付遠。遠素愛植，植又口辯，自陳初無此謀。遠謂植信然，詰朝，將植謁護。詰，去吉翻。將，如字，引也。護謂植已死，左右白植亦在門。護大怒曰：「陽平公不信我！」李遠封陽平公。乃召入，仍命遠同坐，令略陽公與植相質於遠前。質，證也。夫君臣無獄，略陽公雖廢，猶舊君也，烏有與舊臣相質之理！宇文護不學無識如此，求良死，得乎！植辭窮，謂略陽曰：略陽之下當有「公」字。【章：十二行本正有「公」字；乙十一行本同。】「本爲此謀，欲安社稷，利至尊耳！今日至此，何事云云！」遠聞之，自投於牀曰：「若爾，誠合萬死！」於是護乃害植，并逼遠令自殺。植弟叔詣、叔謙、叔讓亦死，餘子以幼得免。初，遠弟開府儀同三司穆知植非保家之主，每勸遠除之，遠不能用。及遠臨刑，泣謂穆曰：「吾不用汝言以至此！」穆當從坐，以前言獲免，除名爲民，及其子弟亦免官。植弟淅州刺史基，五代志：淅陽郡，西魏置淅州，漢析縣地也。尚義歸公主，公主，宇文泰之女也。當從坐，穆請以二子代基命，護兩釋之。

後月餘，護弒略陽公，年十六。黜王后元氏爲尼。

癸亥，寧都公自岐州至長安，甲子，卽天王位，諱琛，小名統萬突，安定公泰之長子也。泰臨夏州，帝生於統萬，因以名之。大赦。

33 冬，十月，戊辰，進陳公爵爲王。辛未，梁敬帝禪位于陳。梁天監元年受禪，四主，五十六年而亡。

34 癸酉，周魏武公李弼卒。

35陳王使中書舍人劉師知引宣猛將軍沈恪勒兵入宮，衞送梁主如別宮，陳受禪後，國之政事並由中書省，有中書舍人五人，分掌二十一局，各當尚書諸曹，並爲上司，總國內機要，尚書唯聽受而已。劉師知，陳王所親任者也。宣猛將軍，班第九。恪排闥見王，叩頭謝曰：「恪身經事蕭氏，侯景圍臺城，恪爲右軍將軍、東土山主，以拒戰功封東興縣侯。今日不忍見此。分受死耳，分，扶問翻。決不奉命！」王嘉其意，不復逼，復，扶又翻。更以盪主王僧志代之。盪主，主驍鋭跳盪之兵，猶北齊之直盪都督也。盪，徒朗翻，又吐浪翻。乙亥，王卽皇帝位于南郊，還宮，大赦，改元。始改元爲永定。奉梁敬帝爲江陰王，梁太后爲太妃，皇后爲妃。

以給事黄門侍郎蔡景歷爲祕書監、兼中書通事舍人。是時政事皆由中書省，置二十一局，各當尚書諸曹，總國機要，尚書唯聽受而已。史言蔡景歷委寄之重。

36丙子，上幸鍾山，祠蔣帝廟。庚辰，上出佛牙於杜姥宅，齊初，僧統法獻於烏纏國得佛牙，常在定林上寺，梁天監末，爲攝山慶雲寺沙門慧興保藏。慧興將終，以屬弟慧志。承聖末，慧志密送于帝。至是乃出之。設無遮大會，帝親出闕前膜拜。膜拜，胡禮拜也。膜，莫湖翻。

37辛巳，追尊皇考文讚【張：「讚」作「瓚」。】爲景皇帝，廟號太祖，皇妣董氏曰安皇后，追立前夫人錢氏爲昭皇后，帝先娶同郡錢仲方女，早卒。世子克爲孝懷太子，立夫人章氏爲皇后。章后，烏程人也。

38 置删定郎，治律令。删定郎，自晉、宋以來多置之。治，直之翻。

39 乙酉，周王祀圜丘；丙戌，祀方丘；甲午，祭太社。

40 戊子，太祖神主祔太廟，七廟始共用一太牢，牛、羊、豕具，爲一太牢。始祖薦首，餘皆骨體。

41 侯安都至武昌，王琳將樊猛棄城走，將，即亮翻；下同。周文育自豫章會之。安都聞上受禪，歎曰：「吾今茲必敗，戰無名矣！」始者以王琳不應梁召而討之，猶是挾天子以令諸侯。今既受梁禪，則安都之師爲無名。時兩將俱行，不相統攝，部下交爭，稍不相平。軍至郢州，琳將潘純陀於城中遥射官軍，射，而亦翻。安都怒，進軍圍之；未克，而王琳至弇口，弇口，弇水入江之口，正對北岸大軍山。安都乃釋郢州，悉衆詣沌口，沌，柱兖翻。留沈泰一軍守漢曲。漢曲，漢水之曲。安都遇風不得進，琳據東岸，安都據西岸，相持數日，乃合戰，安都等大敗。考異曰：典略云：「乙亥，安都敗。」陳書云是月敗績。按高祖以乙亥受禪，安都聞之而歎，豈同日乎！今從陳書。安都、文育及裨將徐敬成、周鐵虎、程靈洗皆爲琳所擒，將，即亮翻；下同。沈泰引軍奔歸。琳引見諸將與語，周鐵虎辭氣不屈，琳殺鐵虎而囚安都等，總以一長鏁繫之，置琳所坐艒下，鏁，蘇果翻。艒，音榻，大船也。令所親宦者王子晉掌視之。琳乃移湘州軍府就郢城，又遣其將樊猛襲據江州。

42 十一月，丙申，上立兄子蒨爲臨川王，頊爲始興王；弟子曇朗已死而上未知，遥立爲南康王。頊時在長安，亦遥立也。蒨，倉甸翻。頊，吁玉翻。曇，徒含翻。曇朗死，見上卷上年。

43 庚子，周王享太廟；丁未，祀圜丘；十二月，庚午，謁成陵；癸酉，還宮。

44 譙淹帥水軍七千、老弱三萬自蜀江東下，譙淹自墊江東下，爲周所逼也。言蜀江，以別湘江。帥，讀曰率；下皆帥同。欲就王琳，周使開府儀同三司賀若敦、叱羅暉等擊之，若，人者翻。叱羅，虜複姓。斬淹，悉俘其衆。

45 是歲，詔給事黃門侍郎蕭乾招諭閩中。時熊曇朗在豫章，周迪在臨川，留異在東陽，陳寶應在晉安，共相連結，閩中豪帥往往立砦以自保。帥，所類翻。砦，柴夬翻。依險立木壘石以自保守曰砦。上患之，使乾諭以禍福，豪帥皆帥衆請降，降，戶江翻。卽以乾爲建安太守。按五代志：閩州建安縣，舊置建安郡，南安縣舊曰晉安。建安之地，唐爲建州。晉安之地，唐爲泉州。乾，子範之子也。蕭子範，齊豫章王嶷之子。

46 初，梁興州刺史席固以州降魏，周太祖以固爲豐州刺史。五代志：淅陽郡武當縣，舊置武當郡及始平郡，後改爲齊興郡，梁置興州，後周改爲豐州，隋改爲均州。降，戶江翻。久之，固猶習梁法，不遵北方制度，周人密欲代之，而難其人，乃以司憲中大夫令狐整權鎭豐州，唐六典曰：後周秋官置司憲中大夫二人，掌丞司寇之法，以左右刑罰，蓋比御史中丞之職也。委以代固之略。整廣布威恩，傾身撫接，數月之間，化洽州府。於是除整豐州刺史，以固爲湖州刺史。五代志：春陵郡湖陽縣，後魏置淮安郡及南襄州，後改爲南平州，西魏改曰昇州，後又改曰湖州。整遷豐州於武當，旬日之間，城府周備，遷者如歸。固之去也，其部曲多願留爲整左右，整諭以朝制，弗許，朝制，謂周朝之法制。朝，直遙翻。莫不流涕而去。

47 齊人於長城內築重城，自庫洛枝東至鳿【章：十二行本「鳿」作「鳴」；乙十一行本同；孔本同；熊校同；退齋校本「鳿」作「塢」。】紇戍，北史作「庫落拔、塢紇戍」。重，直龍翻。凡四百餘里。

48 初，齊有術士言「亡高者黑衣」，故高祖每出，不欲見沙門。顯祖在晉陽，問左右：「何物最黑？」對曰：「無過於漆。」帝以上黨王渙於兄弟第七，使庫直都督破六韓伯昇之鄴徵渙。渙至紫陌橋，殺伯昇而逃，浮河南渡；至濟州，爲人所執，送鄴。黑者，宇文戎衣也。齊顯祖乃因此以殺其弟，何異秦以亡秦者胡而伐匈奴，唐太宗以代唐者武氏而殺李君羨。濟，子禮翻。

帝之爲太原公也，與永安王浚皆見世宗，見，賢遍翻。帝有時洟出，鼻液曰洟。浚責帝左右曰：「何不爲二兄拭鼻！」顯祖於兄弟之次第二。爲，于僞翻。帝深銜之。及卽位，浚爲青州刺史，聰明矜恕，吏民悅之。浚以帝嗜酒，私謂親近曰：「二兄因酒敗德，敗，補邁翻。朝臣無敢諫者，朝，直遙翻；下同。大敵未滅，大敵，謂周也。吾甚以爲憂。欲乘驛至鄴面諫，不知用吾不。」不，讀曰否。或密以白帝，帝益銜之。浚入朝，從幸東山，帝裸裎爲樂。裸裎，露體也。裸，郎果翻。裎，馳成翻。樂，音洛。浚進諫曰：「此非人主所宜！」帝不悅。浚又於屛處召楊愔，屛，必郢翻。屛處，隱蔽之處。譏其不諫。帝時不欲大臣與諸王交通，愔懼，奏之。帝大怒曰：「小人由來難忍！」由來，猶今人言從來。遂罷酒，還宮。浚尋還州，又上書切諫，詔徵浚。浚懼禍，謝疾不至，帝遣馳驛收浚，老幼泣送者數千人。至鄴，與上黨王渙皆盛以鐵籠，盛，時征翻。置於北城地牢，飲食溲穢，共在一所。溲，所鳩翻。

二年（戊寅、五五八）

1 春，正月，王琳引兵下，至湓城，屯於白水浦，帶甲十萬。琳以北江州刺史魯悉達爲鎮北將軍，上亦以悉達爲征西將軍，各送鼓吹女樂。吹，尺瑞翻。悉達兩受之，遷延顧望，皆不就；上遣安西將軍沈泰襲之，不克。琳欲引軍東下，而悉達制其中流，琳遣使說誘，終不從。使，疏吏翻。說，式芮翻；下林說同。誘，音酉。己亥，琳遣記室宗虩求援於齊，虩，迄逆翻。且請納梁永嘉王莊以主梁祀。莊質齊，見上卷梁敬帝紹泰元年。衡州刺史周迪欲自據南川，自南康至豫章之地，謂之南川，以南江所經言之也。乃總召所部八郡守宰結盟，齊言入赴；迪所部八郡，南康、宜春、安成、廬陵、臨川、巴山、豫章、豫寧也。姚思廉陳書作「聲言入赴」。守，式又翻。上恐其爲變，厚慰撫之。

新吳洞主余孝頃遣沙門道林說琳曰：「周迪、黄法氍皆依附金陵，陰窺間隙，氍，巨俱翻。間，古莧翻。大軍若下，必爲後患；不如先定南川，然後東下，孝頃請席卷所部以從下吏。」卷，讀曰捲。琳乃遣輕車將軍樊猛、平南將軍李孝欽、平東將軍劉廣德將兵八千赴之，使孝頃總督三將，屯於臨川故郡，臨川故郡，周敷所屯也。琳遣兵攻迪，并以脅敷。徵兵糧於迪，以觀其所爲。

2 以開府儀同三司侯瑱爲司空，衡州刺史歐陽頠爲都督交・廣等十九州諸軍事、廣州刺史。瑱，他甸翻，又音鎭。頠，魚委翻。

3 周以晉公護爲太師。

4 辛丑，上祀南郊，大赦；乙巳，祀北郊。

5 辛亥，周王耕藉田。

6 癸丑，周立王后獨孤氏。后，獨孤信之女。

7 戊午，上祀明堂。

8 二月，壬申，南豫州刺史沈泰奔齊。泰進不能救侯安都之覆敗，退不能制魯悉達之倔強，蓋懼罪而北奔也。考異曰：北齊帝紀在八月。今從陳帝紀。

9 齊北豫州刺史司馬消難，以齊主昏虐滋甚，陰爲自全之計，曲意撫循所部。消難尚高祖女，難，乃旦翻。齊主尊其父歡廟號高祖。情好不睦，公主訴之。好，呼到翻。上黨王渙之亡也，鄴中大擾，疑其赴成皋。齊北豫州治虎牢，成皋之地也。消難從弟子瑞爲尚書左丞，從，才用翻。與御史中丞畢義雲有隙，義雲遣御史張子階詣北豫州采風聞，先禁消難典籤家客等。消難懼，密令所親中兵參軍裴藻託以私假，假，居訝翻，休假也。間行入關，請降于周。間，古莧翻；下間道同。降，戶江翻。

三月，甲午，周遣柱國達奚武、大將軍楊忠帥騎士五千迎消難，帥，讀曰率。騎，奇寄翻；下同。從間道馳入齊境五百里，前後三遣使報消難，皆不報。使，疏吏翻。去虎牢三十里，武疑有變，欲還，忠曰：「有進死，無退生！」獨以千騎夜趣城下。趣，七喻翻。城四面峭絕，峭，七笑翻。但聞擊柝聲。武親來，麾數百騎西去，忠勒餘騎不動，俟門開而入，馳遣召武。齊鎮城伏敬遠勒甲士二千人據東城，鎮城，卽防城大都督之任。東城，虎牢城之東偏也。北史作「東陴」。舉烽嚴警。武憚之，不欲保城，乃多取財物，以消難及其屬先歸，忠以三千騎爲殿。殿，丁練翻。至洛南，皆解鞍而臥。齊衆來追，至洛北，忠謂將士曰：「但飽食，今在死地，賊必不敢渡水！」已而果然，乃徐引還。武歎曰：「達奚武自謂天下健兒，今日服矣！」周以消難爲小司徒。唐六典曰：周之地官小司徒，中大夫也。後周依周官。杜佑通典：後周地官小司徒，上大夫，六命。考異曰：北齊帝紀：「四月，消難叛。」今從周書、典略。

10丁酉，齊主自晉陽還鄴。考異曰：北齊帝紀：「天保七年八月，帝如晉陽。」不言其還。八年，四月，帝在城東馬射，敕京師婦女悉赴觀。是在鄴也。此月又言「至自晉陽」。六月，乙丑，帝自晉陽北巡，則又復在晉陽。必有差互，今不敢增損。

11齊發兵援送梁永嘉王莊於江南，册拜王琳爲梁丞相、都督中外諸軍、錄尚書事。琳遣兄子叔寶帥所部十州刺史子弟赴鄴。琳奉莊卽皇帝位，考異曰：北齊帝紀：「十一月，丁巳，琳遣使請立莊，仍以江州內屬，令莊居之。十二月，癸酉，詔莊爲梁主，進居九派。」今從陳書及典略。然陳書、典略皆云立莊於郢州。按琳時在湓城。蓋始居江州，後還郢州耳。改元天啓。追謚建安公淵明曰閔皇帝。淵明廢見上卷梁敬帝紹泰元年。卒見太平元年。莊以琳爲侍中、大將軍、中書監，餘依齊朝之命。朝，直遙翻。

12 夏，四月，甲子，上享太廟。

13 乙丑，上使人害梁敬帝，立梁武林侯諮之子季卿爲江陰王。

14 己巳，周以太師護爲雍州牧。後周雍州牧，九命。雍，於用翻。

15 甲戌，周王后獨孤氏殂。

16 辛巳，齊大赦。

17 齊主以旱祈雨於西門豹祠，不應，毀之，并掘其冢。戰國時，魏以西門豹爲鄴令，鑿十二渠以利民，故祠、冢皆在鄴。

18 五月，癸巳，余孝頃等屯二萬軍于工塘，連八城以逼周迪。「等」下有「衆」字，文意乃暢。迪懼，請和，并送兵糧。樊猛等欲受盟而還；還，從宣翻，又如字。孝頃貪其利，不許，樹栅圍之。由是猛等與孝頃不協。

19 周以大司空侯莫陳崇爲大宗伯。

20 癸丑，齊廣陵南城主張顯和、長史張僧那各帥所部來降。帥，讀曰率。降，戶江翻。

21 辛丑，齊以尚書令長廣王湛錄尚書事，驃騎大將軍平秦王歸彥爲尚書左僕射。驃，匹妙翻。騎，奇寄翻。甲辰，以前左僕射楊愔爲尚書令。

22 辛酉，上幸大莊嚴寺捨身；前車覆矣，後車不知戒。耳目習於事佛，不知其非也。壬戌，羣臣表請還宮。

23 六月，乙丑，齊主北巡，以太子殷監國，監，工銜翻。因立大都督府與尚書省分理衆務，仍開府置佐。齊主特崇其選，以趙郡王叡爲侍中、攝大都督府長史。

24 己巳，詔司空侯瑱與領軍將軍徐度帥舟師爲前軍以討王琳。帥，讀曰率。

25 齊主至祁連池；祁連池，卽汾陽之天池，北人謂天爲祁連。戊寅，還晉陽。

26 秋，戊戌，上幸石頭，送侯瑱等。秋七月戊戌也。【章：十二行本正有「七月」二字；乙十一行本同；孔本同。】

27 高州刺史黃法氍、吳興太守沈恪、寧州刺史周敷時蓋卽臨川故郡置寧州，以敷爲刺史。合兵救周迪。敷自臨川故郡斷江口，斷，音短。分兵攻余孝頃別城。樊猛等不救而沒；劉廣德乘流先下，故獲全。孝頃等皆棄舟引兵步走，迪追擊，盡擒之，送孝頃及李孝欽於建康，歸樊猛於王琳。

28 甲辰，上遣吏部尚書謝哲往諭王琳。哲，朏之孫也。謝朏，莊之子，歷仕宋、齊、梁。朏，敷尾翻。

29 八月，甲子，周大赦。

30 乙丑，齊主還鄴。

31 辛未，詔臨川王蒨西討，蒨，倉甸翻。以舟師五萬發建康，上幸冶城寺送之。

32 甲戌，齊主如晉陽。

33 王琳在白水浦，周文育、侯安都、徐敬成許王子晉以厚賂，子晉乃僞以小船依𦪇而釣，𦪇，音榻。夜，載之上岸，入深草中，步投陳軍，還建康自劾；上引見，並宥之，上，時掌翻。劾，戶概翻，又戶得翻。見，賢遍翻。戊寅，復其本官。文育、安都敗軍而不誅，遽復其官，何也？二人當時名將，誅之則無以爲用故也。

34 謝哲返命，王琳請還湘州，詔追衆軍還。癸未，衆軍至自大雷。

35 九月，甲申，【嚴：「申」改「辰」。】周封少師元羅爲韓國公以紹魏後。江陵之陷，元羅還魏。

36 丁未，周王如同州；冬，十月，辛酉，還長安。

37 余孝頃之弟孝勱及子公颺猶據舊栅不下；新吳舊栅也。勱，音邁。颺，余章翻。庚午，詔開府儀同三司周文育都督衆軍出豫章討之。

38 齊三臺成，更名銅爵曰金鳳，金虎曰聖應，冰井曰崇光。魏武築三臺於鄴城西北，皆因城爲之基；中曰銅爵臺，高十丈，石虎更增二丈；南曰金虎臺，北曰冰井臺，皆高八丈。更，工衡翻。十一月，甲午，齊主至鄴，大赦。齊主遊三臺，戲以槊刺都督尉子輝，應手而斃。槊，色角翻。刺，七亦翻。考異曰：北史作「子耀」。今從北齊書、典略。

常山王演以帝沈湎，憂憤形於顏色。帝覺之，曰：「但令汝在，我何爲不縱樂！」沈，持林翻。樂，音洛。演唯涕泣拜伏，竟無所言。帝亦大悲，抵盃於地曰：「汝似嫌我如是，自今敢進酒者斬之！」因取所御盃盡壞棄。壞，音怪。未幾，沈湎益甚，或於諸貴戚家角力批拉，幾，居豈翻。沈，持林翻。批，白結翻，又偏迷翻，手擊也。拉，盧合翻。不限貴賤，唯演至，則內外肅然。演又密撰事條，將諫，其友王晞以爲不可；諸王宮寮有師有友。演不從，因間極言，間，古莧翻。遂逢大怒。演性頗嚴，尚書郎中剖斷有失，斷，丁亂翻。輒加捶楚，令史姦慝卽考竟。演爲尚書令，故然。捶，止蘂翻。帝乃立演於前，以刀鐶擬脅，以刀鐶擬演脅，示將築殺之。召被演罰者，被，皮義翻。臨以白刃，求演之短；咸無所陳，乃釋之。晞，昕之弟也。王昕見下。昕，許斤翻。帝疑演假辭於晞以諫，欲殺之。王私謂晞曰：王，卽演也。通鑑因齊史，脩治有未純者耳。「王博士，明日當作一條事，爲欲相活，爲，于僞翻。亦圖自全，宜深體勿怪。」乃於衆中杖晞二十。帝尋發怒，聞晞得杖，以故不殺，以其得杖之故，謂非教演爲之，遂不殺。髡鞭配甲坊。居三年，演又因諫爭，大被毆撻，爭，讀曰諍。被，皮義翻。毆，烏口翻。考異曰：北史孝昭紀云：「文宣賜帝魏時宮人，醒而忘之，謂帝擅取，遂令刀鐶亂築，因此致困。」今從北史王晞傳。閉口不食。太后日夜涕泣，帝不知所爲，曰：

「努力強食，數，所角翻。強，其兩翻；下強坐同。當以王晞還汝。」乃釋晞，令詣演。演抱晞曰：「吾氣息惙然，惙，丑掇翻；類篇曰：困劣也。恐不復相見！」復，扶又翻。晞流涕曰：「天道神明，豈令殿下遂斃此舍！言天道福善禍淫，不應使演遂死於此。至尊親爲人兄，尊爲人主，安可與計！言難與計是非也。殿下不食，太后亦不食，殿下縱不自惜，獨不念太后乎！」言未卒，演強坐而飯。卒，子恤翻。飯，扶晚翻。晞由是免徒，配甲坊，徒刑也，由此得免。還爲王友。及演錄尚書事，除官者皆詣演謝，去必辭。晞言於演曰：「受爵天朝，拜恩私第，晉羊祜之言。朝，直遙翻。自古以爲不可，宜一切約絕。」演從之。久之，演從容謂晞曰：「主上起居不恆，卿宜耳目所具，吾豈可以前逢一怒，遂爾結舌。卿宜爲撰諫草，從，千容翻。恆，戶登翻。爲，于僞翻。吾當伺便極諫。」伺，相吏翻。晞遂條十餘事以呈，因謂演曰：「今朝廷所恃者惟殿下，乃欲學匹夫耿介，輕一朝之命！狂藥令人不自覺，狂藥，謂酒也。刀箭豈復識親疏，復，扶又翻。一旦禍出理外，將柰殿下家業何，柰皇太后何！」演欷歔不自勝，欷，音希，又許氣翻。歔，音虛。勝，音升。曰：「乃至是乎！」明日，見晞曰：「吾長夜久思，今遂息意。」卽命火，對晞焚之。焚諫草也。後復承間苦諫，帝使力士反接，復，扶又翻。間，古莧翻。反接，兩手向後也。拔白刃注頸，罵曰：「小子何知，是誰教汝？」演曰：「天下噤口，非臣誰敢有言！」帝趣杖，亂捶之數十；噤，巨禁翻。趣，讀曰促。會醉臥，得解。帝褻黷之遊，偏於宗戚，所往留連；盤樂忘返，謂之留連。唯至常山第，多無適而去。適，歡極也。尚書左僕射崔暹屢諫，演謂暹曰：「今太后不敢言，吾兄弟杜口，僕射獨能犯顏，內外深相感愧。」常山，齊之賢王；文宣淫酗，規正爲多。齊之史臣因其嗣祚，亦多溢美。觀者能於辭令之間詳其溢美者則幾矣。

太子殷，自幼溫裕開朗，禮士好學，好，呼到翻。關覽時政，甚有美名。帝嘗嫌太子「得漢家性質，不似我」，欲廢之。鮮卑謂中國人爲漢。帝登金鳳臺召太子，使手刃囚，太子惻然有難色，再三，不斷其首。帝大怒，親以馬鞭撞之，斷，丁管翻。撞，直江翻。太子由是氣悸語吃，悸，其季翻。吃，居乞翻，言蹇也。精神昏擾。帝因酣宴，屢云：「太子性懦，社稷事重，終當傳位常山。」太子少傅魏收謂楊愔曰：「太子，國之根本，不可動搖。至尊三爵之後，每言傳位常山，令臣下疑貳。若其實也，當決行之。此言非所以爲戲，恐徒使國家不安。」愔以收言白帝，帝乃止。

帝既殘忍，有司訊囚，莫不嚴酷，或燒犁耳，使立其上，或燒車釭，釭，姑紅翻，車轂中鐵也。使以臂貫之，既不勝苦，皆至誣伏。勝，音升。唯三公郎中武強蘇瓊，三公郎，自魏、晉以來有之。五代志：後齊尚書列曹，三公郎中屬殿中尚書，掌五時讀時令、諸曹囚帳、斷罪、赦日建金鷄等事。劉昫曰：武強，漢武隧縣，屬河間國；晉改曰武強，屬安平國；後魏屬廣宗郡，又置武邑郡。五代志曰：齊廢郡爲武強縣，至隋，屬信都郡。歷職中外，所至皆以寬平爲治。治，直吏翻。時趙州及清河屢有人告謀反者，前後皆付瓊推檢，事多申雪。尚書崔昂謂瓊曰：「若欲立功名，當更思餘理；數雪反逆，數，所角翻。身命何輕！」瓊正色曰：「所雪者寃枉耳，不縱反逆也。」昂大慚。

帝怒臨漳令稽曄、晉避愍帝諱，改鄴爲臨漳；尋沒於石勒，復曰鄴。東魏天平初，分鄴并內黃、斥丘、肥鄉置臨漳縣。舍人李文思，以賜臣下爲奴。中書侍郎彭城鄭頤私誘祠部尚書王昕曰：「自古無朝士爲奴者。」昕曰：「箕子爲之奴。」此論語孔子之言。鄭頤誘王昕使言而陷之。「邦無道危行言孫」，聖人包周身之防也如此。誘，音酉。朝，直遙翻；下同。頤以白帝曰：「王元景比陛下於紂。」王昕，字元景，以字行。帝銜之。頃之，帝與朝臣酣飲，昕稱疾不至，帝遣騎執之，騎，奇寄翻。見方搖膝吟詠，遂斬於殿前，投尸漳水。

齊主北築長城，南助蕭莊，士馬死者以數十萬計。重以脩築臺殿，重，直用翻。賜與無節，府藏之積，不足以供，藏，徂浪翻。乃減百官之祿，撤軍人常廩，併省州郡縣鎮戍之職，以節費用焉。

39 十二月，庚【嚴：「庚」改「戊」。】寅，齊以可朱渾道元爲太師，尉粲爲太尉，冀州刺史段韶爲司空，常山王演爲大司馬，長廣王湛爲司徒。

40 壬午，周大赦。

41 齊主如北城，因視永安簡平王浚、上黨剛肅王渙於地牢。帝臨穴謳歌，令浚等和之，浚等惶怖且悲，不覺聲顫；和，胡臥翻。怖，普布翻。顫，之膳翻。帝愴然，爲之下泣，爲，于僞翻。泣，淚也。將赦之。長廣王湛素與浚不睦，進曰：「猛虎安可出穴！」帝默然。浚等聞之，呼湛小字曰：「步落稽，皇天見汝！」帝亦以浚與渙皆有雄略，恐爲後害，乃自刺渙，又使壯士劉桃枝就籠亂刺。刺，七亦翻。槊每下，槊，色角翻。浚、渙輒以手拉折之，號哭呼天，史言浚、渙之多力。折，而設翻。號，戶高翻。於是薪火亂投，燒殺之，塡以土石。後出之，皮髮皆盡，尸色如炭，遠近爲之痛憤。爲，于僞翻。帝以儀同三司劉郁捷殺浚，以浚妃陸氏賜之；馮文洛殺渙，以渙妃李氏賜之，爲李妃撻馮文洛張本。二人皆帝家舊奴也。陸氏尋以無寵於浚，得免。

42 高涼太守馮寶卒，海隅擾亂。寶妻洗氏懷集部落，數州晏然。其子僕，生九年，是歲，遣僕帥諸酋長入朝，洗，息典翻。帥，讀曰率。酋，慈秋翻。長，知兩翻。詔以僕爲陽春太守。五代志：高涼郡陽春縣，梁置陽春郡。

43 後梁主遣其大將軍王操將兵略取王琳之長沙、武陵、南平等郡。琳兵東下，故後梁得以乘虛取之。操將，即亮翻。

三年（己卯、五五九）

1 春，正月，己酉，周太師護上表歸政，上，時掌翻。周王始親萬機；軍旅之事，護猶總之。初改都督州軍事爲總管。諸州總管自此始。

2 王琳召桂州刺史淳于量。五代志：始安郡，梁置桂州，今爲靜江府。量雖與琳合而潛通於陳；二月，辛酉，以量爲開府儀同三司。

3 壬午，侯瑱引兵焚齊舟艦於合肥。艦，戶黯翻。

4 丙戌，齊主於甘露寺禪居深觀，據齊紀，甘露寺在遼陽。此鄙語所謂「獼猴坐禪」也。唯軍國大事乃以聞。尚書左僕射崔暹卒，齊主幸其第哭之，謂其妻李氏曰：「頗思暹乎？」對曰：「思之。」帝曰：「然則自往省之。」省，悉景翻。因手斬其妻，擲首牆外。

5 齊斛律光將騎一萬將，卽亮翻；下同。騎，奇寄翻。擊周開府儀同三司曹回公，斬之，柏谷城主薛禹生棄城走，遂取文侯鎮，立戍置柵而還。還，從宣翻，又如字。

6 三月，戊戌，齊以【章：十二行本「以」下有「侍中」二字；乙十一行本同；孔本同；張校同。】高德政爲尚書右僕射。

7 吐谷渾寇周邊；吐，從暾入聲。谷，音浴。庚戌，周遣大司馬賀蘭祥擊之。

8 丙辰，齊主至鄴。

9 梁永嘉王莊至郢州，遣使入貢于齊。使，疏吏翻。王琳遣其將雷文策襲後梁監利太守蔡大有，殺之。沈約曰：監利縣，疑是吳所立，晉屬南郡，宋屬巴陵郡，後梁置監利郡。今監利縣在江陵府東南百八十里。

10齊主之爲魏相也，相，息亮翻。膠州刺史定陽文肅侯杜弼爲長史，五代志：高密郡，舊置膠州，唐武德五年，改曰密州。五代志：文城郡吉昌縣，後魏曰定陽。帝將受禪，弼諫止之。見一百六十三卷簡文帝大寶元年。帝問：「治國當用何人？」治，直之翻。對曰：「鮮卑車馬客，會須用中國人。」帝以爲譏己，銜之。高德政用事，弼不爲之下，嘗於衆前面折德政；德政數言其短於帝，弼恃舊，不自疑。折，之舌翻。數，所角翻；下同。高德政譏杜弼而不知楊愔之忌己，杜弼恃舊而不疑德政之譏己；昏昏於利欲之場，祇思害人，而不知其身之受害者多矣。夏，帝因飲酒，積其愆失，遣使就州斬之；使，疏吏翻。既而悔之，驛追不及。

11閏四月，戊子，周命有司更定新曆。更，工衡翻。

12丁酉，遣鎮北將軍徐度將兵城南皖口。南皖口，皖水入江之口也。祝穆曰：皖水自霍山縣流入，經懷寧縣北二里，又東南流三百四十里，入大江。吳地志：皖口，今舒州之山口鎮。將，卽亮翻。皖，戶板翻。

13齊高德政與楊愔同爲相，愔常忌之。高德政事齊主於初潛，禪代之際，又德政勸成之，權利所集，故爲楊愔所忌。齊主酣飲，德政數強諫，數，所角翻。齊主不悅，謂左右曰：「高德政恆以精神凌逼人。」恆，戶登翻。德政懼，稱疾，欲自退。帝謂楊愔曰：「我大憂德政病。」對曰：「陛下若用爲冀州刺史，病當自差。」差，叱駕翻。病差，猶言病瘳也。帝從之。德政見除書，卽起。帝大怒，召德政謂曰：「聞爾病，我爲爾針。」醫家按穴用針，可以愈疾，故云然。爲，于僞翻。親以小刀刺之，血流霑地。又使曳下斬去其足，刺，七亦翻。去，羌呂翻。劉桃枝執刀不敢下，帝責桃枝曰：「爾頭即墮地！」桃枝乃斬其足之三指。帝怒不解，囚德政於門下，因於門下省。其夜，以氈輿送還家。明旦，德政妻出珍寶滿四牀，欲以寄人，帝奄至其宅，見之，怒曰：「我御府猶無是物！」詰其所從得，皆諸元賂之，遂曳出，斬之。妻出拜，又斬之，高德政之禍，猶宋之顏浚〔竣〕也。詰，去吉翻。并其子伯堅。以司州牧彭城王浟爲司徒，侍中高陽王湜爲尚書右僕射；乙巳，以浟兼太尉。浟，夷周翻。湜，常職翻。

14 齊主封子紹廉爲長安【嚴：「安」改「樂」。】王。

15 辛亥，周以侯莫陳崇爲大司徒，達奚武爲大宗伯，武陽公豆盧寧爲大司寇，五代志：犍爲郡犍爲縣，後周曰武陽。令狐德棻曰：寧之先本慕容氏，前燕之枝庶也，歸魏，賜姓豆盧氏。柱國輔城公邕爲大司空。輔城，郡名，在汝州郟城縣。

16 乙卯，周詔：「有司無得糾赦前事；唯廐庫倉廩與海內所共，若有侵盜，雖經赦宥免其罪，徵備如法。」備，償也。今人猶言塡備。

17 周賀蘭祥與吐谷渾戰，破之，拔其洮陽、洪和二城，以其地爲洮州。李延壽曰：賀蘭之先與魏俱起，有乞伏，爲賀蘭莫何弗，因以爲氏。劉昫唐志：洮州臨潭縣，本吐谷渾之洪和城，後周攻得之，置美相縣；唐爲臨潭縣，洮州治焉；後移治洮陽城，仍於舊洪和城置美相縣；天寶中，廢美相併入臨潭。洮，土刀翻。

18 五月，丙辰朔，日有食之。

19 齊太史奏，今年當除舊布新。齊主問於特進彭城公元韶曰：「漢光武何故中興？」對曰：「爲誅諸劉不盡。」爲，于僞翻。於是齊主悉殺諸元以厭之。厭，於協翻。癸未，誅始平公元世哲等二十五家，囚韶等十九家。韶幽於地牢，絕食，啗衣袖而死。啗，徒敢翻，又徒濫翻。

20 周文育、周迪、黃法𣰰共討余公颺，公颺，孝頃子也。颺，音揚。豫章太守熊曇朗引兵會之，衆且萬人。文育軍於金口，自豫章西南入象牙江，至金溪口。公颺詐降，謀執文育，文育覺之，囚送建康。降，戶江翻。文育進屯三陂。王琳遣其將曹慶帥二千人救余孝勱，將，卽亮翻；下同。帥，讀曰率；下自帥、達帥同。慶分遣主帥常衆愛與文育相拒，帥，所類翻。自帥其衆攻周迪及安南將軍吳明徹，迪等敗，文育退據金口。熊曇朗因其失利，謀殺文育以應衆愛，監軍孫白象聞其謀，勸文育先之，監，工銜翻。先，悉薦翻。文育不從。時周迪棄船走，不知所在，乙酉，文育得迪書，自齎以示曇朗，曇朗殺之於坐而併其衆，坐，徂臥翻。因據新淦城。新淦縣，自漢至蕭齊屬豫章郡，五代志屬廬陵郡，唐屬吉州。淦，音紺，又音甘。曇朗將兵萬人襲周敷，敷擊破之，曇朗單騎奔巴山。騎，奇寄翻。

21 魯悉達部將梅天養等引齊軍入城。魯悉達據新蔡城。悉達帥麾下數千人濟江自歸，拜平南將軍、北江州刺史。五代志：宣城郡南陵縣，陳置北江州。

22 六月，戊子，周以霖雨，詔羣臣上封事極諫。左光祿大夫猗氏樂遜上言四事：猗氏縣，漢以來屬河東郡。古郇瑕氏之地，後以猗頓居之，以盬鹽致富，遂改爲猗氏。上，時掌翻。其一，以爲「比來守令代期既促，比，毗至翻。守，式又翻。責其成效，專務威猛；今關東之民淪陷塗炭，若不布政優優，詩商頌之辭。毛萇曰：優優，和也。聞諸境外，聞，音問。何以使彼勞民，歸就樂土！」樂，音洛。其二，以爲「頃者魏都洛陽，一時殷盛，貴勢之家，競爲侈靡，終使禍亂交興，天下喪敗；喪，息浪翻。比來朝貴器服稍華，朝，直遙翻。百工造作務盡奇巧，臣誠恐物逐好移，有損政俗。」好，呼到翻。其三，以爲「選曹補擬，宜與衆共之；今州郡選置，猶集鄉閭，況天下銓衡，不取物望，既非機事，何足可密！以此觀之，選曹補擬，皆密奏於上，蓋自晉山濤啓事始也。其選置之日，宜令衆心明白，然後呈奏。」其四，以爲「高洋據有山東，未易猝制，譬猶棋劫相持，爭行先後，弈棋有劫，彼此爭行以相持，以先後著決一枰之勝負。易，以豉翻。若一行不當，當，丁浪翻。或成彼利，誠應捨小營大，先保封域，不宜貪利邊陲，輕爲舉動。」

23 周處士韋夐，處，昌呂翻。夐，休正翻。孝寬之兄也，志尚夷簡，魏、周之際，十徵不屈。周太祖甚重之，不奪其志，世宗禮敬尤厚，號曰「逍遙公」。晉公護延之至第，訪以政事；護盛脩第舍，夐仰視堂，歎曰：「酣酒嗜音，峻宇彫牆，有一于此，未或不亡。」夏書五子之歌之辭。護不悅。驃騎大將軍、開府儀同三司寇儁，寇儁所居官，後周之九命也。讚之孫也，寇讚自秦歸魏，見一百一十八卷晉安帝義熙十四年。少有學行。家人常賣物，多得絹五匹，儁於後知之，曰：「得財失行，少，詩照翻。行，下孟翻。吾所不取。」訪主還之。敦睦宗族，與同豐約，教訓子孫，必先禮義。先，悉薦翻。自大統中，稱老疾，不朝謁；朝，直遙翻；下同。世宗虛心欲見之，儁不得已入見。入見，賢遍翻。王引之同席而坐，問以魏朝舊事；載以御輿，令於王前乘之以出，顧謂左右曰：「如此之事，唯積善者可以致之。」史言周王禮賢。

24 周文育之討余孝勱也，帝令南豫州刺史侯安都繼之。文育死，安都還，遇王琳將周炅、周協南歸，王琳使周炅助曹慶攻周迪自南川歸也。將，卽亮翻。炅，古迥翻。與戰，擒之。孝勱弟孝猷帥所部四千家詣安都降。帥，讀曰率。降，戶江翻。安都進軍至左里，擊曹慶、常衆愛，破之。衆愛奔廬山，庚寅，廬山民斬之，傳首。

25 詔臨川王蒨於南皖口置城，蒨，倉甸翻。使東徐州刺史吳興錢道戢守之。戢，則立翻。

26 丁酉，上不豫，丙午，殂。年五十七。上臨戎制勝，英謀獨運，而爲政務崇寬簡，非軍旅急務，不輕調發。性儉素，常膳不過數品，私宴用瓦器、蚌盤，調，徒釣翻。蚌盤者，髹器以蚌爲飾，今謂之螺鈿。蚌，步項翻。殽核充事而已；後宮無金翠之飾，不設女樂。

時皇子昌在長安，梁元帝承聖元年，徵昌爲領直，江陵之陷，沒于長安。內無嫡嗣，外有強敵，宿將皆將兵在外，朝無重臣，將，卽亮翻。朝，直遙翻；下同。唯中領軍杜稜典宿衛兵在建康。章皇后召稜及中書侍郎蔡景歷入禁中定議，祕不發喪，急召臨川王蒨於南皖。景歷親與宦者、宮人密營斂具。斂，力贍翻。時天暑，須治梓宮，治，直之翻。恐斤斧之聲聞於外，乃以蠟爲祕器，蠟，蜜滓也。漢官有東園祕器。聞，音問。文書詔敕，依舊宣行。

侯安都軍還，適至南皖，與臨川王俱還朝。甲寅，王至建康，入居中書省，安都與羣臣定議，奉王嗣位，王謙讓不敢當。皇后以昌故，未肯下令，羣臣猶豫不能決。安都曰：「今四方未定，何暇及遠！臨川王有大功於天下，武帝既殺王僧辯，使蒨平杜龕、張彪等以定東土，故云有大功。須共立之。今日之事，後應者斬！」即按劍上殿，白皇后出璽，又手解蒨髮，推就喪次，上，時掌翻。璽，斯氏翻。推，吐雷翻。爲侯安都恃定策之功以殺其身張本。遷殯大行于太極西階。皇后乃下令，以蒨纂承大統。是日，即皇帝位，大赦。秋，七月，丙辰，尊皇后爲皇太后。辛酉，以侯瑱爲太尉，侯安都爲司空。

27 齊顯祖將如晉陽，乃盡誅諸元，或祖父爲王，或身嘗貴顯，皆斬於東市，其嬰兒投於空中，承之以矟。矟，所角翻，與槊同。前後死者凡七百二十一人，悉棄尸漳水，剖魚者往往得人爪甲，鄴下爲之久不食魚。爲，于僞翻。使元黃頭與諸囚自金鳳臺各乘紙鴟以飛，黃頭獨能至紫陌乃墮，仍付御史中丞畢義雲餓殺之。齊主每令死囚以席爲翅，從臺上飛下，免其罪戮。今欲夷諸元，黃頭雖免殊死，猶餓殺之。唯開府儀同三司元蠻、祠部郎中元文遙等數家獲免。曹魏置祠部郎。

五代志：齊尚書曹祠部郎，掌祠祀、醫藥、贈賜等事。巒，繼之子，常山王演之妃父；江陽王繼，元叉之父，後徙封安定王。文遙，遵之五世孫也。常山公遵，佐道武帝定中原。定襄令元景安，此後漢新興郡之定襄也，在隋秀容縣界。虔之玄孫也，陳留王虔亦佐道武帝，與燕王垂戰敗而死。欲請改姓高氏，其從兄景皓曰：從，才用翻。「安有棄其本宗而從人之姓者乎！丈夫寧可玉碎，何能瓦全！」景安以其言白帝，帝收景皓，誅之；賜景安姓高氏。

28 八月，甲申，葬武皇帝於萬安陵，廟號高祖。

29 戊戌，齊封皇子紹義爲廣陽王；以尚書右僕射河間王孝琬爲左僕射，都官尚書崔昂爲右僕射。

30 周御正中大夫崔猷建議，以爲：「聖人沿革，因時制宜。今天子稱王，不足以威天下，請遵秦、漢舊制稱皇帝，建年號。」乙【章：十二行本「乙」作「己」；乙十一行本同；孔本同。】亥，周王始稱皇帝，追尊文王曰文皇帝，改元武成。

31 癸卯，齊詔：「民間或有父祖冒姓元氏，或假託攜養者，不問世數遠近，悉聽改復本姓。」

32 初，高祖追謚兄道譚爲始興昭烈王，以其次子頊襲封。及世祖卽位，頊在長安未還，頊與昌俱在長安。上以本宗乏饗，始興王道譚二子，上入纂皇緒，而頊留長安，故本宗無主祭者。世祖卽上廟號。戊戌，詔徙封頊爲安成王，皇子伯茂爲始興王。以奉道譚祀。

33 初，周太祖平蜀，見一百六十五卷梁元帝承聖二年。以其形勝之地，不欲使宿將居之，將，卽亮翻。問諸子：「誰可往者？」皆不對。少子安成公憲請行，少，詩照翻。太祖以其幼，不許。壬子，周人以憲爲益州總管，時年十六，善於撫綏，留心政術，蜀人悅之。九月，乙卯，以大將軍天水公廣爲梁州總管。廣，導之子也。宇文導，周太祖之兄子。

34 辛酉，立皇子伯宗爲太子。

35 己巳，齊主如晉陽。

36 辛未，周主封其弟輔城公邕爲魯公，安成公憲爲齊公，純爲陳公，盛爲越公，達爲代公，通爲冀公，逌爲滕公。逌，音由。

37 乙亥，立太子母吳興沈妃爲皇后。

38 周少保懷寧莊公蔡祐卒。五代志：蜀郡成都縣，舊置懷寧等四郡。

39 齊顯祖嗜酒成疾，不復能食，復，扶又翻。自知不能久，謂李后曰：「人生必有死，何足致惜！但憐正道尚幼，人將奪之耳！」齊太子殷，字正道。又謂常山王演曰：「奪則任汝，慎勿殺也！」尚書令開封王楊愔、領軍大將軍平秦王歸彥、侍中廣漢燕子獻、五代志：滎陽郡浚儀縣，舊置開封郡。扶風郡雍縣，後魏置平秦郡。蜀郡雒縣，舊曰廣漢。黃門侍郎鄭頤皆受遺詔輔政。冬，十月，甲午，殂。年三十一。癸卯，發喪，羣臣號哭，無下泣者，以其殘暴，故哭而不哀。號，戶刀翻。

唯楊愔涕泗嗚咽。太子殷卽位，殷，字正道，小字道人，文宣帝嫡子也。大赦。庚戌，尊皇太后爲太皇太后，皇后爲皇太后；詔諸土木金鐵雜作一切停罷。

40 王琳聞高祖殂，乃以少府卿吳郡孫瑒爲郢州刺史，總留任，瑒，雄杏翻，又音暢。奉梁永嘉王莊出屯濡須口，齊揚州道行臺慕容儼帥衆臨江，爲之聲援。帥，讀曰率。十一月，乙卯，琳寇大雷，五代志：同安郡望江縣，陳置大雷郡。詔侯瑱、侯安都及儀同徐度將兵禦之。將，卽亮翻。安州刺史吳明徹夜襲湓城，五代志：寧越郡，梁置安州，隋開皇十八年，改曰欽州。琳遣巴陵太守任忠擊明徹，大破之，明徹僅以身免。琳因引兵東下。

41 齊以右丞相斛律金爲左丞相，常山王演爲太傅，長廣王湛爲太尉，段韶爲司徒，平原王淹爲司空，高陽王湜爲尚書左僕射，河間王孝琬爲司州牧，侍中燕子獻爲右僕射。

42 辛未，齊顯祖之喪至鄴。自晉陽至鄴。

43 十二月，戊戌，齊徙上黨王紹仁爲漁陽王，廣陽王紹義爲范陽王，長樂王紹廣爲隴西王。樂，音洛。

容肇祖標點聶崇岐覆校

資治通鑑卷第一百六十八

端明殿學士兼翰林侍讀學士朝散大夫右諫議大夫充集賢殿修撰提舉西京嵩山崇福宮上柱國河内郡開國侯食邑一千八百戶食實封六百戶賜紫金魚袋臣**司馬光**　奉敕編集

後學天台**胡三省**　音註

陳紀二 起上章執徐（庚辰），盡玄黓敦牂（壬午），凡三年。

世祖文皇帝上 諱蒨，字子華，高祖兄始興王道譚之長子。

天嘉元年（庚辰、五六〇）

1 春，正月，癸丑朔，大赦，改元。

2 齊大赦，改元乾明。

3 辛酉，上祀南郊。

4 齊高陽王湜，以滑稽便辟有寵於顯祖，湜，常職翻。史記索隱曰：滑，謂亂也；稽，同也；以言辯捷之人，言非若是，言是若非，能亂同異也。楚辭：將突梯滑稽，如脂如韋。崔浩云：滑，音骨；〔滑〕稽，流酒器也；轉注吐酒，終日不已，言出口成章，詞不空竭，若滑稽之吐酒。故揚雄酒賦云：鴟夷滑稽，腹如大壺，盡日盛酒，人復藉沽，是也。又姚察云：滑稽，猶俳諧也。滑，讀如字；稽，音計；以其言語滑利，智計捷出，故云滑稽也。尹焞曰：便辟，足恭也。朱元晦曰：便辟，謂習於威儀而不直。便，毗連翻。辟，匹亦翻。常在左右，執杖以撻諸王，太皇太后深銜之。及顯祖殂，湜有罪，太皇太后杖之百餘；癸亥，卒。

5 辛未，上祀北郊。

6 齊主自晉陽還至鄴。

7 二月，乙未，高州刺史紀機自軍所逃還宣城，軍所，侯瑱軍前也。據郡應王琳，涇令賀當遷討平之。

王琳至柵口，柵口，在濡須口之東，水導巢湖，今謂之柵江口。宋白曰：廬州東南至柵口三百九十里，今謂之新婦口。侯瑱督諸軍出屯蕪湖，瑱，他甸翻，又音鎮。相持百餘日。東關春水稍長，長，知兩翻。舟艦得通，琳引合肥漅湖之衆，舳艫相次而下，艦，戶黯翻。漅，音巢，又子小翻。舳艫，音逐盧。軍勢甚盛。瑱進軍虎檻洲，琳亦出船列于江西，隔洲而泊。明日，合戰，琳軍少卻，退保西岸。少，詩沼翻。及夕，東北風大起，吹其舟艦並壞，沒于沙中，浪大，不得還浦。及旦，風靜，琳入浦治船，治，直之翻。瑱等亦引軍退入蕪湖。

周人聞琳東下，遣都督荆、襄等五十二州諸軍事、荆州刺史史寧將兵數萬乘虛襲郢州，孫瑒嬰城自守。去年王琳東下，留孫瑒守郢州。將，卽亮翻。瑒，雉杏翻，又音暢。琳聞之，恐其衆潰，乃帥舟師東下，去蕪湖十里而泊，擊柝聞於陳軍。帥，讀曰率。柝，他各翻。聞，音問。齊儀同三司劉伯球將兵萬餘人助琳水戰，行臺慕容恃德之子子會將鐵騎二千屯蕪湖西岸，爲之聲勢。騎，奇寄翻。

丙申，瑱令軍中晨炊蓐食以待之。時西南風急，琳自謂得天助，引兵直趣建康。趣，七喻翻。瑱等徐出蕪湖躡其後，西南風翻爲瑱用。琳擲火炬以燒陳船，皆反燒其船。逆風而用火攻，此王琳所以敗也。瑱發拍以擊琳艦，戰船前後置拍竿以拍敵船。又以牛皮冒蒙衝小船以觸其艦，并鎔鐵灑之。琳軍大敗，軍士溺死者什二三，溺，奴狄翻。餘皆棄船登岸，爲陳軍所殺殆盡。齊步軍在西岸者，自相蹂踐，並陷于蘆荻泥淖中；蹂，人九翻。踐，慈演翻。淖，奴教翻，濘泥也。騎皆棄馬脫走，得免者什二三。擒劉伯球、慕容子會，斬獲萬計，盡收梁、齊軍資器械。琳乘舴艋冒陳走，舴，陟格翻。艋，音猛。陳，讀曰陣。至湓城，欲收合離散，衆無附者，乃與妻妾左右十餘人奔齊。

先是，琳使侍中袁泌、先，悉薦翻。泌，毗必翻，又兵媚翻。考異曰：北齊書作「長史袁泌」。今從陳書。御史中丞劉仲威侍衞永嘉王莊；及敗，左右皆散。泌以輕舟送莊達于齊境，拜辭而還，遂來降；還，從宣翻，又如字。降，戶江翻；下同。仲威奉莊奔齊。泌，昂之子也。袁昂著名節於齊、梁之間。樊猛及其兄毅帥部曲來降。自此江南皆爲陳有矣。帥，讀曰率。

8 齊葬文宣皇帝于武寧陵，廟號高祖，後改曰顯祖。

9戊戌，詔：「衣冠士族、將帥戰兵陷在王琳黨中者，皆赦之，隨材銓敍。」將，即亮翻。帥，所類翻。

10己亥，齊以常山王演爲太師、錄尚書事，此鄴省尚書也。以長廣王湛爲大司馬、并省錄尚書事，晉陽，并州，故曰并省。并，必經翻。以尚書左僕射平秦王歸彦爲司空，趙郡王叡爲尚書左僕射。

詔：「諸元良口配沒入官及賜人者並縱遣。」去年齊顯祖夷諸元，沒其家口。今縱遣良口，奴婢仍不縱也。

11乙巳，以太尉侯瑱都督湘、巴等五州諸軍事，鎮湓城。

12齊顯祖之喪，常山王演居禁中護喪事，婁太后欲立之而不果；太子即位，乃就朝列。朝，直遙翻。以天子諒陰，詔演居東館，東館，蓋在鄴宮昭陽殿東。欲奏之事，皆先咨決。楊愔等以演與長廣王湛位地親逼，恐不利於嗣主，心忌之。居頃之，演出歸第，考異曰：北齊書孝昭紀云：「除太傅錄尚書，朝政皆決於帝；月餘，乃居藩邸。」今從楊愔傳。藩邸，常山第也。自是詔敕多不關預。或謂演曰：「鷙鳥離巢，必有探卵之患。離，力智翻。探，吐南翻。今日王何宜屢出？」中山太守陽休之詣演，演不見。休之謂王友王晞曰：「昔周公朝讀百篇書，夕見七十士，猶恐不足。錄王何所嫌疑，乃爾拒絕賓客！」演以常山王錄尚書事，故稱爲錄王。

先是，顯祖之世，羣臣人不自保。先，悉薦翻。及濟南王立，濟，子禮翻。演謂王晞曰：「一人垂拱，吾曹亦保優閒。」因言：「朝廷寬仁，眞守文良主。」晞曰：「先帝時，東宮委一胡人傅之。今春秋尚富，驟覽萬機，殿下宜朝夕先後，先，悉薦翻。後，戶遘翻。親承音旨。而使他姓出納詔命，大權必有所歸，殿下雖欲守藩，其可得邪！借令得遂沖退，自審家祚得保靈長乎？」家祚，猶云國祚也。演以叔父之親，與國同休等戚，故言家祚。王晞勸常山傾大宗，其來久矣。演默然久之，曰：「何以處我？」處，昌呂翻。晞曰：「周公抱成王攝政七年，然後復子明辟，惟殿下慮之！」演曰：「我何敢自比周公！」晞曰：「殿下今日地望，欲不爲周公，得邪？」演不應。顯祖常遣胡人康虎兒保護太子，故晞言及之。

齊主將發晉陽，發晉陽者，嗣位而詣鄴。時議謂常山王必當留守根本之地；高歡建大丞相府於晉陽，文宣席之以移魏鼎，宿將勁兵咸在焉，故以爲根本之地。執政欲使常山王從帝之鄴，留長廣王鎭晉陽；既而又疑之，乃敕二王俱從至鄴。外朝聞之，莫不駭愕。朝，直遙翻。又敕以王晞爲幷州長史。演既行，晞出郊送之。演恐有覘察，覘，丑廉翻，又丑豔翻。命晞還城，執晞手曰：「努力自愼！」躍馬而去。

平秦王歸彥總知禁衞，楊愔宣敕留從駕五千兵於西中，晉陽在鄴西，故謂之西中。從，才用翻。陰備非常；至鄴數日，歸彥乃知之，由是怨愔。

領軍大將軍可朱渾天和，道元之子也，可朱渾道元自隴右歸高歡。考異曰：典略云道元弟。今從北齊書。尙帝姑東平公主。齊主之姑，則高歡之女也。每曰：「若不誅二王，少主無自安之理。」少，詩照翻。燕子獻謀處太皇太后於北宮，燕，因肩翻。鄴城有北宮。處，昌呂翻。使歸政皇太后。

又自天保八年已來，爵賞多濫，楊愔欲加澄汰，以水爲諭也。澄者，去泥滓；汰者，去沙石。乃先自表解開府及開封王，諸叨竊恩榮者皆從黜免。由是嬖寵失職之徒，盡歸心二叔。演、湛皆齊主之叔。平秦王歸彥初與楊、燕同心，旣而中變，盡以疏忌之迹告二王。

侍中宋欽道，弁之孫也，宋弁見任於魏孝文帝。顯祖使在東宮，敎太子以吏事。欽道面奏帝，稱「二叔威權旣重，宜速去之。」去，羌呂翻。帝不許，曰：「可與令公共詳其事。」楊愔時爲尙書令，故稱之爲令公。

愔等議出二王爲刺史，以帝慈仁，恐不可所奏，乃通啓皇太后，具述安危。宮人李昌儀，昌儀意亦內職，而北史后妃傳無之，蓋太后女官之名。高仲密之妻也，高仲密因妻而外叛，事見一百五十八卷梁武帝大同九年。李太后以其同姓，甚相昵愛，昵，尼質翻。以啓示之；昌儀密啓太皇太后。史言謀及婦人之禍。

愔等又議不可令二王俱出，乃奏以長廣王湛鎭晉陽，以常山王演錄尙書事。二王旣拜職，乙巳，於尙書省大會百僚。愔等將赴之，散騎常侍兼中書侍郎鄭頤止之，散，悉亶翻。騎，奇寄翻。曰：「事未可量，不宜輕脫。」量，音良。愔曰：「吾等至誠體國，豈常山拜職有不赴之理！」

長廣王湛，旦伏家僮數十人於錄尚書後室，錄尚書後室，錄尚書者宴息之所。仍與席上勳貴賀拔仁、斛律金等數人相知約曰：「行酒至愔等，我各勸雙盃，彼必致辭。我一曰『執酒』，二曰『執酒』，三曰『何不執』，爾輩即執之！」及宴，如之。愔大言曰：「諸王反逆，欲殺忠良邪！尊天子，削諸侯，赤心奉國，何罪之有！」常山王演欲緩之。湛曰：「不可。」於是拳杖亂毆，毆，烏口翻。愔及天和、欽道皆頭面血流，各十人持之。燕子獻多力，頭又少髮，少，詩沼翻。狼狽排衆走出門，斛律光逐而擒之。子獻歎曰：「丈夫爲計遲，遂至於此！」使太子太保薛孤延等執頤於尚藥局。五代志：尚藥局，總知御藥事，屬門下省，後齊制也。頤曰：「不用智者言至此，豈非命也！」

二王與平秦王歸彥、賀拔仁、斛律金擁愔等唐突入雲龍門，「唐突」，廣韻作「傏㑊」，不遜也；今時謂干乘輿者爲唐突。見都督叱利騷，招之，不進，使騎殺之。叱利，虜複姓。開府儀同三司成休寧抽刃呵演，演使歸彥諭之，休寧厲聲不從。歸彥久爲領軍，素爲軍士所服，皆弛仗，休寧方歎息而罷。

演入，至昭陽殿，湛及歸彥在朱華門外。後齊禁中有朱華閤。門下省領左右局，領左右二人，掌知朱華閤內諸事，宣傳已下、白衣齋子已上皆主之。又有左、右直長四人。朱華閤以外，左、右衛將軍各一人主之，各武衛將軍二人貳之，御仗屬官、直盪屬官、直衛屬官、直突屬官、直閤屬官皆屬焉，分爲左、右廂。帝與太皇太后並出，「太皇太后」之下，疑當更有「皇太后」三字。太皇太后坐殿上，皇太后及帝側立。演以塼叩頭，塼，朱緣翻。範土爲塼，陶而成之。進言曰：「臣與陛下骨肉至親，楊遵彥等欲獨擅朝權，楊愔，字遵彥。朝，直遙翻。威福自己，自王公已下皆重足屏氣；重，直龍翻。屏，必郢翻。共相脣齒，以成亂階，若不早圖，必爲宗社之害。臣與湛爲國事重，爲，于僞翻。賀拔仁、斛律金惜獻武皇帝之業，共執遵彥等入宮，未敢刑戮。專輒之罪，誠當萬死。」

時庭中及兩廡衛士二千餘人，皆被甲待詔。被，皮義翻。武衛娥永樂，武力絕倫，素爲顯祖所厚，叩刀仰視，娥，姓也。後魏有娥清。樂，音洛。叩刀者，拔刀離削纔寸許。考異曰：北齊書作「領軍劉桃枝」。今從北史。帝不睨之。睨，研計翻，邪視也。帝素吃訥，吃，音訖。吃訥之由，見上卷武帝永定三年。倉猝不知所言。太皇太后令卻仗，不退；又厲聲曰：「奴輩卽今頭落！」乃退。衛士被甲者皆退。當未退之時，使宇文覺處之，常山、長廣身首分矣。永樂內刀而泣。

太皇太后因問：「楊郎何在？」賀拔仁曰：「一眼已出。」太皇太后愴然曰：「楊郎何所能爲，留使豈不佳邪！」楊愔，主壻，故謂之楊郎。留使，留之以任使。愴，初亮翻。乃讓帝曰：「此等懷逆，欲殺我二子，演、湛皆太皇太后之子。次將及我，爾何爲縱之？」帝猶不能言。太皇太后怒且悲，曰：「豈可使我母子受漢老嫗斟酌！」婁太皇，鮮卑也；李太后，華族也；故云然。嫗，威遇翻。太后拜謝。太皇太后又爲太后誓言：「演無異志，但欲去逼而已。」逼，謂楊愔等以疏踰戚，故欲去之。爲，于僞翻；下敢爲同。去，羌呂翻。演叩頭不止。太后謂帝：「何不安慰爾叔！」帝乃曰：「天子亦不敢爲叔惜，況此漢輩！但匄兒命，兒自下殿去，此屬任叔父處分。」處，昌呂翻。分，扶問翻。遂皆斬之。楊愔受託孤之寄，不能尊主庇身者，鮮卑之勢素盛，華人不足以制之也。

長廣王湛以鄭頤昔嘗譖己，楊愔傳云：湛以頤昔譖己，作詔書。先拔其舌，截其手而殺之。演令平秦王歸彥引侍衞之士向華林園，鄴都華林園，魏武之舊也。以京畿軍士入守門閤，高歡遷魏主於鄴而身居晉陽，以其子爲京畿大都督，防遏內外，故有京畿軍士。斬娥永樂於園。

太皇太后臨愔喪，哭曰：「楊郎忠而獲罪。」婁后此言，出於人心是非之眞也。以御金爲之一眼，御金，御府之金也。親內之，曰：「以表我意。」演亦悔殺之。於是下詔罪狀愔等，且曰：「罪止一身，家屬不問。」頃之，復簿錄五家；楊愔、可朱渾天和、燕子獻、宋欽道、鄭頤，凡五家。復，扶又翻。

王晞固諫，乃各沒一房，孩幼盡死，兄弟皆除名。

以中書令趙彥深代楊愔總機務。鴻臚少卿陽休之私謂人曰：「將涉千里，殺騏驎而策蹇驢，可悲之甚也！」馬黑脊曰騏驎。毛晃曰：馬青驪色曰騏驎。東方朔傳：騏驎騄駬，蜚鳴驊騮，天下良馬也。驎，力珍翻。

戊申，演爲大丞相、都督中外諸軍、錄尙書事，自後魏敬宗以爾朱榮爲大丞相，後高歡復爲之，位絕羣后，威權震主。湛爲太傅、京畿大都督，段韶爲大將軍，平陽王淹爲太尉，平秦王歸彥爲司徒，彭城王浟爲尙書令。浟，夷周翻。

13 江陵之陷也，見一百六十五卷梁元帝承聖三年。長城世子昌武帝封長城公，昌爲世子。及中書侍郎頊皆沒於長安。高祖卽位，屢請之於周，周人許而不遣。高祖殂，周人乃遣昌還，高祖存而不遣，高祖殂而遣還，欲以間陳，使兄弟爭國也。以王琳之難，居于安陸。王琳據中流，昌還建康路梗，故居安陸。難，乃旦翻。琳敗，昌發安陸；將濟江，致書於上，辭甚不遜。上不懌，召侯安都從容謂曰：從，千容翻。「太子將至，須別求一藩爲歸老之地。」安都曰：「自古豈有被代天子！被，皮義翻。臣愚，不敢奉詔。」因請自迎昌。於是羣臣上表，請加昌爵命。庚戌，以昌爲驃騎將軍、湘州牧，驃，匹妙翻。騎，奇寄翻。封衡陽王。

14 齊大丞相演如晉陽，旣至，謂王晞曰：演從少帝還鄴，晞爲幷州長史，留晉陽。「不用卿言，幾至傾覆。今君側雖淸，終當何以處我？」幾，居依翻。處，昌呂翻；下出處同。晞曰：「殿下往時位地，猶可以名教出處；今日事勢，遂關天時，非復人理所及。」晞勸演篡，史究言之。復，扶又翻。演奏趙郡王叡爲長史，王晞爲司馬。三月，甲寅，詔：「軍國之政，皆申晉陽，稟大丞相規算。」詔，演志也。

15 周軍初至，郢州助防張世貴舉外城以應之，所失軍民三千餘口。周人起土山、長梯，晝夜攻之，因風縱火，燒其內城南面五十餘樓。孫瑒兵不滿千人，身自撫循，行酒賦食，士卒皆爲之死戰。周人不能克，史言千人一心，雖大敵不能克。郢人之死戰不下者，畏江陵之俘戮也。爲，于僞翻。乃授瑒柱國、郢州刺史，封萬戶郡公；瑒僞許以緩之，而潛脩戰守之備，一朝而具，乃復拒守。復，扶又翻。既而周人聞王琳敗，陳兵將至，乃解圍去。瑒集將佐謂之曰：「吾與王公同獎梁室，勤亦至矣；今時事如此，豈非天乎！」遂遣使奉表，舉中流之地來降。將，卽亮翻。使，疏吏翻。降，戶江翻。

王琳之東下也，帝徵南川兵，江州刺史周迪、高州刺史黃法𣰰帥舟師將赴之。熊曇朗據城列艦，塞其中路，熊曇朗時據豫章。𣰰，巨俱翻。帥，讀曰率。曇，徒含翻。艦，戶黯翻。塞，悉則翻。迪等與周敷共圍之。琳敗，曇朗部衆離心，迪攻拔其城，虜男女萬餘口。曇朗走入村中，村民斬之；丁巳，傳首建康，盡滅其族。

齊軍先守魯山，戊午，棄城走，詔南豫州刺史程靈洗守之。

16 甲子，置沅州、武州，梁置武州於武陵，帝分荊州之義陽・天門郡、郢州之武陵郡，置武州，督沅州，領武陵太守，治武陵郡。其都尉所部六縣爲沅州，別置通寧郡，以刺史領太守，治都尉城，省舊都尉。沅，音元。以右衞將軍吳明徹爲武州刺史，以孫瑒爲湘【退：「湘」作「沅」。】州刺史。瑒懷不自安，固請入朝，史言孫瑒能自全。朝，直遙翻。徵爲中領軍；未拜，除吳郡太守。

17 壬申，齊封世宗之子孝珩爲廣寧王，珩，音行。長恭爲蘭陵王。

18 甲戌，衡陽獻王昌入境，詔主書、舍人緣道迎候；主書及中書舍人，皆當時要近之職也。丙子，濟江，中流，殞之，使以溺告。溺，奴狄翻。侯安都以功進爵清遠公。以殺昌之功也。五代志：南海郡翁源縣，陳置清遠郡。

初，高祖遣滎陽毛喜從安成王頊詣江陵，梁世祖以喜爲侍郎，沒於長安，與昌俱還，因進和親之策。上乃使侍中周弘正通好於周。好，呼到翻。

19 夏，四月，丁亥，立皇子伯信爲衡陽王，奉獻王祀。昌謚曰獻。

20 周世宗明敏有識量，晉公護憚之，使膳部中大夫李安置毒於糖䭔而進之。周禮有膳夫。唐六典紀前世官制沿革，以後周之典庖中士爲唐太官署令之職，肴藏中士爲珍羞署令之職，掌醢中士爲掌醢署令之職，獨不言膳部中大夫。以類推之，則後周之膳部中大夫，唐光祿卿之職也。杜佑通典：後周膳部中大夫，屬冢宰，六命；又有膳部下大夫，五命。䭔，都回翻，丸餅也。江陵未敗時，梁將陸法和有道術，先具大䭔薄餅。及江陵陷，梁人入魏，果見䭔餅，蓋北食也。今城市間元宵所賣焦䭔，卽其物，但較小耳。糖出南方，煎蔗爲之，絕甘。帝頗覺之。庚子，大漸，口授遺詔五百餘言，且曰：「朕子年幼，未堪當國。魯公，朕之介弟，杜預曰：介，大也。寬仁大度，海內共聞；能弘我周家，必此子也。」弘，大也。世宗之知武帝，史所謂明敏有識，孰大於此！」辛丑，殂。年二十七。

魯公幼有器質，特爲世宗所親愛，朝廷大事，多與之參議；性深沈，有遠識，沈，持林翻。非因顧問，終不輒言。世宗每歎曰：「夫人不言，言必有中。」引論語孔子之言。夫，音扶。中，竹仲翻。壬寅，魯公卽皇帝位。諱邕，字彌羅突，安定公泰之第四子也。大赦。

21 五月，壬子，齊以開府儀同三司劉洪徽爲尚書右僕射。

22 侯安都父文捍爲始興內史，卒官。卒官，卒于官也。卒，子恤翻。上迎其母還建康，母固求停鄉里。乙卯，爲置東衡州，梁先已置東衡州於始興，蓋中廢而今復置也。爲，于僞翻。以安都從弟曉爲刺史；從，才用翻。安都子祕，纔九歲，上以爲始興內史，並令在鄉侍養。以安都能定策以安國家，故寵之。養，余亮翻。

23 六月，壬辰，詔葬梁元帝於江寧，梁敬帝太平二年，周人歸元帝之柩於王琳，琳敗，陳人乃得而葬之。車旗禮章，悉用梁典。

24 齊人收永安、上黨二王遺骨，葬之。齊二王死，見上卷武帝永定二年。敕上黨王妃李氏還第。馮文洛尚以故意，脩飾詣之。妃盛列左右，立文洛於階下，數之曰：「遭難流離，數，所具翻。難，乃旦翻。以至大辱，志操寡薄，不能自盡。言不能自殺也。幸蒙恩詔，得反藩闈，藩闈，言藩王之閨闈也。汝何物奴，猶欲見侮！」杖之一百，血流灑地。

25 秋，七月，丙辰，封皇子伯山爲鄱陽王。

26 齊丞相演以王晞儒緩，恐不允武將之意，將，即亮翻。每夜載入，晝則不與語。嘗進晞密室，謂曰：「比王侯諸貴，每見敦迫，比，毗至翻。言我違天不祥，恐當或有變起；吾欲以法繩之，何如？」晞曰：「朝廷比者疏遠親戚，殿下倉猝所行，非復人臣之事。芒刺在背，用漢霍光事。遠，于願翻。復，扶又翻。上下相疑，何由可久！殿下【章：十二行本「下」下有「雖欲」二字；乙十一行本同；孔本同；張校同。】謙退，粃糠神器，實恐違上玄之意，上玄，天也。墜先帝之基。」先帝，謂高歡。演曰：「卿何敢發此言，須致卿於法！」晞曰：「天時人事，皆無異謀，是以敢冒犯斧鉞，抑亦神明所贊耳。」演曰：「拯難匡時，難，乃旦翻。方俟聖哲，吾何敢私議！幸勿多言！」丞相從事中郎陸杳將出使，使，疏吏翻。握晞手，使之勸進。晞以杳言告演，演曰：「若內外咸有此意，趙彥深朝夕左右，何故初無一言？」史言演非不欲篡，特覘衆心。晞乃以事隙密問彥深，事隙，公事之隙，少暇之時也。彥深曰：「我比亦驚此聲論，聲論，謂輿論皆歸演，聲滿朝野也。比，毗至翻。每欲陳聞，則口噤心悸。噤，其禁翻。悸，其季翻。弟既發端，吾亦當昧死一披肝膽。」因共勸演。

演遂言於太皇太后。趙道德曰：「相王不效周公輔成王，演爲丞相，故呼之爲相王。演於齊主居親親之地，猶周公之於成王，而不能以周公自任，故趙道德責之。而欲骨肉相奪，不畏後世謂之篡邪！」太皇太后曰：「道德之言是也。」未幾，幾，居豈翻。演又啓云：「天下人心未定，恐奄忽變生，須早定名位。」太皇太后乃從之。

八月，壬午，太皇太后下令，廢齊主爲濟南王，出居別宮。濟，子禮翻。以常山王演入纂大統，且戒之曰：「勿令濟南有他也！」爲演殺濟南王、太后怒張本。

肅宗卽皇帝位於晉陽，諱演，字延安，勃海王歡第六子，文宣帝之母弟也。大赦，改元皇建。太皇太后還稱皇太后；皇太后稱文宣皇后，宮曰昭信。

乙酉，詔紹封功臣，禮賜耆老，延訪直言，褒賞死事，追贈名德。

帝謂王晞曰：「卿何爲自同外客，略不可見？自今假非局司，但有所懷，隨宜作一牒，毛晃曰：牒，書板小簡也。候少隙，卽徑進也。」少隙，言少有閑隙也。少，詩沼翻。因敕與尚書陽休之、鴻臚卿崔劼等三人，臚，陵如翻。劼，丘八翻。每日職務罷，並入東廊，共舉錄歷代禮樂、職官及田市、徵稅，或不便於時而相承施用，或自古爲利而於今廢墜，或道德高儁，久在沈淪，沈，持林翻；下沈敏同。或巧言眩俗，妖邪害政者，悉令詳思，以漸條奏。朝晡給御食，畢景聽還。景，日景。日入而後聽還私舍，故云畢景聽還。妖，於驕翻。晡，奔謨翻。

帝識度沈敏，沈，持林翻。少居臺閣，明習吏事，卽位尤自勤勵，大革顯祖之弊，時人服其明而譏其細。人君而親小事爲細，所謂「元首叢脞」也。少，詩照翻。嘗問舍人裴澤，在外議論得失。

澤率爾對曰：「陛下聰明至公，自可遠侔古昔；而有識之士，咸言傷細，帝王之度，頗爲未弘。」帝笑曰：「誠如卿言。朕初臨萬機，慮不周悉，故致爾耳。顔之推曰：如是爲爾，而已爲耳。此事安可久行，恐後又嫌疏漏。」澤由是被寵遇。

庫狄顯安侍坐，被，皮義翻。坐，徂臥翻。帝曰：「顯安，我姑之子；庫狄顯安父干，娶勃海王歡之妹樂陵長公主。今序家人之禮，除君臣之敬，可言我之不逮。」顯安曰：「陛下多妄言。」帝曰：「何故？」對曰：「陛下昔見文宣以馬鞭撻人，常以爲非；今自行之，非妄言邪？」帝握其手謝之。又使直言，對曰：「陛下太細，天子乃更似吏。」帝曰：「朕甚知之。然無法日久，將整之以至無爲耳。」又問王晞，晞曰：「顯安言是也。」顯安，干之子也。羣臣進言，帝皆從容受納。從，千容翻。

性至孝，太后不豫，帝行不能正履，容色貶悴，悴，秦醉翻。衣不解帶，殆將四旬。太后疾小增，卽寢伏閤外，食飮藥物，皆手親之。太后嘗心痛不自堪，帝立侍帷前，以爪掐掌代痛，掐，苦洽翻。血流出袖。友愛諸弟，無君臣之隔。

戊子，以長廣王湛爲右丞相，平陽王淹爲太傅，彭城王浟爲大司馬。浟，夷周翻。

27 周軍司馬賀若敦，唐六典曰：周官大司馬屬官有軍司馬，下大夫，蓋兵部郎中之任也。後周依周官，其爵列中大夫也，六命。若，人者翻。帥衆一萬，奄至武陵；帥，讀曰率。武州刺史吳明徹不能拒，引軍還巴陵。

28江陵之陷也，巴、湘之地皆入於周，周使梁人守之。太尉侯瑱等將兵逼湘州。賀若敦將步騎救之，乘勝深入，按賀若敦傳，屢戰破瑱，乘勝深入。軍于湘川。

九月，乙卯，周將獨孤盛將水軍與敦俱進。辛酉，遣儀同三司徐度將兵會侯瑱于巴丘。將，卽亮翻。會秋水汎溢，盛、敦糧援斷絕，分軍抄掠，以供資費。抄，楚交翻。敦恐瑱知其糧少，乃於營內多爲土聚，覆之以米，少，詩沼翻。覆，敷又翻。此檀道濟量沙之故智也。召旁村人，營旁之村人也。陽有訪問，隨卽遣之。瑱聞之，良以爲實。敦又增脩營壘，造廬舍爲久留之計，湘、羅之間遂廢農業。梁置湘州於長沙，置羅州於湘陰縣。瑱等無如之何。

先是土人亟乘輕船，先，悉薦翻。亟，去吏翻，數也。載米粟雞鴨以餉瑱軍。敦患之，乃僞爲土人裝船，伏甲士於中。瑱軍人望見，謂餉船之至，逆來爭取，敦甲士出而擒之。唐裴行儉詐爲糧車以破突厥，亦用此策。又敦軍數有叛人乘馬投瑱者。敦乃別取一馬，牽以趣船，令船中逆以鞭鞭之。如是者再三，馬畏船不上。數，所角翻。趣，七喻翻。上，時掌翻。然後伏兵於江岸，使人乘畏船馬以招瑱軍，詐云投附。瑱遣兵迎接，競來牽馬，馬既畏船不上，伏兵發，盡殺之。此後實有饋餉及亡降者，瑱猶謂之詐，並拒擊之。

冬，十月，癸巳，瑱襲破獨孤盛於楊葉洲，據姚思廉陳書，楊葉洲在西江口。西江，謂湘江也。盛收兵登岸，築城自保。丁酉，詔司空侯安都帥衆會瑱南討。帥，讀曰率。

29 十一月，辛亥，齊主立妃元氏爲皇后，世子百年爲太子。百年時纔五歲。

齊主徵前開府長史盧叔虎爲中庶子。太子中庶子，職如侍中，後齊門下坊之長也。叔虎，柔之從叔也。從，才用翻。帝問時務於叔虎。叔虎請伐周，曰：「我強彼弱，我富彼貧，其勢相懸。然干戈不息，未能幷吞者，此失於不用強富也。以當時東西二國觀之，齊若富強，而其根本實撥；周若貧弱，而其根本實牢。若齊孝昭欲用其強富，周固有以待之。輕兵野戰，勝負難必，是胡騎之法，非萬全之術也。宜立重鎮於平陽，與彼蒲州相對，魏神麚元年，置雍州於河東，延和元年，改曰秦州，太和中罷。魏既分爲東、西，東魏天平初，復置秦州於河東；沙苑敗後，河東之地入于西魏，後周因蒲阪舊名而置蒲州。深溝高壘，運糧積甲。彼閉關不出，則稍蠶食其河東之地，日使窮蹙。若彼出兵，非十萬以上，不足爲我敵。所損糧食「損」，當作「資」。咸出關中。我軍士年別一代，一年一更戍也。穀食豐饒。彼來求戰，我則不應；彼若退去，我乘其弊。自長安以西，民疏城遠，敵兵來往，實自艱難，與我相持，農業且廢，不過三年，彼自破矣。」帝深善之。

30 齊主自將擊庫莫奚，將，卽亮翻；下同。至天池，庫莫奚出長城北遁。此文宣帝所築長城也。齊主分兵追擊，獲牛羊七萬而還。還，從宣翻，又如字。

31 十二月，乙未，詔：「自今孟春訖于夏首，大辟事已款者，已款，謂囚已款服也。今人謂獄辭爲獄款。辟，毗亦翻。宜且申停。」及秋冬乃行刑也。

32 己亥，周巴陵城主尉遲憲降，尉，紆勿翻。降，戶江翻。遣巴州刺史侯安鼎守之。庚子，獨孤盛將餘衆自楊葉洲潛遁。賀若敦之勢愈孤矣。

33 丙午，齊主還晉陽。

齊主斬人於前，問王晞曰：「是人應死不？」不，讀曰否。齊主以文宣殺人，多非其罪；自謂誅當其罪，故以問晞。晞曰：「應死，但恨死不得其地耳。臣聞『刑人於市，與衆棄之。』記王制之言。殿庭非行戮之所。」帝改容謝曰：「自今當爲王公改之。」爲，于僞翻。

帝欲以晞爲侍郎，按北史王晞傳，「侍郎」當作「侍中」。苦辭不受。或勸晞勿自疏。晞曰：「我少年以來，閱要人多矣，少，詩照翻。要人，謂位居勢要者。得志少時，鮮不顛覆。少時，言不多時也。少，始沼翻。鮮，息翦翻。且吾性實疏緩，不堪時務，人主恩私，何由可保！萬一披猖，求退無地。非不好作要官，但思之爛熟耳。」好，呼到翻。

34 初，齊顯祖之末，穀糴踊貴。濟南王卽位，濟，子禮翻。尚書左丞蘇珍芝建議，修石鼈等屯，自是淮南軍防足食。杜佑曰：石鼈，在楚州安宜縣西八十里，鄧艾築城於此，作白水塘，北接連洪澤，屯田一萬三千頃。安宜，唐寶應元年，改爲寶應縣。肅宗卽位，平州刺史嵇曄建議，開督亢陂，置屯田，歲收稻粟數十萬石，北境周贍。督亢陂，在唐涿州新城縣界，燕荊軻獻圖於秦，卽此地。亢，音剛。又於河內置懷義等屯，以給河南之費。齊分河內、汲郡爲義州，置懷義等屯。由是稍止轉輸之勞。此是五代志序齊濟南王至孝昭時軍餉，通鑑取之，附見于此。

二年（辛巳、五六一）

1春，正月，戊申，周改元保定。以大冢宰護爲都督中外諸軍事；令五府總於天官，事無巨細，皆先斷後聞。五府，地官、春官、夏官、秋官、冬官府也。史言宇文護之權愈重。斷，丁亂翻。

2庚戌，大赦。

3周主祀圜丘。

4辛亥，齊主祀圜丘；壬子，禘於太廟。

5周主祀方丘；甲寅，祀感生帝於南郊；用鄭玄之說，祀感生帝靈威仰於南郊以祈穀。乙卯，祭太社。

6齊主使王琳出合肥，召募傖楚，更圖進取。傖，助庚翻。合州刺史裴景徽，考異曰：北齊書作「景暉」。今從陳書。琳兄珉之壻也，請以私屬爲鄉導。鄉，讀曰嚮。齊主使琳與行臺左丞盧潛將兵赴之，琳沈吟不決。景徽恐事泄，挺身奔齊。按梁置合州於合肥，侯景之亂，已入於齊，齊之境土，南盡歷陽。陳蓋僑置合州於江濱，以景徽爲刺史。沈，持林翻。齊主以琳爲驃騎大將軍、開府儀同三司、揚州刺史，鎮壽陽。

7己巳，周主享太廟，班太祖所述六官之法。宇文泰廟號太祖。泰之相魏也，建六官，述周禮六典以爲六官之法。

8辛未，周湘州城主殷亮降，降，戶江翻；下同。湘州平。

侯瑱與賀若敦相持日久，瑱不能制，乃借船送敦等渡江；按賀若敦傳，「借船」之上有「求」字。敦慮其詐，不許，報云：「湘州我地，爲爾侵逼；必須我歸，可去我百里之外。」瑱留船江岸，引兵去之。敦乃自拔北歸，軍士病死者什五六。武陵、天門、南平、義陽、河東、宜都郡悉平。五代志：澧陽郡孱陵縣，舊置南平郡。安鄉縣，舊置義陽郡。南郡松滋縣，舊置河東郡。宋白曰：澧陽郡安鄉縣，本漢孱陵縣地，後漢爲漢壽縣地，晉曾立義陽郡。晉公護以敦失地無功，除名爲民。

9二月，甲午，周主朝日於東郊。三代之禮，春朝朝日，秋暮夕月。周人慕古，舉行其禮。朝，直遥翻。

10周人以小司徒韋孝寬嘗立勳於玉壁，事見一百五十九卷梁武帝中大同元年。後周之制，小司徒，六命，上大夫也。乃置勳州於玉壁，以孝寬爲刺史。

孝寬有恩信，善用間諜，間，古莧翻。或齊人受孝寬金貨，遥通書疏，故齊之動靜，周人皆先知之。有主帥許盆，以所戍城降齊，孝寬遣諜取之，俄斬首而還。帥，所類翻。諜，徒協翻。

離石以南，生胡數爲抄掠，五代志：離石郡，後齊置西汾州。生胡，卽稽胡之不附屬周者。數，所角翻。抄，楚交翻。而居於齊境，不可誅討。孝寬欲築城於險要以制之，乃發河西役徒十萬，甲士百人，河西，龍門河之西也。遣開府儀同三司姚岳監築之。岳以兵少，懼不敢前。監，工銜翻。少，詩沼翻。孝寬曰：「計此城十日可畢。城距晉州四百餘里，吾一日創手，二日敵境始知。設使晉州徵兵，三日方集，謀議之間，自稽二日，計其軍行，二日不到，我之城隍，足得辦矣。」乃令築之。齊人果至境上，疑有大軍，停留不進。其夜，孝寬使汾水以南傍介山、稷山諸村縱火，傍，蒲浪翻。唐志：蒲州萬泉縣有介山，介子推隱處。稷山縣有稷山。齊人以爲軍營，收兵自固。岳卒城而還。卒，子恤翻。

11 三月，乙卯，太尉零陵壯肅公侯瑱卒。

12 丙寅，周改八丁兵爲十二丁兵，率歲一月而役。八丁兵者，凡境内民丁分爲八番，遞上就役。十二丁兵者，分爲十二番，月上就役，周而復始。

13 夏，四月，丙子朔，日有食之。

14 周以少傅尉遲綱爲大司空。尉，紆勿翻。

15 丙午，周封愍帝子康爲紀國公，皇子贇爲魯公。【章：十二行本「魯」下有「國」字；乙十一行本同。】贇，李后之子也。贇，於倫翻。

16 六月，乙酉，周使御正殷不害來聘。周書申徽傳曰：御正，任專絲綸，蓋中書舍人之職也。北史盧辯傳：武成元年，增置御正四人，位上大夫。考之唐六典，則曰：後周依周官，春官府置内史中大夫，掌王言，蓋比中書監、令之任，後又增爲上大夫。小史下大夫，比中書侍郎之任；小史上士，比中書舍人之任。然則爲御正者，亦代言之職，在帝左右，又親密於中書。杜佑通典：御正屬天官府。

17 秋，七月，周更鑄錢，更，工衡翻。文曰「布泉」，一當五，與五銖並行。

18 己酉，周追封皇伯父顥爲邵國公，以晉公護之子會爲嗣；顥弟連爲杞國公，以章武公導之子亮爲嗣；連弟洛生爲莒國公，以護之子至爲嗣；追封太祖之子武邑公震爲宋公，以世宗之子實爲嗣。顥與衛可孤戰歿，有子什肥、導、護。什肥與其叔連皆爲高歡所殺，無後，故以會、亮嗣之。洛生爲爾朱榮所殺，震早卒，皆無後，故亦立嗣。

19 齊主之誅楊、燕也，燕，因肩翻。許以長廣王湛爲太弟；既而立太子百年，湛心不平。帝在晉陽，湛居守於鄴。楊、燕，謂楊愔、燕子獻。守，手又翻。散騎常侍高元海，高祖之從孫也，高歡廟號高祖。元海父思宗，歡之從子。散，悉亶翻。騎，奇寄翻。從，才用翻。留典機密。帝以領軍代人庫狄伏連爲幽州刺史，斛律光之弟羨爲領軍，以分湛權。湛留伏連，不聽羨視事。齊主以伏連代羨爲幽州，以羨代伏連爲領軍，以分鄴下之權。湛知其故，乃留伏連不使之幽州，而羨至，又不聽其視領軍府事。

先是，濟南閔悼王常在鄴，濟南王殷謚閔悼。先，悉薦翻。濟，子禮翻。望氣者言：鄴中有天子氣。平秦王歸彥恐濟南復立，爲己不利，齊主藉歸彥握兵以殺楊、燕，楊、燕死而濟南廢矣，故恐其復立，爲己不利。復，扶又翻。勸帝除之。帝乃使歸彥至鄴，徵濟南王如晉陽。

湛內不自安，問計於高元海。元海曰：「皇太后萬福，至尊孝友異常，殿下不須異慮。」湛曰：「此豈我推誠之意邪！」元海乞還省，一夜思之，湛卽留元海於後堂。元海達旦不眠，唯遶牀徐步。夜漏未盡，湛遽出，曰：「神算如何？」元海曰：「有三策，恐不堪用耳。請殿下如梁孝王故事，從數騎入晉陽，先見太后求哀，梁孝王，事見十六卷漢景帝中二年。後見主上，請去兵權，見，賢遍翻。去，羌呂翻。以死爲限，不干朝政，朝，直遙翻。必保太山之安。此上策也。不然，當具表云，威權太盛，恐取謗衆口，請靑、齊二州刺史，沈靖自居，沈，持林翻。必不招物議。此中策也。」更問下策。曰：「發言卽恐族誅。」固逼之。元海曰：「濟南世嫡，主上假太后令而奪之。今集文武，示以徵濟南之敕，執斛律豐樂，斛律羨，字豐樂。樂，音洛。斬高歸彥，尊立濟南，號令天下，以順討逆，此萬世一時也。」湛大悅。然性怯，狐疑未能用，使術士鄭道謙等卜之，皆曰：「不利舉事，靜則吉。」有林慮令潘子密，曉占候，林慮縣，漢屬河內郡，晉屬汲郡，魏敬宗永安元年置林慮郡，帶林慮縣。慮，讀如閭。潛謂湛曰：「宮車當晏駕，殿下爲天下主。」湛拘之於內以候之。又令巫覡卜之，覡，刑狄翻。多云「不須舉兵，自有大慶。」

湛乃奉詔，令數百騎送濟南王至晉陽。九月，帝使人酖之，濟南王不從，乃扼殺之。帝尋亦悔之。

20 冬，十月，甲戌朔，日有食之。

21丙子，齊以彭城王浟爲太保，長樂王尉粲爲太尉。樂，音洛；下同。

22齊肅宗出畋，有兔驚馬，墜地絕肋。婁太后視疾，問濟南所在者三，齊主不對。太后怒曰：「殺之邪？不用吾言，死其宜矣！」遂去，不顧。

十一月，甲辰，詔以嗣子沖眇，可遣尚書右僕射趙郡王叡諭旨，徵長廣王湛統茲大寶。又與湛書曰：「百年無罪，汝可以樂處置之，勿效前人也。」樂，音洛。楚靈王乾谿之役，楚人殺其諸子。王聞之，自投於車下，曰：「余殺人子多矣，能無及此乎！」齊肅宗殺其兄之子，臨終乃戒其弟勿殺己之子，良可憫笑。是日，殂於晉陽宮。年二十七。臨終，言恨不見太后山陵。

顏之推論曰：孝昭天性至孝，而不知忌諱，乃至於此，良由不學之所爲也。

23趙郡王叡先使黃門侍郎王松年馳至鄴，宣肅宗遺命。湛猶疑其詐，使所親先詣殯所，發而視之。使者復命，使，疏吏翻；下同。湛喜，馳赴晉陽，使河南王孝瑜先入宮，改易禁衛。癸丑，世祖卽皇帝位於南宮，諱湛，勃海王歡第九子，孝昭帝之母弟。南宮，晉陽南宮也。大赦，改元太寧。

24周人許歸安成王頊，頊，吁玉翻。使司會上士杜【章：十二行本「杜」上有「京兆」二字；乙十一行本同；張校同，云無註本亦無。】杲來聘。周禮天官之屬有司會，凡邦國、都鄙官府之治及其財用在書契、版圖者，皆聽其會計，以歲月日考其成。鄭玄曰：會，大計也。司會主天下之大計，計官之長，若今尚書。余按後周地官，卽唐戶部尚書之任，司會當如唐之度支郎中，而六典不言所以。杜佑通典，後周司會，屬天官府，有中大夫，上士，中士。

上悅，卽遣使報之，幷賂以黔中地及魯山郡。周得黔中，則全有巴蜀；得魯山，則全有漢沔，故因其所欲而餌之。

25 齊以彭城王浟爲太師、錄尚書事，平秦王歸彥爲太傅，尉粲爲太保，平陽王淹爲太宰，博陵王濟爲太尉，段韶爲大司馬，豐州刺史婁叡爲司空，五代志：上黨郡鄉縣，後魏置南垣州，尋改曰豐州。趙郡王叡爲尚書令，任城王湝爲尚書左僕射，任，音壬。湝，居諧翻。幷州刺史斛律光爲右僕射。婁叡，昭之兄子也。婁昭，婁太后之弟。叡，昭兄拔之子。立太子百年爲樂陵王。

26 丁巳，周主畋于岐陽；十二月，壬午，還長安。

27 太子中庶子餘姚虞荔、御史中丞孔奐，以國用不足，奏立煑海鹽賦及榷酤之科，吳王濞煑海爲鹽，今淮鹽也。至此，則東南瀕海煑鹽之地，皆歸於管榷矣。酤，音固。荔，力計翻。榷，古岳翻。詔從之。

28 初，高祖以帝女豐安公主妻留異之子貞臣，徵異爲南徐州刺史，異遷延不就。帝卽位，復以異爲縉州刺史，領東陽太守。自侯景之亂，梁南郡王大連之敗，留異跨據東陽，陳興，以爲縉州刺史，因縉雲山以名州。妻，七細翻。復，扶又翻；下異復同。異屢遣其長史王澌入朝，澌每言朝廷虛弱。澌，斯義翻。異信之，雖外示臣節，恆懷兩端，恆，戶登翻。與王琳自鄱陽信安嶺潛通使往來。今有嶺路，自衢州經信州達于鄱陽。使，疏吏翻。琳敗，上遣左衞將軍沈恪代異，實以兵襲之。異出軍下淮以拒恪。恪與戰而敗，退還錢塘。異復上表遜謝。時衆軍方事湘、郢，乃降詔書慰諭，且羈縻之。異知朝廷終將討己，乃以兵戍下淮及建德以備江路。劉昫曰：建德縣，漢會稽富春縣地，吳分置建德縣，隋廢，唐復置建德縣，爲睦州治所。丙午，詔司空、南徐州刺史侯安都討之。

三年（壬午、五六二）

1 春，正月，乙亥，齊主至鄴；自晉陽宮至鄴。辛巳，祀南郊；壬午，享太廟；丙戌，立妃胡氏爲皇后，子緯爲皇太子。緯，于貴翻。后，魏兗州刺史安定胡延之之女也。戊子，齊大赦。己亥，以馮翊王潤爲尚書左僕射。

2 周涼景公賀蘭祥卒。涼國公。景，謚也。

3 壬寅，周人鑿河渠於蒲州，龍首渠於同州。二渠皆以灌溉。

4 丁未，周以安成王頊爲柱國大將軍，遣杜杲送之南歸。考異曰：典略作「杜果」，今從周書。

5 辛亥，上祀南郊，以胡公配天；胡公始封於陳，故郊祀之以配天。二月，辛酉，祀北郊。

6 閏月，丁未，齊以太宰、平陽王淹爲青州刺史，太傅、平秦王歸彥爲太宰、冀州刺史。歸彥爲肅宗所厚，歸彥以殺楊、燕之功，爲肅宗所厚。恃勢驕盈，陵侮貴戚。世祖卽位，侍中、開府儀同三司高元海、御史中丞畢義雲、黃門郎高乾和數言其短，數，所角翻。且云：「歸彥威權震主，必爲禍亂。」帝亦尋其反覆之跡，漸忌之，歸彥始爲文宣所親任。其後背楊愔，附孝昭，以成濟南之禍，又爲孝昭所委信。孝昭既殂，又迎武成以貪天之功，故武成跡其反覆而忌之。伺歸彥還家，召魏收於帝前作詔草，除歸彥冀州，伺，相吏翻。使乾和繕寫；晝日，仍敕門司不聽歸彥輒入宮。時歸彥縱酒爲樂，經宿不知。至明，欲參，參，朝參也。毛晃曰：參，造也，趨承也。樂，音洛。至門知之，大驚而退。及通名謝，敕令早發，別賜錢帛等物甚厚，又敕督將悉送至清陽宮。齊有別宮在清淇之陽，因以爲名。五代志，清河郡清陽縣，舊曰清河縣，後齊省貝丘入焉，改爲貝丘，隋開皇六年改爲清陽。將，卽亮翻。拜辭而退，莫敢與語，唯趙郡王叡與之久語，時無聞者。

帝之爲長廣王也，清都和士開以善握槊、彈琵琶有寵，辟爲開府行參軍，及卽位，累遷給事黃門侍郎。高元海、畢義雲、高乾和皆疾之，將言其事。士開乃奏元海等交結朋黨，欲擅威福，乾和由是被疏。被，皮義翻。義雲納賂於士開，得爲兗州刺史。爲和士開怙寵亂齊張本。

7 帝徵江州刺史周迪出鎭湓城，周迪領江州刺史而屯據臨川，徵之鎭湓城，若以江州授之者。又徵其子入朝。朝，直遙翻；下同。迪趑且顧望，並不至。趑，子移翻。且，七余翻。趑趄，不進之貌。其餘南江酋帥，私署令長，多不受召，酋，慈秋翻。帥，所類翻。長，知兩翻。朝廷未暇致討，但羈縻之。豫章太守周敷獨先入朝，進號安西將軍，給鼓吹一部，賜以女妓、金帛，令還豫章。周敷先與周迪分據臨川，既破熊曇朗，敷移據豫章。吹，尺瑞翻。妓，渠綺翻。迪以敷素出己下，深不平之，乃陰與留異相結，遣其弟方興【章：十二行本「興」下有「將兵」二字；乙十一行本同；張校同，云無註本亦無。】襲敷；敷與戰，破之。又遣其兄子伏甲船中，詐爲賈人，欲襲湓城。賈，音古。未發，事覺，尋陽太守監江州事晉陵華皎遣兵逆擊之，盡獲其船仗。監，工銜翻。

上以閩州刺史陳寶應之父爲光祿大夫，五代志：建安郡，陳置閩州。陳寶應父，羽。子女皆受封爵，命宗正編入屬籍。而寶應以留異女爲妻，陰與異合。

虞荔弟寄，流寓閩中，荔思之成疾，上爲荔徵之，寶應留不遣。寄嘗從容諷以逆順，爲，于僞翻。從，千容翻。寶應輒引他語以亂之。寶應嘗使人讀漢書，臥而聽之，至蒯通說韓信曰：「相君之背，貴不可言。」蹶然起坐，曰：「可謂智士！」寄曰：「通一說殺三士，何足稱智！班固曰：蒯通一說而喪三儁。應劭註云：謂烹酈生，敗田橫，驕韓信也。說，式芮翻。相，息亮翻。豈若班彪王命，識所歸乎！」王命論，見四十一卷漢光武建武五年。

寄知寶應不可諫，恐禍及己，乃著居士服，著，陟略翻。居東山寺，陽稱足疾。寶應使人燒其屋，寄安臥不動。親近將扶之出，寄曰：「吾命有所懸，避將安往！」言託跡閩中，生死之命，懸於人手，無所避之也。縱火者自救之。

8 乙卯，齊以任城王湝爲司徒。任，音壬。湝，戶皆翻。

9 齊揚州刺史行臺王琳數欲南侵，尚書盧潛以爲時事未可。上遣移書壽陽，欲與齊和親。潛以其書奏齊朝，仍上啓請且息兵。數，所角翻。上，時掌翻。朝，直遙翻。齊主許之，遣散騎常侍崔瞻來聘，且歸南康愍王曇朗之喪。曇朗爲齊所殺，見一百六十六卷梁敬帝太平元年。琳於是與濳有隙，更相表列。更，工衡翻。齊主徵琳赴鄴，以濳爲揚州刺史，領行臺尚書。瞻，悛之子也。高歡起兵於信都，崔悛爲參佐。悛，力脣翻。

10 梁末喪亂，鐵錢不行，梁普通中鑄鐵錢。喪，息浪翻。民間私用鵝眼錢。甲子，改鑄五銖錢，一當鵝眼之十。考異曰：隋志在天嘉五年。今從陳帝紀。

11 後梁主安於儉素，不好酒色，好，呼到翻。雖多猜忌，而撫將士有恩。以封疆褊隘，邑居殘毀，干戈日用，鬱鬱不得志，疽發背而殂；年四十四。葬平陵，謚曰宣皇帝，廟號中宗。太子巋卽皇帝位，巋，字仁遠，宣帝之第三子也。巋，音歸，又區胃翻。改元天保；尊龔太后爲太皇太后，王后曰皇太后，母曹貴嬪爲皇太妃。嬪，毗賓翻。

12 二【章：十二行本「二」作「三」；乙十一行本同；張校同。】月，丙子，安成王頊至建康，詔以爲中書監、中衞將軍。

上謂杜杲曰：「家弟今蒙禮遣，實周朝之惠；然魯山不返，亦恐未能及此。」言若不賂以魯山，亦恐未及遣安成王還也。朝，直遙翻；下同。杲對曰：「安成，長安一布衣耳，而陳之介弟也，介，大也。其價豈止一城而已哉！本朝敦睦九族，恕己及物，上遵太祖遺旨，下思繼好之義，好，呼到翻。是以遣之南歸。今乃云以尋常之土易骨肉之親，非使臣之所敢聞也。」使，疏吏翻。上甚慙，曰：「前言戲之耳。」待杲之禮有加焉。

項妃柳氏及子叔寶猶在穰城，上復遣毛喜如周請之，項，吁玉翻。復，扶又翻。周人皆歸之。

13丁丑，以安右將軍吳明徹爲江州刺史，督高州刺史黃法𣰰、𣰰，巨俱翻。豫章太守守，式又翻。周敷共討周迪。

14甲申，大赦。

15留異始謂臺軍必自錢塘上，既而侯安都步由諸暨出永康，上，時掌翻。諸暨縣，自漢以來屬會稽郡。永康縣，吳赤烏八年，分上虞、烏傷立，屬東陽郡。自永康至東陽一百九里。異大驚，奔桃枝嶺，於巖口豎柵以拒之。豎，而主翻。安都爲流矢所中，血流至踝，中，竹仲翻。踝，胡瓦翻，足跟也。乘輦指麾，容止不變。因其山勢，迮而爲堰，迮，側百翻，迫也。堰，於建翻。會潦水漲滿，安都引船入堰，起樓艦與異城等，發拍碎其樓堞。潦，盧皓翻。艦，戶黯翻。堞，達協翻。異與其子忠臣脫身奔晉安，依陳寶應。安都虜其妻及餘子，盡收鎧仗而還。鎧，可亥翻。還，從宣翻，又音如字。

異黨向文政據新安，上以貞毅將軍程文季爲新安太守，梁置貞毅將軍，班第二十二，在五德將軍之下；陳制，擬官品第五。帥精甲三百輕往攻之。文政戰敗，遂降。文季，靈洗之子也。陳氏建國，程靈洗、蕭摩訶等俱爲健將。帥，讀曰率。降，戶江翻。

16夏，四月，辛丑，齊武明婁太后殂。齊主不改服，緋袍如故。未幾，未幾，言未幾時也。幾，居豈翻。登三臺，置酒作樂，宮女進白袍，帝投諸臺下。散騎常侍和士開請止樂，帝怒，撾之。和士開長君之惡者也，自此益無所忌憚矣。

17 乙巳，齊遣使來聘。使，疏吏翻；下同。

18 齊青州上言河水清，齊主遣使祭之，改元河清。

19 先是，周之君【章：十二行本「君」作「羣」；乙十一行本同。】臣受封爵者皆未給租賦。先，悉薦翻。癸亥，始詔柱國等貴臣邑戶，聽寄食他縣。

20 五月，庚午，周大赦。

21 己丑，齊以右僕射斛律光爲尚書令。

22 壬辰，周以柱國楊忠爲大司空。六月，己亥，以柱國蜀國公尉遲迥爲大司馬。尉，紆勿翻。

23 秋，七月，己丑，納太子妃王氏，金紫光祿大夫周之女也。姚思廉陳書「周」作「固」。

24 齊平秦王歸彥至冀州，內不自安，欲待齊主如晉陽，乘虛入鄴。其郎中令呂思禮告之。此王國郎中令也。詔大司馬段韶、司空婁叡討之。歸彥於南境置私驛，聞大軍將至，即閉城拒守。長史宇文仲鸞等不從，皆殺之。歸彥自稱大丞相，有衆四萬。齊主以都官尚書封子繪，冀州人，祖父世爲本州刺史，得人心，子繪父隆之，祖回，皆爲冀州刺史。使乘傳至信都，傳，張戀翻。巡城，諭以禍福。吏民降者相繼，城中動靜，小大皆知之。降，戶江翻。

歸彦登城大呼云：呼，火故翻。「孝昭皇帝初崩，六軍百萬，悉在臣手，投身向鄴，奉迎陛下。當時不反，今日豈反邪！正恨高元海、畢義雲、高乾和誑惑聖上，疾忌忠良，但爲殺此三人，誑，居況翻。爲，于僞翻。卽臨城自刎。」刎，扶粉翻。既而城破，單騎北走，至交津，獲之，水經註：衡漳水逕武邑郡南，又東逕武強縣北，又東北逕武隧縣故城南，白馬河注之。水上承呼沱，東逕樂鄉縣北，饒陽縣南，又東南逕武邑郡北，而東入衡漳水，謂之交津口。鎖送鄴。乙未，載以露車，銜木面縛。李百藥北齊書，「銜木」作「銜枚」。劉桃枝臨之以刃，擊鼓隨之，并其子孫十五人皆棄市。命封子繪行冀州事。

齊主知歸彦前譖清河王岳，事見一百六十六卷梁敬帝紹泰元年。以歸彦家良賤百口賜岳家，贈岳太師。

丁酉，以段韶爲太傅，婁叡爲司徒，平陽王淹爲太宰，斛律光爲司空，趙郡王叡爲尚書令，河間王孝琬爲左僕射。

25 癸亥，齊主如晉陽。

26 上遣使聘齊。

27 九月，戊辰朔，日有食之。

28 以侍中、都官尚書到仲舉爲尚書右僕射、丹楊尹。仲舉，溉之弟子也。到溉，彦之之曾孫，梁初以文學顯，以廉白稱。

29 吳明徹至臨川攻周迪，不能克。丁亥，詔安成王頊代之。考異曰：陳書帝紀云：丁亥，迪請降，詔安成王諱督衆軍以招納之。今從南史迪傳。

30 冬，十月，戊戌，詔以軍旅費廣，百姓空虛，凡供乘輿飲食衣服及宮中調度，悉從減削；乘，繩證翻。調，徒釣翻。至於百司，宜亦思省約。

31 十一月，丁卯，周以趙國公招爲益州總管。

32 丁丑，齊遣兼散騎常侍封孝琰來聘。

33 十二月，丙辰，齊主還鄴。自晉陽還鄴。

齊主逼通昭信李后，文宣李后，宮曰昭信。曰：「若不從我，我殺爾兒。」后懼，從之。既而有娠。太原王紹德至閤，不得見，見，賢遍翻。慍曰：「兒豈不知邪！姊腹大，故不見兒。」后大慙，由是生女不舉。帝横刀詬曰：詬，許候翻。「殺我女，我何得不殺爾兒！」對后以刀環築殺紹德。后大哭。帝愈怒，裸后，亂撾之。后號天不已，帝命盛以絹囊，號，戶刀翻。盛，時征翻。流血淋漉，投諸渠水，良久乃蘇，犢車載送妙勝寺爲尼。武成之淫虐，文宣教之也。是以詩貴正始。

章錫琛標點容肇祖聶崇岐覆校